CONGRÈS NATIONAL

DES

SYNDICATS OUVRIERS

Tenu à Lyon en Octobre 1886

COMPTE RENDU OFFICIEL

Prix : 1 fr. 25

PORT EN SUS

LYON

IMPRIMERIE NOUVELLE

52, Rue Ferrandière, 52

1887

DÉPOTS

Chez le citoyen CARRETTE, rue de l'Alma, 104, à Roubaix.
— DORMOY, rue de la Paix, à Montluçon.
Librairie PEYRONNARD, rue de l'Hôpital, 6, à Grenoble.
Librairie du *Socialiste*, rue du Croissant, 17, à Paris.
Bureau du *Réveil ouvrier*, rue Martyn, 141, à Calais.
— de la *Défense des travailleurs*, rue Favart-d'Herbigny, 6, à Reims.
Bureau du *Travailleur de Lille*, rue Saint-Nicaise, 16, à Lille.
Librairie du *Prolétaire*, rue de Cléry, 47, à Paris.
Bureau de la *Fédération syndicale*, quai Jemmapes, 14, à Paris.
— de la *Fédération syndicale des Bouches-du-Rhône*, rue Fortia, 3, à Marseille.
Commission exécutive, cours Lafayette, 8, à Lyon.
Librairie BERNARD, rue Moncey, 96, à Lyon.

LIBRAIRIE DU SOCIALISTE

Rue du Croissant, 17, Paris

BIBLIOTHÈQUE SOCIALISTE

CONGRÈS NATIONAL

DES

SYNDICATS OUVRIERS

CONGRÈS NATIONAL

DES

SYNDICATS OUVRIERS

Tenu à Lyon en Octobre 1886

COMPTE RENDU OFFICIEL

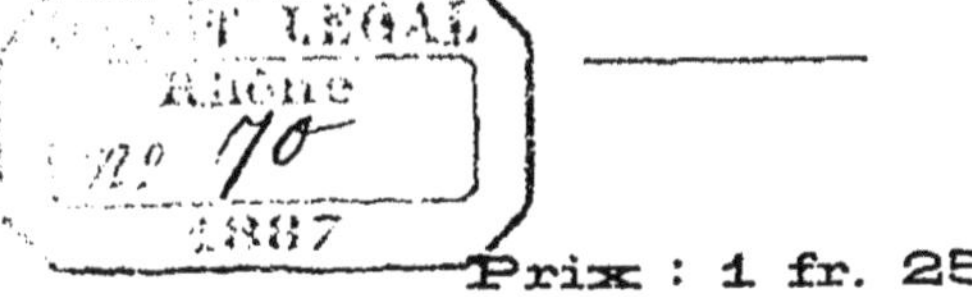

Prix : 1 fr. 25

PORT EN SUS

LYON

IMPRIMERIE NOUVELLE

52, Rue Ferrandière, 52

1887

PRÉFACE

Citoyens et chers Collègues,

La Commission exécutive, nommée par le Congrès national des Syndicats ouvriers, dans sa séance du 16 octobre 1886, est chargée de la mise à exécution des résolutions votées dans les séances du Congrès de Lyon et du classement de ses travaux.

Cette Commission, pénétrée de son devoir, a fait le possible pour donner au compte rendu officiel des séances du Congrès de Lyon la physionomie et l'impartialité historique qu'il doit avoir.

A notre avis, ce livre doit être lu dans toutes les classes de la société, ministres, sénateurs, députés, magistrats de tout ordre, ouvriers, ouvrières, travailleurs de la pensée et de toutes classes.

Tous doivent prendre connaissance de ce volume, dans lequel sont mis au jour, avec un langage simple, les souffrances, les besoins, les aspirations, on ne peut plus légitimes, de ceux dont la vie n'est qu'une longue chaîne de privations, d'inquiétudes et de labeurs sans récompenses.

Quoi de plus vrai, de plus édifiant pour les hommes justes et de bonne volonté que la lecture de cet ouvrage.

Ah! ne dites plus, hommes savants des classes dirigeantes, que vous ignorez nos maux, ils sont à nouveau ici exposés au grand jour, placez vos doigts dans le trou béant de la plaie sociale, il vous est donné d'en mesurer la profondeur et l'étendue.

Au milieu des grèves et des tiraillements de toutes sortes qui agitent notre société, la lecture des séances des assises du travail, tenue, à Lyon du 11 au 16 octobre 1886, prouve suffisamment que, pour éviter ces calamités publiques et en prévenir d'autres beaucoup plus graves, il est absolument nécessaire que les législateurs s'occupent de suite de donner au travail de bonnes lois de protection.

Quant à nous, Commission exécutive chargée de nous occuper des résolutions votées au Congrès, notre devoir est tout tracé et nous n'y faillirons pas.

Nous organiserons la Fédération française des Syndicats ouvriers et nous ferons le nécessaire pour faire déposer sur le bureau de la Chambre des députés, et cela dans le plus bref délai possible, les résolutions votées au cours des séances du Congrès.

Nous désirons sincèrement, dans l'intérêt de la cause du travail, que ces résolutions reçoivent des législateurs un accueil favorable. C'est selon nous le meilleur moyen de supprimer les grèves, cette arme terrible à laquelle les ouvriers sont si souvent obligés de recourir et qui traîne derrière elle une suite si nombreuse de souffrances et de ruines.

Mais si, après avoir épuisé tous les moyens légaux pour obtenir satisfaction, les travailleurs ne sont point écoutés, et que, par suite, des secousses terribles viennent à nouveau ébranler notre édifice social? Nous posons cette question solennelle à la face de la France : A qui en incombera la responsabilité? Est-ce aux travailleurs ou aux classes dirigeantes actuellement au pouvoir?

L'avenir jugera !

La Commission exécutive ne s'étendra pas davantage sur des questions qui ne sont pas de mise ici, et ne peut que terminer cette préface, en faisant des vœux pour la paix sociale, les droits indéniables du travail, et qu'enfin des jours meilleurs se lèvent pour les prolétaires français.

La Commission exécutive :

Sartarin, Sol, Chavrier, Farjat,
Blondet, Gorsse, Edouard, Carret.

CONGRÈS NATIONAL
DES
SYNDICATS OUVRIERS

COMMISSION EXÉCUTIVE
SIÈGE : Cours Lafayette, 8 — LYON

Pour que cet ouvrage ne laisse rien à désirer au point de vue historique, nous avons estimé qu'il était utile de faire précéder le compte rendu des travaux du Congrès, de la publication de tous les appels adressés aux Syndicats français, par la Commission d'organisation.

De cette façon, le lecteur pourra se rendre compte de toutes les phases par lesquelles les initiateurs ont dû passer avant d'arriver à leur but.

PREMIÈRE PUBLICATION

Lyon, le 10 mai 1886.

CITOYENS DES SYNDICATS OUVRIERS,

En vous demandant votre adhésion, nous avons l'honneur de vous faire connaître le rapport suivant de la Commission provisoire des Syndicats Lyonnais, accepté par leurs délégués, en réunion plénière, le 6 avril, au siège du Congrès, rue des Capucins, 24, dans le but d'organiser à Lyon, un Congrès des Syndicats ouvriers.

Rapport de la Commission provisoire des Syndicats Lyonnais

CITOYENS TRAVAILLEURS,

« En prenant cette initiative, votre Commission a pensé
« qu'un Congrès serait un excellent moyen d'unir tous les

« ouvriers, à quelque Corporation qu'ils appartiennent,
« car il est naturel que les faibles s'unissent pour lutter
« contre les forts.

« Nous croyons utile de vous dire que ce Congrès
« devra se tenir sur les questions de salaire, attendu
« qu'elles renferment tout. et, sur ce point, tous les tra-
« vailleurs sont d'accord.

« C'est, Citoyens, sur ce terrain de discussion, à notre
« avis, que nous devons nous placer.

« Nous ne vous parlerons pas de la nécessité du Congrès,
« elle est reconnue de tous. Nous sollicitons donc l'adhé-
« sion de nos collègues de tous les Syndicats ouvriers,
« dans le délai le plus rapproché, et, persuadés qu'elle ne
« nous fera pas défaut, nous vous demanderons d'em-
« ployer toute votre influence pour activer la réunion du
« Congrès. »

Croyez, Citoyens des Syndicats français, que ces rap-
prochements opérés entre travailleurs auront pour effet
d'assurer l'avenir des organisations syndicales, qu'ils
pourront leur donner une autorité et contribuer puissamment à perfectionner les Syndicats, organisations que les
Travailleurs devraient appeler l'Ecole sociale.

La Commission.

DEUXIÈME PUBLICATION

Manifeste de la Commission d'organisation

Aux Travailleurs syndiqués de l'Agriculture,
de l'Industrie,
du Commerce.

Notre appel a pour but de vous engager à prendre part
au Congrès des Syndicats ouvriers, pénétrés que c'est par
la concentration de nos forces que nous sortirons victorieux
de la lutte engagée par le travail contre le capital, ce qui
revient à dire que le travail, étant la source de toutes les
richesses, doit être suffisamment rétribué ; car, en privant

du nécessaire un grand nombre de producteurs, on amoindrit une nation jusque dans ses fondements, une misère en crée une autre, la privation arrête la production ; conclusion : la famine !

Pour remédier à cet état de choses, il faut que les travailleurs se concertent ; il faut qu'après avoir approfondi ces questions d'intérêt vital, ils arrivent à les mettre en pratique.

Pour atteindre ce résultat, la loi sur les Syndicats prévoit l'utilité de la Fédération ; cette loi disant aux Syndicats : « Vous pouvez vous fédérer », doit être mise en pratique.

C'est donc un des points importants que nous ne devons pas négliger, car un bien-être durable ne peut être réalisé qu'à la condition qu'il soit général ; sans cette première condition essentielle, tous les résultats obtenus ne sont que des résultats factices, qui disparaissent selon le gré du capital.

Notre union est importante pour lutter avec succès contre la cupidité d'hommes sans pudeur, qui sacrifient tout à leur ambition personnelle.

Travailleurs de l'Agriculture,

Nos besoins sont les vôtres : vous qui êtes courbés au rude labeur du travail de la terre, unissez-vous à nous, et alors les travaux des champs, organisés avec justice et raison, donneront l'abondance et montreront enfin que l'égoïsme bourgeois est nuisible à l'intérêt général.

Travailleurs de l'Industrie,

Vous qui passez la plupart de votre vie dans une situation périlleuse, sans pouvoir, ainsi que vos collègues, assurer un jour de repos à votre vieillesse, venez à nous !

Travailleurs de l'Usine. — Vous qui, traités en prisonniers, dépensez en forces plus que vous ne pouvez ! La plupart du temps occupés dans des sous-sols malsains, privés d'air et de nourriture, que vos efforts s'unissent aux nôtres.

Travailleurs du Commerce,

Il semble en vous voyant que vous êtes dans le bien-être ; profonde erreur ! Vous êtes entre les mains des avares détenteurs de l'or ; votre avenir en général est triste ; vos services ne sont payés que d'ingratitude ; votre vieillesse est semblable à celle des autres travailleurs.

Il est donc évident qu'un Congrès national de tous ces intéressés est indispensable à tous les points de vue.

Nous comptons donc que les Travailleurs des Champs, de l'Industrie, du Commerce, ne formeront qu'un seul faisceau, et alors, la main dans la main, unis par la raison des faibles, nous marcherons amicalement à la réalisation du droit des travailleurs... Toute cause juste doit un jour triompher !

A l'œuvre donc ! Unissons nos efforts, marchons liés d'une amitié étroite, et dans ce Congrès nous jetterons les bases de l'organisation du travail.

Ordre du Jour :

1° Projet de Fédération de tous les Syndicats ouvriers ;
2° Discussion de la loi sur les Syndicats ;
3° Etude du projet Lockroy ;
4° De l'utilité d'un Conseil supérieur du travail près le ministre du commerce et de l'industrie ;
5° Des heures de travail ;
6° Rapports du travail et du capital.

Cet ordre du jour pourra être amplifié sur la demande des Syndicats adhérents.

La Commission d'organisation composée des Syndicats lyonnais suivants :

CHAMBRE SYNDICALE DE L'UNION DE LA TEINTURE LYONNAISE ET SIMILAIRES ;
—   —   DES MAÇONS ;
—   —   DES TISSEURS DE LA RUE DONNÉE ;
—   —   DES CHAUFFEURS-MÉCANICIENS ;
—   —   DES CHEVRIERS, MAROQUINIERS ET MÉGISSIERS ;
—   —   DES VERRIERS DE LYON ;
—   —   DE L'UNION DES CHAUFFEURS-CONDUCTEURS ;
—   —   DE LA SELLERIE LYONNAISE ;
—   —   DE L'UNION DES TISSEURS ET SIMILAIRES.

Les correspondances sont reçues au siège, rue des Capucins, 24, tous les jours, de 8 heures du matin à midi et de 2 à 6 heures du soir.

TROISIÈME PUBLICATION

Lyon, le 12 août 1886.

CITOYENS ET CHERS COLLÈGUES,

Les nombreuses adhésions que nous recevons de nos collègues des départements nous obligent à poursuivre ardemment l'œuvre que nous avons entreprise.

Soutenus par ces encouragements, tous nos efforts tendront à donner à ce Congrès toute la valeur qu'il mérite.

Un grand nombre de Syndicats nous faisant connaître que leur situation financière ne leur permet pas d'envoyer des délégués, nous avons estimé qu'il était de notre devoir de rechercher par quels moyens nous pourrions leur aider à surmonter ces difficultés.

A cet effet, nous avons adressé une demande au Gouvernement pour obtenir le passage gratuit, sur toutes les voies ferrées de France, pour les délégués se rendant au Congrès.

Nos renseignements particuliers nous permettent déjà de déclarer que nous obtiendrons une réduction de 50 0/0. Nous insisterons pour obtenir davantage ; mais nous estimons surtout que les Syndicats doivent s'adresser à leurs municipalités, afin d'obtenir des subventions pour couvrir leurs frais de délégation.

L'argent des contribuables ne saurait être mieux employé.

Tout le monde est intéressé à la réussite de ce Congrès, où seront jetées les bases de l'organisation du travail ; et, dans l'époque de transition que nous traversons, cette question devient au plus haut degré une question d'intérêt général.

C'est pénétré de ces sentiments, que le Conseil municipal de Lyon a, sur notre demande, voté *à l'unanimité* 2,000 francs pour les frais d'organisation du Congrès.

Nous ne saurions donc trop insister auprès de nos collègues des autres villes pour que, de leur côté, ils nous imitent et demandent des subventions à leur municipalité respective, étant persuadés que pas une *seule* n'osera se refuser à suivre l'exemple que vient de donner la municipalité lyonnaise.

Car, enfin, il ne suffit pas de nous avoir donné la loi sur les Syndicats, nous permettant de nous fédérer, mais faut-il encore que l'on nous fournisse les moyens de nous servir de cet outil que le législateur a mis dans nos mains.

Voici, Citoyens, le texte de la demande que nous avons adressée au Conseil municipal de Lyon :

Lyon, le 16 juin 1886.

M. le Maire,
MM. les Membres du Conseil municipal de Lyon,

MESSIEURS,

Les nombreuses causes d'intérêt général qui, aujourd'hui, divisent les patrons et les ouvriers, obligent les travailleurs syndiqués à se réunir pour se concerter entre eux, et agir de façon à obtenir une solution satisfaisante à tous les points de vue.

Pour ces motifs, la Commission d'organisation du *Congrès national* a l'honneur de solliciter du Conseil municipal de Lyon une subvention de 2,000 francs, destinée à couvrir les frais d'organisation de ce Congrès.

Vous savez tous, Messieurs les Conseillers municipaux, que la question brûlante du jour est l'organisation du travail.

C'est par cette organisation que nous arriverons à combattre cette calamité qui se nomme la grève, qui, la plupart du temps, est lancée d'une façon déraisonnée, sans aucune chance de gain ni de succès.

En conséquence, étant persuadés que vous comprendrez la haute importance de ce Congrès des Syndicats ouvriers, veuillez agréer, Messieurs les Conseillers municipaux, l'assurance de notre considération distinguée.

La même demande a été adressée au Conseil général du Rhône, et nous avons la conviction qu'elle sera également votée ; ce qui nous permettra de venir en aide aux Syndicats, en rendant aussi légères que possible les charges de leurs délégués à Lyon.

Nous terminons donc avec l'espoir que vous apprécierez l'importance et l'urgence de ce Congrès, et que vous apporterez toute la diligence nécessaire pour ne point retarder l'ouverture de ces grandes assises du travail.

Agréez, Citoyens et chers Collègues, nos salutations toutes fraternelles.

La Commission d'organisation composée des Syndicats lyonnais suivants :

CHAMBRE SYNDICALE DE L'UNION de la TEINTURE LYONNAISE et SIMILAIRES ;
—   —   DES MAÇONS ;

CHAMBRE SYNDICALE DES TISSEURS DE LA RUE DONNÉE ;
— — DES CHAUFFEURS-MÉCANICIENS ;
— — DES CHEVRIERS, MAROQUINIERS ET MÉGISSIERS ;
— — DES VERRIERS DE LYON ;
— — DE L'UNION DES CHAUFFEURS-CONDUCTEURS ;
— — DE LA SELLERIE LYONNAISE ;
— DE L'UNION DES TISSEURS ET SIMILAIRES ;
— — DES PAPETIERS-RÉGLEURS ;
- — DU BRONZE ;
— — DES PIQUEUSES EN CHAUSSURES ;
— — DES BOULONNIERS RÉUNIS ET SIMILAIRES ;
— — DES CHAPELIERS-APPROPRIEURS ;
— — DES MOULEURS EN CUIVRE ;
— — DES TAILLEURS D'HABITS ;

QUATRIÉME PUBLICATION

CHERS COLLÈGUES.

Dans sa circulaire du 12 août dernier, la Commission
d'organisation du Congrès national des Syndicats ouvriers vous faisait pressentir une diminution de 50 °/₀ sur
les prix exigés par les Compagnies de chemins de fer
pour le passage des délégués.

Il importait, pour la Commission, que ce pressentiment
devînt bientôt une réalité et sortît du domaine des hypo-
thèses. Pour cela faire, la Commission d'organisation ne
devait reculer devant aucune démarche. C'est pour cette
raison qu'elle a dû déléguer trois de ses membres à Paris,
auprès du Gouvernement, pour obtenir une réponse définitive. Nous avons la satisfaction de vous annoncer que
cette démarche a été couronnée d'un plein succès, et que
l'autorité supérieure a mis à notre disposition la somme de
5,000 francs, destinée à indemniser, dans les proportions ci-dessus indiquées, les délégués des Syndicats qui
en feront la demande.

Citoyens, en terminant, nous croyons utile de vous
rappeler que notre dernière circulaire contenait aussi la
mention d'une demande de crédit de 2,000 francs,
adressée au Conseil général du Rhône, demande qui a
obtenu également plein succès. Ce nouveau crédit nous

permettra d'adoucir d'une manière sensible le séjour des délégués à Lyon, et nous pensons que si, de votre côté, il vous est possible d'obtenir quelques crédits de la part de votre municipalité, la situation deviendrait supportable, vu la détermination prise par la Commission de prendre à sa charge tous les frais d'organisation du Congrès.

Enfin, nous estimons que le moment est venu de faire savoir que la Commission d'organisation a fixé la durée du Congrès de la manière suivante :

Les séances s'ouvriront le lundi 4 octobre prochain et finiront le dimanche suivant.

AVIS TRÈS IMPORTANT

Il est absolument indispensable de nous faire parvenir au plus tôt les noms de vos délégués, vu l'urgence pour la Commission d'organisation de dresser une liste à l'avance, afin de pourvoir les délégués de logement et d'autres choses non moins utiles.

La Commission d'organisation composée des Syndicats lyonnais suivants :

CHAMBRE SYNDICALE DE L'UNION DE LA TEINTURE LYONNAISE et SIMILAIRES :
—   — DES MAÇONS ;
—   — DES TISSEURS DE LA RUE DONNÉE ;
—   — DES CHAUFFEURS-MÉCANICIENS ;
—   — DES CHEVRIERS, MAROQUINIERS ET MÉGISSIERS ;
—   — DES VERRIERS DE LYON :
—   — DE L'UNION DES CHAUFFEURS-CONDUCTEURS ;
—   — DE LA SELLERIE LYONNAISE ;
—   — DE L'UNION DES TISSEURS ET SIMILAIRES ;
—   — DES PAPETIERS ET RÉGLEURS ;
—   — DU BRONZE ;
—   — DES PIQUEUSES EN CHAUSSURES ;
—   — DES BOULONNIERS RÉUNIS ET SIMILAIRES :
—   — DES CHAPELIERS-APPROPRIEURS ;
—   — DES MOULEURS EN CUIVRE ;
—   — DES TAILLEURS D'HABITS ;
—   — DES TAPISSIERS :
—   — DES ÉBÉNISTES ;
—   — DES TOURNEURS-ROBINETIERS ;
—   — DES OUVRIERS EN INSTRUMENTS DE MUSIQUE ;
—   — DES SCULPTEURS ET MOULURIERS ;

P.-S. — Les Syndicats peuvent envoyer au Congrès un ou plusieurs délégués, mais chaque Syndicat n'a droit qu'à une voix délibérative.

CINQUIÈME PUBLICATION

DÉCLARATION DE LA COMMISSION D'ORGANISATION

CITOYENS ET CHERS COLLÈGUES,

Malgré l'ouverture très prochaine du Congrès des Syndicats ouvriers, qui doit se tenir à Lyon, le lundi 11 octobre, la Commission d'organisation pense qu'il est de son devoir de vous adresser une nouvelle déclaration.

La nécessité en est démontrée par les attaques, plus ou moins vives, de certains journaux de Paris, paraissant ignorer complètement le but que la Commission d'organisation du Congrès se propose d'atteindre.

Les organisateurs n'ont pas la prétention de répondre à toutes les insinuations particulières dirigées contre eux. Ils estiment, au contraire, qu'ils doivent répondre d'une manière générale, aussi claire qu'il leur sera possible de le faire, afin de ne laisser planer sur eux aucun doute concernant leurs vues.

Cette décision, prise en Assemblée générale de la Commission d'organisation, a motivé la publicité de cette déclaration.

CITOYENS,

Pour entrer en matière, citons quelques passages publiés par certains journaux parisiens :

« La Commission du Congrès, disent ces journaux, dé-
« léguait, il y a quelque temps, trois de ses membres à
« Paris, afin de faire des démarches auprès de l'autorité
« supérieure en vue d'obtenir, pour les délégués des Syn-
« dicats ouvriers, désireux de participer au Congrès de
« Lyon, une réduction notable sur le prix exigé par les
« Compagnies de chemins de fer.

« L'un d'eux, le Secrétaire de ladite Commission, obte-
« nait de M. le ministre du commerce la somme de 5,000
« francs.

« Cette petite opération, traitée sous cloche, ne peut lais-
« ser aucun doute sur la valeur et l'esprit d'indépendance
« de cette Commission d'organisation livrée au pouvoir
« pour la somme ci-dessus désignée. »

Il est nécessaire, sur ce point comme sur les autres, de
rétablir toute la vérité.

Nous affirmons donc que nos délégués en se présentant
chez M. le ministre, n'avaient d'autre objectif que d'obtenir
le passage gratuit sur les voies ferrées pour les délégués
qui se rendraient au Congrès de Lyon.

La Commission d'organisation du Congrès national des
Syndicats ouvriers croit certains journaux de Paris bien
mal renseignés à cet égard.

Mais il est de son devoir de protester avec énergie contre des allégations aussi mensongères.

Mais d'abord, procédons par ordre pour les preuves :

En nous présentant chez M. le ministre, nous avions la
ferme volonté de défendre nos principes, de ne rien retran-
cher à notre Ordre du jour et de n'accepter aucune condition qui nous serait imposée. Mais, pour la véracité des
faits, nous devons déclarer que jamais M. le ministre du
commerce n'a paru songer à nous influencer d'une manière
ou d'une autre, et encore bien moins à nous imposer des
conditions.

Voici notre indépendance et notre liberté d'action parfaitement rétablies, puisqu'elles n'ont jamais été mises en
cause par M. le ministre du commerce.

Bien plus :

La Commission d'organisation défie qui que ce soit d'apporter aucune preuve contre ce qu'elle affirme ici.

Ceci dit, passons à la deuxième question posée par les
journaux parisiens, et qui semble dire : Qui êtes-vous ?

La réponse ne saurait se faire attendre.

Nous sommes des travailleurs syndiqués ayant étudié
les questions sociales et reconnu que la diversité des doctrines contribue puissamment à nous diviser au lieu de nous
unir.

Esclaves du même maître, portant la même chaîne,
souffrant des mêmes maux, ayant les mêmes aspirations,
les mêmes besoins et les mêmes droits, nous avons résolu
de faire abnégation de nos préférences politiques et autres,

de marcher la main dans la main, et de réserver nos forces contre l'ennemi commun.

Les questions de travail ont toujours la puissance de réunir les ouvriers, comme les questions de revenu ont celle de rassembler les capitalistes, à quelque parti qu'ils appartiennent. Il est vrai qu'on expose des théories, on fait des discours magnifiques en faveur du travail et du peuple ; cela n'empêche pas, le moment arrivé, d'opérer l'encaissement des revenus. Pendant ce temps-là, rien ne change, et les ouvriers continuent à mourir de faim dans la rue.

Les organisateurs du Congrès national des Syndicats ouvriers pensent que l'heure des rêves est passée, et que celle de la réalité approche.

C'est pour cette raison qu'ils poussent aujourd'hui encore le cri qui doit être entendu des quatre coins de la France par tous ceux qui, comme eux, ont soif et faim de DROIT ET DE JUSTICE.

La Commission d'organisation composée des Syndicats lyonnais ci-après :

CHAMBRE SYNDICALE DE L'UNION DE LA TEINTURE LYONNAISE et SIMILAIRES :
—   —   DES MAÇONS ;
—   —   DES TISSEURS DE LA RUE DONNÉE :
—   —   DES CHAUFFEURS-MÉCANICIENS ;
—   —   DES CHEVRIERS, MAROQUINIERS ET MÉGISSIERS ;
—   DES VERRIERS DE LYON :
—   —   DE L'UNION DES CHAUFFEURS-CONDUCTEURS :
—   —   DE LA SELLERIE LYONNAISE ;
—   —   DE L'UNION DES TISSEURS ET SIMILAIRES :
—   —   DES PAPETIERS ET RÉGLEURS ;
—   —   DU BRONZE ;
—   —   DES PIQUEUSES EN CHAUSSURES ;
—   —   DES BOULONNIERS RÉUNIS ET SIMILAIRES ;
—   —   DES CHAPELIERS-APPROPRIEURS ;
—   —   DES FONDEURS EN CUIVRE :
—   —   DES TAILLEURS D'HABITS ;
—   —   DES MENUISIERS ;
—   —   DES ÉBÉNISTES :
—   —   DES TAPISSIERS ;
—   —   DES TOURNEURS-ROBINETIERS ;
—   —   DES OUVRIERS EN INSTRUMENTS DE MUSIQUE :
—   —   DES SCULPTEURS ET MOULURIERS ;
—   —   DES VERNISSEURS EN SIÈGES ;
—   —   DES CHAPELIERS-FOULEURS :
—   —   DES MENUISIERS EN SIÈGES ;
—   —   DES DAMES RÉUNIES :
—   —   DES MENUISIERS :

Chambre syndicale des Typographes ;
—   des Velours unis ;
—   —   des Lithographes ;
—   —   des Guimpiers ;
—   —   des Ferblantiers-Zingueurs ;
—   —   des Passementiers ;
—   —   des Graveurs pour impression sur étoffes ;
—   —   des Velours a deux pièces :
—   —   des Parqueteurs-Replanisseurs ;
—   —   des Apprêteurs réunis :
—   —   des Tailleurs de pierres ;
—   —   des Charpentiers ;
—   —   de la Sparterie ;
—   —   des Peintres-Platriers :
—   —   des Coupeurs, Brocheurs et Cambreurs.

SIXIÈME PUBLICATION

Lyon, le 1er octobre 1886.

Citoyens et chers Collègues,

Pour répondre aux nombreuses questions qui nous sont posées, nous vous adressons la présente circulaire :

1° Le Congrès s'ouvrira le 11 octobre courant, salle des Variétés, cours Morand, 39, à Lyon, et finira le dimanche suivant ;

2° Chaque Syndicat pourra nommer le nombre de délégués qu'il lui plaira, mais n'aura toutefois qu'une voix délibérative ;

3° Un délégué pourra représenter un certain nombre de Syndicats, sans pour cela disposer de plusieurs voix ;

4° Le voyage des délégués sera remboursé à leur arrivée, par la Commission d'organisation, rue des Capucins, n° 24, et leur retour s'effectuera à l'aide d'un bon gratuit qui leur sera remis ;

5° Nous prions les délégués de nous envoyer, d'ici au 11 courant, le plus tard, leurs noms et adresses, et nous faire savoir en même temps quel sera leur parcours sur chaque réseau de chemin de fer.

Ces renseignements nous sont nécessaires pour leur procurer le *bon* gratuit du retour ;

6° Si des délégués se trouvaient gênés pour faire face aux premiers frais de leur voyage, ils n'auraient qu'à en aviser la Commission, en joignant à leur demande le procès-verbal de leur nomination, et il leur sera adressé télégraphiquement la somme nécessaire ;

7° La Commission d'organisation a pris ses mesures pour procurer aux délégués des logements et restaurants aux meilleures conditions possibles ;

8° Tous les frais d'organisation du Congrès seront supportés par les Syndicats lyonnais organisateurs.

Les Chambres syndicales des autres villes n'auront donc à leur charge que les frais de séjour de leurs délégués.

Avec d'aussi favorables conditions, nous espérons obtenir l'adhésion unanime de tous les Syndicats.

Dans cet espoir, recevez, Citoyens et chers Collègues, nos plus fraternelles salutations.

POUR LA COMMISSION D'ORGANISATION :

Le Secrétaire,

Louis Sor..

LISTE DES DÉLÉGUÉS

AU CONGRÈS

Blangé, forgerons et frappeurs mécaniciens de Paris.

Fombonne, peintres en voitures de la Seine et ouvriers selliers-garnisseurs.

Gavin (Emile), ouvriers verriers de Saint-Etienne.

Dumay, serruriers en bâtiments, orfèvrerie, forgerons, fondeurs en cuivre, tourneurs en optique de Paris.

Daubannay (Louis), ouvriers cordonniers et malletiers de Paris.

Deloche (Alexis), manœuvres et porcelainiers de Vierzon, Union des travailleurs de Bessèges.

Chamfrault, métallurgistes de Vierzon.

Heppenheimer, facteurs d'orgues et de pianos de Paris.

Giroud, ouvriers jardiniers de Paris.

Blondeau, ouvriers en voitures de Paris.

Blanchard, balanciers et Fédération des travailleurs.

Lagier, Cerceau, Rigaud, lithographes, mouleurs et ouvriers en voitures, etc. (14 Chambres syndicales de Nantes).

Lemazurier, chapeliers de Bourganeuf (Creuse).

Gruhier, Syndicat des comptables de Paris et cotonniers de Bolbec.

Durosclard, ouvriers en pelleterie de Paris.

Masson, industrie cotonnière de Condé-sur-Noireau (Calv.), Union des tisseurs d'Elbeuf (Seine-Inférieure).

Stamm, métallurgistes de Nancy.

Boré (Martial), tailleurs de pierres de Bourges.

Morel (Etienne), chauffeurs-mécaniciens de Paris.

Glaise, peintres, fileurs et décorateurs de Paris.

Saulnier (Jean), rubaniers de Saint-Etienne.

Béal, ouvriers passementiers de Saint-Etienne.

Farjat (Gabriel), tisseurs de Roanne (Loire) et de Thizy (Rhône).

Paon, Syndicat de la tabletterie de Paris.

Parrot, mineurs de Decazeville.

Veyssier, bâtiments de Reims (Marne), gantiers de Saint-Junien (Haute-Vienne), bonneterie de Saint-Dié, phothotypeurs de Paris.

Agniel (Jacques), maçons et tailleurs de pierres d'Alais.

Pignat, émouleurs et polisseurs de Thiers.

Delahaye (Victor), ouvriers mécaniciens, Professionnelle de Paris.

Chabert, Bartholino, Montvert, Sol, Berne, Edouard, Argoud, Carret et Thévenet, Union des tisseurs et similaires de Lyon.

Denonfoux et Bernard, Union similaire de la métallurgie.

Michel et Giraud, ébénistes.

Cance (citoyenne), piqueuses de bottines.

Fabères et Dhoste, charpentiers.

Prudhon et Besson, coupeurs, brocheurs, cambreurs.

Latard, Gourdin, Brillon et Jaud, velours à deux pièces.

Bouzon, Paret et Frenay, ferblantiers-zingueurs.

Vincent, sculpteurs mouluriers.

Robin et Lombard, guimpiers.

Gorsse et Nachury, boulonniers et similaires.

Guitton, tôliers fumistes.

Souchet, confiseurs de Paris, conducteurs de l'Aube, Chambre syndicale des chauffeurs-mécaniciens de Troyes.

Froget, de Paris, selliers, articles de chasse.

Yvan, chapeliers fouleurs de Lyon.

A. Théobald, ouvriers scieurs de Paris.

Arquillière et Pré, des tisseurs de Panissières.

Mondon et Choux, menuisiers de Lyon.

Ménant et Carandal, lithographes.

Bacand, ouvriers en sièges.

Ginet et Cauvin, chapeliers-approprieurs.
Nardin, tisseurs similaires du Haut-Bugey.
Eglen, verriers de Givors.
Dimnete, verriers de Vierzon.
Pinçon (Émile), métallurgistes de Nouzon (Ardennes).
Vacher, mouleurs en cuivre de Lyon.
Bigex, Grattar et Goyat, apprêteurs réunis.
Rey, verriers réunis.
Para, du tissage mécanique de Lyon.
Leneveux et A. Leclerc, papetiers-régleurs de Lyon.
Ferra, typographe et Maystre, ajusteur, délégués de
    l'Union des Chambres syndicales des Bouches-du-Rhône
    (34 Chambres syndicales).
Martin (Léon), délégué de 7 Chambres syndicales et de
    la Fédération des Chambres syndicales de Paris.
Foucrey, menuisiers et modeleurs de la ville du Mans.
Pagery, scieurs de long d'Angers.
Mojonnet, ouvriers en limes d'Arnay-le-Duc (Côte-d'Or).
Monfourny, brodeurs de Saint-Quentin.
Prax (Joseph), tisseurs de Lodève.
Giraud (Antoine), tisseurs et similaires d'Amplepuis
    (Rhône).
Comme (Martial), ouvriers jardiniers et pâtissiers de Bor-
    deaux.
Bouchet, ouvriers typographes de Bordeaux.
Rondet, mineurs de Saint-Étienne et Fédération des mi-
    neurs français.
Sol, vendeurs de journaux de Dijon.
Gantiget, carriers, terrassiers et mineurs de Lerouville
    (Meuse).
Marmonnier, cuivre de Mâcon.
Thévenet, diverses corporations de Niort.
Fouillat, Union des tisseurs et similaires de Tarare.
Guèze, vernisseurs de Lyon.
Benettout, plombiers appareilleurs de Lyon.
Colombet et Clapisson, velours unis.
Berthilier, Josserand, Besson, Naudot, Moiroux, Ber-
    thon, Clatel, Calle, Romand, tisseurs, rue Donnée.
Baslé, sellerie lyonnaise.
Vandel, tourneurs robinetiers.
Mathias et Sartarin, ouvriers en instruments de musi-
    que de Lyon.

Laforest (Antoine), bronze de Lyon.

Florence et André, sparterie.

Dongé, plâtriers.

Verguin, Lambert et Bureau, graveurs pour impressions sur étoffes de Lyon.

Laurent (citoyenne), corporation des dames réunies.

Blondet, chevriers maroquiniers.

Durand, tailleurs de pierres et scieurs de Lyon.

Chol et Fleuret, passementiers.

Rebeyraud, Chapelon, Dubost et Manot, maçons.

Santhonax et Fontaine, tailleurs d'habits.

Labouret et Pothier, typographes.

Chavrier et Blouin, parqueteurs et replanisseurs.

Bonnard et Alphand, peintres en voitures.

Amouroux, Puygrech, Camblong, Pitiot et Massot, chauffeurs-mécaniciens.

Lécluse, tailleurs de pierres, scieurs et maçons de Paris.

Blouet, plombiers, couvreurs-zingueurs de Paris.

Comaque, ouvriers carriers de Culles (Saône-et-Loire).

Cherrer, sellier-bourrelier de Rennes.

Wattier, ébénistes de Tours (Indre-et-Loire).

Lavaud, sertisseurs de Paris, exp. ouvr., représentant 73 Chambres syndicales parisiennes et les chapeliers de Moulins.

Duret (Jean), des menuisiers de Rennes.

Marry, velours à deux pièces de l'Arbresle.

Brugnot, Chambre syndicale ouvrière de Roubaix.

Lapotre,   —   —   tulliste de Calais.

Gavet, gantiers de Grenoble.

Fauconnier, cordonniers de Rennes.

PREMIÈRE JOURNÉE

Lundi 11 Octobre

SÉANCE PRÉPARATOIRE

La séance est ouverte à 2 heures 30 du soir.

Sont nommés : Président, le citoyen CHAVRIER, Assesseurs, la citoyenne CANCE et le citoyen SANTHONNAX ; Secrétaire, le citoyen MOIROUX.

Le citoyen BLONDEAU propose que la Commission de vérification soit composée du Bureau et de sept autres délégués, dont deux seraient pris parmi les délégués parisiens et les autres dans cinq villes différentes. Cette proposition, qui est appuyée par le citoyen VEYSSIER, est acceptée à l'unanimité.

Sont élus : les citoyens VEYSSIER, de Paris ; LAVAUD, de Paris ; MONTFOURNY, de Saint-Quentin ; THÉVENET, de Niort ; STAMME, de Nancy ; MAYSTRE, de Marseille ; COMME, de Bordeaux.

La séance est ensuite suspendue pour permettre à cette Commission d'examiner les mandats.

Reprise de la séance à 6 heures.

Le citoyen CHAVRIER, obligé de s'absenter pour accomplir un autre mandat, demande à être remplacé à la présidence. Le citoyen BLONDET est acclamé à sa place.

Sur la proposition du citoyen BLONDEAU, le citoyen VEYSSIER, rapporteur de la Commission de vérification, donne lecture de tous les mandats qui n'ont soulevé aucune objection au sein de la Commission. Tous ces mandats sont validés à l'unanimité.

Le citoyen RAPPORTEUR donne ensuite lecture des mandats réservés par la Commission.

Le premier est celui du député LAUR, délégué des mineurs de Rive-de-Gier.

Le citoyen Rapporteur explique que la Commission, quoique, le mandat soit régulier, repousse ce délégué comme n'étant pas ouvrier.

Le citoyen Dumay appuie énergiquement les conclusions de la Commission.

Le citoyen Laur répond qu'il s'incline, mais qu'il représente les mineurs de Rive-de-Gier non comme député, mais comme ingénieur.

Le citoyen Heppenheimer dit qu'il est triste de voir que les travailleurs se laissent toujours tromper dans les grandes assemblées délibérantes sur les affaires générales du pays, en s'y faisant représenter par des bourgeois, dont les intérêts sont diamétralement opposés aux leurs, et que, dans un Congrès absolument ouvrier, ils se fassent encore représenter par des tiers dont les intérêts sont également adverses, et termine en disant que le citoyen Laur aurait dû avoir la délicatesse de ne pas accepter le mandat que ces travailleurs inconscients lui ont donné.

Le citoyen Laur répond que malgré qu'on ne soit pas ouvrier manuel, on peut néanmoins rendre des services à la cause ouvrière, et, pour preuve, il déclare que c'est lui qui a fondé le premier Syndicat des mineurs, à Rive-de-Gier, et que ce Syndicat étant de fondation récente, ses mandataires n'avaient pas pu choisir un autre délégué que lui.

Après une réplique du Rapporteur, les conclusions de la Commission, tendant à l'invalidation de ce délégué, sont adoptées à l'unanimité.

Le deuxième mandat réservé est celui du citoyen Lavaud, délégué de la Commission exécutive de l'Exposition ouvrière.

Le citoyen Rapporteur dit que la Commission exécutive de l'Exposition ne représente nullement les Syndicats, mais bien une organisation en dehors, et propose à l'Assemblée d'ajourner cette validation.

Le citoyen Lavaud donne des explications sur la composition de la Commission exécutive de l'Exposition, qui est composée de soixante-treize Chambres syndicales, mais propose à l'assemblée de réserver son mandat jusqu'à ce qu'il l'ait fait régulariser. Cette proposition est adoptée.

Le troisième mandat invalidé est celui de la Fédération lyonnaise.

Le RAPPORTEUR, au nom de la Commission, propose d'invalider ces délégués comme représentant l'ensemble de Syndicats qui se trouvent d'être représentés individuellement au Congrès. Les conclusions de la Commission sont acceptées.

Le quatrième, les mandats de l'Union des Syndicats ouvriers des Bouches-du-Rhône et celui de l'Union des Syndicats de Nantes, avaient été réservés par la Commission pour que l'assemblée se prononçât, afin de savoir si l'on accorderait une voix délibérative par délégation, ou si, au contraire, chaque délégué aurait une voix.

Les citoyens MAYSTRE et FERRA, délégués de Marseille, revendiquent chacun une voix délibérative et déclarent que si l'assemblée n'est pas de cet avis, ils demanderont alors qu'on ajourne leur validation jusqu'à ce qu'ils aient eu le temps de se faire mandater par leur Syndicat respectif.

Les citoyens LAGIER, CERCEAUX et REGAUD, de Mantes, font la même déclaration.

L'Assemblée, après avoir pris connaissance d'une lettre du Syndicat des menuisiers de Marseille, valide les mandats de tous ces délégués et décide que chacun d'eux aura voix délibérative.

Le cinquième mandat contesté est celui des marchands du Temple de Paris.

La conclusion de la Commission tendant à l'invalidation est adoptée.

Le sixième mandat réservé est celui des tisseurs mécaniques.

Le citoyen SOL déclare qu'un délégué de ce Syndicat s'étant présenté, il y a plus d'un mois, au siège de la Commission d'organisation pour lui demander quelles étaient les formalités qu'avaient à remplir les Syndicats lyonnais pour être admis au Congrès, il lui avait donné toutes les indications nécessaires et fait connaître les charges qui incombaient aux Syndicats de Lyon, mais avait ajouté que ceux dont la situation financière ne permettait pas de faire face à ces dépenses, n'avaient qu'à faire une demande d'admission à la Commission qui les admettrait gratuitement, et que personnellement, sachant que ce Syndicat était seulement en voie de formation, il soutiendrait énergiquement leur admission gratuite.

Malgré ces renseignements fournis, il y a plus d'un mois, dit le citoyen Sol en terminant, ce Syndicat n'a pas donné signe de vie et vient à la dernière heure vous forcer la main en passant outre aux conditions consenties par tous les Syndicats lyonnais. Au nom de la Commission d'organisation, composée de quarante-sept Chambres syndicales, je proteste énergiquement contre la conduite de ce Syndicat.

Le citoyen Parras, délégué de ce Syndicat, explique à l'assemblée qu'après le rapport de leur délégué au siége de la Commission d'organisation, ils avaient agi comme leur avait conseillé le Secrétaire de ladite Commission, et nommé séance tenante un délégué définitif à la Commission d'organisation, avec mandat de demander leur admission gratuite ; mais que ce délégué, qui dans l'intervalle était tombé malade sans en aviser le Syndicat qui l'aurait remplacé, était seul responsable, car ce n'est qu'avant-hier seulement qu'il nous a annoncé qu'il n'avait pas pu se rendre aux réunions de la Commission d'organisation.

Le citoyen Sol, à la suite de ces explications, se déclare satisfait et se rallie à la validation de ce mandat.

La validation mise aux voix est adoptée.

Le citoyen Naudot donne lecture du projet de règlement suivant :

Règlement intérieur

Article premier.

Il sera établi, par les soins de la Commission exécutive, un registre de présence où chaque délégué devra signer sa présence au Congrès.

Art. 2.

Les séances auront lieu, pour les Commissions d'études, à 1 heure précise, et la réunion générale le soir à 8 heures précises.

Art. 3.

Chaque délégué pourra faire partie d'une ou plusieurs Commissions d'études.

Art. 4.

A chaque séance, on désignera le Bureau pour la séance suivante.

Art. 5.

Les délégués devront, dans les Commissions d'études, s'entendre sur le choix de deux ou trois rapports, afin de laisser une plus large part à la contradiction des séances du soir.

Art. 6

Sur chaque question, l'orateur ne devra conserver la parole que quinze minutes, *au maximum*.

Art. 7.

Sur chaque question, le Président devra accorder la parole dans l'ordre suivant : *Un orateur pour et un orateur contre*.

Art. 8.

Pour la réussite et le bon ordre du Congrès, les délégués s'engagent à reconnaitre l'autorité du Bureau ; les incidents qui pourraient survenir entre délégués devront être conciliés par les Présidents.

Art. 9.

Toute question en dehors de l'ordre du jour ainsi que les questions personnelles sont rigoureusement interdites.

On décide le renvoi de la discussion de ce Règlement à la séance de demain, à 1 heure.

La séance est levée à 7 heures 1/2.

SÉANCE PUBLIQUE

La séance est ouverte à 8 heures 1/2 du soir.

Sont acclamés : Président, le citoyen Louis Sol, Secrétaire de la Commission d'organisation ; Assesseurs, les citoyens Dumay, délégué de Paris, Chabert, délégué de Lyon ; Secrétaires, les citoyens Rondet, délégué des mineurs de Saint-Etienne, Masson, délégué des cotonniers, de Condé-s.-Noireau (Calvados).

Discours du citoyen SOL

Citoyens,

Je vous remercie de l'honneur que vous m'avez fait en m'appelant à présider cette réunion. Je sais bien que vous avez voulu surtout, en pensant à moi, rendre hommage au zèle de la Commission d'initiative du Congrès. Aussi, est-ce au nom de cette Commission que je vous remercie plutôt qu'en mon nom personnel. Nous avons pensé, en faisant appel à tous les Syndicats ouvriers de France, que nous parviendrions à jeter les bases d'une Fédératiou puissante du prolétariat.

C'est dans ce but surtout que nous avons consacré tous nos efforts pour assurer d'abord la réunion de ce Congrès et pour lui donner ensuite le plus grand retentissement.

Enfin, nous sommes réunis !

A vous, maintenant, de faire œuvre utile, à vous d'affirmer une fois de plus l'union de tous les travailleurs, à vous de jeter les bases d'une organisation nouvelle du travail, fondée sur les principes de justice et de liberté.

Je ne veux pas vous rappeler en ce moment les questions soumises à l'ordre du jour du Congrès. Je craindrais de faire valoir mes opinions personnelles ou celles de la Commission d'initiative. Notre rôle, en ce moment, est rempli.

A vous de remplir le vôtre en vous inspirant toujours des besoins, des revendications, des droits et des devoirs des ouvriers, en tant que citoyens d'une grande démocratie dont la devise est : *Liberté, Egalité, Fraternité.*

Nous avons de grandes réformes à réclamer des pouvoirs publics. Notre société moderne, si profondément transformée depuis la grande Révolution de 1789, voit grandir de plus en plus la puissance du capital, asservissant encore le travail, et toujours maître des destinées des classes laborieuses.

Il faut, par des résolutions viriles, exemptes de passion, mais inspirées par la justice, condamner le capital à ne plus rester le maître absolu du travail. Ces résolutions viriles, il faut les discuter ici sans passion, sans préjugé, sans esprit de coterie ou de routine, et il faudra les mettre en pratique avec énergie, avec courage, avec dévoûment. C'est en nous unissant tous, en nous appuyant tous les uns sur les autres que nous serons forts, puissants, invincibles.

C'est donc à l'union que je fais appel. Soyons unis ici même, pendant les discussions. Ne nous laissons pas aller aux paroles violentes et inutiles. *Ne disons pas de grands mots, faisons de grandes choses.* Ne donnons pas à nos adversaires le spectacle d'ouvriers divisés et incapables de formuler nettement, fermement, avec énergie, sans colère, sans protestations inutiles, leurs revendications, toujours appuyées sur la justice et sur la liberté.

Mais je n'insiste pas. Ce ne sont pas des discours qu'il faut prononcer, c'est de la bonne besogne qu'il faut faire. Je termine donc en remerciant, au nom de la Commission d'initiative, tous les Syndicats qui se sont rendus à ce Congrès, et tout particulièrement les délégués de Decazeville, représentant ici des hommes qui ont su donner l'exemple de l'union et remporter la plus grande victoire que le prolétariat ait eu à enregistrer.

Protestation

Le citoyen DELOCHE demande la parole pour formuler, au nom de quarante à cinquante délégués, une protestation contre les arrestations de Vierzon. Son discours conclut à la proposition suivante, qu'il dépose sur le bureau du Congrès :

Le Congrès national des Chambres syndicales proteste de la

façon la plus formelle contre les arrestations du citoyen Baudin, conseiller général du Cher; des citoyens Rossignol et Féline, conseillers municipaux de Vierzon, et de tous leurs collègues qui ont été arrêtés pour avoir revendiqué les droits des travailleurs et l'application de la loi sur les Syndicats, et demande leur mise en liberté immédiate.

Le citoyen BLONDEAU vient dire qu'il ne veut pas combattre la proposition du précédent orateur. Il veut, au contraire, lui donner plus d'extension en demandant à ce que le vœu soit étendu à tous les grévistes, sans exception, actuellement dans les prisons de la République.

La proposition DELOCHE, complétée par le citoyen BLONDEAU, est adoptée à l'unanimité.

Le citoyen CHAVRIER donne lecture du rapport suivant :

Rapport de la Commission d'organisation

CITOYENNES, CITOYENS,

Les organisateurs du Congrès national des Syndicats ouvriers croiraient manquer à leur devoir, si à l'heure solennelle de l'ouverture du Congrès, ils vous laissaient entrer dans la discussion austère et grave des questions mises à l'ordre du jour, sans vous faire l'exposé exact des travaux concernant la gestion de l'organisation, tant au point de vue administratif qu'au point de vue financier.

Les sentiments qui les ont inspirés dans l'accomplissement de leur tâche est assurément l'espoir et la confiance que, des discussions sérieuses qui vont avoir lieu dans cette enceinte, il en sortira une amélioration du sort des travailleurs.

CHERS COLLÈGUES,

Permettez aux organisateurs du Congrès ainsi qu'à tous les délégués des Syndicats lyonnais de vous exprimer toute la satisfaction qu'ils éprouvent d'être réunis aujourd'hui à leurs frères d'infortunes, dont les cœurs battent à l'unisson des nôtres pour la revendication des droits sacrés du travail.

Vous êtes les bienvenus au milieu de nous, marchons ensemble à la conquête de nos droits, que votre séjour parmi nous soit le signe d'heureux présages et pour tous l'objet de non moins heureux souvenirs.

Cependant, quoique tout au plaisir qu'ils ont à vous exprimer leurs sympathies, les organisateurs du Congrès ne peuvent oublier nos frères, conviés comme vous à prendre part à nos travaux et dont les places restées vides sont l'objet d'un profond regret; que les échos de la presse et les mille bruits du monde leur portent l'expression de nos meilleurs sentiments, le résultat de nos travaux, et qu'ils soient convaincus que dans cette enceinte ils ne sont point oubliés.

Les Syndicats lyonnais, organisateurs du Congrès, regrettent de ne pouvoir s'étendre d'avantage sur ce sujet. Mais le temps, dans sa vitesse, ne leur accorde point cette faveur et les force d'abandonner les condoléances à l'adresse de leurs amis, pour entrer rapidement dans l'histoire des causes qui ont motivé l'organisation du Congrès de Lyon.

L'histoire de ces causes est du domaine de celles qui ont agité le monde depuis des siècles, qui l'agitent encore et l'agiteront encore longtemps.

C'est l'éternelle histoire de la lutte des exploités contre les exploiteurs.

Les initiateurs du Congrés regrettent que, pour l'intelligence de ce rapport, ils soient dans la nécessité d'être mis en évidence d'une facon par trop particuliére, mais il est difficile de suivre la marche des événements, et surtout d'envisager l'avenir sans faire une revue rétrospective de faits accomplis dans le passé.

Ces considérations nous obligent à vous dire quelques mots de la lutte importante que les Chambres syndicales du tissage lyonnais soutinrent en 1885 contre leurs exploiteurs, lutte inégale, dans laquelle elles devaient succomber, comme toutes celles qui les avaient précédées dans la voie des revendications des droits du travail. Elles furent battues, nous acceptons le mot, mais vaincues, jamais! le droit ne peut pas l'être : tombé aujourd'hui sur un point, il se relèvera demain sur un autre, toujours grand et lumineux, malgré les combats incessants qui lui sont livrés par ses oppresseurs.

Dans ce cas, comme dans beaucoup d'autres, le droit se releva bientôt, puisque les tisseurs résolurent de ne pas rester sous le coup de leur défaite en donnant le jour à l'idée d'un Congrès national de Syndicats ouvriers.

L'idée du Congrès venait de naitre. Mais entre l'idée et la réalisation, il y avait du chemin à parcourir. Cependant, malgré ses faibles moyens, la Chambre syndicale de l'Union des tisseurs et similaires n'hésita pas un instant, nomma dans son sein une Commission chargée d'étudier les voies et moyens capables de mener à bonne fin l'entreprise proposée.

Nous étions alors en décembre 1885.

Nous précisons cette date, pour vous montrer la marche lente, pénible, mais continue de la Commission d'initiative.

Son premier acte fut de communiquer aux Syndicats lyonnais le projet d'organisation du Congrès. Quelques Syndicats répondirent bientôt à notre appel et nous adressèrent des délégués.

La Commission d'initiative, soutenue de leur appui, sentit sa force, prit corps et âme, et lança sa première circulaire aux Syndicats français.

A la date du 10 mai 1886, la Commission d'initiative du Congrès venait de s'affirmer par l'envoi de cette circulaire ; en rendant public le projet d'un Congrès, elle plaçait ainsi les organisateurs dans la nécessité de réussir. Un grave problème était à résoudre par elle : celui des finances ; car pour faire face aux premiers besoins, la caisse de la Commission d'organisation était à peu près vide.

Cette situation ne pouvait durer longtemps sans compromettre l'œuvre commencée. Il s'agissait de se procurer des ressources, d'agir promptement, et surtout d'une manière pratique. La Commission d'organisation comprit tout cela et décida, dans une de ses séances de la première quinzaine de juin, d'adresser une demande de subvention de 2,000 francs au Conseil municipal de Lyon ainsi qu'au Conseil général du Rhône ; ces demandes de subvention en faveur de l'organisation du Congrès national, sont basées sur les considérants contenus dans une nouvelle circulaire de la Commission d'organisation, à la date du 12 août 1886.

A la suite de cette circulaire, les organisateurs du Congrès crurent qu'il était de leur devoir de porter à la connaissance des Syndicats français le but qu'ils se proposaient d'atteindre.

Un manifeste contenant l'ordre du jour fut publié à la date du 21 juin.

A partir de ce jour, la Commission d'organisation, forte de là majorité que lui donnaient les Syndicats lyonnais, nomma une Commission exécutive.

Cette nomination atteste la puissance de l'organisation du Congrès, en même temps qu'elle montre le chemin parcouru.

Au mois de juillet dernier, le Ministre du commerce étant de passage à Lyon, les organisateurs du Congrès décidèrent de faire une démarche auprès de lui, afin d'obtenir le passage gratuit sur les voies ferrées, pour les délégués qui se rendraient au Congrès de Lyon. Reçus par le Ministre, à la suite d'une demande d'audience, il promit aux délégués de la Commission d'organisation de s'occuper de leur demande et de faire part à son collègue des travaux publics de la démarche faite auprès de lui par les délégués de la Commission d'organisation du Congrès.

Nous sommes au mois d'août. Le Conseil municipal de Lyon vient de voter, dans sa séance du 3 courant, la somme de 2,000 francs pour le Congrès à titre de subvention.

Ce vote changea complètement la situation des organisateurs et faisait entrer l'organisation du Congrès dans sa deuxième période.

Mais comme le temps s'écoulait, et qu'il importait à la Commission d'organisation de connaître au plus tôt le sort réservé à sa demande relative au passage gratuit sur les voies ferrées pour les délégués qui se rendraient au Congrès, la Commission délégua trois de ses membres pour se rendre à Paris auprès des autorités supérieures, afin de savoir à quoi s'en tenir sur la demande qu'elle avait faite.

Cette démarche, couronnée d'un plein succès, mit à la disposition des organisateurs la somme de 5,000 francs, accordée par le Ministre du commerce à titre de subvention, sans préjudice de ce que l'on pouvait espérer de la part des compagnies de chemins de fer.

Ce résultat très important, eut cependant son revers.

Certains journaux parisiens attaquèrent la Commission d'organisation, au point de vue de son indépendance.

Ces attaques assez vives obligeaient les organisateurs à répondre, c'est ce qu'ils firent par une déclaration publique, en date du 25 septembre.

Le Conseil général du Rhône, dans sa séance du 3 septembre dernier, ayant voté, à titre de subvention, la somme de 2,000 francs pour le Congrès, mettait entre les mains des organisateurs une somme de 9,000 francs.

L'ouverture des séances du Congrès ne faisait plus maintenant l'objet d'un doute pour personne, il restait encore beaucoup de choses à régler, en ce qui concernait les menus détails d'une entreprise aussi importante, mais les organisateurs pouvaient désormais regarder l'avenir sans crainte.

L'ouverture du Congrès national des Syndicats ouvriers était assurée.

Citoyennes et Citoyens,

La Commission d'organisation, en terminant son rapport, a le devoir de vous dire quelques mots concernant les questions mises à l'ordre du jour des séances du Congrès ; en les proposant, nous n'avons pas eu, en rien, l'intention de peser sur vos déterminations, si nous les avons proposées, c'est que nous les avons étudiées avec soin ; car nous croyons qu'elles méritent de fixer l'attention des travailleurs.

Les organisateurs n'ont pas, du reste, à s'étendre davantage sur ces questions de l'ordre du jour, attendu qu'elles ont été soumises à l'heure actuelle à l'autorité de votre étude.

Citoyens,

Un dernier mot.

Le Congrès national n'oublie pas, nous en sommes convaincus, que les travailleurs français ont les yeux fixés sur lui, qu'ils attendent de lui le rayon d'espoir qui doit maintenant le soutenir dans l'avenir.

Vous serez, nous l'espérons, à la hauteur de votre tâche, possédant votre pleine et entière liberté, ne dépendant que de vous-mêmes.

Les résolutions que vous voterez seront l'exacte expression de vos sentiments, si, comme nous le pensons, vous avez l'amour de l'humanité. si vous croyez que l'émancipation des travailleurs doit être l'œuvre des travailleurs eux-mêmes. Nous nous félicitons d'avance des résolutions qui seront votées dans cette enceinte; car elles ne vous auront été inspirées que par la raison, l'amour de la justice et de la vérité.

Après la lecture du rapport, le citoyen Choux, délégué des menuisiers, demande la parole sur le classement de l'ordre du jour, il voudrait le modifier, et dépose les conclusions de sa Chambre syndicale sur le bureau, tendant à remplacer le projet Lockroy sur l'arbitrage, par le projet Lockroy sur la réorganisation du Conseil des prud'hommes.

Le Président lui fait observer que ses conclusions ne se rattachent pas au premier article de l'ordre du jour, elles seront discutées en leur lieu.

Le Président donne lecture de l'ordre du jour :

1° Projet de Fédération de tous les Syndicats ouvriers ;
2° Discussion de la loi sur les Syndicats ;
3° Etude du projet Lockroy ;
4° De l'utilité d'un Conseil supérieur du travail près le Ministre du commerce et de l'industrie ;
5° Des heures de travail ;
6° Rapports du travail et du capital.

Le citoyen Choux demande d'intervertir l'ordre du jour.

Le citoyen Blondeau fait observer que, vu l'adoption de l'ordre du jour pour les six jours de séances, on ne peut le faire.

Le citoyen Sartarin, prend le premier la parole et lit le rapport suivant :

Citoyennes et Citoyens,

Lorsque la Chambre syndicale des ouvriers en instruments de musique de la ville de Lyon m'a fait l'honneur de me désigner pour présenter au Congrès des Syndicats ouvriers l'exposé de ses sentiments et de ses vœux, j'ai bien hésité à accepter ce mandat, me rendant compte de mon insuffisance pour traiter des questions aussi ardues, aussi élevées que celles qui composent le programme du Congrès.

Mais en songeant que si nous voulons quelques améliorations, il faut que nous-mêmes les cherchions et les appliquions ; que nous n'avons rien à espérer de ceux dont la solidarité et la similitude de situation ne font pas un allié naturel pour nous, travailleurs, je me suis décidé à me présenter devant vous en vous priant d'avoir plutôt égard à ma bonne intention qu'à la forme plus ou moins correcte de mon discours.

C'est de la nécessité de fédérer les Syndicats ouvriers dont je veux vous parler et vous soumettre les moyens que nous croyons propres à faciliter ce résultat.

S'il est une vérité incontestable, banale, que tout le monde reconnaît, c'est que l'ouvrier isolé, livré à lui-même, vivant au jour le jour lorsqu'il a du travail, est entièrement à la merci de celui qui l'emploie.

De là, la nécessité absolue de se grouper en Syndicats, si l'on veut avoir quelques chances de pouvoir, à l'occasion, défendre son salaire ou sa dignité.

Mais de même que l'ouvrier d'un corps d'état ne pourra faire respecter son droit de vivre en travaillant, qu'autant qu'il sera lié avec ses collègues par une association syndicale ou autre : de même les Syndicats ne pourront faire une œuvre utile, efficace, durable, que s'ils sont unis entre eux par un lien fédéral.

Et que pourrait faire aujourd'hui un Syndicat isolé contre la formidable organisation du capital ? Mais, pas plus que l'ouvrier qui serait seul, il ne pourrait que subir toutes les exigences, toutes les exactions que la partie antagoniste voudrait lui imposer ; tandis que par la Fédération, qui n'est pas une utopie, elle est réalisable si nous avons de la bonne volonté, un peu de dévoûment et surtout la véritable intelligence de nos intérêts d'ouvriers.

Par la Fédération, dis-je, le travail devient une puissance au moins égale au capital, peut traiter avec lui, et sans lui imposer des conditions onéreuses, peut au moins en obtenir d'équitables.

Permettez-moi de vous faire un exemple par un fait qui se passe en ce moment :

« La Compagnie concessionnaire des mines de Rive-de-Gier en a « fait don aux ouvriers mineurs ; de prime-abord, on peut croire « qu'un don gratuit et gracieux d'un gisement houiller est fait parce « que son exploitation doit être improductive et que c'est une ma-« nière de démontrer que la mine ne peut pas être au mineur. »

Mais n'allons pas jusque-là, admettons que ces mines ne soient pas épuisées et que le travailleur puisse y trouver un salaire suffisant, cela suffit-il ? Les ouvriers mineurs pourraient-ils attendre d'abord d'avoir extrait leur charbon ? d'en avoir opéré le placement ? reçu le paiement ? Est-il même bien sûr qu'ils puissent le vendre ? Voilà des questions que l'on ne saurait résoudre par l'affirmative : tandis que si tous, ou du moins la majorité des ouvriers étaient d'abord unis eux-mêmes par des Syndicats et ces Syndicats unis par la Fédération, voyez combien serait différente la situation des mineurs.

La Caisse fédérale pourrait et devrait leur faire l'avance nécessaire pour exécuter les travaux, et l'écoulement des produits serait plus facile, en raison du grand concours que la Fédération pourrait créer en faveur des mineurs.

Il n'est pas une phase de notre existence d'ouvrier qui ne puisse être avantageusement modifiée par l'appui que nous pourrons trouver dans la Fédération.

C'est sur ce point que je vais vous soumettre mes vues, en vous priant de m'aider de vos bons conseils pour faire un projet pratique et réalisable, puisque notre avenir en dépend.

Je propose : en premier lieu, de créer une Commission de propagande pour répandre parmi les travailleurs l'idée de la nécessité absolue où nous sommes de nous grouper en Chambre syndicale, et cela dans toutes les catégories d'ouvriers, de l'agriculture, du commerce et de l'industrie.

Cette Commission, choisie dans tous les Syndicats existants, devra être assez nombreuse, afin que son action s'étende d'un centre à l'autre et puisse constituer des relations régionales.

Le travail le plus difficile pour organiser la Fédération, celui qui demandera le plus de soins, le plus de persévérance et de dévoûment, sera sans contredit celui de créer les Syndicats ou d'attirer à ceux qui sont établis une partie assez importante des ouvriers de cette corporation, qui permette auxdits Syndicats de parler ou d'agir au nom de tous.

Cette organisation, une fois formée, rien ne deviendra plus facile que d'organiser la Fédération, d'abord parce que tous seront bien convaincus de son indispensable utilité, et que ce ne sera plus qu'une question de règlement, dont voici un avant-projet :

1° Des Comités fédéraux dans chaque ville comprenant au moins vingt Syndicats, et dans chaque agglomération de canton ou de ville arrivant à ce minimum de vingt Chambres syndicales, il sera nommé deux membres par Syndicat, pour former le Comité fédéral ;

2° Par l'intermédiaire de leurs délégués au Comité fédéral, les Syndicats feront connaître tous les faits qui pourraient les intéresser à tous les Syndicats. soit par une revendication, demande de subsides ou autre éventualité.

Toute proposition faite par un Syndicat appartenant à la Fédération devra être étudiée et discutée dans les trois jours, et s'il y a lieu, dans les vingt-quatre heures.

3° *Comités régionaux.* — Par catégorie de dix Syndicats similaires, il sera nommé un délégué pour le Comité régional, lequel comprendra dix départements.

Le siège de ce Comité sera successivement, et par tour de rôle, transporté dans une des villes des départements formant la région.

Le Comité régional se réunira lorsqu'une circonstance de force majeure nécessitera un appel général à tous les Syndicats de la région, et que sa présence sera jugée nécessaire sur un point quelconque de son ressort.

Le délégué au Comité régional recevra de ses mandants les instructions et les pouvoirs nécessaires pour connaitre et décider sur l'objet qui aura nécessité la réunion.

S'il s'agit d'une grève corporative ou d'un établissement industriel à créer, l'appui moral et pécuniaire de la Fédération ne sera accordé que sur l'avis conforme des délégués au Comité représenté au moins par les trois quarts de ses membres.

4o *Du Conseil général fédéral.* — Il sera nommé par département deux délégués au Conseil général fédéral.

Les membres de ce Conseil auront entre eux une correspondance mensuelle, centraliseront tous les renseignements statistiques et tous les faits intéressant les Syndicats ; ils tiendront une comptabilité générale des fonds possédés par la Fédération. ils donneront leurs avis motivés dans les questions que les Comités régionaux auront à résoudre, ils feront, lorsqu'il y aura lieu, un appel général à toute la Fédération, pour les faits dont l'importance dépasserait l'action des Comités régionaux.

Le siège du Conseil général sera la ville où aura eu lieu un Congrès national : jusqu'à une nouvelle réunion du Congrès, ce siège ne sera pas déplacé : ce qui aura pour conséquence, tout en centralisant les forces de la Fédération, de ne pas établir de prédominance pour un groupe ou une région.

5o *Finances.* — Chaque Syndicat versera une cotisation calculée d'après le nombre de ses adhérents ; ces cotisations seront centralisées au siège du Comité régional, lequel pourra en cas d'urgence reconnue, en disposer en faveur d'une corporation.

En outre de ces fonds, les Syndicats fédérés pourront être appelés à fournir un subside pour soutenir soit une revendication, soit un établissement qu'un ou plusieurs Syndicats corporatifs devraient faire.

CITOYENNES ET CITOYENS,

Je vous soumets cet avant-projet, afin que vous le discutiez et que vous y apportiez toutes les corrections et amendements que vous jugerez nécessaires dans une conception aussi grave que celle de notre organisation fédérale. Nous avons besoin du concours de tous et nous serions heureux, nous aurions atteint notre but si ce travail bien incomplet, mais réformé grâce à la lumière que la discussion pourrait nous procurer, nous pouvait fournir le moyen d'arriver à résoudre ce grand problème de l'union de tous les travailleurs par la solidarité et la fraternité.

C'est le vœu le plus ardent que nous fassions pour envisager l'avenir avec confiance, si nous arrivons à pouvoir trouver aide et appui dans tous ceux qui, comme nous, n'ont que le travail pour patrimoine.

Oui ! notre avenir, qui se présente d'une manière inquiétante, pourra au contraire nous inspirer une entière sécurité, si par notre bonne organisation nous mettons en pratique cette belle maxime des travailleurs dignes de ce nom :

Tous pour un et un pour tous !

Discours prononcé par le citoyen Victor Delahaye

CITOYENNES ET CITOYENS,

C'est au nom de la « Société professionnelle des ouvriers mécaniciens » que je viens appuyer le *principe d'une Fédération nationale de tous les Syndicats ouvriers de France* et indiquer que le vote du projet du citoyen Sartarin serait tout au moins prématuré. Presque tous les travailleurs reconnaissent la nécessité de l'organisation en Syndicats ouvriers et ensuite leur Fédération locale, nationale et internationale, comme étant le moyen le plus sûr d'améliorer notre condition matérielle, comme étant le plus puissant levier pour défendre nos intérêts professionnels communs, pour favoriser le relèvement de notre industrie nationale, pour hâter notre émancipation économique et fonder définitivement une véritable démocratie.

Si nous sommes tous d'accord pour réaliser cette organisation, combien nous sommes divisés en ce qui concerne le but, les attributions et les moyens d'action de cette Fédération.

Pour s'en convaincre, il suffit d'observer ce qui se passe parmi les Fédérations locales existant dans les grands centres industriels.

Par exemple, à Paris, il en existe deux principales : « La Fédération des travailleurs socialistes de France », qui a pour organe *Le Prolétariat* et « L'Union des Chambres syndicales ouvrières de France », qui a pour organe *Le Moniteur des Syndicats ouvriers.*

En dehors de ces deux Fédérations, il y a, en outre, un très grand nombre de Chambres syndicales qui ne sont adhérentes ni à l'une ni à l'autre de ces deux Fédérations, telles sont la « Société professionnelle des mécaniciens », dont je suis ici le délégué et la « Société des tailleurs de pierre » de Paris, dont le délégué est le citoyen Lécluse qui sera ici demain.

La première de ces deux Fédérations a surtout un but purement politique, elle est formée de cercles d'étude et de Syndicats, ses efforts principaux tendent à faire élire ses adhérents, ouvriers et employés, au Conseil municipal et au Parlement.

La deuxième a pour objet de favoriser la législation en faveur du travail, le développement du système coopératif et la participation.

A Lyon, sur une soixantaine de Syndicats, une quinzaine ont tenté de se fédérer.

La Fédération lyonnaise, celle de Marseille et celle de Nantes, paraissent plutôt incliner pour la lutte exclusivement économique et la défense des intérêts professionnels : mais chacune d'elles avec des moyens très différents.

Ces exemples suffisent pour montrer combien il est, non pas impossible, mais délicat, de trouver tout au moins un intérêt commun pouvant concilier tant d'opinions différentes et de moyens si opposés. C'est pour cette raison que dans la séance préparatoire, nous avions proposé au Congrès de constituer une Commission d'élaboration, formée de plusieurs membres choisis parmi ces diverses Fédérations, ainsi que parmi les éléments indépendants.

Nous avions pensé que cette proposition, qui tendait à concilier des éléments si divers, était un moyen pratique d'aboutir; mais en présence de l'opposition unanime des délégués les plus autorisés de diverses Fédérations, et notamment les citoyens Blondeau, Veyssier et Maistre, nous avons cru devoir retirer notre proposition, aucun d'eux n'ayant paru disposé à faire des concessions, chacun d'eux se refusant même à toute transaction à cet égard. Nous étions loin de l'esprit de tolérance et de conciliation conseillé en si bons termes par le citoyen Louis Sol, le Secrétaire de la Commission d'initiative.

En présence de ces faits, que propose le citoyen Sartarin ? Est-ce sur un terrain commun, pouvant servir de base et rallier la majorité des Syndicats, qu'il nous propose de réaliser la Fédération? Non, le projet du citoyen Sartarin embrasse tous les *désiderata* politiques et économiques du prolétariat moderne, il donne au Comité exécutif de la Fédération les pouvoirs les plus étendus, les attributions administratives les plus diverses. Par exemple, il a le pouvoir de « prélever les fonds pour la création d'associations ouvrières de production » outre « une cotisation fixe et proportionnelle, les Syndicats fédérés pourront être appelée à fournir un subside pour soutenir soit une revendication, soit un établissement. »

Il est évident que cet avant-projet est l'œuvre d'un travailleur sincère et de bonne foi, nous sommes convaincu que le citoyen Sartarin est animé des meilleures intentions, mais son projet ne repose que sur des fictions et des sentiments, il est, quant à présent, irréalisable.

A l'époque de leur prospérité, *les jurandes*, qui étaient le *Comité exécutif des corporations fédérées* du moyen âge, dans toute l'Europe, n'ont jamais eu le pouvoir de décréter des levées, de voter des subsides ou des cotisations extraordinaires. Jamais le *Conseil général de l'Internationale,* dont le siège était à Londres, pendant sa période d'existence de 10 années, n'a pu réussir à faire rentrer la modeste somme de dix centimes par membre et par année, alors que cette cotisation était votée par les Congrès annuels. Il en a été de même des Fédérations nationales et locales. C'est à l'aide de souscriptions volontaires que le Conseil général subsistait. Le *Comité exécutif de la Fédération nationale des Trades-Unions* dans les Iles-Britanniques n'a pas le pouvoir d'imposer un centime de cotisation, ses revenus annuels, qui n'en sont pas moins de *25,000,000 de francs,* proviennent de souscriptions que s'imposent volontairement les *Trades-Unions* adhérentes au Congrès annuel.

Les Syndicats les plus disposés à voter une cotisation obligatoire et des levées exceptionnelles sont ceux qui ne versent pas de cotisation régulièrement dans la caisse de leur Syndicat, et qui, en fait, n'ont jamais d'argent en caisse ; ceux au contraire qui *s'imposent les lourds sacrifices d'une cotisation hebdomadaire* savent qu'ils la versent en vue d'un objet bien déterminé, soit pour s'assurer une indemnité dans les cas de chômage, de maladie et d'accidents, soit en vue de garantir leurs vieux jours par une pension de retraite, ou pour tenter, avec l'aide *du crédit,* de créer des associations ouvrières de production dans leur industrie respective. Ceux-là contrôlent très sérieusement l'usage qu'on fait de leur cotisation.

Ils ne consentiront jamais à verser entre les mains d'un Comité qui pourra, de son autorité privée, prélever des cotisations et disposer arbitrairement de cet argent. Nous pensons, au contraire, que certaines Fédérations, comme quelques Syndicats existants, doivent abandonner la pratique des virements, procédé qui consiste à tromper les ouvriers et à paralyser le développement des Syndicats.

En ce qui nous concerne, nous avons le mandat impératif de ne point engager financièrement notre Syndicat, non seulement pour une cotisation régulière, mais à plus forte raison pour des cotisations extraordinaires et imprévues.

Maintenant, quelles que soient les décisions de ce Congrès, nous croyons de notre devoir d'adresser nos remerciments bien sincères : 1° A la Commission d'initiative du Congrès de Lyon, qui a été bien inspirée en s'adressant aux pouvoirs publics pour obtenir le moyen financier de réunir à Lyon les délégués d'un bon nombre de Syndicats de France ; 2° Au Conseil municipal de Lyon, au Conseil général du

_ Rhône et au Ministre du commerce et de l'industrie, qui ont fait
preuve, les uns et les autres, de sentiments véritablement démocratiques en votant 9,000 francs pour favoriser ces grandes assises du
travail, pour que ce premier Congrès, véritablement national, puisse
se réunir pour dresser nos cahiers du travail, pour ébaucher un programme de réformes pratiques, en rapport avec l'immense transformation qui s'est opérée depuis la fin du xviii⁰ siècle dans les rapports économiques entre le travail et le capital, entre ouvriers et
patrons.

Ceci dit, nous allons nous résumer :

Pour hâter cette Fédération nationale si nécessaire, pour qu'elle
puisse nous rendre le plus tôt possible tous les services que nous en
attendons, nous pensons qu'elle doit se développer progressivement,
sans surprise et sans passion. Ce n'est pas dans une journée que nous
pouvons examiner et discuter un projet aussi important, nous nous
exposerions au contraire à reculer l'avènement d'une véritable fédération, nous pourrions en ajourner la réalisation. Nous estimons que
notre présence ici, que l'adhésion des nombreux Syndicats qui sont
représentés à ce Congrès de Lyon, *constituent en réalité cette Fédération nationale*. Le but qui nous a tous réunis ici, c'est le désir de
nous entendre, c'est la nécessité de discuter et de formuler, d'une
manière nette, précise et pratique, nos aspirations et nos besoins
communs. Conséquemment, nous considérons que *la Fédération
nationale existe en fait*, et qu'il serait imprudent et prématuré de
voter un projet qu'il nous a été matériellement impossible d'étudier.

Or, nous proposons au Congrès de Lyon l'adoption des considérants suivants et la *nomination d'une Commission fédérale avec
les attributions déterminées comme ci-dessous* :

Considérant que c'est *par l'association, l'union et la Fédération*
que nous pouvons protéger nos intérêts professionnels communs,
accroître notre bien-être et hâter notre émancipation économique et
sociale ;

Considérant que c'est par l'organisation en Syndicats professionnels que nous acquerrons les habitudes pratiques de la discussion, de
la discipline, de la solidarité et de la tolérance les uns vis-à-vis des
autres, que c'est en versant régulièrement notre cotisation dans une
caisse commune que nous pouvons nous aider mutuellement et attendre
les résultats ;

Considérant qu'en restant isolés nous ne pouvons rien contre les
humiliations, les incertitudes et les iniquités croissantes de l'exploitation capitaliste moderne ; que nous sommes impuissants contre

l'insuffisance des salaires et les crises de surproduction, contre le chômage et la prolongation excessive de la journée de travail dont les effets meurtriers, nous font descendre, comme citoyens et comme nation, au plus bas degré de l'échelle des êtres et des pays sauvages;

Pour ces raisons :

Le Congrès de Lyon invite fraternellement :

1º Tous les travailleurs à associer leurs efforts aux nôtres, à se faire inscrire membres de leurs Syndicats respectifs et à verser régulièrement une cotisation hebdomadaire dans la caisse commune de leur Syndicat ;

2º Il invite tous les Syndicats des départements à envoyer des délégués au prochain Congrès national des Syndicats ouvriers et à se fédérer dans chaque localité, dans tous les grands centres industriels et notamment à Paris, à Lyon, à Marseille, Bordeaux, Nantes, etc. ;

Nomination d'une Commission fédérale.

3º Le Congrès décide, en outre, la nomination d'une Commission fédérale de ( ) membres, dont le siège sera à Lyon jusqu'au prochain Congrès.

Attributions de la Commission fédérale.

Les attributions de la Commission consistent :

1º A *réaliser en lois*, dans la mesure du possible, *toutes les résolutions du Congrès avec l'aide et l'appui des pouvoirs publics ;*

2º A *élaborer un projet de Fédération nationale*, qui sera soumis à la discussion et à l'adoption du prochain Congrès : ce projet, ainsi que l'ordre du jour, devront être envoyés, au moins *trois mois avant le Congrès, à tous les Syndicats de France ;*

3º A convoquer le prochain Congrès, qui se tiendra en 1887.

NOTA. — Il sera pouvu aux dépenses du Comité fédéral à l'aide de cotisations volontaires de la part de tous les Syndicats adhérents, de souscriptions publiques et privées, et d'indemnités accordées par les pouvoirs publics.

La parole est au citoyen BLONDEAU qui n'est pas de l'avis du citoyen Delahaye; il se déclare, au contraire, partisan de la Fédération immédiate.

Si nous ne sommes pas plus forts, dit-il, c'est de notre faute, c'est de la faute de ces travailleurs inconscients qui ne sont pas avec ceux ici présents.

Et, s'adressant au public, il ajoute :

Oui, c'est de votre faute, si vous êtes malheureux, c'est

votre indifférence qui est la cause de votre misère, vous êtes les plus coupables ; nous ne sommes pas ici pour flatter les masses, nous devons, dans ce Congrès, vous dire la vérité.

Devons-nous donc attendre, comme on le disait tout à l'heure, d'être la majorité ? Moi je réponds : non ; car, si avec la minorité qui est représentée ici nous ne faisons pas le travail aussi complet que nous le désirerions (car si nous faisions ce travail nous ferions la révolution sociale), nous devons, néanmoins, ne pas attendre plus longtemps, car c'est du devoir des minorités intelligentes de marcher de l'avant, afin de devenir la majorité pour le Congrès de 1889.

L'argent ne manque pas toujours ! Et je veux terminer par ceci :

Nous sommes dix dans un Syndicat, mais qu'importe si nous faisons plus que cinq cents, quand on est bien décidé, et tous les délégués ici présents le sont, car ils ont fait faire des efforts de volonté et des efforts financiers à leurs Syndicats, et c'est dur des efforts financiers, quand on a les goussets vides ; j'ai donc la conviction que de ce Congrès il en sortira une Fédération établie sur des bases solides et durables.

Le citoyen MONDON, délégué des menuisiers de Lyon, lit le rapport suivant :

CITOYENNES ET CITOYENS,

Fédération ! Ce grand mot qui, lui seul, peut changer notre situation, tâchons donc, nous tous ici, de le comprendre et de le mettre en pratique ; étudions sérieusement et efforçons-nous, à quelque prix que ce soit, de faire sortir cet article de l'ordre du jour du Congrès national, avec une victoire imposante, à seule fin que les incrédules se le gravent bien dans la mémoire.

Quoi ? Citoyennes et Citoyens, ces quatre syllabes bien comprises peuvent nous sortir de cet esclavage où nous sommes en quelque sorte réduits.

Passons aux faits ; nous sommes en France douze millions de travailleurs de tous art et métiers, admettons que cette masse de producteurs soient unis d'un même lien, qu'ils cotisent 25 centimes par mois chacun, somme très minime, nous voici au premier mois capitalistes de trois millons, répétons ceci annuellement, nous sommes à la tête de trente-six millions : voilà pour l'espèce.

Passons à la force : puisque nos gouvernements, tous sans exception, nous l'ont opposée à nos revendications, hélas ! trop prouvées.

Que ferait cette jeune armée, animée comme nous de la soif de liberté, en présence du nombre des martyrs qui ne demandent qu'une part restreinte de leur sueur, de leur production ? Au commandement de feu contre leurs frères, ils lèveraient la crosse et s'écrieraient d'une seule voix : Sus aux buveurs de sang, sus aux exploiteurs, les travailleurs sont unis, ils sont le nombre, ils sont la loi, au lieu de les combattre, nous voulons faire respecter leurs droits. Voilà, Citoyennes et Citoyens, le faisceau inébranlable que, par l'union, nous imposerions à ces gouvernements ambitieux des honneurs et de la fortune ; ils s'inclineraient par la raison ou par la force de nos revendications par la Fédération. Toujours par l'union, oui, nous dirions à tel ou tel monopole, compagnie ou patronat, de nous traiter comme des producteurs et non comme des affamés ; car n'ignorez pas qu'il ne faut rien attendre d'eux, c'est absolument de nous seuls que dépend notre indépendance, ils ne veulent pas connaître nos besoins, parce qu'ils vivent en égoïstes : tout pour le capitaliste, rien ou du moins le moins possible, pour le producteur qui, de ses peines atroces, nourrit ces oppresseurs féroces.

Dans ces jours de crises, de luttes qui ont été soutenus par les martyrs de Decazeville et tant d'autres, si nous avions été fédérés, qui donc aurait remporté la grande victoire ? Inutile de vous le dire ; mais, en présence du manque d'union, neuf fois sur dix nous sommes vaincus par les capitalistes, à qui se joignent nos gouvernants, la police et l'armée.

Ai-je exagéré sur le nombre ? oui, je l'accepte. Sortons donc un tiers, ne restons que deux tiers unis sous un seul drapeau : celui du socialisme raisonné, c'est mon principe ; mais s'il nous pousse au socialisme de rigueur, je l'accepte, et là, par cette union, nous ferons trembler les exploiteurs et les dictateurs.

Concluons donc ici que tous les délégués au Congrès national représentant les Syndicats ouvriers de France le porteront haut et ferme ; que, par la Fédération de tous les Syndicats français nous sortirons d'entre les mains des bourreaux, des traîtres et des voleurs.

Voilà mon appréciation.

Le citoyen Dumay constate avec plaisir que tout le monde est d'accord sur la Fédération. La minorité groupée a fait de grandes choses et a forcé un ministre à reconnaître que l'on ne peut plus remettre la question sociale.

Dans les premiers groupes nous avons été forcés de faire de la politique, mais le Congrès de Paris a trouvé des hommes qui, après s'être arraché les cheveux au 4 octobre 1885, se sont trouvés d'accord sur les questions sociales

Le citoyen Dumay ajoute :

Nous venons de faire quinze ans de crédit à la République, eh bien nous sommes forcés de lui faire encore crédit de quelques années. Mais si les promesses qu'on nous a faites étaient encore mensongères, nous devrions nous rappeler que nous avons du sang de Jacques Bonhomme dans les veines.

Le citoyen Dumay termine avec l'espoir que par la Fédération syndicale, qui va sortir de ce Congrès, nous pourrons organiser les forces prolétariennes sur une vaste échelle, ce qui nous permettra de nous retrouver nombreux, 10,000 au moins au Congrès international de 1889, date où la bourgeoisie célèbrera sa victoire. Ce jour-là, nous réclamerons, nous aussi, notre part du gâteau, et si elle nous est refusée, les bourgeois auront à se souvenir que le peuple aura son heure.

Discours du Citoyen Veyssier

Citoyens,

En réponse aux arguments développés par les divers orateurs qui sont venus à cette tribune défendre le projet de Fédération présenté par la Commission du Congrès, je tiens à déclarer qu'il est bon que les Syndicats se fédèrent, mais seulement entre les éléments susceptibles de se comprendre et de s'accorder. Croyez bien que les Syndicats ne s'engageront pas à la légère dans une organisation d'ensemble où la différence des caractères ferait prévoir la désorganisation, sans que le but de la Fédération fût bien déterminé. Or, que sera cette Fédération ? Quant à moi, je l'ignore. La Commission, en inscrivant cette question à l'ordre du jour, a oublié de nous le faire connaître. Cette Fédération aura-t-elle pour objectif la réalisation d'un programme économique ?

On nous a bien dit qu'il fallait réunir tous les Syndicats sous un même drapeau; que c'était là le seul moyen de constituer les forces ouvrières : mais on ne nous dit pas dans quel sens on fera évoluer ces forces. D'autre part, en même temps qu'on demande la Fédération de tous les Syndicats, on constate que, jusqu'à présent, la grande majorité des associations syndicales a répondu aux efforts tentés dans ce sens par l'indifférence la plus coupable. Le citoyen Delahaye vous disait tout à l'heure qu'avant de songer à faire la Fédération de vos rêves, il fallait préalablement que les ouvriers vinssent en masse grossir leurs Syndicats respectifs. Et il avait raison, car les travailleurs syndiqués ne représentent encore qu'une fraction minime du prolétariat francais. Voyez, d'ailleurs, ce qui s'est passé à Lyon ! Le groupement fédératif des Syndicats locaux a été tenté, et cette tentative a échoué. A Paris, quatre Fédérations existent. Comment expliquer ce quadruple emploi, sinon par la différence des aspirations, ou tout au moins la dissemblance des éléments. On veut bien aller au même but, mais on ne l'entrevoit pas à travers le même prisme, et il arrive qu'on suit des chemins différents, qui ne se rencontrent plus, et qui en éloignent. Le but à atteindre ne peut être qu'à la proximité de l'accord entre les citoyens qui ont les mêmes intérêts, mais si ces intérêts se divisent, si au lieu de s'appuyer les uns les autres, ils se jettent la pierre, comme ils l'ont fait jusqu'à présent et comme ils continuent à le faire, même dans ce Congrès, alors le but s'éloigne par la raison bien simple que les adversaires empêchent d'y arriver ceux qui se dirigent vers lui. Donc, il serait très difficile de faire un tout de ces éléments opposés, c'est-à-dire d'imposer une Fédération unique, surtout étant donné que les quatre Fédérations déjà existantes à Paris n'ont rallié qu'une partie des Syndicats constitués en France et que, dans ce cas, on est autorisé à supposer que les autres ont des vues et des aspirations différentes. Cela prouve donc qu'il est impossible de faire entrer tous les caractères dans le même moule.

Or, du moment que la Fédération ne pourra réunir tous les Syndicats sans exception, ce ne sera plus une Fédération générale telle qu'on a voulu la comprendre. Elle ne formera qu'un nouveau groupement à côté de ceux qui existent déjà. Elle n'aurait pas le droit de parler au nom de la généralité des Syndicats et sera, pour les autres comme pour elle, un instrument de faiblesse plutôt qu'un moyen de force, car pour atteindre à des résultats pratiques, il faut que toutes les parties qui y concourent soient d'accord au préalable.

Pour le moment, nous devons donc nous contenter de grouper les Syndicats, qui ont les mêmes tendances. C'est ce que nous avons compris et appliqué à l'Union des Chambres syndicales ouvrières de France, qui a déjà montré quelque espérance en matière économique, qui a rendu des services aux travailleurs, qui a. par des efforts persévérants, contribué pour une large part au vote de la loi du 21 mars 1884, et dont les portes sont ouvertes à tous les Syndicats régulièrement constitués.

A propos de Fédération, le citoyen Blondeau nous a dit tout à l'heure que la concurrence étrangère était une « blague bourgeoise ».

Je demande aux tisseurs lyonnais, qui souffrent tant de cette concurrence par l'introduction des produits tissés italiens, allemands, anglais et autres, s'il la considèrent comme une blague ou une réalité et d'ailleurs celles de nos industries — et elles sont malheureusement nombreuses — qui ont disparu ou qui sont en souffrance, protestent suffisamment contre le dire du citoyen Blondeau. Je ne veux donc pas m'étendre davantage sur cet incident, et je reviens au sujet en discussion.

Voyons si la Fédération projetée pourrait rendre aux ouvriers les services qu'on semble en attendre ? A cause de la mobilité du siège, selon ses transferts successifs, désignés par le projet de la Commission, je dis qu'il n'est pas possible, qu'il n'est pas pratique de dessaisir tous les deux ans et de renouveler les Commissions d'étude qui auraient été chargées de suivre les propositions ou projets de loi économique, émanant soit de l'initiative privée, soit du législateur, soit du gouvernement. Lorsqu'une Commission lyonnaise, par exemple — puisque c'est cette ville qui, la première, posséderait le siège de la Fédération — aurait examiné attentivement une question d'importance considérable et qui serait sur le point d'aboutir à un résultat tangible, fructueux, le changement biennal de résidence du Conseil administratif remettrait en d'autres mains les questions à l'étude et tout serait à recommencer. D'ailleurs, neuf périodes sur dix éloigneraient ces Commissions du lieu où délibèrent les pouvoirs publics, et elles rencontreraient beaucoup de difficultés pour communiquer avec eux comme il conviendrait pour faire aboutir leur *désiderata*.

Je conclus donc contre le projet de Fédération présenté par la Commission, projet que je considère comme impraticable et ne pouvant que provoquer une nouvelle division parmi les travailleurs, et j'invite les Syndicats indépendants à se joindre aux Unions ou Fédérations existantes, vers lesquelles leur caractère les entraine de préférence.

Le citoyen Heppenheimer dit qu'il fait partie de la vaste Fédération des Travailleurs socialistes de France, et pourtant il préconise la Fédération et ne dit pas comme on est venu la faire. Nous avons une organisation, vous n'avez pas à en créer d'autres; vous n'avez qu'à venir parmi nous, nous ne craignons pas, quant à nous, bien au contraire, de voir des groupements s'organiser, certains que nous sommes de suivre la bonne route, et que, tôt ou tard, ils nous tendront une main fraternelle. Oui, Citoyens, organisons-nous, fédérons-nous, car la Fédération nous mènera infailliblement à l'émancipation. Nous connaissons l'amour de nos gouvernants; nous savons que lorsqu'ils nous serrent dans leurs bras c'est certainement pour mieux nous étouffer; aussi, méfions-nous bien chaque fois que nous voyons le gouvernement intervenir en notre faveur.

Vraiment, Messieurs les bourgeois, croyez-vous que les travailleurs n'ont pas, sinon plus, mais autant d'amitié que vous pour leur compagne et leurs enfants. Croyez-vous qu'ils laisseront toujours subsister cet état social où il faut, pour vous créer et vous conserver une fortune colossale, qu'ils consentent à voir s'éteindre tous les leurs. N'arrive-t-il pas, 98 fois sur 100, que leur chère compagne et leurs enfants meurent parce que le salaire est tellement maigre qu'il ne peut suffire aux besoins de la famille, et l'on hésite à prendre des moyens préventifs contre un mal qui tue, allons donc!

Il faudra, un jour, tenir compte de tous ces êtres si chers qui disparaissent par votre rapacité et votre égoïsme. Vous nous parlez de la concurrence étrangère chaque fois que nous réclamons, mais c'est toujours la même chose, et cependant vous ne voulez pas abroger la loi sur l'Internationale. Croyez-vous donc que nous ne sachions pas que nos frères d'outre-frontière sont malheureusement dans la même situation que nous; rappelez-vous que les travailleurs qui souffrent de la faim n'ont pas à s'occuper de la concurrence, ils doivent seulement chercher à améliorer cette situation. Ce sont vous autres, Messieurs, qui faites la plus cruelle concurrence en commandant à l'étranger, tels que les menuisiers, chapeliers, et les objets tout fabriqués que vous revendez en France, pour le plus grand malheur de l'industrie nationale. Et qu'importe d'abord que l'ouvrier meure à 50 °/₀ d'un côté ou à 80 °/₀ de l'autre, du moment qu'il meurt. Si vous êtes sincères, demandez avec nous l'abrogation de la loi sur l'Internationale.

Citoyens, syndiquez-vous, fédérez-vous et emparez-vous des pouvoirs constitués d'où partent les ordres bourgeois, instruments de notre malheur, et souvenez-vous que l'affranchissement des travailleurs ne peut être que l'œuvre des travailleurs eux-mêmes.

Le citoyen YVAN dit qu'une Fédération nationale ne nuira en rien aux Fédérations qui existent déjà, et il cite les résultats obtenus par la Fédération des chapeliers.

Pour finir, l'orateur démontre la possibilité pour le Congrès, une fois la Fédération faite, de formuler des vœux tendant à ce que les produits français vendus par les commerçants soient imposés de 1 °/₀, tandis que les produits étrangers payeront un droit de 10 °/₀. Ce sera toujours d'ailleurs une façon de forcer le patriotisme des négociants.

Le citoyen BARTOLINO croit que l'on met trop de temps dans la discussion; nous ne devons pas, dit-il, nous appitoyer sur les plaies des travailleurs, mais rechercher les moyens pratiques de les fermer.

Répondant au citoyen Veyssier, il dit qu'il ne croit pas que la Fédération puisse nous diviser, mais en supposant que la scission se fasse, ce n'est pas une raison pour se décourager, nous devons donc nous mettre à l'œuvre sans réticences, car la division ne pourra se produire que sur des questions secondaires, et de ce fait être de courte durée.

Le citoyen MAYSTRE est un partisan convaincu de la Fédération nationale, et déclare qu'à Marseille il existe déjà une Fédération départementale, ayant pour titre : l'*Union des Bouches-du-Rhône*. Lors de sa fondation, dit-il, nous étions peu nombreux, et actuellement la Fédération compte *trente-deux* Syndicats. Nous avons eu beaucoup d'obstacles à franchir pour arriver à ce résultat, mais nous y sommes arrivés; et j'estime que chaque fois que nous serons obligés de faire appel à l'intervention administrative, nous le ferons; car nous pensons qu'un conseil qui donne 10,000 francs pour faire courir des chevaux peut bien s'imposer quelques petits sacrifices pour améliorer la situation des travailleurs.

Je termine en déclarant que, puisqu'il vous a été possible de créer une Fédération départementale, en mettant tous un peu de bonne volonté, nous arriverons facilement à fonder la grande Fédération nationale; car lorsque l'on défend une bonne cause, vouloir c'est pouvoir.

Le citoyen BLONDEAU s'excuse de prendre pour la deuxième fois la parole ; mais il croit qu'il est de son devoir de venir protester contre l'apologie qu'a faite le citoyen Veyssier de la loi sur les Syndicats.

Il est indigne, dit-il, de reconnaître cette loi qui assimile les ouvriers aux femmes de trottoirs.

Et en terminant, je tiens à protester contre ces décorations achetées par des bassesses.

Pressé par le Bureau de revenir sur ses paroles, le citoyen Blondeau dit qu'il n'a pas voulu blesser la dignité du Congrès ; mais que si le citoyen Veyssier se trouve blessé, il sait ce qui lui reste à faire ; et l'orateur termine en déclarant qu'il a des amis et le citoyen Veyssier aussi.

Le citoyen GRUHIER regrette profondément ce qui vient de se passer, et proteste énergiquement contre l'injure lancée contre tous les Syndicats qui se sont constitués sous le régime de la loi du 21 mars 1884.

Et l'orateur ajoute que si le citoyen Veyssier est décoré de la Légion d'honneur, c'est sur la demande de ses camarades, qui ont trouvé qu'ayant été à la peine, il était juste qu'il fût à l'honneur.

Le Président déclare l'incident clos.

Rapport du Citoyen Labouret

Le citoyen LABOURET lit le rapport suivant :

CITOYENNES ET CITOYENS,

Quoique le Congrès ouvrier de Lyon de 1878 ait déjà à cette époque voté en principe la Fédération des Syndicats, nous devons remercier le Congrès actuel d'avoir placé cette question en tête de son ordre du jour. Il était utile, en effet, qu'une étude approfondie de cette question fût soumise à la compétence des délégués des Syndicats ouvriers, venus de tous les points de notre pays.

Jetons donc tout d'abord un coup d'œil rétrospectif, très rapide, sur les faits qui se sont passés depuis le dernier Congrès de Lyon, et qui ont trait à la question qui nous occupe.

En 1878, à la suite du Congrès ouvrier, une Commission de résolutions avait été nommée pour appliquer, autant que faire se pouvait, les décisions prises par le Congrès. Tenant compte du mandat qu'elle avait reçu, la Commission convoqua une grande réunion de travailleurs, et, s'inspirant des discussions auxquelles elle avait pris part, exposa l'utilité du groupement fédératif de tous les Syndicats formés ou à former.

Des adhésions qui suivirent cette réunion naquit la Fédération des Syndicats lyonnais; et l'on se demande aujourd'hui pourquoi cette œuvre ébauchée depuis si longtemps, n'a pas produit tous les résultats qu'on était en droit d'en attendre ? Il y a quelques années, au moment où la crise ouvrière venait de sévir plus particulièrement sur notre région, des citoyens appartenant à quelques Syndicats lyonnais, lancèrent un nouvel appel et groupèrent de nouveau un certain nombre de Syndicats, qui forment encore aujourd'hui la Fédération des Chambres syndicales lyonnaises. Hélas ! quoique nous ayons l'honneur d'y appartenir, nous devons avouer que ce n'est pas ce que nous avions rêvé; car il nous paraissait impossible que, dans la grande cité ouvrière lyonnaise, une quinzaine de Syndicats seulement se grouperaient sous la bannière de la Fédération.

La Commission d'organisation du Congrès des Syndicats ouvriers l'a pensé comme nous, et nous l'espérons, le Congrès, ratifiant le principe, lui donnera l'impulsion nécessaire à une plus grande extension.

CITOYENNES ET CITOYENS

Quoique nous soyons exposés à des redites, il ne nous semble pas inutile de chercher à démontrer l'utilité qu'il y a pour tous les Syndicats, non seulement à admettre, mais à propager le principe de la Fédération des intérêts ouvriers.

Bien avant même qu'une loi eût été édictée, un grand nombre de travailleurs avaient reconnu que les citoyens appartenant à la même profession ne devaient pas rester isolés. Ceux mêmes dont la situation semblait inébranlable ne tardaient pas à reconnaître leur infériorité dans la lutte toujours ouverte par l'exploitation. Le groupement syndical, qui a donné des résultats incontestés, s'imposait et s'impose encore aujourd'hui à tous. Aussi, voyons nous sur tous les points de notre patrie les progrès qu'il fait et applaudissons-nous de tout cœur à l'annonce de la formation d'un nouveau Syndicat.

Si donc, Citoyennes et Citoyens, on admet que le Syndicat

corporatif a plus de force, offre plus de résistance que l'ouvrier
isolé, comment ne pas admettre que tous les Syndicats unis
entre eux et présentant la masse des travailleurs groupés en
une armée bien disciplinée, n'offriront pas la force nécessaire,
indispensable à la défense légitime de nos revendications.

Le groupement syndical a d'ailleurs rencontré des difficultés
dans les luttes qu'il a eu à soutenir. Dans certains cas, des patrons ont refusé d'entrer en discussion avec les employés de
leurs maisons faisant partie du Comité syndical, ou n'ont voulu discuter qu'avec leurs employés, à l'exclusion de ceux composant le Comité. Un Comité fédéral n'aurait peut-être pas
rencontré ces difficultés, qui souvent ont prolongé la lutte,
offrant par sa nature une espèce de Comité arbitral.

Un autre point nous montre aussi l'utilité de ce groupement
fédératif : un Syndicat est amené à déclarer une grève, il décrète la cessation du travail. Mais dans cette industrie, il y a
des branches similaires. Aidés trop souvent de transfuges, les
patrons, grâce à ce concours des similaires, rendent la lutte
inégale et empêchent les revendications d'aboutir. Bien des
Syndicats ont compris cette lacune et ont admis les branches
similaires dans leur sein. Nous le demandons, ce groupement
de diverses branches similaires en un même Syndicat, dans le
but d'être plus forts, n'est-ce pas un commencement de Fédération ?

Une preuve encore : les luttes entreprises par quelques Syndicats ne se sont pas toujours terminées à leur avantage. Et
pourtant, nous avons vu avec bonheur ce spectacle grandiose
de toutes les Chambres syndicales, de toutes les organisations
ouvrières répondant avec empressement à l'appel d'une de
leurs sœurs. De tous côtés, on comprenait que les intérêts que
l'on défendait là n'étaient ni locaux, ni corporatifs, mais qu'ils
étaient ceux de tous les travailleurs. Est-ce que ce grand acte
de solidarité n'est pas le principe même de la Fédération ? Ne
semble-t-il pas que, puisqu'il existe moralement, il n'y a plus
qu'à le proclamer et à le réaliser en fait?

Puisque l'idée fédérative nous apparaît comme nécessaire et
utile pour tous les groupes syndicaux, pourquoi les tentatives
faites jusqu'à ce jour n'ont-elles pas eu plus de succès ? Pourquoi un si petit nombre de Syndicats se sont-ils groupés et
pourquoi un si grand nombre sont-ils restés en dehors de ce
groupement ?

Est-ce par indifférence? nous ne pouvons le croire, ou bien
des divergences d'opinions tiennent-elles le plus grand nombre
éloigné de la Fédération existante ?

Ici notre tâche devient difficile, et avant d'aller plus loin,
nous tenons à prier nos collègues de ne voir dans nos paroles
que le désir d'arriver à ce but : l'union.

Nous croyons donc que si, pour la plupart, le principe est
compris, la pratique laisse à désirer. Ainsi, à notre avis, nous
croyons qu'il est nécessaire d'écarter la politique de toute idée
de groupement fédératif. Loin de nous la pensée de conseiller
aux travailleurs d'abdiquer leurs préférences politiques, nous

sommes trop partisans de la liberté, trop respectueux pour toutes les opinions, pour conseiller pareille chose ; mais nous le répétons, il nous semble que dans le projet qui nous occupe, il faut que chaque chose soit à sa place, ce qui se passe chaque fois qu'une lutte a lieu entre exploités et exploiteurs. l'appui fraternel qu'on se prête mutuellement nous montre que toujours, sur le terrain ouvrier, nous pourrons nous retrouver unis.

D'ailleurs, ici même parmi nous, n'avons nous pas représentée la classe la plus intéressante des travailleurs, la femme, n'est-elle pas la plus grande victime dans cette lutte journalière de la vie ouvrière. Et nul ne contestera que si c'est notre devoir de l'admettre dans nos organisations, nous ne pouvons l'obliger à se mêler aux discussions ou aux luttes politiques. Or, sa participation à la défense des intérêts ouvriers est aussi d'une utilité incontestable, aujourd'hui que les employeurs cherchent à mettre la femme en hostilité avec l'homme, et, sous une philanthropie déguisée, la femme étant par eux moins rétribuée, l'emploient de préférence aux lieu et place de l'homme.

Il est donc impossible, dans l'intérêt de notre cause, de séparer la défense des droits de l'ouvrière des nôtres. Il résulte donc de cette situation l'utilité de grouper en une Fé lération tous les Syndicats. Cette Fédération, s'occupant spécialement de l'organisation de Syndicats partout où il n'en existe pas encore, s'occupant également de faire aboutir leurs demandes d'augmentation ou de maintenir des chiffres des salaires, ayant pour principal objectif la défense des intérêts ouvriers par l'entente et la conciliation des partis, pour mandat d'éviter autant que possible les grèves si désastreuses pour le travailleur surtout.

En dehors de cette Fédération ouvrière, restons libres d'appartenir à l'école politique qui a nos préférences. Limitée ainsi, la Fédération a encore devant elle un programme assez étendu pour suffire aux imaginations les plus vives et aux activités les plus grandes. Sur ce terrain ouvrier, nous le croyons du moins, pas de division, au contraire, une union compacte, indissoluble, marchant sûrement à la conquête de notre émancipation économique. Lorsqu'elle sera accomplie, cette union nécessaire, croyez-vous, Citoyens, que notre union polilique ne sera pas bien prête d'être également un fait accompli.

Pour nous résumer, nous proposons au Congrès de décider la formation, dans chaque centre, d'une Fédération des Syndicats industriels ou agricoles, ne devant s'occuper exclusivement que des questions économiques et de travail.

Dans chaque ville ou chef-lieu de canton, les Syndicats adhérents ou ceux qui adhéreront par la suite, nommeront, conformément aux Statuts préalablement adoptés, un ou plusieurs délégués qui formeront un Comité fédéral central ou régional.

Ce Comité aura pour mission de faciliter, par tous les moyens en son pouvoir, la formation de Syndicats, partout où il n'en existait pas, de rechercher l'adhésion de tous les Syndicats existants ; d'entretenir des relations avec les diverses Fédérations régionales ou de cité. En cas de conflits, le Comité fédéral devra chercher par tous les moyens possibles à amener une entente entre les partis, à aboutir, par une discussion courtoise mais ferme, à un terrain de conciliation, à éviter de tout son pouvoir la grève, cette arme meurtrière, et ce dernier moyen restant, mettre tout en œuvre pour le triomphe de la cause ouvrière. réglementer avec discernement la question de la grève, afin de ne pas laisser de place à l'imprévu et d'amener une dislocation ou un amoindrissement des forces fédératives.

Dans cette organisation fédérale, il doit être entendu que chaque Syndicat conserve son autonomie la plus complète, c'est-à-dire qu'il aura ses Statuts à lui, son administration, sa caisse, la libre discussion de ses tarifs ; mais pour la réussite de notre œuvre, il faut absolument que chaque Syndicat adhérent ne puisse décréter une grève sans l'assentiment préalable du Comité fédéral, afin d'éviter plusieurs grèves à la fois, ce qui amènerait la ruine, et sans que ce dernier, d'accord avec les délégués du Comité syndical, ait épuisé tous les moyens de conciliation.

Quoiqu'il existe, comme dans la typographie française, des Fédérations corporatives et similaires, nous avons toujours cru et nous croyons encore que des Fédérations organisées par région sont appelées à rendre de grands services.

Nous laissons à la Commission du Congrès le soin de décider entre ces deux organisations.

Un sénateur disait à propos de la loi sur les Syndicats : « Ne voyez-vous, par ces unions similaires, quelle force vous allez donner aux travailleurs. »

Groupons-nous donc, Citoyennes et Citoyens, groupons-nous sur le terrain ouvrier et sans violences, sans passions, mais avec fermeté, avec énergie, montrons au monde ce que peuvent, quand ils le veulent, les travailleurs français. Étudions avec calme les grands problèmes économiques, marchons tous unis, sous ce drapeau du travail, à la conquête de nos droits et à ce but suprême : l'union de tous les travailleurs et de tous les Syndicats.

Vive la Fédération !

Rapport du citoyen Michel, délégué des ébénistes de Lyon.

Citoyennes, Citoyens,

La première question à l'ordre du jour du Congrès porte : Fédération nationale de tous les Syndicats ouvriers de France. Cette question est, à notre point de vue, avec la question de la loi sur les Chambres syndicales, une des plus importantes

du Congrès ; car, n'oublions pas de dire que le jour où nous
arriverons à grouper sérieusement l'élément ouvrier, les autres
questions seront faciles à résoudre.

Je tiens à déclarer, avant d'entrer dans le fond de la question, que nous avons reçu mandat de dire, qu'en principe,
nous sommes partisans du projet de Fédération, mais de
faire ressortir qu'il est au moins prématuré et qu'il devrait
être subordonné à la constitution sérieuse des Syndicats ouvriers.

CITOYENNES, CITOYENS,

Les organisateurs du Congrès, en nous réunissant dans cette
enceinte, n'ont eu pour but que l'étude sérieuse, et en faisant
taire les divisions de partis qui pourraient se produire, des
mesures qui nous paraitront les plus propices et les plus efficaces pour aider à l'émancipation et à l'amélioration du sort
de tous les travailleurs, et pour résoudre dans le sens le plus
pratique, les questions à l'ordre du jour au mieux des intérêts du prolétariat ; car la situation qui nous e-t faite par la
classe qui prétend nous diriger éternellement, et qui vit gras-
sement de l'exploitation de l'homme par l'homme, empire et
s'aggrave tous les jours.

Dans ce siècle où toutes les forces de la nature : vapeur,
électricité, chimie et physique, sont venues faciliter les moyens
de produire ; où les progrès des machines, étant donné qu'elles
sont entre les mains du capital, qui en bénéficie seul, ont encore accentué la crise par le surcroît de production, la classe la
plus active, la plus nombreuse et la plus intéressante, se voit
livrée sans merci à la rapacité des détenteurs, des spoliateurs
de la fortune publique ; car si nous disons spoliateurs, c'est
que nous contestons le droit à quelques-uns de se les appro-
prier ; les forces contenues dans les éléments sont à tout le
monde, et, aujourd'hui, ce sont justement ces forces dirigées
contre nous qui nous écrasent.

Partant de là, et reconnaissant que le droit à la vie doit être
le premier et le plus incontestable des droits de l'humanité,
nous avons recherché et étudié, dans la mesure de nos faibles
moyens, si l'organisation d'une Fédération immédiate pourrait
produire les résultats que nous sommes en droit d'attendre,
si elle pourrait arriver à grouper efficacement tous les Syndicats, afin de réagir contre l'ordre social actuel.

Nous pensons, nous l'avons déclaré au début de notre rapport, que pour le moment nous devions subordonner cette organisation à la constitution sérieuse des Chambres syndicales,
qui sont loin d'avoir atteint le développement et l'autorité
qu'elles doivent avoir, et que tous nos efforts devraient tendre à assurer le bon fonctionnement des Syndicats.

Comment arriver à ce résultat ? Nous n'avons pas à le rechercher dans cette question.

La loi, à notre point de vue, ne donne pas assez de liberté,
et la modification ou l'abrogation totale, en nous permettant

beaucoup de choses qui nous sont défendues aujourd'hui, pourrait amener un grand nombre d'adhérents.

Les personnalités, questions irritantes au plus haut point, qui se sont glissées comme une lèpre pour donner un prétexte plausible aux indifférents et aux inconscients, sont la principale cause qui fait que les Syndicats ne peuvent produire de meilleurs résultats.

Donc, Citoyennes et Citoyens, faisons tous nos efforts pour combattre le mal qui nous étreint, et le jour où nous aurons réussi à faire comprendre à la masse des travailleurs leurs véritables intérêts, le jour où, par un groupement solide et fort, obtenu à force d'énergie, vous proposerez l'organisation d'une Fédération, vous aurez tout lieu d'espérer le succès.

Ne perdons pas de vue que, si vous décidez l'organisation de la Fédération et qu'elle n'arrive pas à cette autorité qu'elle devra avoir pour traiter grandement les intérêts des travailleurs, nous n'ayions fait de la mauvaise besogne, car nous aurons démontré une fois de plus notre impuissance matérielle pour organiser les groupements ouvriers et nous aurons fourni une arme de plus à ceux qui prétendent que nous avons besoin d'être dirigés.

Nous concluons donc :

En demandant que le Congrès étudie sérieusement les questions concernant les Syndicats ouvriers pour arriver à un meilleur fonctionnement et qu'il décide qu'il est partisan de l'idée d'une Fédération nationale des Chambres syndicales ouvrières ou groupements ouvriers : mais qu'il subordonne l'organisation de ladite Fédération à un Congrès ultérieur, pensant arriver, par ces discussions sur les Chambres syndicales à un meilleur groupement du parti ouvrier.

Le citoyen Nodot, délégué de la Chambre syndicale des tisseurs de Lyon, se déclare partisan de la Fédération départementale. Il est, sur plusieurs points, de l'avis du précédent orateur, et croit que ces Fédérations devront, au prochain Congrès, faire la Fédération nationale.

Le citoyen Edouard, de l'Union des tisseurs et similaires, vient défendre le principe fédératif. Il pense que ce n'est pas une quatrième Fédération, mais une Fédération unique de tous les travailleurs. Il déclare qu'il faut l'unité pour nous donner la force.

Le citoyen Choux veut une quatrième Fédération à côté des trois autres, qui ne doivent disparaître que par la suite pour se fondre dans la quatrième.

Il reconnaît que les Syndicats ne sont pas assez nombreux, mais, quel que soit leur nombre, ils doivent fonder une Fédération unique et nationale.

Le citoyen Carret, des tisseurs et similaires, croit la question assez étudiée ; il constate que tous les orateurs reconnaissent l'utilité de la Fédération nationale ; il demande la nomination d'une Commission chargée de présenter les résolutions à la fin du Congrès.

L'Assemblée décide de nommer cette Commission en réunion privée de mardi.

Le citoyen De Nonfoux propose le vote de l'adresse suivante au Syndicat des mineurs de Rive-de-Gier :

« Le Syndicat des mineurs de Rive-de-Gier est invité à envoyer un délégué en remplacement du citoyen Laur, qui n'a pu siéger. »

La séance est levée à 11 heures 40.

Rapport non lu du citoyen Marmonnier de Mâcon

Citoyennes et Citoyens,

Au nom de la Chambre syndicale des ouvriers sur cuivre de Mâcon, je vous adresse ses saluts fraternels.

Citoyennes et Citoyens, vous connaissez tous l'importance de la Fédération ; depuis longtemps nous en reconnaissons l'utilité, et, dans les différents Congrès qui nous ont précédés, un grand nombre de délégués l'ont préconisée.

Eh bien ! Citoyennes et Citoyens, à nous à la mettre en pratique ; et pour cela, que faut-il ? De la bonne volonté, et je crois que ce ne sera pas ce qui nous fera défaut.

Il existe bien actuellement des Fédérations, lesquelles sont locales et restreintes à telle ou telle industrie, mais il me semble que tous ces Syndicats et toutes ces Fédérations éparses, doivent n'en former qu'une seule grande et forte.

Citoyennes et Citoyens, vous reconnaissez comme moi que les Chambres syndicales deviennent de plus en plus nombreuses, et c'est un bien auquel nous applaudissons, et nous voudrions qu'il n'y eût pas une ville, pas une corporation qui ne possédât sa Chambre syndicale, et à laquelle tout travailleur qui a souci de ses intérêts doit appartenir.

Mais si, d'un côté, les chambres syndicales se multiplient, le capital ne reste pas inactif non plus.

Tous les jours, nous voyons disparaître les petits ateliers, qui sont englobés par les sociétés anonymes, et qui tendent, de jour en jour, à se généraliser avec la puissance des capitaux dont ils disposent, le machinisme aidant, sont un danger sérieux pour les Syndicats livrés à leurs propres ressources.

Il est donc de notre devoir, de notre intérêt, de nous entendre pour opposer aux capitalistes, qui deviennent de plus en plus exigeants, et qui, sans souci de l'état de misère dans lequel nous vivons, n'ont qu'un but : s'enrichir.

Eh bien! Citoyennes et Citoyens, à nous, travailleurs, d'opposer à la puissance du capital la Fédération nationale de tous les travailleurs, seule chose qui puisse lutter avec chance de succès, et c'est le seul moyen d'éviter les grèves dans beaucoup de cas.

Tenez, par exemple, lorsqu'un conflit éclate est-ce que nous regardons la spécialité ou la corporation qui se trouve dans le besoin? non, immédiatement nous nous cotisons pour leur venir en aide. Depuis longtemps la solidarité est chose acquise parmi nous. En effet, n'avons-nous pas vu se produire ce grand exemple de solidarité lors de la grève de Decazeville, où chaque travailleur apportait son obole pour les secourir. Et nous avons eu la satisfaction de voir, pour la première fois, les mineurs forcer leurs puissants maîtres à accepter leurs justes réclamations.

Ne perdons pas de vue, la défaite des mineurs n'aurait pas été fatale que pour eux, mais pour l'émancipation des travailleurs en général, et nous avons prouvé, une fois de plus, que devant notre union, rien ne résiste.

Aussi, Citoyennes et Citoyens, il faut en profiter pour organiser cette solidarité, de manière que, lorsque nous serons forcés d'avoir recours à la grève, pour faire accepter nos revendications, nous soyons sûrs que la faim, cette mauvaise conseillère, ne viendra pas nous forcer d'abdiquer nos droits.

La grève, cette arme terrible, souvent fatale, disparaîtra lorsque nous serons sérieusement organisés.

Car, quel serait le patron qui voudrait entrer en lutte avec la Fédération? Peu à mon avis.

Jusqu'à présent, lorsqu'il y avait des conflits, ils étaient sûrs qu'au bout d'un certain temps la faim nous forcerait bien à nous réintégrer dans leurs ateliers.

Mais, lorsqu'ils verront que la ruine de leur industrie pourrait arriver par suite de leur entêtement, ils regarderont à deux fois avant d'en arriver là.

Maintenant, Citoyennes et Citoyens, envisageons la Fédération sous une autre face.

Ainsi, par exemple, lorsqu'il se présente une loi au Parlement, qui intéresse les travailleurs, car enfin, il faut le reconnaître, nous n'avons pas les moyens de faire accepter les résolutions que nous prenons dans nos Congrès, cela appartient au Parlement, eh bien! croyez-vous que dans cette Fédération des Syndicats, lorsque nous aurons pris une résolution intéressant notre classe, croyez-vous que nous n'aurons pas plus de chance de la voir aboutir? Si, beaucoup plus, et cela se comprend, tous ces Syndicats convergeant vers un même but, demandant à leur représentant d'appuyer telle ou telle loi, lesquels se trouveront, par ce fait, forcés d'agir, car ce ne seront plus les revendications de quelques groupes isolés, mais les revendications de la majorité des travailleurs, et des travailleurs intelligents; et certainement ils seront sûrs de réussir, car nos députés seront aux quatre coins de la France entretenus d'un même projet, et, par ce fait, forcés d'arriver à une solution.

En conséquence, à nous, travailleurs, de nous entendre; n'avons-nous pas tous les mêmes aspirations? Et si nous différons de moyens pour arriver, nous visons tous au même but, qui est notre émancipation. Eh bien! Citoyennes, Citoyens, unissons-nous donc, et ne nous séparons pas avant d'avoir organisé la Fédération nationale.

Rapport non lu du citoyen De Nonfoux de Lyon

Citoyens,

L'utilité et l'importance de la Fédération ne sont plus à démontrer.

Tout le monde travailleur comprend maintenant qu'au point de vue du groupement, cette organisation peut jouer un grand rôle dans la société actuelle.

C'est donc, Citoyens, de ce côté qu'il nous faut immédiatement tourner les yeux et faire converger toutes nos forces.

Oui, la Fédération réunissant toutes les forces ouvrières et les employant à la solidarité et aux revendications sociales, pourra être l'école préparatoire de l'émancipation du prolétariat.

Il faut le répéter souvent, Citoyens, isolés, on ne peut rien, or, ce qui n'est rien ne produit rien.

Nous avons eu et nous avons encore la coalition des rois, tâchons de faire la coalition des travailleurs.

Nous sommes sous le joug de la coalition des jouisseurs par le capital, faisons donc la coalition des souffrants par le travail.

La Fédération est utile, car c'est l'école du socialisme, dans laquelle chaque travailleur apprend à défendre lui-même ses intérêts et à se préparer à cette grande association collective dans laquelle l'exploitation de l'homme par l'homme n'existera plus.

Certes, il ne faut pas se dissimuler les difficultés que nous rencontrerons sur la route, et cela aussi bien de l'individualité que de certaines collectivités.

Car il faut le reconnaître, Citoyens, beaucoup de Syndicats sont encore contraires aux principes fédératifs, et cela pourquoi ?

Parce qu'on n'a pas encore su se corriger de ce défaut, qui consiste à faire des questions de personnalités, quand, au contraire, c'est vers les questions de principes que devraient être concentrés tous nos efforts.

Soyez sûr d'une chose, c'est que si les patrons refusent si souvent d'adhérer aux justes réclamations des travailleurs, c'est parce qu'ils savent bien que la masse des Syndicats n'est pas fédérée, et dans cette circonstance, les hommes d'avant-garde ont beaucoup plus de coups à recevoir que de lauriers à cueillir.

Voilà, Citoyens, le cas des hommes actifs et intelligents.

Il est donc temps de faire cesser cet état d'insolidarité si funeste aux travailleurs.

Comme le disait au Congrès de Marseille, le citoyen Finance, l'avenir que doit-il être ?

Je suis comme lui, et je ne chercherai pas à le sonder.

Je ne sais si un jour viendra où la justice et la fraternité universelle régnant sur la terre, aucun abus ne sera plus possible, et qu'alors, les travailleurs n'ayant plus rien à réformer n'auront plus besoin de se grouper. L'idéal est beau, espérons-le, mais en attendant il faut lutter, car les abus existent et surtout fort nombreux.

N'oubliez pas, Citoyens, que d'un côté vous avez l'immense classe des travailleurs, et de l'autre, celle des jouisseurs exploiteurs.

Que l'homme soit d'un métier ou d'un autre, peu importe, il est travailleur malheureux ou exploiteur jouisseur.

Par conséquent, en fait de revendication, c'est celle des travailleurs par tous les travailleurs qu'il faut entreprendre.

Quel que soit le métier d'un homme, il a les besoins qui sont les mêmes que ceux d'un homme d'un autre métier que lui.

Ce sont ces besoins généraux et communs à l'espèce humaine tout entière qu'il faut non soulager et amoindrir, mais extirper et détruire.

Le premier point est donc de se porter vers cette concentration des forces ouvrières, car avec elle vous pourrez essayer au moins de lutter.

Et dans cette lutte du capital argent, contre le capital travail, ce dernier doit l'emporter.

Je crois, Citoyens, en avoir assez dit sur la Fédération, pour que tous les délégués soient convaincus de l'utilité de cette organisation.

Il me reste pourtant à dire encore quelques mots avant de passer à l'organisation de la Fédération.

Certes, Citoyens, c'est bien joli cette Fédération de tous les travailleurs français, mais elle serait encore plus belle si nous pouvions dire Fédération universelle de tous les travailleurs. Eh bien, réalisons ce problème si nous le pouvons, et demandons à nos gouvernants l'abrogation de la loi de 1872 sur l'Internationale.

Maintenant, Citoyens, passons à l'organisation de cette Fédération.

Il est certain que deux courants vont exister: d'un côté, les centralisateurs, de l'autre, les décentralisateurs.

Je crois, selon moi. que sans affaiblir la force fédérative, on peut très bien accepter que le Conseil général ou national siégera dans le chef-lieu de région où se tiendra le Congrès.

Secondement, que la caisse reste entre les mains des trésoriers de chaque région.

Quant à la cotisation, je trouve qu'elle est dérisoire le plus souvent.

Si nous voulons avoir une force puissante, si nous voulons avoir un organe à nous, la cotisation de 5 centimes est illusoire.

Une chose essentielle aussi, Citoyens, c'est l'indépendance des délégués. Dans les diverses Fédérations, qu'arrive-t-il le plus souvent?

C'est que lorsqu'il y a une décision à prendre, une somme quelconque à voter, la première parole est celle-ci: il faut que j'en réfère à mon Syndicat: ce dernier dit alors qu'il faut une Assemblée générale, etc., etc., et alors deux ou trois mois se passent et l'on ne fait rien.

Soyons donc une bonne fois pratiques ; sachons qui nous nommons, sachons choisir, et une fois ce choix fait, laissons nos délégués libres de voter selon leur conscience.

De cette manière, nos Syndicats seront réellement représentés et le travail sera mieux fait.

Il faut enfin que les délégués ici présents emportent avec eux la ferme résolution d'organiser la Fédération locale régionale ;

Que la Commission exécutive des résolutions du Congrès, qui sera nommée, se mette à l'œuvre de suite, et surtout qu'elle ne rende son mandat que le jour où elle aura dit : La Fédération nationale des Syndicats est un fait accompli.

Ce jour-là, Citoyens, un grand pas sera fait pour l'organisation définitive du prolétariat, et si les mots suivants :

La mine aux mineurs, la terre aux paysans et l'outil aux travailleurs ne sont pas encore entrés dans la pratique, nous en aurons toujours planté les premiers jalons.

Il appartient donc aux délégués du Congrès national des ouvriers syndiqués de France de voter cette Fédération.

Et n'oubliez pas, Citoyens, que, devant cette organisation, les écoles doivent disparaître, et s'il y a des écoles chez les capitalistes, le jour où il faut vaincre l'élément travailleur, le légitimiste le plus pur tend la main au démocrate le plus rouge.

Par conséquent, plus de personnalité parmi nous, respectons l'opinion de chacun, souvenons-nous que l'instruction n'a pas dit son dernier mot pour nous, puisque, malheureusement, nous en sommes encore à sa naissance.

Disons entre nous que nous avons tous le même but : l'émancipation des travailleurs par les travailleurs eux-mêmes ;

Et que le jour où, par l'étude, la lumière sera faite dans les cerveaux, il n'y aura plus ni anarchistes, ni blanquistes, ni collectivistes, ni radicaux :

Il n'y aura plus que des travailleurs marchant les uns à côte des autres, avec cette noble devise : Un pour tous, tous pour un.

Ce jour-là, Citoyens, la révolution sociale sera faite, car si nous y sommes poussés, les bras exécuteront ce que les têtes auront pensé.

DEUXIÈME JOURNÉE

Mardi 12 octobre

SÉANCE PRÉPARATOIRE

Cette séance est ouverte à 2 heures, par le citoyen Nachury, de la Commission exécutive.

Le citoyen Heppeinheimer, de Paris, est nommé Président, les citoyens Thevenet, de Niort, et Chol, des passementiers, de Lyon, Assesseurs.

Après discussion, il est décidé que cinq Secrétaires seront élus pour toute la durée du Congrès.

Une suspension de séance a lieu pour permettre de délivrer les cartes aux délégués.

A la reprise de la séance, les citoyens G. Farjat, Masson. Martin, De Nonfoux et Fabère sont élus Secrétaires définitifs.

Le pouvoir du citoyen Drussay, des boulangers de Paris, dont il est donné lecture par le citoyen Labouret, soulève une discussion à la suite de laquelle le Congrès, considérant que ce citoyen représente les ouvriers et patrons boulangers, invalide ce pouvoir.

A la suite de cette invalidation, un incident est soulevé, mais renvoyé à la fin de la séance.

Divers autres pouvoirs sont validés.

La Commission des résolutions de la première question est ensuite nommée par acclamation. Sept membres sont désignés ; la citoyenne Laurent, les citoyens Sartarin, Yvan, Delahaye, Mondon, Blondeau, et Heppenheimer.

Puis le règlement intérieur est adopté comme suit :

Règlement intérieur

Article Premier.

Il sera établi, par les soins de la Commission exécutive,

un registre de présence où chaque délégué devra signer sa présence au Congrès.

Art. 2.

Les séances auront lieu, pour les délégués, à 1 heure et à 8 heures précises du soir.

Art. 3.

Chaque délégué pourra faire partie d'une ou plusieurs Commissions d'études.

Art. 4.

A chaque séance, on désignera le Bureau pour la séance suivante.

Art. 5.

Sur chaque question, l'orateur ne devra conserver la parole qu'environ quinze minutes.

Art. 6.

Sur chaque question, le Président devra accorder la parole dans l'ordre suivant : *Un orateur pour et un orateur contre.*

Art. 7.

Pour la réussite et le bon ordre du Congrès, les délégués s'engagent à reconnaître l'autorité du Bureau ; les incidents qui pourraient survenir entre délégués devront être conciliés par les Présidents.

Art. 8.

Toute question en dehors de l'ordre du jour, ainsi que les questions personnelles sont rigoureusement interdites.

SÉANCE PUBLIQUE

La séance est ouverte à 8 heures par le citoyen Nachury, de Lyon.

Sont acclamés : Président, le citoyen Blondeau, délégué de Paris; Assesseurs, la citoyenne Laurent, des Dames réunies, de Lyon, et le citoyen Champfrault, de Vierzon.

Le citoyen Deloche propose une présidence d'honneur, celle du citoyen Baudin, arrêté à Vierzon. Cette proposition, mise aux voix, est adoptée après explication du Président.

Un procès-verbal, produit par le citoyen Guitton, est ajourné; le citoyen Guitton proteste en disant que c'est indigne d'un Congrès. Le Président le rappelle à l'ordre et dit que le Congrès est au-dessus d'un délégué.

Le citoyen Vacher demande la parole pour la vérification des pouvoirs.

Le Président dit qu'il ne donnera la parole que sur l'ordre du jour.

Pour l'intelligence de la discussion, nous donnons ici le texte de la loi du 21 mars 1884, sur les Syndicats professionnels.

LOI SUR LES SYNDICATS

Article premier. — Sont abrogés la loi des 14, 27 juin 1791 et l'article 416 du Code pénal.

Les articles 291, 292, 293, 294 du Code pénal et la loi du 18 avril 1834 ne sont pas applicables aux Syndicats professionnels.

Art. 2. — Les Syndicats ou associations professionnelles, même de plus de vingt personnes exerçant la même profession, des métiers similaires ou des professions connexes concourant à l'établissement de produits déterminés, pourront se constituer librement sans l'autorisation du gouvernement.

Art. 3. — Les syndicats professionnels ont exclusivement pour objet l'étude et la défense des intérêts économiques, industriels, commerciaux et agricoles.

Art. 4. — Les fondateurs de tout syndicat professionnel devront déposer les statuts et les noms de ceux qui, à un titre quelconque, seront chargés de l'administration ou de la direction.

Ce dépôt aura lieu à la mairie de la localité où le syndicat est établi, et à Paris à la préfecture de la Seine.

Ce dépôt sera renouvelé à chaque changement de la direction ou des statuts.

Communication des statuts devra être donnée par le maire ou par le préfet de la Seine au procureur de la République.

Les membres de tout syndicat professionnel chargés de l'administration ou de la direction de ce syndicat devront être Français et jouir de leurs droits civils.

Art. 5. — Les Syndicats professionnels régulièrement constitués, d'après les prescriptions de la présente loi, pourront librement se concerter pour l'étude et la défense de leurs intérêts économiques, industriels, commerciaux et agricoles.

Ces unions devront faire connaître, conformément au deuxième paragraphe de l'article 4, les noms des Syndicats qui les composent.

Elles ne pourront posséder aucun immeuble, ni ester en justice.

Art. 6. — Les syndicats professionnels de patrons ou d'ouvriers auront le droit d'ester en justice:

Il pourront employer les sommes provenant des cotisations.

Toutefois, ils ne pourront acquérir d'autres immeubles que ceux qui seront nécessaires à leurs réunions, à leurs bibliothèques et à des cours d'instruction professionnelle.

Ils pourront librement créer et administrer des offices

de renseignements pour les offres et les demandes de travail.

Ils pourront être consultés sur tous les différends et toutes les questions se rattachant à leur spécialité.

Dans les affaires contentieuses, les avis du syndicat seront tenus à la disposition des parties, qui pourront en prendre communication et copie.

Art. 7. — Tout membre d'un Syndicat professionnel peut se retirer à tout instant de l'association, nonobstant toute clause contraire, mais sans préjudice du droit pour le Syndicat de réclamer la cotisation de l'année courante.

Toute personne qui se retire d'un Syndicat conserve le droit d'être membre des sociétés de secours mutuels et de pensions de retraite pour la vieillesse, à l'actif desquelles elle a contribué par des cotisations ou versements de fonds.

Art. 8. — Lorsque les biens auront été acquis contrairement aux dispositions de l'article 6, la nullité de l'acquisition ou de la libéralité pourra être demandée par le procureur de la République ou par les intéressés.

Dans le cas d'acquisition à titre onéreux, les immeubles seront vendus, et le prix en sera déposé à la caisse de l'association.

Dans le cas de libéralité, les biens feront retour aux disposants ou à leurs héritiers ou ayants cause.

Art. 9. — Les infractions aux dispositions des articles 2, 3, 4, 5 et 6 de la présente loi seront poursuivies contre les directeurs ou administrateurs des Syndicats et punies d'une amende de 16 à 200 fr. Les tribunaux pourront, en outre, à la diligence du procureur de la République, prononcer la dissolution du Syndicat et la nullité des acquisitions d'immeubles faites en violation des dispositions de l'article 6.

Au cas de fausse déclaration relative aux statuts et aux noms et qualités des administrateurs ou directeurs l'amende pourra être portée à 500 fr.

Art. 10. — La présente loi est applicable à l'Algérie.

Elle est également applicable aux colonies de la Martinique, de la Guadeloupe et de la Réunion. Toutefois, les travailleurs étrangers et engagés sous le nom d'immigrants ne pourront faire partie des Syndicats.

En l'absence du Secrétaire de la dernière séance, la parole est donnée au citoyen RONDET, délégué des mineurs, qui salue d'abord la Commission et les socialistes lyonnais.

Il dit qu'on doit remercier, quoique la loi des Syndicats ne soit pas complète, ceux qui ont fait leur possible pour qu'elle soit votée. Aujourd'hui qué M. Waldeck-Rousseau n'est plus au pouvoir, on n'oublie pas qu'on lui doit cette loi. Nous avons maintenant un gouvernement plus libéral, nous devons en profiter pour améliorer cette loi, surtout d'après les paroles qu'a prononcées M. de Freycinet. Il examine la loi, article par article, et commence par l'article 4. Il ne veut pas que l'on soit obligé de donner les noms de ceux composant les Bureaux des Syndicats.

Il dit que les citoyens militants qui s'occupent de la direction des Syndicats sont par cela même en butte aux menaces des patrons. Il conclut que l'article 4 est déplorable et demande qu'il soit modifié.

Il parle ensuite sur l'article 5. Il veut que les Sociétés syndicales aient le droit de disposer des fonds au mieux de leurs intérêts généraux, et de toutes façons, soit pour acquérir, soit pour autre chose.

Il constate que lui, représentant un grand nombre de mineurs, par le fait tous les mineurs de France, il a eu le regret de voir que le préfet de la Haute-Saône et d'autres fonctionnaires se sont faits, non les défenseurs de la loi, mais les valets de la Compagnie qui faisait courir des bruits annonçant que le citoyen Rondet était un anarchiste.

Des applaudissements saluent la fin de la péroraison du citoyen Rondet.

Discours du citoyen Dumay.

Citoyennes et Citoyens,

Je constate d'abord que le citoyen Rondet, qui m'a précédé à cette tribune, n'est, en fait, ni pour ni contre la loi, je déclare pour mon compte personnel que je suis tout à fait contre cette loi, qui est un véritable piège tendu aux travailleurs. Dans cette loi, par exemple, on vous donne le droit de poursuivre votre patron. Les législateurs qui vous ont donné ce droit savent très bien que le plus souvent vous ne pourrez pas vous en servir, faute d'argent pour les poursuivre.

Hier déjà, on a discuté incidemment la loi sur les syndicats professionnels, quelques délégués soutenaient que toute imparfaite quelle est, il fallait la garder, la modifier, et se servir de ce qu'elle contenait de bon.

Je cherche en vain, Citoyens, ce que cette loi peut contenir de bon, je ne le vois pas, est-ce le dépôt des statuts aux mairies, ou bien la déclaration des noms de ceux qui, à un titre quelconque sont chargés de l'administration ou de la direction de leur Syndicat.

Je ne le pense pas. Serait-ce par hasard l'obligation, pour le maire ou le préfet du lieu où fonctionne un Syndicat, de donner communication de ces noms au procureur de la République ?

Je ne le pense pas non plus.

Mais alors, où donc est le bon côté de la loi ? Il n'est pas, je présume, dans l'article 5, puisque le deuxième paragraphe de l'article 4 lui est applicable.

Ah ! citoyens, il est peut-être dans l'article 6, puisqu'il nous permet d'ester en justice, si nous avons de l'argent pour le faire, bien entendu, mais, comme je vous le disais il n'y a qu'un instant, nous n'en avons pas. Dans ce fameux article 6, il y a un paragraphe qui interdit le droit de propriété autre que les objets indispensables à un Syndicat, tels que chaises, bureau, bibliothèque, etc. Quel est donc le motif qui a poussé les législateurs, que l'Europe nous envie, à nous interdire le droit d'acquérir des immeubles en tant qu'associations syndicales.

Je serais bien désireux de le savoir.

Dans cette loi, tout est piège ; c'est pourquoi nous n'en voulons pas. On parle de la modifier. A quoi bon modifier ce qui est foncièrement mauvais ? A mon sens, on ne doit pas être pour et contre.

Il faut prendre parti nettement et accepter carrément la responsabilité de ce qu'on dit devant le public, devant la presse et le gouvernement.

Cette loi, d'ailleurs, n'a été acceptée que par la minorité des Syndicats. A Paris, trois sur vingt tout au plus se sont conformés à cette loi. Qu'il y ait ici des citoyens comme le citoyen Veyssier, qui la trouvent bonne, car ce citoyen la trouve excellente puisqu'il en a félicité M. Waldeck-Rousseau dans un banquet, à Paris, cela se peut, cependant, je ne crois pas qu'il y en ait beaucoup parmi vous.

Cette loi en question peut-elle, dans certains cas, rendre des services à la classe ouvrière ? Je crois, Citoyens, qu'elle ne peut rendre des services qu'au gouvernement. Elle est nuisible aux intérêts des travailleurs ; en interdisant l'admission, dans les Syndicats, des ouvriers étrangers, elle oblige ces derniers à travailler à tous prix et, s'ils étaient syndiqués, on ne les verrait pas travailler à des prix inférieurs à celui des ouvriers français.

L'article 4, exigeant le dépôt des noms des administrateurs à la mairie, a pour conséquence immédiate (le plus souvent) le renvoi des travailleurs syndiqués des ateliers et des manufactures. Exemple : le Creuzot, où, il y a quelque temps, 400 ouvriers ont été congédiés, simplement parce qu'ils étaient des ouvriers syndiqués.

Je ne m'étendrai pas plus longtemps, Citoyens, sur le mauvais côté de cette loi, étant donné, d'autre part, qu'elle n'a dans tous ses articles absolument rien de bon. L'esprit qui a présidé à la confection des dix articles qu'elle contient est un esprit de défiance, pour ne pas dire plus, envers les travailleurs.

Lorsque viendra l'heure de voter les résolutions, nous devrons rejeter cette loi de fabrication opportuniste, loi mauvaise à tous les points de vue, et qui n'est qu'un traquenard tendu aux travailleurs.

Je conclus, Citoyens, pour ne pas abuser de la tribune, en déposant sur le bureau la déclaration suivante :

Les soussignés, au nom des Syndicats qu'ils représen-

tent, considérant que la loi sur les Syndicats professionnels, non seulement n'offre pas aux travailleurs les garanties suffisantes pour qu'ils puissent s'en servir pour leur
affranchissement économique, mais encore qu'elle offre aux
patrons l'occasion d'exercer des vengeances contre ceux
de leurs ouvriers qui se mettent à la tête du mouvement
syndical, déclarent repousser cette loi dont ils demandent
l'abrogation pure et simple ainsi que celle des autres lois
entravant le droit de réunion et d'association.

Dumay, Heppenheimer, Léon Martin,
Blondeau, Blouet, Blangé, d'Au-
bannay et Lavaud.

Le citoyen Berthilier, des tisseurs de la rue Donnée;
parle en faveur de la loi et lit au nom de sa Chambre syndicale le rapport suivant :

Citoyennes et Citoyens,

Les Syndicats étant le plus puissant instrument qu'aient
jamais eu les travailleurs pour arriver à leur émancipation,
il importe d'étudier ici les garanties dont nous devons l'en-
tourer pour qu'on ne puisse nous le ravir, ni le briser entre
nos mains.

Tout d'abord, nous déclarons hautement que nous sommes
partisans de la loi, que nous avons travaillé de toutes nos
forces à son établissement, et que nous avons dépensé toute
l'énergie dont nous étions capable pour amener nos législateurs à la faire la plus libérale possible.

Est-ce à dire qu'elle soit parfaite et qu'il n'y ait plus rien
à faire de ce côté.

L'expérience nous a au contraire démontré qu'il y a encore
de nombreuses lacunes à faire disparaître et qu'elle a besoin
d'être complétée sur plusieurs points.

Mais avant de rentrer dans le détail des améliorations que
nous réclamons, nous voulons proclamer que nous sommes
partisans convaincus du principe de la loi comme base de
toute organisation.

Et à ce propos, nous tenons à protester contre certaines
paroles prononcées hier soir à cette tribune.

On a dit : « Que tous ceux qui ont accepté la loi ne sont pas
et ne peuvent pas être des républicains. »

Eh bien ! Citoyens, quel que soit le degré de républicanisme
du citoyen qui a tenu ce langage, nous prétendons, nous, partisans de la loi, que notre républicanisme peut être mis en
parallèle avec le sien sans pâlir.

Nous répudions ce système de discussion qui consiste à
suspecter ses contradicteurs et à chercher à les intimider par

·des insinuations malveillantes, alors que la plus grande courtoisie devrait toujours régner entre nous et que tout délégué
·qui représente ici des travailleurs a le droit d'être respecté par
ses collègues.

Quant à nous, loin de demander l'abrogation de la loi sur
les Syndicats, nous demandons qu'on y apporte des modifications qui donnent plus de force à ces organisations dans la
lutte qu'elles ont à soutenir pour la défense des intérêts de
leur corporation.

Nous demandons la personnalité civile pour les Unions et
les Fédérations.

Que des mesures soient prises pour protéger les ouvriers
syndiqués contre la pression faite sur eux par les patrons
pour désorganiser les Syndicats.

Rapport du Citoyen Yvan

Le citoyen YVAN vient, lui, combattre la loi, il déclare
qu'après ce qui a été dit contre la loi, il va se contenter
de donner lecture de son travail et d'un projet contenu
dans une brochure qu'ont en main les délégués; et qu'a
fait imprimer sa Chambre syndicale. Après diverses
explications, il lit ce qui suit :

CITOYENNES ET CITOYENS,

Conformément au mandat que j'ai reçu de ma Chambre
syndicale, j'ai l'honneur de soumettre au Congrès le projet
suivant, concernant la crise commerciale et industrielle qui
sévit depuis si longtemps sur l'industrie et l'agriculture en
général.

Le projet a pour base tout d'abord: de donner à l'ouvrier
des villes comme à celui des campagnes la possibilité de ne plus
incliner son front, en tendant la main dans les moments
difficiles près de ceux qu'il nourrit et entretient aux dépens
de son travail, de son intelligence, et de faire, qu'en conséquence, guidé par ses propres intérêts et ceux de sa famille,
il soit dans l'obligation de faire partie de la Chambre syndicale de sa corporation ou d'une Société ouvrière quelconque,
s'il n'existait pas de Chambre syndicale au lieu de sa résidence. Egalement de dénoncer ceux sur qui nous croyons que
pèsent les terribles responsabilités d'une situation entretenue
a dessein, afin que le peuple travailleur, fatigué par la misère,
les iniquités de toute espèce qu'il supporte, vienne à nouveau,
en descendant dans la rue, donner à une tyrannie nouvelle la
possibilité du pouvoir sur les cadavres amoncelés du peuple
travailleur.

En effet, Citoyennes et Citoyens, nous avons, à l'appui de

notre raisonnement, l'expérience du passé ; car nous considérons que la Société est incontestablement divisée en deux parties très distinctes : d'un côté, les travailleurs à tous degrés ; de l'autre, les oisifs, dont l'existence n'a pour base qu'un privilège inique et antinaturel, qui leur permet de mener une vie scandaleuse, tant au point de vue moral qu'au point de vue matériel, et entièrement aux dépens du travail, de la famille et de la propriété.

Une partie de ceux ci, possédant dans leurs mains le capital accumulé par les siècles, disposent en quelque sorte de la vie et des biens de tous les citoyens ; malheur à qui s'élève contre eux ; tous les moyens leur sont bons pour faire disparaître ceux qui emploient l'intelligence que la nature leur a donnée au bénéfice et à la venue de l'ère de paix et de justice.

Je ne veux pas anticiper sur le temps donné à la parole par l'esprit de notre règlement intérieur, car j'estime que toutes les idées ont le droit de se produire.

Je pourrais rentrer dans l'histoire, vous montrer Rome affamée par eux, pour faire disparaître la République romaine ; puis, plus tard, le pouvoir personnel qui, à son tour disparaît, pour le laisser à cette secte, dont les crimes ne sont plus à compter. Je puis, en sondant notre histoire, vous montrer nos armées livrées aux tyrannies étrangères, Jeanne d'Arc mourant sur le bûcher ; enfin, vous montrer la disparition totale des principes immortels de quatre-vingt-neuf en jetant dans le peuple travailleur, par la famine : le désaccord qui le conduisit à s'égorger réciproquement, de là le crime de Brumaire, celui du Deux-Décembre, qui eurent pour préparatifs le sang du peuple répandu à flots, aussi bien à Paris que dans toute l'étendue du territoire français. Je pourrais faires d'autres citations, mais ma Chambre syndicale croit, avec moi, que le temps des discours doit être passé, le moment des actes doit commencer, et c'est pourquoi nous avons étudié l'idée du moyen pratique qui doit obliger cette partie du peuple, sur laquelle nous faisons peser la responsabilité de cette triste situation, à venir en aide, par un impôt légitime, à ceux dont les souffrances sont leur fait.

Si dans ce projet figurent les doctorats ès science et en droit, c'est que nous estimons qu'il est certain que le premier vit de l'ignorance et des vices qu'engendre la misère, le second des difficultés sociales, de la mauvaise foi, qui ne sont que la conséquence des iniquités générales entretenues et semées à dessein par le parti de la croyance. Ah ! Citoyennes et Citoyens, ne croyez pas que je veuille toucher à la conscience humaine, mais nous sommes convaincus que le jour où le travail sera une véritable propriété d'où découlera le bonheur et la liberté ; ce jour-là, la croyance ne sera plus qu'un vain mot et sera remplacée par la science qui, guidée par le travail, donnera à l'humanité cette liberté sainte qui procurera aux familles la félicité, aux nations la paix générale par l'esprit de fraternité délié de tous ambages ; et sous l'étendard du Travail, de la Science et de la Liberté, les hommes comprendront, guidés par leur intérêt personnel uni à l'intérêt général, nous disons, comprendront qu'ils ne sont point nés pour s'entr'égorger, mais bien pour s'entr'aider mutuellement.

Ce jour sera la disparition de toute tyrannie, qui aura pour conséquence l'union des peuples sous l'étendard de la République universelle.

Projet de Caisse nationale de retraites et Caisse de prêts

LOI OU DÉCRET

ARTICLE PREMIER. — Il sera créé une Caisse nationale de Retraites et Caisse de Prêts, pour tous citoyens ou citoyennes, à quelque condition sociale ou de nationalité qu'ils appartiennent, résidant sur le sol français ou des colonies.

ART. 2. — A cet effet, tous citoyens ou citoyennes, à quelque condition sociale ou de nationalité qu'ils appartiennent, de passage ou résidant sur le sol français ou dés colonies, devront, par les soins de l'autorité administrative locale, être nantis d'un *livret de Caissse nationale de Retraites et Caisse de Prêts*, lequel livret seul servira auxdits de pièce d'identité et d'inscription des sommes afférentes auxdites caisses.

ART. 3. — Le montant desdites Caisses sera fourni par le principe d'escompte établi législativement sur la consommation générale et versé à l'État, en ce qui concerne la Caisse nationale de Retraites, pour être réparti dans les conditions suivantes :

50 °/₀ dudit montant (Caisse nationale de Retraites), auquel seront jointes les sommes affectées par l'État, les départements, les communes, à l'indigence, aux infirmes et vieillards secourus par les bureaux de bienfaisance ou placés dans les hôpitaux, hospices et maisons diverses, dont la situation s'identifierait à la jouissance de la retraite produite par ledit principe et dans les conditions édictées à ce sujet par le législateur, concernant lesdits établissements et bureaux de bienfaisance. Lesdites sommes constitueront, dès la première année, les fonds de retraites, qui devront être délivrés au prorata de leurs ver-

sements, à tout citoyen âgé de soixante-cinq ans et au-dessus, et citoyenne âgée de soixante ans et au-dessus, justifiant de leur situation de travailleurs, non commerçant ou commerçant au troisième degré, abandonnant leur situation commerciale.

Ce taux d'âge sera, suivant les circonstances, diminué chaque année.

Art. 4. — La retraite ne sera accessible aux citoyens et citoyennes d'une situation sociale supérieure et de nationalité étrangère qu'à l'extinction de l'amortissement de la dette publique, et devra être constituée par une loi régissant, à ce sujet, les diverses situations sociales, et le temps nécessaire aux citoyens et citoyennes de nationalité étrangère devant profiter des faveurs de ladite Caisse à un égal degré que les citoyens français.

Art. 5. — 50 °/₀ à l'amortissement de la dette publique, dont le capital réduit en actions au porteur, délivrées aux créanciers libérés du Trésor, devra être employé aux divers travaux d'utilité publique, dont les charges et bénéfices généraux constitueront des Sociétés particulières.

A cet effet, le 5 °/₀ dudit montant sera servi aux actionnaires desdites Sociétés par les soins du Trésor, à titre d'escompte, pour la première année seule.

Cet intérêt, pour les années suivantes, constituera la réserve de la Caisse nationale de Retraites.

CAISSE DE PRÊTS

Article premier. — La Caisse de Prêts aura pour base la réunion de vingt citoyens ou citoyennes, ayant la latitude de se choisir, et dont les noms, prénoms et adresses devront être donnés à l'autorité administrative locale, sur la responsabilité morale de laquelle sera placée ladite Caisse, qui aura pour but, à titre de prêts sans intérêts remboursables à temps fixe, de venir en aide aux citoyens ou citoyennes qui en auront formé la demande agréée par le groupe auquel ils appartiendront.

Art. 2. — Le montant du capital de ladite Caisse sera constitué de la manière suivante :

15 °/₀ du produit mensuel des bons de consommation pour tout travailleur non commerçant ;

25 °/₀ pour tout commerçant du troisième degré ;
40 °/₀   —   --   deuxième degré ;
50 °/₀   —   —   premier degré.

ART. 3. — Les fonds composant ladite Caisse seront établis au compte personnel et seront héréditaires ; mais en aucun cas, aucune partie desdits fonds ne saurait être distraite de ladite Caisse pour un emploi autre que celui désigné par la loi et l'accord commun des citoyens ou citoyennes composant le groupe.

ART. 4. — En aucun cas, ladite Caisse ne saurait être dissoute ; et, au cas où le groupe déciderait de l'emploi d'une partie des fonds, le montant des fonds restant devra être au pair de dix années de versements.

ART. 5. — Les groupes, avec le consentement des membres les composant, pourront entre eux constituer des associations. A ce sujet, le législateur aura à aviser aux lois qui devront régir la matière.

ART. 6. — Les citoyens ou citoyennes, qui par leur situation sociale, seront placés en dehors de la nécessité d'avoir recours à la Caisse de Prêts, auront la faculté de verser tout le montant de leurs bons de consommations à la Caisse nationale de Retraites.

CONSTITUTION DES FONDS GÉNÉRAUX

ARTICLE PREMIER. — Tout débitant, à quelque nationalité ou ordre qu'il appartienne, sera tenu d'avoir un livre à souche, coté et paraphé par l'autorité judiciaire nommée à cet effet, d'où seront extraits les bons de consommations délivrés à tout consommateur sans exception de nationalité ou titre quelconque. Ces bons devront constater en chiffres ou en écritures connus, d'un côté, le montant de la dépense, le nom et adresse du débitant ; au verso, le taux d'escompte qui ne saurait être au-dessous du 2 au 3 °/₀ pour la consommation intérieure, et 5 0/0 pour la consommation extérieure, pour les établissements ou débits de troisième ordre ;

Du 4 au 7 °/₀ pour les établissements ou débits de deuxième ordre ;

Du 8 au 11 °/₀ pour les établissements ou débits de premier ordre.

ART. 2. — Les bons devant être conformes au livre à

souche, seront perçus et enregistrés sur les livrets mensuellement par les soins de l'autorité administrative locale, et versés, en ce qui concerne la Caisse nationale de Retraites, entre les mains du receveur général des Contributions directes.

Art. 3. — Des lois spéciales devront être édictées législativement en vue des infractions et des mesures à prendre pour la prompte exécution de la présente loi ou décret.

Moyen à employer pour parer aux effets désastreux de la crise commerciale qui sévit actuellement

DÉCRET

Il sera établi, pour toute la durée de la crise commerciale qui sévit sur l'industrie en général, un impôt extraordinaire, composé comme suit, et appliqué dans les conditions suivantes :

Un franc par semaine et par membre attaché aux cultes reconnus et salariés par l'État, y compris tous les membres des congrégations autorisées ou non ;

Un franc par semaine, par membre du doctorat ès sciences, depuis le pharmacien de dernière classe jusqu'au premier médecin des hôpitaux ;

Un franc par semaine, par membre du doctorat en droit, depuis l'officier ministériel, dit huissier, jusqu'au premier président de Cour.

Cet impôt se percevra par les soins de l'autorité locale et sera versé chaque semaine entre les mains du receveur du canton, qui l'inscrira sur un registre créé à cet effet

Tout ouvrier justifiant de sa situation de sans travail, percevra, par les soins de l'autorité locale, la somme de un franc vingt-cinq centimes par jour et par personne de sa maison, justifiant de pareille situation ; en plus, soixante centimes par jour et par enfant âgé au-dessous de quatorze ans.

Les Chambres syndicales de corporations seront chargées de recevoir toutes les demandes, d'en fournir l'état détaillé aux autorités locales et, conséquemment, responsables des délits qui pourraient se commettre à cet endroit.

Les localités où aucune Chambre syndicale n'existerait, les Sociétés de secours mutuels en tiendront lieu et les remplaceront dans tous les détails.

L'impôt prendra fin aussitôt que la crise ne sévira plus et que les localités auront été remboursées du montant des sommes déboursées à cet effet.

Rapport du Citoyen Ferra

Le citoyen FERRA, des typographes de Marseille et de l'Union des Chambres syndicales des Bouches-du-Rhône, lit ce qui suit :

CITOYENS ET CITOYENNES,

Malgré tout l'intérêt et toute l'importance que nous accordons aux grandes questions qui sont portées à l'ordre du jour de ce Congrès, nous estimons, mon camarade Maystre et votre serviteur, tous deux délégués de l'Union des Chambres syndicales ouvrières des Bouches-du-Rhône, que la discussion sur la loi de mars 1884 sur les Syndicats professionnels, est celle qui, pour ainsi dire, a décidé de l'envoi de deux délégués ici, qui ont mission de défendre devant le Congrès les intérêts respectifs de trente-quatre Chambres syndicales formant à elles seules un effectif de près de 3,800 ouvriers. C'est vous dire, Citoyennes et Citoyens, que nous tenons à nous expliquer clairement autant que brièvement sur cette question syndicale des Syndicats professionnels.

C'est pour la première fois, en effet, que j'ai l'honneur de me trouver devant un auditoire aussi nombreux et surtout aussi compétent ; je vous prie donc instamment, Citoyennes et Citoyens, de m'accorder, en même temps que votre indulgence, une attention pour ainsi dire spéciale, relativement aux idées et théories que je vais développer devant vous.

CITOYENNES ET CITOYENS,

Indépendamment de tout ce qui a été dit à cette tribune sur les défectuosités de la loi de mars 1884 sur les Syndicats professionnels, on s'est depuis longtemps — depuis sa promulgation du reste — longuement occupé, dans les organes corporatifs et professionnels, de tous les inconvénients que l'on rencontrait dans l'application de cette loi. Je suis absolument d'accord sur ce point avec de nombreux délégués, et j'expliquerai, du reste, quels sont ces inconvénients, quelles sont ces difficultés que nous avons tous le droit d'apprécier à un point de vue différent, sans pour cela être en désaccord sur le fond même des modifications que l'on pourrait proposer pour faire disparaître ce que nous croyons contraire à nos intérêts.

Mais, avant de rentrer dans l'énumération de ces considérations, il serait bon de dire et de déclarer que le jour où cette loi a été promulguée, c'était le premier pas que nous faisions vers la réalisation de nos revendications.

Cette loi était une preuve évidente que nos réclamations avaient été au moins entendues et que, pour commencer, on nous offrait de remplacer la tolérance, qui seule existait précédemment, par une législation qui, tout en étant loin d'être la panacée que nous désirerions, était au moins l'avant-coureur d'une loi plus libérale, plus complète, qui ne nous donnerait pas seulement la vie, mais nous procurerait les moyens et les droits à l'existence.

On comprendra que nous ne venons pas à ce grand Congrès avec une idée bien arrêtée de nous prononcer dans un sens ou dans un autre d'une façon absolue. Au contraire, nous avons pour mandat, mon camarade Maystre et moi, de venir d'abord exposer la manière de voir des Syndicats qui nous ont fait l'honneur de les représenter, et ensuite de nous rallier aux propositions qui nous paraîtront les plus avantageuses à notre cause, et surtout — mais surtout — les plus pratiques et les plus réalisables.

C'est ce que nous avons promis, et c'est ce que nous ferons.

On a dit précédemment que les Syndicats qui approuvaient la loi de mars étaient moins nombreux que ceux qui la repoussaient, et l'on a même ajouté que la nouvelle loi avait été la cause de la désagré-gation de nombreux autres Syndicats. Je ne mets pas en doute ces déclarations; mais permettez-moi de vous dire, Citoyennes et Citoyens, que cela doit sans doute tenir des tempéraments et des zones où s'agitent les corporations auxquelles on a fait allusion.

Dans le département des Bouches-du-Rhône, où les tempéraments cependant ont la réputation d'être exaltés, un effet tout à fait contraire s'est produit. Les Syndicats ont pris un nouvel essor, et ceux qui se sont ralliés à la loi en question, se sont précisément trouvés être la majorité, tandis que les Syndicats qui ne l'approuvent pas encore sont, au contraire, une toute petite minorité.— Total : *quarante* environ l'approuvant, *huit* ou *dix* la repoussant.

Qu'avons-nous fait en pareille occurrence?

Nous avons décidé de former l'union entre toutes ces Chambres syndicales qui se ralliaient sous l'égide de cette loi, quitte à nous concerter ensuite sur les modifications qu'il y aurait lieu d'apporter aux articles de ladite loi.

En agissant ainsi, nous avons pensé faire une œuvre sage et surtout pratique.

Aujourd'hui, un Congrès syndical national a lieu et, à ce propos, nous sommes heureux de pouvoir féliciter, au nom des trente-quatre Syndicats qui nous ont délégués ici, la Commission d'initiative lyonnaise, qui a su comprendre tout l'intérêt qu'il y avait à réunir toutes les forces vives de l'organisation syndicale, en dehors de laquelle je ne crois pas qu'il soit possible de trouver une solution qui nous permette de sortir du *statu quo* qui, malheureusement, dure depuis trop longtemps.

Aujourd'hui, disons-nous, ce Congrès porte dans son ordre du jour : Discussion de la loi sur les Syndicats professionnels. Nous saisissons avec empressement l'occasion qui nous est offerte de pouvoir venir faire connaître le résultat du travail que notre groupement en Union nous a permis d'accomplir, et nous estimons qu'il a été plus utile de procéder ainsi que de repousser complètement cette loi qui, selon nous, nous ouvrait des horizons nouveaux.

Ceci dit, Citoyens, je crois qu'il serait bon que l'on procédât par article ; la discussion serait plus facilement terminée et l'on n'aurait pas l'inconvénient de s'éterniser en des discours qui traitent la question au point de vue général, sans rien préciser sur les articles qui prêtent le flanc à la critique, et pour lesquels nous sommes réunis ici.

Nous demandons particulièrement la suppression ou la modification, dans un sens moins policier, de l'article 4 ; la suppression du dernier paragraphe de l'article 5.

Les délégués se rallient ensuite aux conclusions du citoyen Rondet, délégué de la Fédération des mineurs.

Le délégué donne ensuite connaissance de diverses décisions prises antérieurement par l'Union des Chambres syndicales des Bouches-du-Rhône.

Abrogation de la loi du 25 mai 1864, du Code pénal ou supprimer les articles 414, 415 et 416.

Citoyens,

Considérant que la loi du 21 mars 1884 ne peut en aucune manière garantir les Chambres syndicales des articles 414 et 415 du Code pénal ;

Vu que les Chambres syndicales sont instituées pour trancher en connaissance de cause les divers différends pouvant s'élever entre patrons et ouvriers.

Considérant que ces différents peuvent entraîner les corporations à se mettre en grève, cas extrême dont les Chambres syndicales n'useront qu'à la dernière extrémité, pour défendre les justes revendications des travailleurs syndiqués, marchant sous l'égide de l'Union syndicale ouvrière. A cet effet, nous sollicitons nos députés de faire tous leurs efforts pour que la loi du 25 mai soit abrogée, ou de supprimer les articles 414 et 415 de ladite loi, visant directement les ouvriers dans leurs justes réclamations.

Les différends seront, par cette abrogation, réglés par les Chambres syndicales, tenant compte des deux parties intéressées, sans avoir besoin de l'intimidation de la force publique, miseau service des exploiteurs et des chercheurs de discordes.

Les délégués des ajusteurs,

M. Maystre et A. Fera.

Le citoyen Maystre donne lecture de l'adresse suivante à la députation des Bouches-du-Rhône.

Citoyens,

Considérant que la crise économique qui sévit actuellement sur les travailleurs est due à l'existence de nombreux parasites qui consomment sans rien produire;

Considérant qu'il est du devoir des législateurs de laisser aux travailleurs la faculté de produire sans être obligés de subir le joug de ces intermédiaires ;

Les travailleurs réunis en Syndicat pourront seuls arriver à ce but ;

Que la législation actuelle y met un obstacle insurmontable ;

Nous demandons à la députation des Bouches-du-Rhône de déposer à la Chambre des députés un projet de loi qui abroge le paragraphe 2 de l'article 6, sur les Syndicats professionnels, et qui permette aux Chambres syndicales ouvrières d'entreprendre, à leurs risques et périls, les travaux qui sont donnés en adjudication par l'Etat, le département ou les communes.

CONCLUSION DU CITOYEN MAYSTRE

Nous voulons la revision complète de la loi sur les Syndicats professionnels, qui est pleine de lacunes.Mais avant qu'on vote ladite loi, il faut que la Fédération nationale des Syndicats approuve, à seule fin d'établir des bases inébranlables. Voilà notre point de vue.

Le citoyen Laforest lit le rapport suivant :

Citoyennes et Citoyens,

Je monte à la tribune ; je serai très bref, car beaucoup
d'orateurs plus aptes que moi vous ont fait entrevoir ce
que la loi a de mauvais à mon point de vue. Je ne parle-
rai que sur deux points : Le premier est que l'état civil
de chaque administrateur doit être déposé à la mairie ou à
la préfecture, et de là chez le procureur de la République.
Selon moi, c'est un bureau de renseignements pour la
police, presque tous les Syndicats ouvriers renouvellent
par tiers ou par moitié, tous les six mois, les membres de
leur administration.

Par conséquent, je trouve cet article mauvais, surtout
pour les travailleurs, comme je le disais tout à l'heure, vu
la fluctuation qui est forcée de se faire dans les Syndicats
ouvriers.

Les capitalistes, eux, ne sont pas au même degré que
les ouvriers.

Ils sont d'abord plus sédentaires, parce qu'ils ne chan-
gent pas de ville à chaque instant; ainsi les avocats,
les notaires et nos patrons sont plus favorisés que nous
sous ce rapport.

Le deuxième point dont je veux vous parler concernant
cette loi, est celui ou il est dit que nul, s'il n'est Français
ou naturalisé comme tel, ne pourra faire partie des administrations des Syndicats professionnels. Par ce fait, les
ouvriers étrangers ne sont pas considérés au même titre
que les ouvriers français, à mon point de vue. C'est défectueux pour les travailleurs.

J'estime que l'ouvrier n'a d'autre capital que son travail; il doit avoir le droit de le défendre partout où il se
trouve. Donc, je conclus que les ouvriers étrangers doivent
jouir du même droit que nous.

Il me semble qu'au lieu de les repousser nous devrions
leur tendre la main et les engager à venir dans nos
Chambres syndicales, ils maintiendraient mieux le prix de
leur travail, ils ne travailleraient pas à meilleur marché
que nous.

Je demande que les ouvriers soient libres de s'assem-
bler, de se syndiquer comme ils l'entendent.

Par les raisons que j'émettais tout à l'heure, je trouve la loi mauvaise et j'en demande l'abrogation.

Discours du citoyen Veyssier.

CITOYENS,

Les pincipales objections faites à la loi du 21 mars, relative aux Syndicats professionnels, par les partisans de son abrogation pure et simple, sont celles-ci : « Cette loi est une loi de police, elle est un piège tendu aux travailleurs ; elle a été faite sans que les intéressés aient été consultés.

Comment se fait-il dès lors que, contrairement à ce qu'a dit M. Dumay, les deux tiers des Syndicats aient fait leurs déclarations constitutives? C'est un fait dont tout le monde peut se rendre compte, en se renseignant auprès du service compétent. La loi est une loi de police, dites-vous, et en quoi? Il faut le démontrer. On déclare, il est vrai, les noms et adresses des administrateurs, et le domicile où est établi le siège social. Mais quelle est donc la moindre société, ne fût-elle composée que de deux personnes, qui ne soit pas astreinte à cette formalité. Qu'elle soit commerciale, industrielle, philantrhopique ou même charitable tout simplement, elle est tenue à ces déclarations, plus compliquée encore, et personne ne songe à la voir sous la dépendance de la police, parce qu'il n'en est rien. C'est donc un procès de tendance qu'on cherche à établir ici.

Quant à moi, je crois que la loi a précisément pour objet de soustraire les Syndicats à l'action de la police, puisqu'elle abroge en leur faveur les articles 291 à 294 du Code pénal, qui sont des articles de police. La vérité est que les Syndicats régulièrement constitués, c'est-à-dire légalisés, ont le droit de se réunir à leur gré et de discuter librement, sans la moindre ingérance de la police, tandis que les autres, ceux qui n'ont pas fait leurs déclarations constitutives, de même qu'avant le vote de la loi, peuvent tomber sous le coup des articles 414 à 415 du Code pénal, et être astreints aux demandes d'autorisation préalable de se réunir et à la présence d'un agent de police dans leurs réunions, chaque fois que l'administration le jugera nécessaire. Voilà la différence entre le présent et le passé, entre les Syndicats légalisés et ceux qui ne le sont pas. Le doute n'est pas permis, la préférence doit aller où il y a le plus de liberté.

C'est un piège tendu aux travailleurs, a-t-on dit encore. Cette allégation n'a rien de bien sérieux. Il est vrai qu'on a ajouté que les maires des localités peuvent être en même temps industriels ou commerçants, et employer en cette qualité des ouvriers ; que, dès lors, il leur est loisible, étant donné leur fonction, de connaître les signataires des déclarations constitutives, et les chasser de leurs ateliers lorsqu'ils ne sont pas partisans des associations syndicales. Cette crainte me parait chimérique, par la raison bien simple que les ouvriers d'initiative sont connus des patrons, et que, dans tous les cas, il leur est facile de les connaître, et que tous les patrons n'occupent pas des fonctions municipales. Le reproche peut donc aussi bien s'adresser aux Syndicats non légalisés qu'à ceux qui se sont conformés à la loi.

Enfin, les ouvriers n'auraient pas été consultés. C'est une erreur complète. Lorsqu'il fut question pour la première fois de légaliser les Syndicats professionnels, une Commission d'initiative, choisie dans les Syndicats de Paris, élabora un projet de loi en opposition à celui présenté par le gouvernement d'alors, et le soumit à toutes les Chambres syndicales de Paris et de la province, qui se prononcèrent en grande majorité pour l'adoption dudit projet. Cela se passait en 1878. Donc, cet autre reproche n'est pas plus fondé que les précédents. Au surplus, si l'Assemblée se prononçait pour l'abrogation de la loi actuelle, elle en demanderait une autre dont l'esprit serait certainement critiqué par d'aucuns, et dont l'opposition gênerait autant sa marche régulière que l'opposition actuelle met des entraves dans le fonctionnement de celle-ci.

Je regrette, Citoyens, qu'une question d'une telle importance, qui, à elle seule, aurait suffi à occuper les discussions du Congrès, doive être traitée, par chaque orateur, dans un délai de quinze minutes. Mais puisque le règlement le veut ainsi, je m'arrête ; cependant, avant de terminer, permettez-moi de vous lire quelques extraits d'un article

paru dans la *Voix du Peuple*, organe du parti ouvrier.
Belge. Les réflexions contenues dans cet article sont, d'ailleurs, absolument celles que j'aurais développées devant le
Congrès, si le temps me l'eût permis.

Voici ces observations :

« A diverses reprises déjà, nous avons réclamé une
loi donnant la personnification civile, c'est-à-dire l'existence légale, avec le droit de posséder et d'ester en justice aux associations ouvrières. Nous avons parlé dans des
termes flatteurs de la loi française du 21 mars 1884 sur
les Syndicats professionnels. De plus, nous avons publié,
dans la *Voix de l'Ouvrier*, les comptes rendus des conférences données sur cette matière par MM. Victor Arnould
et Paul Janson, qui, eux aussi, ont fait l'éloge de la loi
française et ont demandé semblable législation pour notre
pays.

« Nous n'ignorions point, en faisant cela, que nos
frères les socialistes français avaient protesté contre
cette loi et refusaient de s'y soumettre. Nous le savions,
mais nous pensons qu'ils se sont laissés aller trop vite à
une décision de ce genre, sans réfléchir aux bons côtés
de cette loi dont ils pourraient profiter.

. . . .

« La loi sur les Syndicats ouvriers ne sort donc pas de
la généralité des autres lois sur les sociétés et ne pouvait
pas en sortir. En effet, prenez n'importe quel Syndicat. Il
a l'intention de louer un vaste local, ou de l'acheter,
moyennant certaines conditions de paiement. Quelle
garantie aura le loueur ou le vendeur, si ce n'est celle
que les statuts ou l'honorabilité des syndics lui donneront?
Pour donner de la valeur à cette garantie, la publicité et
le dépôt légal ont donc leur raison d'être.

« Nos amis français, nous le pensons sincèrement, ont
donc tort de ne voir, dans l'article 4 de cette loi, qu'une
mesure de police. D'ailleurs, toutes les opérations des
Syndicats professionnels se font au grand jour ; la police,
si elle s'y intéresse, peut donc savoir ce qui s'y passe sans
recourir au dépôt des statuts et des noms des administrateurs. Et même, si certaines décisions des Syndicats
étaient secrètes, la police en aurait encore connaissance,

à l'aide des mouchards, qu'elle parvient à faufiler
partout.

. . . .

« Le parti ouvrier français a été appelé *possibiliste*,
appellation dont il peut être fier, car vouloir l'impossible
a été et sera toujours une folie.

« Qu'il s'empare donc de cette loi, qu'il en tire tout ce
qu'elle peut donner, en attendant qu'elle soit améliorée,
et il donnera ainsi une force plus grande à son organisation, en accordant à tous ses membres des garanties
qu'ils n'ont pas aujourd'hui.

« Le régime de liberté absolue ou de tolérance, qui est
celui des Syndicats en Belgique et celui des Syndicats du
parti ouvrier français, est mauvais; en effet, ils ne peuvent rien posséder ; ils n'ont aucun recours ni aucune
garantie contre ceux de leurs membres qui ne payent pas
leur cotisation, ni contre ceux de leurs administrateurs
qui les volent, comme cela arrive quelquefois. La loi
française, elle, oblige les membres des Syndicats à payer
leurs cotisations de l'année courante, quand même ils
cesseraient d'en faire partie.

« En résumé, nous pensons que la loi française sur les
Syndicats professionnels, toute vicieuse qu'elle soit dans
certaines de ses clauses, ne mérite pas le mépris des socialistes, qui ont tort, selon nous, de ne pas en
profiter. »

La loi du 21 mars 1884, qui est, de l'opinion de tous
les libéraux sincères, le plus grand progrès qui ait été
fait depuis 1882, en matière d'économie sociale, n'a fait
que consacrer le principe syndical. Elle a bien tracé les
grandes lignes des droits qu'elle confère aux travailleurs,
mais elle a besoin d'être complétée. C'est à cette étude
que je pensais que nous nous serions livrés à ce Congrès.
Nos législateurs aussi attendaient de nous, qui l'avons
pratiquée, que nous leur indiquassions les côtés défectueux de cette loi et les progrès qu'il y avait lieu d'effectuer sur le même terrain. Si vous vous prononcez pour
son abrogation pure et simple, ils ne seront pas plus
avancés après le Congrès qu'avant son organisation, et la
loi restera incomplète. C'est, en somme, les travailleurs
qui en pâtiront. Je conclus donc en acceptant cette loi,

tout en désirant qu'elle soit amendée et complétée dans un sens très large, de façon à assurer son libre exercice et les avantages que les ouvriers sont en droit d'en attendre.

F. VEYSSIER,

Représentant les ouvriers en bâtiment de Reims : les phototypeurs de Paris ; les gantiers de Saint-Junien (Haute-Vienne) ; les bonnetiers de Saint-Dié (Vosges).

Discours du Citoyen Heppenheimer

CITOYENS,

Je déclare tout d'abord, contrairement au citoyen Veyssier, qui descend de cette tribune, que je suis l'adversaire absolu de cette loi. Je suis de ceux qui croient que, quand on a sous ses pieds une vipère, on ne doit pas attendre qu'elle vous morde :

On l'écrase.

Croyez-vous donc, Citoyens, que des députés qui appartiennent incontestablement à une classe privilégiée, qui sont, par le fait même de leur situation, les adversaires et conséquemment, forcément, les ennemis des travailleurs, aussi bien au point de vue politique qu'économique, puissent vous faire une loi libérale, étant donné qu'ils ont des intérêts absolument contraires aux vôtres.

Non, Citoyens, ne le croyez pas. Le législateur bourgeois ne peut pas plus s'occuper des intérêts ouvriers que le commerçant d'aujourd'hui ne s'occupe de l'intérêt de l'acheteur. Tous les deux débitent et vendent leur marchandise à leur profit exclusif. Les députés ont bien autre chose à faire que de s'occuper des intérêts des travailleurs. Ce qui les occupe, c'est de savoir si, en votant tel paragraphe de loi plutôt que tout autre, cela pourra leur être plus profitable ; car vous n'ignorez pas, Citoyens, que le dieu Capital triomphe le plus facilement du monde des scrupules de nos honorables, et lorsque, par hasard, la main forcée par les événements, ils sont obligés de voter une loi demandée à tort, le plus souvent, par les travailleurs.

Soyez persuadés qu'ils prennent toutes les précautions

possibles pour que cette loi ne puisse pas s'appliquer. Tous les citoyens qui sont socialistes savent très bien aujourd'hui que le talent du législateur consiste principalement à savoir employer les mots à double et triple signification, ce qui fait que tous les articles de loi pondus par nos politiciens, qui excellent dans cet art machiavélique, sont autant de pièges tendus à la bonne foi des ouvriers.

N'avons-nous pas vu, il y a quelques jours à Decazeville, et actuellement encore à Vierzon, les travailleurs qui se sont servis de cette loi du 21 mars 1884, pour s'associer, afin de lutter d'une manière plus efficace contre leurs exploiteurs, être, pour ainsi dire, désignés d'avance, d'une façon spéciale, aux coups impitoyables d'un Vaquier quelconque; et, indépendamment de ceux qui ont été frappés, les autres n'ont-ils pas subi toutes espèces de vexations de la part de leurs exploiteurs, ainsi que de ces derniers.

Et le gouvernement lui-même, Citoyens, n'a-t-il pas mis au service des compagnies les baïonnettes républicaines?

Oui, Citoyens, chaque fois que les travailleurs ont réclamé leur droit à l'existence au moyen de la grève, le gouvernement, quel qu'il soit, a toujours pris le parti de sa caste, et essayé de faire rentrer par la force les ouvriers grévistes dans les bagnes capitalistes.

Et il ne peut pas en être autrement. Le gouvernement n'est, au fond, que le représentant de la classe qui possède.

Tant que les travailleurs ne posséderont rien, tant qu'ils ne se seront pas emparés d'une façon ou d'une autre des pouvoirs publics, c'est-à-dire de la direction du pays, tant que les privilèges subsisteront et feront la société divisée en deux classes : ceux qui possèdent et ceux qui ne possèdent rien, nous serons gouvernés par des hommes qui ne représentent que les intérêts d'une fraction très minime de la nation, et le gouvernement, quel que soit son étiquette, sera toujours un gouvernement oligarchique, et, par le fait même de sa constitution, dans l'impossibilité matérielle de faire quelque chose pour les travailleurs.

Gambetta n'a-t-il pas dit : « Il n'y a de réformes possi-

bles que celles que veulent bien laisser faire les capitalistes, et ils n'en veulent laisser faire aucune. »

Toutes les lois faites par les décadents du Palais-Bourbon
sont faites à leur profit, comme je vous le disais il n'y a
qu'un instant.

Les quelques lois soi-disant faites au profit des travailleurs sont, au contraire, dirigées contre eux, telle que la loi
du 21 mars 1884.

Cette loi est une chaîne de plus ajoutée à toutes celles
qui entravent le libre exercice du droit imprescriptible de
réunion et d'association.

C'est pour cela que je la repousse dans son entier : je
ne veux pas de modifications.

Nous serions véritablement trop simples de demander
des modifications à une loi que nous devons réprouver ;
les anneaux de la chaîne seraient peut-être mieux dorés,
mais ils seraient, à coup sûr, beaucoup plus serrés. Je
demande donc le retrait pur et simple de la loi, jusqu'au
jour où le prolétariat, conscient de ce qu'il vaut, de ce qu'il
veut, de ce qu'il peut, et organisé sur le terrain de la lutte
de classes, réclamera bien autre chose que le retrait de
cette loi policière.

Organisons-nous donc, Citoyens : que les querelles entre
socialistes s'appaisent ; que la haine des uns et l'intolérance
des autre fassent place à l'union des socialistes révolutionnaires. Il y a un terrain commun sur lequel nous sommes
tous d'accord : c'est la suppression de la propriété individuelle au profit de la propriété collective ou commune,
par la révolution sociale.

Groupons-nous donc sur ce terrain et, lorsque nous
serons bien organisés, unis par les liens d'une solidarité
réelle, nous travaillerons plus efficacement à hâter cette
révolution, et bientôt, au lieu de mendier des réformes,
nous pourrons ordonner et, prenant la place de ceux qui
légifèrent aujourd'hui, vous ferez des lois, non au bénéfice
d'une caste, mais de tous les citoyens.

Cette éloquente péroraison, dite d'une voix vibrante,
soulève les applaudissements d'une grande partie de l'Assemblée.

Discours du citoyen Dalahaye

Citoyens et Citoyennes,

Ce fut la loi Chapellier, votée par la Convention en 1791, qui nous interdit le droit de nous grouper, de nous associer et de nous réunir, pour discuter nos intérêts professionnels communs, sous prétexte de « Liberté du travail » ; depuis cette époque, c'est cette législation draconnienne qui avait prévalu en France jusqu'en 1884. Aussi ne devons-nous pas être surpris de l'imperfection de la loi du 21 mars 1884 sur les Syndicats professionnels et de l'opposition que lui font les patrons et capitalistes, habitués à nous imposer une obéissance passive et une soumission absolue. Comme toute chose, cette mesure législative peut être modifiée et je viens, au nom de la « Société professionnelle des ouvriers mécaniciens » proposer que *cette loi soit amendée* et que les *articles 414 et 415 du Code pénal soient abrogés.*

Si l'on observe, sans parti pris, le mouvement qui s'accomplit parmi les ouvriers des pays où la grande industrie est la plus développée en Europe et en Amérique, il en résulte que ce sont les nations telles que les Etats-Unis et les Iles-Britanniques, où les travailleurs ont la plus grande facilité de s'organiser et de se coaliser librement en matière économique, qui ont pu traverser sans secousses violentes cette période de transformation économique, qui s'opère depuis la naissance du machinisme, lequel a créé la grande industrie moderne.

Les Syndicats doivent donc non seulement avoir toutes les facilités de s'organiser, de se coaliser et de se fédérer librement, mais tous les obstacles légaux doivent être supprimés ; la démocratie républicaine doit faire plus, elle doit en aider et en favoriser le développement par des subventions et par tous les moyens en son pouvoir. C'est le moyen le plus sûr pour le gouvernement et nos législateurs de connaître exactement l'opinion, les besoins et les aspirations des travailleurs et de préparer pacifiquement cette réorganisation contemporaine du travail, qui s'impose. Les libéraux et les conservateurs britanniques n'ont pas agi autrement à l'égard des *Trades-Unions.*

Avec les crises de surproduction qui sont de plus en plus importantes en nombre, en durée, en étendue et en intensité, c'est notre trop grand nombre qui fait notre faiblesse, pour agir légalement. L'impitoyable loi de « l'offre et de la demande » est là qui se dresse devant nous comme le « spectre de Banco ». Sans organisation et sans ressources, toute résistance légale est impossible contre quelques compagnies millionnaires coalisées d'une manière permanente, et manifestement hostiles envers les ouvriers syndiqués et nos syndicats. Avec les moyens modernes de production et les ajournements indéfinis des réformes économiques, la lutte devient chaque jour tellement inégale ; notre situation comme salariés est si exceptionnellement mauvaise, que, malgré le dévoûment sans borne et sans éclat de quelques-uns, si un concours de circonstances tout à fait exceptionnelles, n'intervient pas, il faudra, croyons-nous, avec la loi actuelle sur les Syndicats et l'antagonisme croissant entre ouvriers et patrons, l'existence de plusieurs générations pour arriver à une organisation effective des Syndicats ouvriers.

Nous ne voulons pas prophétiser sur les funestes conséquences probables de cette situation, mais ce que nous considérons comme un devoir, c'est de dire de cette tribune, sans faiblesse, sans fanfaronnade et sans passion, qu'il est temps d'aviser. Non seulement, le gouvernement et nos législateurs républicains doivent amender la loi sur les Syndicats ouvriers, et la faire respecter par les patrons et capitalistes, ce qui est un très louable moyen, mais aussi ils ont le devoir d'améliorer la condition matérielle des travailleurs.

Outre les articles 414 et 415 du Code pénal, qui paralysent tous les bienfaits qu'on pouvait attendre de la loi du 21 mars 1884, signalons :

Les paragraphes 1, 2, 3, 4 de l'article 4, qui obligent à déclarer les noms des administrateurs dans les mairies de toutes les communes de France, où se trouve un Syndicat ou un groupe.

Il va de soi que cette prescription revient, pour les ouvriers, à l'obligation d'aller déclarer à leurs patrons qu'ils ont l'intention de fonder un Syndicat pour tenter de réduire la durée du travail, augmenter les salaires, ou

pour toute autre mesure que les patrons considèrent comme
opposée à leurs intérêts ; c'est ainsi que les travailleurs
les plus dévoués sont connus, malmenés et jetés à la porte
des ateliers car, dans les 99 centièmes des cas, ce sont
les patrons qui sont maires, adjoints ou conseillers municipaux dans les trente-six mille communes de France. A
Paris même, où l'ouvrier est moins dépendant que dans
toute autre commune, par suite du grand nombre d'ateliers,
la majorité des syndiqués est opposée à la déposition des
noms. Il nous semble qu'une seule inscription au ministère
du commerce et de l'industrie serait suffisante et encore
cette inscription devrait-elle être facultative pour les Syndicats qui croient pouvoir se passer de la *personnalité
civile*.

Pour ces raisons nous déposons la proposition suivante :

Qu'il soit introduit dans les cahiers des charges, une clause
aux termes de laquelle, lorsqu'il résulterait d'un ensemble de
faits, qu'une compagnie minière, qu'un entrepreneur de travaux publics pour le compte de l'État, des départements ou
des communes, aura systématiquement empêché l'établissement ou poursuivi la suppression d'un Syndicat d'ouvriers, il
*y aura lieu à une sanction pénale et à une indemnité pour les
victimes.*

POUR LA SOCIÉTÉ PROFESSIONNELLE DES OUVRIERS MÉCANICIENS,

Le Délégué,
Victor DELAHAYE.

Amendements à la loi sur les Syndicats.
(Art. 414, 415 du Code pénal.)

Considérant que la coalition libre est un moyen légal, conformément à la loi du 21 mars 1884 sur les Syndicats professionnels pour défendre nos intérêts professionnels communs,
soit pour empêcher l'augmentation de la durée de la journée
de travail ou pour la réduire, soit pour empêcher la baisse des
salaires ou pour en amener la hausse ;

Considérant que, par suite de l'abrogation de l'article 416,
le fait de se concerter en vue de préparer une grève, n'est plus
un délit pour les ouvriers syndiqués ni pour les ouvriers non
syndiqués ;

Que les articles 414, 415 du Code pénal sont exclusivement

appliqués contre les ouvriers et jamais contre les patrons et les capitalistes, alors que ceux-ci provoquent, menacent et persécutent les ouvriers qui font partie d'un Syndicat ou d'une grève;

Qu'une telle interprétation de la loi est arbitraire et qu'elle constitue une atteinte portée au droit de coalition en matière économique, lequel est légalisé par la loi du 21 mars 1884;

Pour ces raisons, nous demandons :

1° L'abrogation des articles 414 et 415 du Code pénal. Les violences, voies de fait, menaces ou manœuvres frauduleuses restant soumises au droit commun ;

2° Le Congrès demande en outre la revision de la loi du 21 mars 1884 sur les Syndicats professionnels et notamment : la *Dualité des Syndicals*, c'est-à-dire, rendre facultative la déclaration des noms au ministère du commerce et de l'industrie ainsi que dans toutes les communes de France ;

Suppression des paragraphes 1, 2, 3 et 4 de l'article 4, qui obligent à déclarer les noms des administrateurs dans les localités où sont fondés les Syndicats.

Victor DELAHAYE.

Le citoyen Blondeau cède ensuite la présidence au citoyen CHAMFRAULT, de Vierzon.

« Je suis heureux, dit-il, de constater qu'aucun délégué n'a osé soutenir que cette loi, que j'ose qualifier de policière, est bonne.

« On nous a parlé du ministre qui a conçu, présenté et défendu cette loi, nous dirons, nous, que, si les travailleurs socialistes avaient été appelés directement à la combattre, elle aurait bien pu aller rejoindre d'autres projets de loi qui n'ont jamais vu le jour.

« Vous êtes deux cents, dites-vous. Si nous pouvions parler à ces deux cents adhérents de la loi, nous avons tout lieu de croire que vous ne seriez pas autant.

« A ceux qui ont accepté la loi nous disons: On vous a trompés, on vous a fait voir la face, nous aurions pu vous faire voir la pile.

« Vous nous dites qu'à Marseille le nombre a augmenté; eh bien ! comme compensation, nous vous dirons qu'à Paris le nombre a diminué; sur soixante-treize Chambres syndicales adhérentes à l'Exposition ouvrière, il n'y en avait que treize qui avaient déposé leurs statuts à la préfecture.

« Oui, nous la repoussons et nous disons : Quand on est assez ministre pour faire une loi qu'on ne peut pas appliquer, on ferait mieux de s'abstenir.

« C'est une chaine de plus, citoyens délégués, repoussez donc cette loi qui est dirigée contre vous. »

A ce moment, la clôture de la discussion générale est demandée par quelques délégués.

Le citoyen Veyssier parle contre la clôture. La clôture est mise aux voix, mais le résultat est douteux. Le Président Blondeau, ayant repris sa place, explique que la clôture n'implique pas que les orateurs inscrits n'auront pas la parole. En conséquence, il donne la parole au citoyen Clatel, des tisseurs de la rue Donnée, qui dit qu'il faut garder la loi qui, bonne ou mauvaise, a un bon côté, et se prononcer pour la modification de la loi.

Le citoyen Choux, des menuisiers de Lyon, croit qu'il n'a pas le temps de lire son exposé. Il donne quelques arguments contre la loi. Voici l'exposé en question, qui est applaudi par l'Assemblée :

CITOYENNES ET CITOYENS,

Permettez-nous de jeter un coup d'œil sur cette libéralité qui a nom loi sur les Syndicats professionnels, et voyons si le législateur ne s'est point égaré dans sa conception.

Nous croyons que sous un gouvernement républicain les lois doivent être empreintes de cette idée de liberté, qu'on invoque à tout instant, mais aussi et surtout lorsqu'il s'agit de la classe laborieuse, de la classe productive, qui, lorsqu'elle demande un droit à l'existence quelconque, s'entend toujours répéter cette formule : Et la liberté, qu'en faites-vous ?

Nous voulons être libres ; oui, libres de nous réunir pour nous concerter contre ce ver rongeur qui a nom patron ; qui, lui, bien longtemps avant que l'on parlât de loi syndicale, pouvait se réunir librement sous le titre de Chambre syndicale des entrepreneurs et nous imposer ses volontés.

Nous entendons être libres et nous ne reconnaissons à personne le droit de voir chez nous ce qui s'y passe, ce qui s'y fait.

C'est pour cela, Citoyens, que nous trouvons arbitraire cet article 4, suivi de ce paragraphe qui nous met à la merci du bon plaisir d'un magistrat quelconque.

On nous donne la liberté par l'article 2, mais aussi on nous contraint par cet article 4, sachant très bien que l'administration d'un Syndicat se renouvelle à chaque instant et qu'ainsi les membres du Syndicat ne tarderont pas à être tous déposés sous la tutelle bienveillante du procureur de la République; il y a plus, Citoyens, nous pensons que l'esprit du législateur a voulu qu'à un moment donné et sur l'ordre de ce procureur, l'administration syndicale fût contrainte de déposer elle-même les noms de ses adhérents; nous avons le droit, Citoyens, d'être méfiants, nous sommes payés pour cela et nous disons que nous repoussons cette mise en carte des citoyens.

L'article 6 nous interdit d'acquérir d'autres immeubles que ceux destinés à nos réunions, nous n'avons pas même le droit de disposer de ce qui pourrait nous appartenir. Nous ne pouvons point devenir propriétaires; car alors nous pourrions peut-être devenir les égaux de ceux qui disent connaître nos besoins.

Par l'article 8, le législateur prévoit le cas où les fonds seraient employés, et alors il nous dit: si vous achetez, nous vous plaçons encore à la merci d'un procureur quelconque. Et l'on appelle cela une loi libérale, eh bien ! Citoyens, nous repoussons cette libéralité.

Nous concluons: nous voulons une loi sur les Chambres syndicales; mais point n'est besoin de tant d'articles, un seul suffit :

« Tous les citoyens auront le droit de former une Chambre syndicale en toute liberté, en se conformant aux droits de l'homme et pourront se concerter sur les besoins de leur cause en subissant le droit commun. »

Discours du citoyen Bartholino.

Citoyennes, Citoyens,

Je vois que du train dont va la discussion nous ne ferons rien ce soir, chacun a discuté à sa façon, soit sur la coopération, soit sur les caisses de retraites, il y en a qui prétendent que les ouvriers pourront suffisamment capitaliser pour faire eux-mêmes leurs affaires, c'est là une grave erreur, puisqu'il est prouvé que nous ne gagnons pas notre vie, du reste si les ouvriers gagnaient leur vie, nous ne serions pas réunis en Congrès. Pour quant à la coopération ce n'est pas ici l'endroit de la discuter.

On nous a également parlé de la mine aux mineurs

qui, à mon point de vue, n'est ni plus ni moins qu'une vache sans lait qui ne donnera pas les résultats que l'on doit en attendre.

Il m'a semblé comprendre que certains délégués seraient plutôt dans l'idée de faire une centralisation qu'une Fédération, ce qui ne s'accorderait pas du tout avec l'ordre du jour, et le but à atteindre ne serait pas le même, la Fédération est un principe qui maintiendra l'autonomie des Syndicats. Je demanderai donc que les délégués veuillent faire comme le citoyen Sartarin, qu'ils soumettent leurs projets à la discussion pour que dès aujourd'hui nous jetions les bases d'une véritable Fédération.

Citoyennes, Citoyens, bien que je vienne ici soutenir la loi sur les Syndicats, je n'ai pourtant pas la prétention de vous en faire une idole et d'abandonner un seul instant mes idées socialistes, la loi sur les Syndicats n'a qu'un bon côté, c'est quelle permet aux ouvriers de se grouper légalement, à par ça, tout le reste ne vaut rien, il y a du reste dans la loi une contradiction, c'est que nous n'avons le droit de posséder que l'immeuble nécessaire à notre installation syndicale, c'est une contradiction avec le droit de capitaliser. D'un autre côté, nul n'a le droit de tester en faveur de tel ou tel, cependant le legs ne serait pas reconnu par l'Etat ou par la commune, nous n'avons pas la personnalité civile. J'aimerais mieux voir amender la loi dans un sens plus large, plus démocratique que d'en voir demander le rejet en bloc.

Nos contradicteurs nous opposent des arguments peu sérieux pour le rejet de cette loi, ils nous disent qu'en faisant le dépot de nos statuts et les noms de nos adhérents à qui de droit les ouvriers sont exposés a être renvoyés par les patrons; ces derniers étant la plupart du temps administrateurs dans la commune ou il y a des syndicats, s'il y a des patrons dans l'administration, à qui la faute? aux ouvriers, pourquoi les nomment-ils au moment des élections. Avant la loi sur les Syndicats, les patrons renvoyaient bien les ouvriers de l'atelier, du moins ceux qui revendiquaient sur le terrain des salaires, il n'y avait donc pas besoin de faire un dépôt quelconque pour qu'ils soient connus des patrons; en un mot, de tous les temps les hommes militants ont été connus et la représaille s'est appesantie sur eux. Ces craintives appréhensions ne sont pas valables pour nous faire rejeter la loi (1).

Citoyens, je termine, le citoyen Dumay nous a dit que la loi sur les Syndicats n'avait aucune garantie au point de vue légal, que par un coup d'Etat on la violerait, mais dans un coup d'Etat on viol, toutes les lois en faisant violence aux citoyens. Du reste, l'ère des coups d'Etats est passée, il faut nous préparer à la révolution sociale par le groupement corporatif...

Discours du citoyen Gabriel Fargeat

CITOYENNES ET CITOYENS,

C'est avec un douloureux étonnement que j'ai entendu tomber de cette tribune des félicitations à l'adresse du ministre Lockroy et des remerciments destinés aux législateurs bourgeois que les travailleurs ont eu la naïveté de se donner.

Comment, à propos d'une loi liberticide confectionnée par nos adversaires d'origine, dans le but de tromper la masse ouvrière sur leurs véritables intentions, il se trouve, parmi les représentants de la fraction militante du prolétariat français, des voix qui s'élèvent pour louanger les habiles qui ont organisé le traquenard dressé contre nous.

Pour moi, je suis persuadé que la longue discussion qui vient d'avoir lieu n'était pas absolument nécessaire devant une assemblée telle que la nôtre ; un seul argument devrait être suffisant pour décider le Congrès à s'insurger contre la loi qui, forgée au Palais Bourbon par nos ennemis de classe, doit être impitoyablement repoussée par les représentants de notre classe.

Certes, je vois la valeur que l'on doit donner en régime capitaliste au mot : liberté. Dans mon parti, personne n'est dupe des bourgeois malins et millionnaires qui chan-

(1) Ce qui nous démontre encore le bon côté de la loi, c'est que les patrons ne la reconnaissent pas, puisqu'ils renvoient les ouvriers adhérents aux Syndicats, en la rejetant nous irions justement au-devant de leurs volontés.

tent aux pauvres crève-faims les douceurs ineffables du libéralisme. Nous sentons la nécessité d'une intervention du gouvernement en faveur des travailleurs contre les capitalistes ; et c'est pour cela qu'en différentes circonstances nous nous sommes adressés aux pouvoirs publics, mais jamais nous n'avons été assez niais pour croire pouvoir obtenir des résultats immédiats et directs, puisque nous savions demander aide, protection et justice contre nos exploiteurs à nos exploiteurs eux-mêmes, transformés en législateurs par nous. Si nous nous adressions à nos patrons d'hier devenus députés, sénateurs ou ministres, mais restant capitalistes, c'était dans l'intention de les mettre au pied du mur, afin d'ouvrir les yeux au nombre trop grand de nos camarades qui s'obstinent à se laisser tromper.

Si nous voulons obtenir du Parlement des réformes économiques efficaces, il est d'abord indispensable d'introduire dans le Parlement des hommes capables de nous les donner ; c'est, je crois, parce que vous êtes convaincus de cette nécessité que vous avez semblé, hier, approuver si hautement l'idée d'une Fédération générale des Syndicats ouvriers, c'est-à-dire la création définitive et puissante du parti ouvrier qui, englobant dans son sein l'immense majorité des producteurs, pourra faire irruption dans toutes les assemblées délibérantes, accaparera ainsi les *pouvoirs*, ce qui lui permettra d'opérer lui-même les réformes qu'il réclame en vain aujourd'hui.

Croyez que le but véritable de la loi Lockroy *contre* les Chambres syndicales est d'entraver la constitution de ce parti. Toutes les *chinoiseries* dangereuses qu'elle contient tendent à intimider les travailleurs et à mettre nos organisations sous la protection, je veux dire sous la dépendance du gouvernement. Nous devons donc non seulement la repousser, mais encore faire notre possible pour ne pas la subir. Si nous prenions une autre décision, elle serait considérée comme un aplatissement de la classe ouvrière devant la bourgeoisie triomphante. Ce serait donner à nos adversaires le droit de croire le prolétariat français encore absolument inconscient, incapable de comprendre ses véritables intérêts comme de discerner ses véritables ennemis.

En attendant que nous ayons organisé la FORCE, usons donc de tous les moyens légaux qui nous sembleront utilisables ; arrachons en même temps à nos gouvernants tant qu'il nous sera possible, mais ne leur laissons jamais croire que nous sommes encore dupes de leurs manœuvres. Donc, ne nous avisons pas aujourd'hui de féliciter un Ministre parce qu'il a bien voulu prendre la peine de nous tendre un piège grossier.

Formons immense l'armée puissante des volés, des meurtris, des mécontents, et tenons-nous prêts à profiter de toutes les occasions pour faire cesser à jamais l'état de choses intolérable que nous subissons.

N'ayant plus d'orateurs inscrits, le PRÉSIDENT donne lecture de la déclaration suivante :

Le citoyen FOMBONNE, délégué de Paris, au nom des Chambres syndicales qu'il représente, demande l'abrogation de la loi du 21 mars 1884 et des articles 414 et 415 du Code pénal ; que les Syndicats rentrent dans la personnalité civile conformément au droit commun, et ce, sur l'iniquité et l'arbitraire de la loi et les articles précités.

La séance est levée à 11 heures 3/4.

Rapport non lu du citoyen Carret.

DÉPOSÉ AU NOM DE L'UNION DES TISSEURS ET SIMILAIRES ET DE SES DÉLÉGUÉS

CITOYENNES ET CITOYENS,

En 1885, les tisseurs lyonnais, fatigués des diminutions de salaires qu'ils subissaient chaque jour, diminutions qui, en raison des charges extraordinaires qui pèsent sur les ouvriers des villes, ne leur permettaient plus de faire face aux exigences des besoins de leur famille et encore bien moins aux frais de toute sorte qui sont en usage dans leur corporation ;

La situation devenant chaque jour plus mauvaise ;

Les tisseurs, réduits à une misère profonde, crurent cependant que tout espoir de relèvement n'était pas perdu et résolurent de réunir leurs efforts, en vue d'arrêter la baisse des salaires qui les ruinait.

Les Chambres syndicales du tissage lyonnais, poussées par l'opinion publique autant que par leurs adhérents, devaient bientôt entrer en lice. Mais n'anticipons pas sur les événements et voyons, avant d'aller plus loin, quel était l'esprit qui allait diriger cette nouvelle lutte du travail contre la ténacité rapace du capital.

La confiance que les tisseurs avaient dans la légitimité de leur cause, et la puissance qu'ils attribuaient à la loi concernant les Syndicats ouvriers, avaient suffi pour leur faire croire au succès de ce qu'ils allaient entreprendre. La majorité disait même que l'autorité locale, bien informée de leurs intentions et de leurs droits, ne pouvait manquer d'intervenir en leur faveur et que d'ailleurs le gouvernement républicain, qui doit aux travailleurs une somme de sollicitude, en raison de leur nombre et des services qu'ils rendent au pays, ne pouvait avoir voté et promulgué la loi sur les Chambres syndicales si elle ne devait leur servir à rien.

Les tisseurs, comme on le voit, étaient décidés à ne pas se laisser arrêter par-des obstacles qu'ils considéraient comme secondaires.

En conséquence, le 20 juin au matin ils se rendaient, au nombre de dix mille, à la salle des Folies-Bergère, et là, dans cette mémorable et imposante réunion, soutenue et dirigée par leurs Chambres syndicales, ils prenaient des résolutions énergiques qui donnèrent pour résultat immédiat plusieurs séances non moins importantes que la première, et pour conclusion l'intervention officieuse de l'autorité locale, qui aboutit à son tour à la nomination d'une Commission (mixte) chargée de travailler à l'étude du relèvement des salaires.

Disons maintenant, pour la clarté de notre récit, comment était composée et comment fut nommée cette Commission mixte.

Chaque partie en cause choisit un nombre déterminé parmi les siens, soit, par conséquent, dix fabricants d'un côté et dix ouvriers de l'autre.

Cette Commission, une fois élue, se mit à l'œuvre de suite, reconstruisit un tarif au bas duquel on lit la signature des membres de la Commission mixte, et dont l'application, publiée par les journaux de cette époque, était fixée au 1er juillet 1885. C'est. comme on le voit, un acte public, solennel.

Tout le monde crut que ce moyen allait enfin terminer des différends qui pouvaient, en troublant la tranquillité dans la rue, faire des victimes.

Les bonnes gens qui pensaient de cette manière se trompaient; ils comptaient sans la ruse et l'astuce de Tartufe et d'Escobar.

Un mois à peine s'était écoulé depuis l'édification du Tarif, que les fabricants avaient eux-mêmes approuvé de leur signature, qu'ils refusaient de payer à leurs ouvriers le prix convenu.

Cette manœuvre déloyale des fabricants lyonnais ralluma le feu, et les Chambres syndicales du tissage lyonnais voyant les fruits de leurs efforts compromis, réclamèrent bientôt l'exécution du contrat librement consenti au mois de juin et se préparèrent à rentrer en ligne de bataille.

Nous étions alors au mois de septembre, à cette époque le travail est rare, ajoutons en outre que les fabricants, en prévision de leur résistance, eurent soin de faire le vide aussi complet que possible, afin d'assurer leur victoire par les défections qui ne manquent jamais de se produire. quand le pain arrive à faire défaut..

Comme on le voit, la lutte nouvelle allait s'engager cette fois sur un terrain défectueux pour les Syndicats du Tissage lyonnais. ·

Malgré les apparences d'un échec à peu près certain, les Syndicats n'en résolurent pas moins d'entrer en lice le plus tôt possible.

La fin de septembre vit commencer cette lutte importante des affamés contre les affameurs, fabricants lyonnais.

Nous ne vous ferons pas les détails de cette lutte qui fut soutenue par les Chambres syndicales, avec autant d'intelligence que d'énergie, et qui n'aboutit cependant qu'à une déroute complète.

Il nous reste maintenant à examiner pourquoi les ouvriers tisseurs, malgré la justesse de leurs réclamations, furent absolument battus.

Nous ne croyons pas nécessaire de faire un grand effort pour répondre à cette question.

Ouvrons les codes de loi, nous y trouvons tout un arsenal garantissant la propriété sous quelque forme quelle se présente. Le travail seul n'y a aucune place, aucune garantie, comme on le voit dans l'ordre social actuel le travail est placé hors la loi.

Tous nos efforts doivent tendre à conquérir cette place dont l'importance ne fait l'objet d'un doute pour personne.

C'est pour cette raison que nous avons appelé à notre aide les travailleurs français afin d'étudier en Congrès national des Syndicats ouvriers, les meilleurs moyens à mettre en pratique, afin que la Fédération sorte victorieuse de nos résolutions et par sa puissance fasse participer au banquet social les esclaves du capital.

TROISIÈME JOURNÉE

Mercredi 13 octobre

SÉANCE PRÉPARATOIRE

La séance est ouverte à 2 heures 1/4.

Sont nommés Président : le citoyen DELAHAYE, des mécaniciens de Paris ; Assesseurs : les citoyens SOUCHET, des confiseurs de Paris, et ARQUILLIÈRE, des tisseurs de Panissière.

Le procès-verbal de la séance publique du 11 est adopté après quelques observations des citoyens Veyssier et Blondeau demandant à ce qu'une phrase du Secrétaire appréciant le discours du citoyen Heppenheimer soit retranchée, ce qui est accepté.

La validation des pouvoirs du citoyen Brugnot, représentant les tisseurs de Roubaix, est ensuite votée.

Le citoyen LAVAUD, de Paris, explique qu'un télégramme qu'il avait envoyé au citoyen Dalle, secrétaire du Prolétariat, rue Gréneta, pour régulariser sa situation, lui a fait retour, il qualifie ce fait de manœuvres barberettistes ayant pour but d'empêcher que sa situation soit régularisée, car tout le monde à Paris, la poste surtout, connaît l'adresse du Prolétariat. Cette manœuvre a pour conséquence de retarder l'arrivée d'une lettre lui annonçant un mandat régulier du Syndicat des chapeliers de Moulins. Le citoyen Veyssier proteste contre les paroles du citoyen Lavaud. Ce dernier réplique au citoyen Veyssier, l'assemblée devient houleuse, les interruptions s'entre-croisent, de vifs colloques particuliers interrompent de fait la séance pendant une demi-heure, enfin, sur les instances du Président, qui parvient à se faire écouter, l'incident est clos.

Après quelques observations échangées ensuite entre les citoyens Blondeau, Laforest et Veyssier, l'assemblée revenant sur l'incident soulevé dans la séance précédente, relatif aux tisseurs lyonnais délégués au Congrès, décide de vider cet incident immédiatement. Le citoyen Besson ayant le premier la parole, soutient que les délégués tisseurs lyonnais sont des patrons, en raison de ce qu'ils possèdent un outillage et occupent des ouvriers jusqu'à six, huit, quelquefois même dix ; pour ces raisons, il demande que le Congrès revienne sur le cas du citoyen Drussay, du Syndicat des ouvriers et patrons de Paris.

Le citoyen Clapisson, des velours unis de Lyon, réplique très longuement au citoyen Besson, analysant chacun des points particuliers du discours de ce dernier, et démontre péremptoirement, c'est du moins l'avis de l'assemblée, que le citoyen Besson est dans l'erreur.

L'assemblée paraissant suffisamment éclairée après les explications du citoyen Clapisson, demande la clôture.

Le citoyen Dumay estime qu'il était du devoir des tisseurs lyonnais d'expliquer leur situation ; il se déclare complètement satisfait des explications données par le citoyen Clapisson ; pour lui, sa conviction est faite.

Le citoyen Chavrier explique que, comme Président de la Commission de vérification des pouvoirs, dans la première séance préparatoire, il a fait observer que ce qui constituait un patron, au point de vue juridique, était le paiement d'une patente quelconque, et que c'est précisément en raison de ce que les marchands-marchands du Temple, dont le citoyen Veyssier était mandaté payent une patente à la semaine, que ce mandat a été annulé. Or, les soi-disant patrons tisseurs paient-ils une patente ? Il affirme le contraire. En conséquence, pour lui, ils ne sont pas patrons.

Après ces explications nouvelles, la clôture est prononcée, et l'incident déclaré clos.

On passe ensuite à la nomination de la Commission chargée de présenter les conclusions sur la deuxième question. Sont nommés les citoyens :

Dumay, Sol, Rondet, Choux, Blondet, Pinson et Ferra.

L'assemblée décide ensuite, sur la proposition des

citoyens Choux et Chavrier, de remplacer, pour la discussion de la séance publique du soir, le projet de loi Lockroy sur l'arbitrage, par le projet du même auteur sur la réorganisation juridique du Conseil des prud'hommes.

Les citoyens DUMAY et HEPPENHEIMER, tout en se ralliant à cette proposition, demandent qu'on discute aussi dans la même soirée la quatrième question sur l'utilité d'un conseil supérieur du travail auprès du Ministre du commerce et de l'industrie.

Après quelques observations de divers citoyens, ces deux propositions sont votées à une grande majorité, avec la réserve que les orateurs pourront incidemment traiter du projet Lockroy sur l'arbitrage.

Sont ensuite désignés pour présider la séance du soir les citoyens :

DUMAY, de Paris; assesseurs : les citoyens FOUILLAT, de Tarare, et THEVENET, de Niort.

La séance est levée à 5 heures et demie.

SÉANCE PUBLIQUE

La séance est ouverte à 8 heures. Sont acclamés : Président, le citoyen DUMAY; Assesseurs : les citoyens THÉVENET, de Niort et FOUILLAT, de Tarare.

Les ouvriers en sièges présentent la proposition suivante :

Hier, Citoyens, nous avions à protester contre les arrestations des Vierzonnais, aujourd'hui nous avons également à déclarer que plusieurs de nos collègues viennent d'être arrêtés depuis 2 heures de l'après-midi, pour atteinte à la liberté du travail.

En conséquence, nous demanderions au Congrès que, puisque soi-disant nous avons des lois sur les Syndicats et que le gouvernement fait répression contre notre droit, qu'il met la police à la solde de nos exploiteurs; qu'il se joigne à nous pour protester contre ces agissements, dont il a toujours su se faire fort, et que s'il croit, par ses mesures, intimider les travailleurs, nour répondrons qu'au contraire nous saurons une fois de plus revendiquer énergiquement nos droits.

Mise aux voix, cette protestation est acceptée à l'unanimité.

Le Président dit qu'une citoyenne déléguée a un rapport à lire qui semble traiter une question connexe à celle à l'ordre du jour, la réunion du jour a décidé qu'elle aurait aujourd'hui la parole la première. En conséquence, il donne la parole à la citoyenne Cance, déléguée de la Chambre syndicale des piqueuses de bottines.

Rapport lu par la citoyenne Cance.

CITOYENNES ET CITOYENS,

L'importance des questions que le Congrès a à traiter n'a pas permis qu'il fût fait une place spéciale pour l'exposé de la situation des travailleurs de notre sexe, cependant, toutes comprennent qu'il est impossible à un Congrès, de l'importance de celui qui est réuni ici, de se séparer sans avoir donné son avis sur une question d'une importance aussi conséquente pour l'avenir du prolétariat.

C'est en nous inspirant de cette pensée que nous avons sollicité du Congrès que notre rapport syndical fût entendu, espérant que ses conclusions seront soumises à l'examen d'une de vos Commissions pour présenter à cet effet les résolutions qu'elle jugera à propos de formuler à l'acceptation du Congrès.

Ceci posé, il ne me reste plus qu'à solliciter la plus grande indulgence pour l'inexpérience complète que j'ai pour m'expliquer devant une assemblée aussi compétente et aussi nombreuse que celle réunie ici. En venant porter devant vous les justes revendications de mes compagnes, je crois accomplir un devoir qui me fera accorder cette indulgence que votre impartialité ne peut me refuser.

CITOYENNES ET CITOYENS,

Nous croyons nécessaire, en présentant ce rapport, d'indiquer que si nous nous occupons plus spécialement des ou-

vrières de notre profession, ce n'est pas que nous nous désin-
téressions en aucune façon de la situation générale qui est
faite à toutes nos sœurs en exploitation; mais nous laissons
le soin au vaillant Syndicat des Dames réunies, qui depuis
plus de dix ans est sur la brèche, de défendre les intérêts des
travailleurs de notre sexe, sans se laisser décourager par l'indifférence, malheureusement trop grande, que les ouvrières
apportent, soit par ignorance ou faiblesse, à défendre comme
elles le doivent, leur droit à l'existence et celui de leur famille,
ni s'intimider par les calomnies et les menaces que lancent
contre elles les exploiteurs de tout acabit. Elles sont plus autorisées que nous pour porter ici les justes revendications des
exploitées de toutes les professions.

Qu'elles reçoivent l'hommage public de nos remercîments
pour les bons conseils que nous avons reçus d'elles, ainsi que
pour l'intérêt qu'elles portent à la défense de notre cause.

Qu'il nous soit permis de faire l'historique de notre corporation, pour bien établir que les salaires diminuent en proportion
de ce que l'on exige davantage de travail de la part des ouvrières.

Avant 1840 ou 1845, c'était les cordonniers eux-mêmes qui
faisaient le piquage des tiges à l'alène, car, en général, il ne se
faisait pas ou peu de chaussures de fantaisie. Mais dès cette
époque le développement du commerce obligeant d'employer
plus de bras, on donna ce travail aux femmes. Chaque piqueuse
travaillait pour les maisons de commandes, où elles n'avaient
pas de peine à gagner une journée raisonnable, proportionnée
surtout au prix des vivres de cette époque.

Un peu plus tard les maisons de confection se montèrent,
et se basant sur ce qu'elles donnaient une plus grande quantité de travail à la fois aux ouvrières, et que partant, celles-ci
avaient moins de courses à faire, elles en profitèrent pour diminuer le prix des façons dans les proportions de 20 à 30 %,
selon le degré de cupidité dont étaient animés ces exploiteurs,
ce qui amena, par réflexion naturelle, une baisse proportionnelle de la part des maisons de commandes.

Puis après, ce fut l'application de la machine à coudre à la
chaussure. Dès leur début, ces machines profitèrent aux ouvrières, les patrons, tenant compte de l'achat de la machine,
faisaient peu de différence du travail fait à la main, mais les
grands fabricants virent bientôt là un nouveau moyen d'exploitation ; comprenant que toute piqueuse ne pourrait pas
acheter une machine, profitèrent de cela pour monter de grands
ateliers où l'ouvrière déshéritée fut forcée de quitter son intérieur et les soins à donner à sa famille, pour aller travailler
dans ces usines qui, par l'organisation du travail en catégorie,

font que l'ouvrière, en échange de sa santé, n'a qu'un salaire
tout à fait insuffisant.

Nous ne croyons pas devoir insister longuement sur les troubles graves produits dans l'organisme, qui sont les conséquences d'un travail prolongé accompli sur les machines à
coudre; tous les rapports des médecins sont là pour affirmer
que ce travail, plus qu'aucun autre, use et détruit rapidement
la santé de celles qui sont obligées de le pratiquer. Nous n'insistons pas non plus sur le danger moral qui résulte du contact
continuel de ces jeunes filles abandonnées aux instincts bons
ou mauvais de ceux qui sont commis à leur direction, tels que :
patrons, contremaîtres ou surveillants, qui, pour la plupart,
ne connaissent la morale que de nom, et d'autre part, considérant que les malheureuses, que la nécessité force à aller travailler dans leurs bagnes industriels (le mot n'est pas trop fort)
les considèrent, disons-nous, comme trop heureuses d'avoir à
céder à leurs obsessions.

Nous ne voudrions pas faire du sentiment, mais Citoyens et
Citoyennes, si nous voulions porter à votre connaissance les
faits d'odieuses brutalités qui se passent tous les jours dans
ces enfers d'exploitation, comme nous, vous seriez écœurés du
cynisme avec lequel quelques-uns de nos exploiteurs en usent
avec leurs ouvrières, que dis-je, leurs esclaves. Comme nous le
disions, nous ne voulons pas faire du sentiment, car nous estimons que cette situation commande des remèdes plus énergiques que de gémir et de se plaindre.

Ceci nous amène à dire quelques mots de notre organisation,
qui ne remonte qu'au commencement de cette année. Qu'il
nous soit permis tout d'abord d'aller au-devant d'une erreur
trop souvent répandue parmi les travailleurs, sans distinction,
et qui a pour origine les calomnies et les basses insultes des
exploiteurs intéressés; cette erreur, qui consiste à faire croire
que les ouvriers qui s'occupent d'améliorer leur situation au
moyen de Sociétés syndicales ou autres, sont ceux-là dont le
manque de qualités morales empêchent de jouir de la sécurité
réservée à ceux qui travaillent, sans souci de l'exploitation dont
ils sont l'objet de la part de ceux qui les emploient. Hé bien !
Citoyens et Citoyennes, nous protestons énergiquement de toute
l'autorité que les paroles acquièrent à cette tribune contre ces
calomnies, et nous affirmons, au contraire, que ceux-là seuls
sont les véritables prévoyants de l'avenir, qui cherchent à réagir contre la situation de plus en plus intolérable qui est faite
aux travailleurs, surtout de notre sexe, et nous n'hésitons pas
à déclarer, quelque soit l'ordre que l'on apporte à notre existence, qu'il est matériellement impossible à une ouvrière de
vivre de son salaire, sans être obligée de s'imposer les plus
dures privations.

Dans cette situation, nous croyons donc qu'il est du devoir de tous ceux des travailleurs, qui ont quelque conscience de leur dignité d'êtres humains, qui ont souci de l'avenir, non pas de leur corporation, mais de leur propre existence et de celle de leur famille, sans parler de la soif de justice qui doit animer tout être qui pense ; nous croyons enfin que tous les producteurs, sans distinction de profession ni de sexe, doivent apporter leur contingent de facultés pour faire triompher la justice et l'égalité, c'est-à-dire subordonner le capital et, par cela même, faire cesser l'exploitation de l'homme par l'homme. Une autre erreur, non moins grande et aussi généralement répandue, est celle qui consiste à nous croire impuissants à réagir par nos propres forces, c'est-à-dire au moyen de notre Syndicat professionnel ; il n'est pas rare d'entendre dire, surtout parmi nous, que voulez-vous que nous fassions des femmes toutes seules. Hé bien! Citoyennes, nous croyons qu'il faut repousser cette faiblesse et nous inspirer de cette logique rigoureuse, c'est qu'en cette circonstance, personne plus que nous n'y étant intéressées, personne mieux que nous ne saurait le faire. En effet, puisque l'ordre capitaliste actuel nous oblige, de plus en plus, à quitter le foyer pour l'atelier, nous devons, de toute nécessité, nous organiser pour opposer à la centralisation des employeurs la centralisation individuelle des forces ouvrières, pour arriver à ce que, dans ces ateliers, les ouvrières ne soient pas le jouet que l'on insulte et exploite à son gré, mais bien le travailleur conscient et résolu que l'on paye et respecte en proportion du service qu'il rend.

CONCLUSIONS

Nous comptons, Citoyens, que vous prendrez en considération l'exposé des misères dont nous sommes victimes, et nous terminerons en vous rappelant que si, jusqu'alors, nous avons été impuissantes à protester contre certaines réductions de salaires, c'est que nous ne sommes pas justiciables des conseils de prud'hommes. Aussi, comptons-nous sur vous, Citoyens, pour que dans les revendications que vous apportez ici à propos de la loi sur les conseils de prud'hommes, vous n'oublierez pas de réclamer les mêmes droits que pour vous en faveur de celles qui sont vos femmes, vos mères et vos sœurs, et que la rapacité capitaliste oblige souvent à faire, dans une même journée, le travail de l'atelier et le travail de la famille.

Soyez certains, Citoyens Délégués, que nous associer à vos revendications est le plus sûr moyen d'en finir promptement avec l'exploitation de l'homme par l'homme, par l'établissement de la justice sociale.

Le citoyen Choux, des menuisiers de Lyon, dit qu'avant d'aborder le sujet, il tient à faire une protestation. C'est au sujet de la presse qui, dit-il, est renseignée par des reporters ; ceux-ci étant des travailleurs, nous aurions pensé qu'ils marcheraient avec nous la main dans la main, mais il n'en est pas ainsi et la presse qui ne nous a pas ou peu aidés à l'organisation de notre Congrès, fait aujourd'hui des comptes rendus qui sont à côté de la vérité. Il blâme cette manière de faire et dit qu'elle est contraire à toute honnêteté.

Puis, par le rapport suivant, il rentre dans la question des prud'hommes.

Rapport du citoyen Choux, délégué des menuisiers de Lyon

ARBITRAGE

Nous pensons qu'en matière de travail il faut une réglementation nette et franche qui ne laisse point prise à l'équivoque et aux surprises. Ce projet, sans aucun doute, présenté dans le but de satisfaire aux demandes du travail, se trouve frappé d'impuissance par sa conception. En effet, la faculté qui est laissée aux parties d'accepter ou de refuser simplement au Tribunal le rend inutile, attendu que les patrons ne l'accepteront qu'autant qu'ils croiront être à leur avantage. Nous estimons qu'il faut, pour qu'elle ait un effet satisfaisant, que la loi soit obligatoire, tandis que celle-là, en cas de refus, l'arbitrage n'a point lieu et par cela la loi devient nulle.

L'article 5 du projet invite le maire, en cas de refus, à restituer aux demandeurs leur pli cacheté, en y joignant une copie des motifs et une inscription au registre, puis plus rien.

Par un autre article, l'auteur du projet veut que la décision soit remise au maire, qui en délivre une expédition; mais il ne prévoit point si cette décision est sans appel, au contraire, puisqu'il admet dans son dernier article que cette décision servira pour être, en cas de contestation, présentée au Conseil des Prud'hommes. C'est donc une deuxième juridiction qui est appelée à faire sanctionner les décisions de ce tribunal tout facultatif. Pour ces motifs, nous pensons devoir donner toute notre attention au sujet de la prud'homie réclamée par les travailleurs.

PRUD'HOMIE

Il est inutile, Citoyens, de rappeler entièrement toutes les phases par où a dû passer l'institution de la prud'homie. Qu'il suffise de dire que le premier Conseil a appartenu à Lyon, en faveur du tissage alors dans tout son éclat.

Un décret, du 18 mars 1806, donnait l'autorité au Conseil de juger sur un litige allant jusqu'à 60 francs, et seuls les patrons avaient droit d'électeurs et de juges. Plusieurs lois et décrets ont été rendus depuis cette époque jusqu'à ce jour et aucun n'a réalisé, nous le reconnaissons, les réformes sérieuses que celui qui nous est présenté et qui néanmoins présente encore des lacunes, soit dans son organisation, soit dans son application. En effet, nous trouvons dans le détail de ces articles des défauts qui, à notre avis, sont capitaux.

Pour l'article premier, nous demandons que tous les salariés, à quelque corps d'état qu'ils appartiennent, soient justiciables des Conseils de prud'hommes, et par contre représentés par des Conseillers ; sur l'article 4, nous demandons que les Conseillers dont le mandat est échu, restent en fonction jusqu'à l'installation de leurs successeurs.

Sur l'article 5, nous demandons que tous les électeurs inscrits sur les listes politiques, le soient de droit sur celles de la prud'homie.

Sur l'article 8, nous estimons que le bureau électoral doit être constitué comme le bureau politique, et que l'on ne voit pas cette singularité de voir un patron désigné par l'administration, pour présider une section ouvrière.

Sur l'article 12, nous croyons qu'en cas de ballottage le deuxième tour ne peut avoir lieu le même jour, mais huit jours plus tard.

Sur l'article 16, nous disons que le refus de se faire installer et la démission d'un ou de plusieurs Conseillers doit entraîner immédiatement la réélection ; en effet, il se peut que ces décisions soient subordonnées à des faits assez graves, qui nécessitent pour les conseillers de les prendre, d'accord avec leurs électeurs, qui doivent être souverains en la matière, il en est de même pour ceux ayant été annulés pour cause d'inéligibilité.

Sur l'article 18, élections des président et vice président ; en cas de non acceptation de l'élu, il devra être procédé immédiatement à une autre élection.

Sur l'article 23, nous estimons que le bureau de conciliation devra être supprimé et remplacé par un bureau de jugement ; en effet, les affaires qui ne seront pas conciliées au pre-

mier bureau ne pourront certainement pas l'être au second;
dans tous les cas, nous demandons que tous ces bureaux soient
publics et non privés, attendu qu'il suffit souvent d'être obligé
d'affronter la publicité pour faire reculer les patrons et les
amener à des idées plus conciliantes; et que d'autre part les
causes présentées devant le Conseil ont déjà assez de motifs
pour y demeurer trop longtemps, sans encore créer une nouvelle station.

Sur l'article 25 de la représentation, nous estimons que les
patrons doivent, aussi bien que l'ouvrier, se présenter en personne, sans qu'ils puissent se faire représenter par leur gérant,
cette disposition est capitale : en effet, celui qui n'est pas
engagé personnellement est toujours plus retord à admettre
les propositions, pour plusieurs motifs.

Dans le cas où cette disposition serait maintenue dans la loi,
nous demandons que l'ouvrier puisse, à son tour, sans conteste
confier ses intérêts à un collègue. En effet, Citoyens, les patrons
souvent n'acceptent le débat devant le conseil qu'avec certains
hommes, parce qu'ils sont sûrs de triompher de leur mollesse ou
de leur incapacité à se défendre.

Sur l'article 28, nous pensons que cet article est défectueux
par la convocation par lettre et par le secrétaire. Si le défendeur ne comparait pas, il doit être donné défaut ou citation.

Pour faire suite à l'article 35, nous présentons cet amen-
ment :

Tous conseillers patrons ou ouvriers, qui auront refusé
ou tenté de refuser à appliquer, et cela à leur profit personnel
les prix et dispositions des tarifs librement consentis, ou qui
auront, par des manœuvres déloyales et des concertations tenté
d'en diminuer la valeur, seront déchus de leurs fonctions; il
sera pourvu immédiatement à leur remplacement. En effet,
Citoyens, nous dénions toute autorité morale ou matérielle
à ces juges pour appliquer le Code ouvrier à leurs collègues
quels qu'ils soient, car ceux-ci seraient en droit de leur demander sur quoi ils se basent pour statuer et dans tous les
cas, de pareils jugements sont caducs avant leur naissance.

Nous réservons l'article 36 à la gratuité des Conseillers, vis-
à-vis des parties : nous en parlerons plus loin.

Sur l'article 47, nous pensons que l'élu qui aura refusé de se
faire installer, qui aura démissionné ou se sera déclaré démissionnaire, doit être rééligible; en effet, des motifs graves peuvent faire prendre une semblable décision par l'élu.

Sur l'article 48, nous pensons qu'il y a des cas pour lesquels
la déchance prononcée ne doit pas entrainer la non-rééléc-
tion, pendant six ans, cette déchéance pouvant être prononcée
par suite de manœuvre déloyale. On doit laisser cela à l'appré-

ciafion des électeurs, qui sauront bien prouver l'honnêteté de leur élu

Sur l'article 52, nous estimons que les règlements intérieurs des Conseils, élaborés par ceux-ci, ne doivent pas sortir de l'enceinte du tribunal, et n'a rien à faire chez le ministre.

Nous réclamons en outre qu'il soit donné au Conseil des prud'hommes de voir, connaître et fixer l'indemnité qui devra être allouée, en cas d'accident survenu chez ou au service d'un patron. Nous croyons, en effet, que personne mieux que le Conseil n'est apte à juger la valeur des arguments présentés par le patron, pour se faire exonérer de cette obligation ; car devant le Conseil, aucun avocat ne peut être admis ; alors réduit à ses propres forces, le patron sera obligé, en quelque sorte, d'accepter la vérité sur les honoraires.

Retour à l'article 36. Citoyens, il nous reste à voir maintenant la question d'indépendance des Conseillers. Vous n'ignorez pas que du côté de l'ouvrier, il suffit d'être élu, pour qu'immédiatement les ateliers se ferment pour celui-ci, à moins qu'il ne se prête aux menées plus que souvent malhonnêtes des patrons.

Nous estimons que ce tribunal rend d'aussi grands services que quel que ce soit, et par cela il doit être mis sur le même pied. En temps qu'honoraire, que l'on regarde ce que coûte un juge de paix par exemple, et que l'on se demande si ces services sont plus sérieux que le Conseil des prud'hommes. Nous dira-t-on que le juge de paix est nommé par le gouvernement, et le Conseiller par le peuple, et qu'ainsi ils ne sont plus dans les mêmes droits, nous répondrons : les nominations par voix d'électeurs sont souveraines et directes, tandis que les autres sont contestables à beaucoup de points de vue. Dans tous les cas, le député est élu par le peuple et payé par l'État ; nous demandons le même droit.

Nous insistons ; il faut absolument que les Conseillers soient indépendants (*entièrement indépendants*), et pour cela il doit être mis entièrement à l'abri du besoin, pour lui et sa famille. Nous connaissons plusieurs Conseillers qui, depuis qu'ils occupent ces fonctions, ne peuvent plus travailler, rejetés qu'ils sont par MM. les patrons.

Nous croyons qu'il est nécessaire d'allouer à ces humbles magistrats un appointement de 1,800 à 2,000 francs, et alors nous aurons opéré une véritable réforme.

Il termine en déposant sur le bureau le procès-verbal suivant appuyé de 28 signatures de délégués.

La Chambre syndicale des ouvriers menuisiers de Lyon

donne pour mandat à ses deux délégués au Congrès, les citoyens Choux et Mondon, d'insister par tous les moyens possibles pour faire adopter dans l'ordre du jour du Congrès, l'étude du projet de loi sur les Conseils de prud'homme, et les chargent de recueillir l'adhésion des autres Syndicats en remplacement du projet Lockroy.

Le citoyen Bouzon lit le rapport suivant :

CITOYENNES ET CITOYENS,

Le projet de loi que nous présente le Ministre du commerce et de l'industrie, sous le titre de projet Lockroy, sur l'arbitrage des grèves, est beau dans son ensemble, mais il ne vaut absolument rien.

Je ne veux pas le repasser article par article, mais je m'attacherai spécialement sur un, qui est l'article 5, disant que, en cas de refus formel ou tacite, le maire restitue aux demandeurs leurs plis cachetés et les oblige à une attestation signée par lui, constatant le refus qui lui est opposé Il garde la déclaration des demandeurs, qu'il consigne sur un registre spécial et en envoie une copie au Ministre du commerce et de l'industrie. En cas de refus formel, copie intégrale des motifs allégués est jointe à l'attestation du maire, certifiée par lui et inscrite sur le même registre. Une expédition en est envoyée au Ministre du commerce et de l'industrie.

Citoyennes et Citoyens, vous avez entendu la lecture de ce fameux projet, et je me demande si vous n'êtes pas forcés de voir, comme moi, que ce projet ne vaut absolument rien, puisque dans l'article 5, si les patrons ne veulent pas accepter l'arbitrage, rien n'est fait. Donc la loi n'a pas le droit d'exister, puisque vous donnez au patron la facilité de l'accepter. On avisera bien le Ministre du commerce et de l'industrie, comme il est dit dans le projet, le refus sera contresigné à la mairie, mais après ? Quel sera le résultat de toutes ces démarches et tout ce temps perdu en négociation ?

Eh bien! l'on arrivera à s'aigrir les uns les autres en voyant que la réussite sur laquelle on comptait n'a pas abouti. Et pourquoi ? Parce qu'aucune loi ne force les patrons à accepter l'arbitrage, et qu'ils seront toujours nos maîtres, et nous leurs esclaves.

Voilà donc, Citoyennes et Citoyens, le résultat du projet Lockroy tel que l'on nous le présente: au lieu de faire de l'ouvrier un citoyen libre, on cherche à le rendre toujours esclave par des lois donnant la supériorité au patron et la minorité au travailleur. Je demanderai la parole dans la discussion des heures de travail, et je vous prouverai que l'ouvrier ne demande pas le bien du patron sortant pourtant de la main du travailleur, mais d'un équilibre d'heures permettant le travail à tous les citoyens français. Je reviens au projet Lockroy et je ferai allusion à la loi sur les Syndicats dont des orateurs ont parlé pour le maintien de la loi avec petites modifications ; d'autres, avec de grandes modifications, et d'autres avec l'abrogation complète. Eh bien ! je conclus que nous ne devons pas avoir de loi pour nous régir dans nos Syndicats et nous ne devons pas avoir de loi pour l'arbitrage de nos grèves surtout lorsqu'on nous dit : si le patron n'accepte pas l'arbitrage, eh bien ! arbitrage il n'y a pas.

Et vous savez bien, Citoyennes et Citoyens, que si les patrons acceptent l'arbitrage, c'est pour dire : nous ne refusons pas de nous entendre, nous comprenons bien que vos revendications sont justes ; mais sur un certain point, car nous sommes obligés de faire des concessions sur le prix qui nous était payé il y a un an, il y a six mois et ainsi de suite ; donc, si nous voulons maintenir notre travail, force est donc pour nous de diminuer les prix de façon ou de journée. Je ne parle pas du petit patron qui occupe un, deux ou trois ouvriers ; mais je parle du grand patron qui emploie plusieurs ouvriers et qui est obligé, par sa bêtise, de vouloir se dire grand entrepreneur de faire des rabais insensés, et qui vient vous dire, dans la journée, mais surtout à la paye, je ne suis payé que tant et vous ne me rapportez que ça. Je vous demande, Citoyennes et Citoyens, ce que vous pensez de cela : un patron qui aura fait le 30 à 40 0/0 sera forcé, pour faire honneur à ses affaires, quand cela arrive, de faire l'équilibre de son budget, si la ballance est égale c'est bien beau. Je ne veux pas rentrer dans ses faux frais qui sont assez compliqués, mais le résumé de cela est que la Ville ou l'Etat profite de cette réduction au détriment de la classe ouvrière. Donc, le projet Lockroy ne vaut rien puisque le patron peut refuser l'arbitrage et que le gouvernement a tout intérêt à cela. Je vous disais tout à l'heure que le petit patron qui ne peut occuper que deux ou trois ouvriers, puisque son capital ne lui permet pas de faire de l'extension, je ne le comprends pas dans cette catégorie parce que ces patrons sont obligés de baisser les prix de leurs travaux. Eh bien ! que résulte-t-il de cela ? que le petit est obligé de faire comme le grand, non pas dans le même sens, mais dans un sens différent qui fait que lorsqu'il y a du travail il prend un ou deux ouvriers, les emploie pendant le temps nécessaire et les remercie après, et que le petit patron est obligé de suivre le mouvement qui l'entraîne à faire cause commune avec les exploiteurs d'un ordre supérieur.

Donc, que reste-t-il pour nous ? De nous unir, de façon à ce que les différends soient traités entre patrons et Syndicats intéressés, soutenus par la Fédération française.

Après le citoyen Bouzon, le Président donne lecture du mandat suivant :

CITOYENS,

Les délégués des Chambres Syndicales, dont les noms suivent :
Ouvriers tisseurs réunis, de St-Etienne (Loire),
Ouvriers réunis de l'ameublement,
Chambre syndicale des menuisiers en bâtisse,
Chambre syndicale des maçons, ont pour mandat de repousser le projet de loi Lockrov, quel qu'en soit la teneur, et de proposer le projet Emile Chausse, qui je crois, a été pris en considération au Congrès de Paris, par les délégués à l'Exposition.

Le délégué, BEAL.

Le citoyen Chapelon, délégué des maçons, lit le rapport suivant :

CITOYENNES, CITOYENS ET CHERS COLLÈGUES,

Vous me voyez là devant vous avec une canne, vous pouvez croire que ce n'est pas par fantaisie, mais que c'est encore le besoin qui m'y oblige. Je demande donc l'indulgence de tous mes collègues pour qu'ils me laissent dire quelques paroles sur les accidents de travail, et par le fait ces questions ne sortent pas de l'ordre du jour, vu que, comme conclusion, elles rentrent dans la discussion de la loi des prud'hommes.

C'est avec une vive satisfaction que j'ai accepté le mandat de délégué au Congrès, pour représenter ma corporation, celle des ouvriers maçons, qui se joint à toutes les autres pour soutenir la revendication des travailleurs en général.

Eh bien ! Citoyennes et Citoyens, aujourd'hui nous sommes réunis pour étudier les questions qui ont pour but l'amélioration de notre sort.

Pour atteindre ce résultat, c'est par la concentration de nos forces que nous sortirons victorieux de la lutte, en revendiquant hautement nos droits, qui jusqu'à ce jour sont restés dans les ténèbres. Aujourd'hui, il faut y apporter nos lumières ; le travail étant la richesse de tous les peuples, il doit être fier et rétribué.

Pour atteindre ce résultat, il faut que les travailleurs se concertent. qu'ils étudient profondément toutes ces questions d'un intérêt vital, et qu'ils les mettent en pratique.

Nous avons tous les mêmes besoins, nous ne demandons pas l'impossible, nous demandons simplement une loi qui assurerait aux travailleurs et à leurs familles le pain quotidien, et qui mettrait en même temps leurs vieux jours à l'abri de la misère; car il faut avouer que la situation des travailleurs n'est pas belle lorsqu'ils arrivent à la vieillesse; ils sont repoussés par leurs patrons, après les avoir enrichis à la sueur de leur front, ceux-mêmes dont la vie s'est usée à produire, et que la mort trouve souvent sous un toit de misère.

Pour remédier à cet état de choses, il faut arriver à la Fédération de tous les Syndicats de France, dont je me déclare complètement partisan; je suis persuadé que cette Fédération produira un bon résultat lorsque la classe des travailleurs marchera la main dans la main pour la revendication de ses droits.

Je suis bien aussi partisan de la révision de la loi sur les Syndicats professionnels, car il y a des articles qui sont tout à fait restreints pour les ouvriers syndiqués, tel, par exemple, l'article 6, qui dit que les Syndicats ne peuvent posséder d'autres immeubles que ceux qui leur sont nécessaires pour leurs réunions, bibliothèques et cours d'instruction professionnelle ; pourquoi n'auraient-ils pas le droit d'acquérir d'autres immeubles lorsque leurs fonds leur permettent d'organiser des asso · ciations de production, et que ces associations soient dispensées du cautionnement, vu leur garantie comme capacité de travail.

Nous disons donc au gouvernement : Tant que le travailleur, depuis sa naissance jusqu'à sa mort, ne sera pas protégé, dans toutes les phases de la vie, par des institutions contre le chômage et les accidents de travail auxquels les ouvriers sont victimes chaque jour, ce n'est pas une consultation que nous vous demandons, mais une guérison ; car l'état social du travailleur est bien malade.

Il est donc du devoir du gouvernement de jeter les yeux sur cette situation et de prendre des résolutions à cet effet. Les travailleurs se disent : voilà seize ans que nous sommes en République, qu'a-t-elle fait pour nous ? Rien! jusqu'à ce jour.

Il ne faut pas qu'elle soit un vain mot, il faut aussi qu'elle existe dans les actes ; il faut des lois qui protègent les ouvriers contre les accidents du travail, pour que l'ouvrier ne soit pas lésé par ses exploiteurs, les assurances et les patrons en général.

Citoyennes et Citoyens,

Je vais vous donner quelques explications sur ce qui se passe
à l'heure actuelle. en n'ayant aucune loi pour nous garantir
contre ces industriels.

Un ouvrier tombe, ou il lui arrive un accident dans son travail, on le conduit chez lui ou à l'hôpital, cet ouvrier étant un
voyageur n'a point de parents auprès de lui. pour faire faire un
procès-verbal constatant que la faute est au patron, cet homme
n'ayant personne, le patron fait tout faire à sa fantaisie et
plus tard l'on exige que l'ouvrier fournisse la preuve que la
faute est au patron ; comment voulez-vous que l'ouvrier fournisse ces preuves au bout d'un certain temps, lui-même ne se
rappelant pas au juste comment l'accident lui est arrivé.

Voilà d'où ressortent toutes ces tyrannies contre les travailleurs. Ne faudrait-il pas des lois assurant une protection
aux travailleurs ? Il appartient au gouvernement, qui, lui,
représente la société tout entière, de montrer que les plaintes
des travailleurs ne sont pas un vain mot. Nous voulons des
actes, et tant que le travailleur ne sera pas protégé dans toutes les phases de la vie contre le chômage, les maladies et les
accidents, la question sociale sera toujours à l'ordre du jour,
pour la revendication de ces droits. Jusqu'à présent, on n'a fait
que des promesses aux travailleurs, mais il n'en faut pas toujours, il faut des actes. Il est donc du devoir du gouvernement
de jeter les yeux sur cette situation malheureuse des travailleurs, qui sont exploités jusque dans les accidents du travail
par les patrons et les assurances, qui les conduisent dans une
complète misère.

L'ouvrier, qui est victime de l'accident, reste bien quelque
temps dans la souffrance et dans la misère, mais cette misère
en crée une autre jusqu'à la privation du nécessaire. Vos
enfants s'approchent de vous et vous demandent du pain,
comment leur en donner, si vous êtes estropié et qu'il y ait six
mois ou un an, que l'accident vous est arrivé ? Vous avez
épuisé toutes les ressources que vous aviez pour élever vos
enfants et en faire de bons citoyens ; en entendant la voix
plaintive de la mère et des enfants vous demandant du pain,
vous vous dites, comment faire ? Dois-je laisser mourir ma
famille de faim, où si je vais chez mon patron où l'accident
m'est arrivé en faisant son travail. Une fois en présence de lui,
vous lui dites ? il me faut de l'argent pour avoir du pain pour
mes enfants. Le patron lui répond ; je ne vous dois rien pour
le moment, je suis assuré, adressez vous. à l'assurance, vous
verrez ce qu'elle vous donnera.

Dans cette situation que doit faire l'ouvrier? Prendre une autre conduite, c'est-à-dire avoir recours à la justice pour obtenir la réparation des dommages qui lui sont causés par cet accident. Vous êtes obligé d'aller devant les tribunaux, et de faire la preuve de l'auteur présumé de cet accident, si c'est par imprudence, négligence, maladresse ou par inobservation des règlements de l'autorité, et alors les tribunaux apprécient les faits.

Savez-vous par qui les ouvriers sont jugés la plupart du temps dans leurs différends avec les patrons? Par les Tribunaux de commerce.

C'est que les patrons préfèrent toujours être jugés par des négociants, et cependant, à mon point de vue, je déclare que ces hommes sont incompétents.

Pour arriver à un bon résultat, il faut absolument que les lois contre les accidents du travail soient mises en pratique.

Je reconnais qu'il y a une grande utilité à la discussion du projet de loi de M. Lockroy concernant les prud'hommes, et surtout qu'on lui apporte tous les amendements voulus et que ce soit ces Conseils qui jugent; alors ils jugeraient en connaissance de cause et les travailleurs ne seraient pas exploités par les assurances; ils recevraient une solution bien plus prompte et le travailleur ne serait pas obligé de se priver de son nécessaire comme il est souvent obligé de le faire à l'heure d'aujourd'hui, par la seule cause que ces procès restent trop dans les Tribunaux. Pour en finir, on leur fait manger ce qu'ils devraient recevoir pour leur incapacité de travail permanente ou temporaire. Les assurances retardent tant qu'elles peuvent, parce qu'elles disent : cet ouvrier n'a pas d'argent, il ne peut pas nous pousser; pour faire revendiquer leurs droits, elles disent au patron : il faut que vous nous aidiez à faire valoir que cet accident est de la faute de l'ouvrier, ou sans cela nous ne payerons rien, cela sera tout à votre charge, et dans ces conditions, le patron et l'assurance sont contre l'ouvrier et d'accord avec les juges, qui sont incompétents En attendant, l'ouvrier souffre, chères Citoyennes et chers Collègues; vous voyez qu'il est de toute nécessité que, dans le projet de M. Lockroy, il y ait des conclusions tendant à ce que les prud'hommes aient plein pouvoir pour juger en matières d'accidents.

Alors, ils pourront discuter et juger en connaissance de cause, et l'ouvrier n'aura pas besoin de languir des années entières sans pouvoir toucher un seul secour .

Ces Conseils seraient composés d'un nombre égal de patrons et d'ouvriers et d'un médecin; lorsqu'il arriverait un accident, ils se rendraient sur les lieux et constateraient la gravité des blessures.

Il faut à tout prix que les patrons ou chefs de toutes entreprises industrielles, commerciales ou agricoles, soient déclarés responsables des dommages causés à tout employé ou ouvrier à leur service, tués ou blessés en travaillant pour leur compte, il ne serait plus fait de distinction de causes ; que les accidents proviennent de circonstances fortuites ou de la propre imprudence des victimes qui le font par dévoûment au travail ; le tout serait mis à la charge des chefs au même titre que ceux dus à leur manque de prévoyance.

Citoyennes et Citoyens, en proclamant la responsabilité des chefs de travaux dans tous les accidents et en proclamant la compétence des prud'hommes patrons et ouvriers pour y juger les accidents, les assurances ne feront par une exploitation sur les salaires des ouvriers en les faisant languir des années entières devant les Tribuuaux et leur faute par manque d'exactitude.

En attendant, le travailleur souffre et reste dans la misère par faute de ne pas toucher son morceau de pain chaque jour.

Pour moi, je proteste énergiquement contre la justice de commerce : pour juger le différend entre patrons et ouvriers en matières d'accidents, il faut absolument que le Tribunal compétent fasse payer l'ouvrier par quinzaine ou par mois, suivant le mode de paiement, pendant tout son séjour de maladie reconnue par le médecin. Lorsque l'ouvrier reprend son travail, alors ce Tribunal prud'homme compétent juge l'indemnité à allouer à cet ouvrier suivant la gravité de l'accident. Je le répète, pendant tout son séjour d'incapacité permanente qu'il soit payé chaque quinzaine ou chaque mois, suivant le mode de paiement. Alors le malheureux ouvrier aurait un morceau de pain à donner à sa femme et à ses enfants. Il est donc du devoir du gouvernement de jeter les yeux sur cette situation pour empêcher l'exploitation de quelques industriels qui cherchent à faire mourir ses enfants de faim.

Le citoyen NARDIN proteste contre le *Lyon Républicain,* qui ne publie pas les comptes rendus du Congrès, où cherche, par des racontars fantaisistes, à tourner le Congrès en ridicule ainsi que les travailleurs qui y prennent part.

Le citoyen GOYARD lit le rapport suivant :

CITOYENS,

Le Syndicat des apprêteurs d'étoffes de Lyon, qui m'a chargé d'exprimer ses revendications dans ce grand Congrès des tra-

vailleurs français, attache une importance toute particulière
à la réforme et au développement du Conseil des prud'hommes.

Vous n'ignorez pas que Lyon a été le berceau de cette institution des prud'hommes; il n'est donc pas étonnant qu'elle y
soit restée populaire. D'ailleurs, dans la société actuelle où le
travail et le capital sont aux prises, et où toutes les lois
favorisent le second, pour défendre son salaire et obtenir
justice, l'ouvrier n'a pas d'autre recours que ce tribunal électif,
où sa voix peut, du moins, être entendue et comprise par des
ouvriers comme lui.

Mais, pour que ce tribunal des prud'hommes puisse nous
rendre tous les services que nous avons le droit d'en attendre,
il faut que sa juridiction s'étende à tous les corps de métiers;
c'est là, ce qui n'a pas encore lieu à Lyon; c'est là aussi une
des plus énergiques réclamations des travailleurs lyonnais.

Il faut également que les décisions des prud'hommes ne soient
pas uniquement des décisions provisoires, que d'autres juges,
nos patrons eux-mêmes, pourront casser au gré de leurs caprices ou de leurs intérêts. Les jugements portés par les tribunaux de prud'hommes sont pour le moins aussi éclairés et
aussi dignes de respect que ceux qui émanent des tribunaux
de commerce; et nous ne reconnaissons à ceux-ci ni la compétence ni l'impartialité nécessaires pour prononcer, pas plus
en premier qu'en dernier ressort, sur des conflits industriels.

Le projet de loi présenté à la Chambre, par les ministres
Lockroy et Demôle, essaye de remédier à quelques-uns des
défauts que je viens de signaler; mais il ne le fait que d'une
manière bien insuffisante et bien incomplète. Il serait trop
long, Citoyens, de vous signaler toutes les lacunes que nous y
avons trouvées. J'insisterai sur un point seulement, sur un
point important, parce qu'il touche à la sécurité du travailleur, à sa vie elle-même, à l'existence des veuves et des
orphelins.

Citoyens,

On nous a souvent appelés les soldats de l'industrie, et le mot
est juste. Nous sommes des soldats, en effet, et chaque jour
nous risquons notre vie sur le champ de bataille de l'atelier.
Ce n'est pas seulement notre temps, nos sueurs, notre peine
que nous vendons au capital pour un maigre morceau de
pain.

A côté de l'outil, nous courons autant de dangers que le
soldat devant la bouche des canons. Il suffit d'un instant
d'inattention, d'un seul mouvement mal calculé, d'une cause

imprévue, indépendante de notre volonté même, pour que la machine nous entraine dans son épouvantable engrenage jusqu'à ce qu'elle nous ait complètement broyé.

Qu'un pareil accident arrive ? Le patron sera-t-il responsable ? Devra-t-il une indemnité au malheureux ouvrier devenu infirme ? à la famille qui aura perdu son chef ? Le plus souvent, non !

On obligera l'ouvrier à démontrer qu'il n'y a point de sa faute dans l'accident qui l'a frappé ; il lui faudra se lancer dans les aventures d'un long procès, et, s'il réclame l'assistance judiciaire, attendre six mois ou un an pour l'obtenir. Ah ! certes, le soldat à qui l'on nous compare est plus heureux que nous ; on ne marchande pas une pension au blessé qui a perdu un de ses membres à la guerre ; on n'abandonne pas à la charité publique les enfants de celui qui a livré sa vie pour la patrie, sous les drapeaux !

Serait-ce donc une trop grande exigence que de demander le même traitement ? Depuis longtemps on nous promet une loi sur la responsabilité des accidents du travail. Cette loi est indispensable, mais il est indispensable aussi, et cela nous ramène à notre sujet des Conseils de prud'hommes, il est indispensable aussi que cette loi ne soit pas appliquée par des tribunaux incompétents ou hostiles à l'ouvrier. L'indemnité due à la victime doit être fixée rapidement, sans frais, et le Conseil des prud'hommes est seul capable de le faire. Nous demandons que les causes de ce genre soient désormais comprises dans ses attributions, et nous n'hésitons pas à considérer cette réforme comme la plus urgente, car il faut placer au dessus de toutes choses la sécurité du travailleur, l'existence des infirmes et des orphelins.

Le citoyen Colombet, lit le rapport suivant :

Citoyennes et Citoyens,

Au moment où une discussion sérieuse va s'engager, il est de notre devoir d'apporter ici à cette tribune les arguments qui peuvent motiver en faveur de ladite loi. Après l'avoir étudiée sérieusement, on voit que celle-ci, comme beaucoup d'autres, ne peut obliger nos patrons à avoir une entente avec nous, dans ce cas, il serait presque de notre devoir de la repousser complètement. Pourtant, nous pourrions en l'étudiant, y apporter des modifications qui la rendraient telle que nous la désirons.

L'article qui dit : Lorsqu'une Chambre syndicale aura besoin de discuter ses intérêts, elle en fera la demande au préfet ou au maire, qui, de son côté, avisera aux mesures à prendre pour faire réunir les deux parties adverses.

Dans le cas de refus de la part de la Chambre syndicale invitée à se rendre à l'invitation faite, le gouvernement en sera immédiatement avisé.

Cet article de loi, comme vous voyez, ne peut obliger les patrons ou ouvriers à arriver à s'entendre, et si nous sommes dans l'impossibité de discuter nos intérêts avec nos maitres, il est préférable que ce projet de loi soit, comme beaucoup d'autres, enseveli dans les cartons.

Pour quant à nous, nous sommes partisans de l'arbitrage, mais à la condition que les patrons soient obligés de se rendre à notre invitation pour discuter nos salaires, et si j'insiste sur cette proposition, c'est que nos représentants ignorent ou du moins font semblants d'ignorer la manière dont les tisseurs ont été exploités et les velours unis en particulier.

Citoyeunes et Citoyens, nous allons citer un exemple :

Au moins de juillet 1885, les négociants d'un commun accord, ont accepté un tarif minimum, que nous avons soumis à leur approbation, prévoyant l'époque de leur vente, ils nous ont même engagés à leur demander une augmentation des salaires. C'est en ce moment que nous avons élaboré un tarif qu'ils avaient promis de respecter. Les tisseurs en général peuvent-ils dire qu'ils ont tenu leurs paroles ? Non, le nommé Blanchet, négociant à Lyon, a dit : « Je n'ai pas besoin de payer le tarif à mes ouvriers, ils sont soutenus par les bureaux de bienfaisance. » Un autre, et un négociant en velours unis a dit: « Avec 1 fr. 50 par jour, vous n'êtes pas contents, faites comme certains ouvriers de la campagne, mangez des pommes de terre et buvez de l'eau, et au lieu de porter des habits en drap, achetez des pantalons et blouses de toile. »

Au commencement de novembre, nous nous sommes aperçus que quelques-uns reniaient leur signature, d'autres majoraient les livres d'ouvriers, et portaient comme ayant été touchée en recevant le travail, la somme de 40 ou 50 francs. Quelques billets de prud'homme ont été donnés à ces négociants peu scrupuleux, et le Conseil prud'homique de Lyon, dont nous avons des éloges à faire, les a toujours condamnés.

Mais beaucoup parmi ces ouvriers, de peur de ne pouvoir trouver du travail, ont accepté ces rudes conditions imposées par ces exploiteurs de la pire espèce. Le mot d'exploiteurs est un peu doux, pour quelques-uns d'entre eux, pour moi, je leur applique celui de voleurs, et je puis dire qu'il est fâcheux que la loi n'atteigne pas ces gens-là, nous aurions eu la satisfaction d'en voir quelques-uns au Palais des 24 colonnes.

Citoyennes et Citoyens, en vérifiant les livres d'un négociant, une Commission du Conseil des prud'hommes, nommée à cet effet, en a trouvé 48, c'est-à-dire 48 ouvriers à qui le négociant volait 20 francs par mois, ce qui faisait une moyenne de 1,200 francs par an volés à l'ouvrier.

Enfin. malgré cela, nous avons eu un tarif minimum que les négociants ont respecté pendant six mois, sauf quelques rares exceptions.

Nous avions, en tête de la Commission mixte, un homme qui a soutenu nos intérêts jusqu'au jour où pour des motifs que nous ignorons, mais qui ne sont pas étrangers à la politique, a mis tous ses efforts pour renverser, le lendemain d'un échec qu'il venait de subir, notre tarif minimum en viguenr depuis le 7 juillet 1885, et depuis ce moment nous sommes arrivés à gagner juste le soixante du cent de ce que nous gagnions en 1869, et l'ouvrier tisseur en velours unis arrive à gagner en moyenne la modique somme de 1 fr. 50 à 2 fr. par jour en travaillant quatorze heures.

Devant ces preuves, ces témoignages peu satisfaisants en notre faveur, nous concluons que si la loi sur l'arbitrage ne peut les forcer à s'entendre avec nous, nous devons la repousser dans son entier ; si, au contraire, on peut y introduire un article additionnel conçu en ce sens, nous l'acceptons :

Sur la demande d'une Chambre syndicale quelconque, la partie adverse est tenue de se rendre à l'invitation faite afin de s'entendre sur le différend qui les divise. En cas de refus, il sera nommé, par les soins du Préfet ou du Maire, des arbitres qui auront pour mission d'élaborer un tarif et qui fera force de loi devant le Conseil des prud'hommes. Le négociant qui enfreindra la loi et qui sera reconnu coupable d'avoir diminué les salaires sans le consentement de la Chambre syndicale ouvrière, sera traduit devant les tribunaux et pourra être condamné de 6 mois à 5 ans de prison et de 1,000 à 10,000 fr. d'amende.

Citoyennes et Citoyens, le jour où par une loi énergique nos salaires seront respectés, nous verrons les ouvriers se joindre à nous et faire partie des Chambres syndicales, car nous pouvons affirmer, pour les velours unis, que si notre Chambre syndicale n'a qu'un petit nombre d'adhérents, c'est que nous avons été dans l'impuissance de faire respecter nos salaires, malgré tous nos efforts ; mais si d'un autre côté les ouvriers se sont retirés de notre Chambre syndicale, nous soutenons que c'est grâce à l'influence que le clergé possède encore dans beaucoup de localités qui, aidant les négociants, passent dans les familles sous prétexte de leur faire des visites (hypocrites), les engagent et les menacent que s'ils font partie du Syndicat ils n'auront plus de travail.

Si, au contraire, nous pouvons arriver à faire respecter nos salaires, ceux qui, aujourd'hui, sont éloignés de nous, s'empresseront de nous tendre les bras et formeront une armée formidable de travailleurs qui pourra leur dire : Aujourd'hui, plus d'esclaves, nous sommes les producteurs, nous voulons vivre en travaillant, et le jour où vous chercherez à nous réduire à l'impuissance nous vous réduirons à l'anéantissement.

Le citoyen Maystre prend la parole et en termes énergiques, il dénie au gouvernement et aux Chambres de faire des lois sans consulter les travailleurs et sans que ceux-ci aient appliquer la censure.

Il veut que la femme qui est une salariée ait le pouvoir de défendre ses droits devant le conseil des prud'hommes (applaudissments).

Il déposera le travail qu'à préparé l'union des Chambres syndicales des Bouches-du-Rhône et il espère qu'en en tenant compte ainsi que des bonnes intentions du citoyen ou du ministre Lockroy, on arrivera à faire que le travailleur sera soutenu non d'une manière factice, mais d'une manière efficace.

Voici le rapport des délégués de l'Union des Chambres syndicales ouvrières :

L'Union des Chambres syndicales ouvrières du département des Bouches-du-Rhône, bien avant l'ouverture de ce Congrès, avait eu l'avantage de s'occuper de l'importante question de la loi sur les Conseils de prud'hommes.

Depuis plusieurs années déjà, cette question avait été sans cesse agitée et proposée par les différents ministres qui se sont succédé au département du commerce ; comme nombre d'autres lois, elle a subi toutes les fluctuations que l'instabilité gouvernementale actuelle motive.

Avant le ministre actuel du commerce, M. Dautresme avait également préparé un projet sur les prud'hommes qui, comme le travail de ses prédécesseurs, n'a pas eu les honneurs de la discusion du Parlement.

Aujourd'hui, M. Lockroy nous a présenté un autre projet plus libéral que le précédent, c'est vrai, mais ne présentant pas encore toutes les garanties et toutes les satisfactions que nous sommes en droit d'attendre d'une pareille législation.

Ce projet de loi, l'*Union* a pensé qu'il était utile de le posséder, de le discuter et de l'amender dans le sens que nous croirions le plus raisonnable pour sauvegarder les intérêts des travailleurs.«

Plusieurs exemplaires de ce projet nous ont été communiqués. Nous avons tenu une grande réunion de toutes les Chambres syndicales ouvrières des Bouches-du-Rhône adhérentes ou non à l'*Union*. Dans cette séance, une Commission a été nommée pour préparer un projet, qui serait ensuite soumis au verdict d'une grande réunion convoquée spécialement à cet effet.

Citoyennes et Citoyens, c'est le travail de cette Commission, amendé par l'Assemblée générale, que nous avons l'honneur aujourd'hui de soumettre aux appréciations de la Commission que le Congrès voudra bien désigner pour étudier et classer les diverses opinions qui auront été exposées à la tribune.

Voici quels sont les articles que nous croyons de toute nécessité de voir modifiés, et nous pensons que le Congrès ne pourra qu'approuver les résolutions qui ont été prises et que nous avons mandat de défendre.

ARTICLE PREMIER. — Après le premier alinéa, nous ajoutons : « Tout contrat de louage et toute convention ou tarif d'intérêts commis entre patrons et ouvriers auront force de loi. Lorsque ces conventions, élaborees par des Commissions mixtes, auront été adoptées par les deux parties réunies ensemble ou séparément, les signatures de ces traités devront être légalisées par le maire de la commune, et un exemplaire sera déposé au greffe du Tribunal des prud'hommes ; il ne pourra être fait exception à ces lois que par une convention spéciale, conformément à la loi signée des deux intéressés.

« A défaut de tout contrat, les usages locaux devront être appliqués dans les industries travaillant à semaine et à mois ; il sera payé une indemnité de déplacement aux employés par les employeurs. »

Les autres parties de l'article sont textuelles.

Art. 2. — Les Conseils de prud'hommes sont établis par décrets rendus en la forme des règlements d'administration publique. « La création d'un Conseil de prud'hommes est de droit dans tous les chefs-lieux d'arrondissement; il pourra en outre, en être créé dans les localités où la demande en aura été faite aux Conseils municipaux par les intéressés,et en cas de refus il en sera référé au ministre du commerce qui décidera en dernier ressort. »

Le deuxième alinéa de cet article est supprimé.

Art. 3. — L'article est maintenu en supprimant: « les industries soumises à sa juridiction » ; nous ajoutons cependant, ce qui suit : « Tous les travaux salariés sont soumis à la juridiction des prud'hommes. »

Art. 4. — L'article demeure textuel moins ceci qui est modifié : « sont élus pour *quatre* ans au lieu de *six* » et « sont renouvelés tous les *deux* ans au lieu de *trois*. »

Art. 5. — Les premier et second alinéas sont ainsi modifiés : « *Electeurs ouvriers*. — Les ouvriers travaillant pour le compte d'autrui et les ouvriers en associations professionnelles.

« *Electeurs patrons*. — Les patrons et les associés en nom collectif ; les contre-maîtres ou chefs d'ateliers et tous ceux qui dirigent pour le compte d'autrui, soit un atelier, une fabrique ou manufacture, comme cela existe pour les électeurs mineurs. »

La partie concernant les mineurs est maintenue, ainsi que les articles 6, 7 et 8.

Art. 9. — Les élections ont lieu au scrutin de liste et par catégories. « Ne sont élus au premier tour de scrutin ceux dont la majorité des suffrages exprimés sera égale au quart des électeurs inscrits dans sa catégorie. »

Le dixième article subsiste.

Art. 11. — Modification : « *Biennal* au lieu de *triennal*. »

Art. 12. — Pour les convocations : « au lieu de *vingt* jours à l'avance, *un mois*. » — « Le 2e tour de scrutin *ne* peut avoir lieu que le dimanche suivant. »

Les articles 13, 14, 15 demeurent tels quels avec cette modification au 15° : « biennal » au lieu de triennal.

Les articles 16, 17, 18 et 19 sont également approuvés.

Art. 20. — Ajouter : « 3° Les bureaux de conciliation et de jugement devront siéger le dimanche. »

Les articles 21, 22, 23 sont approuvés.

Art. 24. — A ajouter entre les deux alinéas : « Le Secrétaire est élu pour un an ; ses pouvoirs peuvent lui être renouvelés par l'Assemblée générale. »

Les articles 25, 26, 27, 28, 29, 30, 31 et 32 sont approuvés.

Art. 33. — « En cas d'absence, d'empêchement ou de refus d'autorisation du mari, la femme mariée est autorisée à concilier, demander ou défendre devant le Conseil des prudh'ommes. »

De 34 à 51 les autres articles sont approuvés avec cette modification au dernier ci-indiquée : « *Un* mois au lieu de *trois* mois » ; 52 et 53 demeurent également.

Art. 54. — Nous ajoutons le paragraphe suivant : « Il est alloué aux membres du Conseil des jetons de présence donnant droit à une indemnité de perte de temps qui sera fixée et soldée par les municipalités selon les besoins de la localité. »

Les autres articles de loi sont tous approuvés.

Voilà toutes les modifications que nous avons cru nécessaires pour nous faciliter l'application de la loi sur les prud'hommes. Maintenant, en outre de ces modifications, nous pensons que des amendements seraient utiles d'être ajoutés au projet, notamment en ce qui concerne les indemnités qu'il est équitable de faire supporter aux patrons qui, par leur entêtement et leurs vexations, font trafic pour des sommes souvent insigni-

liantes; quelquefois aussi, ils préfèrent se laisser poursuivre,
ce qui leur permet de pouvoir disposer de l'argent qu'ils doivent en attendant la sentence d'un Conseil de prud'hommes.
D'un autre côté, l'employé préfère plus souvent abandonner sa
cause et son dû devant les pertes de temps énormes que sa
comparution devant les tribunaux de prud'hommes entraîne.

Nous croyons devoir signaler également l'inégalité qui existe
entre Marseille, Lyon et Bordeaux. Dans ces deux dernières
villes, les conseillers prud'hommes siègent le soir et sont rétribués par les municipalités; contrairement, à Marseille, on
siège le jour, et les conseillers perdent, par conséquent, une
demi-journée chaque fois qu'ils se réunissent. Il est vrai qu'on
leur alloue des *bons de pain* qu'ils distribuent aux membres
nécessiteux de leurs syndicats, à titre de jetons de présence.
Nous voudrions voir cesser cet état de choses qui nuit considérablement aux intérêts de ces humbles mais indispensables
magistrats.

Le citoyen THÉVENET, de Niort, croit que l'organisation actuelle des prud'hommes est très défectueuse, il
veut que chaque corporation soit représentée au Conseil
des prud'hommes, afin que des chaudronniers ne soient
pas choisis pour juger des charpentiers. Quand tous les
intérêts seront représentés, les ouvriers trouveront une
compensation devant la loi.

Discours du citoyen Delahaye, des mécaniciens de Paris.

Citoyennes et Citoyens,

La question qui est à l'ordre du jour de cette séance, l'examen *du projet Lockroy, sur les juges prud'hommes*, est, croyons-nous, une de nos institutions les plus démocratiques, et celle
qui a eu pour berceau la ville de Lyon. En effet, dès l'année
1464, les bourgeois de la ville de Lyon furent autorisés, par
un édit donné à Nogent-le-Rotrou, à nommer un prud'homme,
pour juger les différends entre les fabricants et les marchands
qui fréquentaient les foires. Un peu plus tard, la mission de ce
tribunal consistait à *régler amiablement les difficultés qui s'élevaient entre les fabricants de soieries et leurs ouvriers.*
Depuis cette époque, et surtout depuis l'abolition de l'organisation féodale des métiers en 1791, qui avait pour base la
petite industrie, la juridiction des prud'hommes a été l'objet de

nombreuses dispositions légales et de nombreuses réformes.
La République de 1848 réorganisa les Conseils de prud'hommes,
car depuis longtemps des réclamations s'étaient élevées contre
la non-admission des ouvriers, pour la formation des Conseils
et contre l'injuste prépondérance des fabricants.

Les décrets du 27 mai et du 5 juin 1848 déclarent électeurs tous
les patrons, chefs d'ateliers, contremaîtres, ouvriers, compagnons, âgés de vingt et un ans, et résidant depuis six mois
dans la circonscription du Conseil des prud'hommes. En
ce qui concerne l'éligibilité, les mêmes personnes sont éligibles
à la condition d'être âgées de vingt-cinq ans, sachant lire et
écrire et étant domiciliées depuis un an dans la circonscription. Ce qui en fait surtout une institution très démocratique et que nous envient les travailleurs américains et ceux
des Iles-Britanniques : c'est que ce tribunal est formé mi-partie
d'ouvriers et mi-partie de patrons. Combien de fois, pendant
les onze années que nous avons travaillé à Londres, nous
avons entendu les travailleurs anglais désirer une semblable juridiction. Cela se comprend, si l'on songe que tous les
différends économiques, d'un caractère individuel, qui s'élèvent entre ouvriers et patrons, sont jugés par le *County Court*,
sorte de tribunal similaire à nos tribunaux de simple police
et de conciliation, le juge de paix, en première instance, et le
tribunal civil, en appel.

Il suffit de savoir que les magistrats de ces tribunaux sont
presque tous patrons, industriels ou commerçants, choisis au
hasard, pour avoir une idée de leur incompétence, d'une part,
et de l'autre, de leur tendance, de parti pris, à condamner
arbitrairement les ouvriers.

Ce n'est pas à dire que cette institution soit en rapport avec
les besoins nouveaux en France. Non, il s'en faut de beaucoup.
Nous avons vu, dans ces derniers temps, et, pour ne citer qu'un
fait, à Lille, les prud'hommes patrons refuser de siéger à côté
des prud'hommes ouvriers, et entraver ainsi le cours de la justice. C'est là un autre signe d'hostilité ouverte qui doit attirer
l'attention des juristes en particulier, des philosophes, des législateurs et de la démocratie républicaine et socialiste.

Aussi longtemps que le travail salarié sera le cas général,
au lieu d'être, comme pendant le moyen âge, un cas accidentel,
particulier et transitoire, aussi longtemps il y aura antagonisme croissant entre ouvriers et patrons. Si l'on considère que
le nombre des salariés à vie est aujourd'hui de onze pour un
seul patron ; que ce nombre de salariés ne fait qu'augmenter et celui des patrons diminuer, à mesure que se développe la grande industrie moderne, il est évident qu'il n'y a
plus d'entente possible et durable entre les nombre onze et

un. Les relations entre les deux facteurs de la production ne peuvent que devenir de plus en plus tendues, et cela, non-seulement dans les rapports économiques, mais aussi dans les rapports juridiques, qui ne sont des premiers que le corollaire, le complément et les règlements nécessaires.

Depuis longtemps déjà, le besoin se fait vivement sentir de codifier les lois et décrets qui se trouvent épars dans l'arsenal de nos lois, et de compléter le projet sur l'organisation, la juridiction et la compétence des Conseils de prud'hommes. On demande, en outre, l'extension de cette institution à un plus grand nombre de professions, et qu'elle soit applicable aux travailleurs des deux sexes, ainsi que l'extension de l'électorat, de l'éligibilité et du pouvoir juridique des juges prud'hommes.

Or, comme le projet de M. le Ministre du commerce et de l'industrie, déposé dès le mois de mars 1886, au nom du gouvernement, réalise en partie ces diverses réformes, *nous avons pour mandat de l'appuyer au nom de la Société professionnelle des ouvriers mécaniciens, avec les considérants et les amendements suivants :*

Société professionnelle des Ouvriers mécaniciens.

Considérant que le projet Lockroy sur l'organisation des tribunaux des Conseillers prud'hommes, réalise sur la législation actuellement en vigueur les améliorations suivantes :

1º En codifiant toutes les lois et décrets antérieurs ;

2º En étendant le droit de voter à tous les électeurs municipaux ;

3º En supprimant la nécessité d'avoir travaillé pendant cinq années dans une même profession ;

4º En réduisant de 3 ans à 6 mois le temps de résidence ;

5º En réduisant l'âge pour être éligible de 30 à 25 ans ;

6ª En étendant le pouvoir de juger les affaires de 200 à 500 fr. ;

7º En substituant au Tribunal de commerce, un tribunal d'appel ou assemblée générale, formé mi-partie d'ouvriers et mi-partie de patrons.

Pour ces raisons, la Société professionnelle des ouvriers mécaniciens émet le vœu que le projet Lockroy soit amendé comme il est dit ci-dessous :

1º Extension de la juridiction des prud'hommes aux employés de commerce, aux ouvriers et employés des chemins de fer, aux travailleurs agricoles, aux jardiniers, cuisiniers des deux sexes ;

2° Que les séances du bureau de conciliation soient publiques;

3° Suppression des huissiers près du Conseil;

4° Que le président et le vice-président soient alternativement élus par les Chambres syndicales respectives d'ouvriers et de patrons.

Le citoyen GRUHIER, des comptables de Paris, après avoir demandé un renseignement au citoyen Delahaye, déclare au nom de sa Chambre syndicale qu'il a le mandat d'appuyer la demande contenue dans le rapport Delahaye.

Le citoyen BLONDEAU demande un projet plus large que celui de M. Lockroy, qu'il propose de repousser en entier. Il veut qu'à partir de dix-neuf ans et même dix-huit, on puisse nommer ses délégués aux prud'hommes. Il réclame la complète gratuité des poursuites pour l'ouvrier. Il veut surtout que seuls puissent être admis les contrats signés entre patrons et ouvriers, c'est-à-dire les tarifs pour une question d'intérêts. Il considère comme mineur et par conséquent irresponsable, le travailleur qui, sous l'influence de la faim, a signé une acceptation quelconque. Il ne peut lire les conclusions du projet dont il a parlé, vu le manque de temps, mais il les déposera et quoiqu'il espère que le Congrès les adoptera, il ne croit pas pour cela que M. le ministre Lockroy acceptera, ni que la Chambre des députés les votera.

Discours du citoyen Chabert, de l'Union des Tisseurs et Similaires de Lyon

La loi sur les Conseils de prud'hommes, instituée en 1806, fut établie pour remédier aux nombreux abus dont les ouvriers d'alors étaient frappés; l'abolition des corporations et des jurandes les laissa complètement à la merci du patronat, ce qu'ils n'ont jamais cessé d'être.

L'institution des Conseils de prudhommes fut donc un essai bien anodin pour réprimer les injustices dont ils ont toujours souffert et dont ils supportent encore les abus.

Le premier Conseil institué fut celui de Lyon, pour juger les nombreux différends qui s'élevaient entre les ouvriers en soie et leurs fabricants.

Cette création n'eut qu'une attribution assez restreinte pour défendre les intérêts ouvriers, puisque seuls les patrons formaient ces Conseils.

Depuis, il fut apporté des modifications à cette institution par les différents régimes qui gouvernèrent la France, sans qu'aucune lui donna l'extension nécessaire pour garantir aux ouvriers leurs droits vis-à-vis de ceux qui les occupent.

Les nombreux Conseils de prud'hommes, institués dans toutes les catégories de l'industrie, furent établis dans les mêmes conditions que celui qui servit de type peu avantageux aux ouvriers, ne répondant ni aux nécessités ni à leurs besoins; car l'accroissement considérable des monopoles industriels et l'envahissement toujours grandissant de l'industrialisme, font que cette institution, créée pour régler le rapport des ouvriers avec le petit patronat, se trouve aujourd'hui impuissante à les protéger et ne leur garantit pas leur droit naturel sur leur travail.

Il est donc conforme aux aspirations démocratiques qu'une loi plus équitable règle d'une manière plus large les rapports qui existent entre les deux agents de la richesse publique.

Les *employeurs* et les *employés* empêchent ceux qui louent l'intelligence et la force-travail de les occuper sans les rémunérer à leur juste valeur.

Il est donc nécessaire de faire cesser les abus dont les employeurs se servent pour exploiter la faiblesse et la misère, en imposant des conditions à ceux qu'ils occupent, auxquels ils ne pourront se soustraire qu'en se réduisant eux et leur famille au dénuement et à la faim.

Voici les différentes réformes que nous pensons qu'il serait convenable d'apporter à la législation des Conseils de prud'hommes, afin d'en augmenter les attributions :

1º Que les conventions et conditions individuelles puissent toujours, et dans tous les cas, être examinées par les Conseils de prud'hommes, et soient nulles de droit, si l'une des parties a abusé de la faiblesse ou de la misère de l'autre pour les imposer.

Nous savons que presque toujours les ouvriers subissent des conventions ou conditions qui leur sont imposées par les employeurs qui spéculent sur la gêne où constamment ils sont réduits, abusent de ces situations critiques pour leur infliger des baisses de salaire, ou toutes autres conditions léonines, qu'ils savent qu'ils seront obligés d'accepter. Les ouvriers, livrés ainsi aux spéculations éhontées d'employeurs peu scrupuleux qui, sachant que toute facilité leur est laissée d'en abuser selon leur bon plaisir, leur livrent du travail dans des conditions telles, qu'en le faisant il leur est impossible de vivre.

Il est donc indispensable, pour remédier à de pareils agissements, que les conventions ou conditions faites en pareil cas soient soumises aux Conseils des prud'hommes, puisque rien ne garantit à l'ouvrier la valeur de son travail qui est sa propriété, propriété aussi légitime que celle du capital, aussi légitime que toutes les autres propriétés.

2º Que toutes les conditions contenues dans les règlements d'ateliers et d'usines soient nulles devant les Conseils de prud'hommes, sauf celles qui concernent l'ordre.

Nous demandons cette réforme pour les abus immenses qui se passent à l'abri de ces réglementations particulières, le nombre infini d'amendes, de retenues de salaires, de mesures oppressives que subissent les ouvriers, sont si considérables et de genres si différents, qu'il faudrait des volumes pour les dénoncer.

Comment se peut-il, dans un pays où le mot Egalité est un principe, que quelques milliers d'usiniers soient investis d'un pouvoir absolu et discrétionnaire, et puissent infliger, par un règlement, tout ce qui leur plait d'imposer aux ouvriers.

N'est-ce pas fâcheux que la loi ne vienne pas là, comme dans d'autres circonstances, imposer sa tutelle pour protéger le faible contre le fort. N'est-il pas inique de laisser des millions d'ouvriers livrés à la merci et aux agissements d'exploiteurs qui peuvent les taxer à leur guise et leur faire subir toutes les injustices.

Le salarié d'aujourd'hui soumis à une pareille situation est plus misérable que le serf d'autrefois attaché à la glèbe. Pour ces considérations, nous demandons que les règlements d'ateliers et d'usines doivent être déclarés nuls devant les Conseils de prud'hommes, dans tout ce qu'ils ont d'injuste et d'inique pour les ouvriers.

3° Que les Conseils de prud'hommes soient compétents en matière d'accidents qui arrivent aux ouvriers dans les ateliers ou dans les usines.

La compétence des Conseils de prud'hommes en pareille matière a pour motif leur composition qui se prête d'une façon absolue pour l'étude de ces faits, la modicité des frais de leur juridiction permet aux ouvriers qui n'ont pas les moyens de poursuivre au civil de s'adresser au Conseil des prud'hommes. Leur compétence ne peut pas être mise en doute, composés mi-patrons et ouvriers, ils sont plus capables de résoudre ces questions que tout autre appelé à diriger l'enquête sur les causes qui ont produit l'accident.

Les ouvriers qui composent ces Conseils devant être les plus capables parmi les leurs, connaissent à fond l'outillage dont ils se servent journellement, ils savent leur bon et mauvais emploi, peuvent apprécier pour quel motif est survenu l'accident sur lequel ils seront appelés à se prononcer et le feront avec des connaissances que nécessitent de pareilles affaires.

Les fabricants, usiniers, chefs d'ateliers, peuvent aussi, par leurs aptitudes et leurs connaissances des outillages ou machines qu'ils sont appelés à installer dans leurs fabriques ou usines, pour le besoin de leur industrie, connaître du mécanisme tout le fonctionnement ; savoir en toutes circonstances apprécier si l'accident survenu est un défaut de l'outillage ou du manque de mesure préventive pour empêcher les accidents, ou de l'imprudence, de la négligence de l'ouvrier ; pour ces motifs, nous demandons que les Conseils de prud'hommes soient compétents pour les accidents survenus aux ouvriers dans les ateliers ou usines pendant leur travail.

*4° Que les jugements des Conseils de prud'hommes soient exécutés
d'office, lorsque la partie en faveur de laquelle il aura été prononcé ne peut en poursuivre l'exécution.*

Les causes qui nous font demander cette modification sont
justes et impartiales, est-il convenable qu'un malheureux,
ayant obtenu gain de cause soit empêché d'en réaliser le bénéfice par le fait qu'il se trouve dans la nécessité? La juridiction des Conseils, quoiqu'étant d'un accès facile par son peu
de frais, nécessite pourtant, dans certains cas, l'obligation de
fournir des avances que beaucoup d'ouvriers ne possèdent
pas.

Il ne faut pas qu'une cause reste en souffrance après avoir
reçu la sanction de cette juridiction.

Nous espérons, en faisant disparaître cette lacune qui se produit parfois, favoriser le grand problème qui doit se réaliser
un jour : La justice gratis partout et pour tous.

Le citoyen Robin, des Guimpiers de Lyon, donne lecture du rapport suivant :

Citoyens,

Délégué du Syndicat des ouvrières et ouvriers guimpiers de
Lyon, j'ai l'honneur de présenter un rapport de la situation
de notre corporation.

Il existe, sur la place de Lyon, environ deux cent cinquante
patrons, dont chacun a de cinq à dix ouvriers des deux sexes;
ce qui fait naturellement que, lorsque ces personnes ont fini
leur apprentissage, elles ne peuvent trouver du travail parce
qu'elles sont immédiatement remplacées. La journée est fixée
à onze heures et demie pour les ouvriers, et les apprentis ne
travaillent que seize ou dix-huit heures par jour, et bien entendu des jeunes gens de dix à quatorze ans, et je peux prouver que beaucoup de patrons font travailler ces jeunes gens
jusqu'à minuit.

Et si, pendant votre apprentissage vous faites le récalcitrant,
voici la manière dont vous êtes dompté, on vous menace du
prud'homme, qui ne peut que lui donner tort puisqu'il est patron
lui-même.

Allez vous plaindre à M. Chepié, l'inspecteur des manufactures et usines; il ne fera son devoir que quelques jours avant
les élections qui doivent le nommer à la prud'homie. A part
cela, il ne se dérangera pas. Allez demander au Citoyen Trabet ce qu'il a fait ou ce qu'il a dit pour les intérêts de la corporation depuis sa nomination ? Rien. D'abord, il ne lui plaît
pas, comme patron, de prendre en mains les intérêts d'un ouvrier.

Nous demandons que le Conseil des prud'hommes soit mis à

néant, puisqu'il ne sert à rien, et que nous nous croyons aussi aptes à gérer nos affaires que ceux qui veulent être nos juges, et je puis prouver une chose, qu'il y aurait plus à dire sur leur conduite que sur la nôtre ;

2° Abolition des inspecteurs du travail, car ce sont des citoyens qui sont largement payés pour ne rien faire.

3° Réduction des journées à huit heures, sans préjudi e des salaires.

Le Citoyen Dumay, Président, dit qu'il n'y a plus d'orateurs inscrits. sur la question des prud'hommes. Avant de reprendre la discussion. il donne connaissance de la proposition d'amnistie pour les citoyens qui ont été condamnés dans l'affaire de Decazeville.

Voici cette proposition :

« Nous, soussignés, membres du Congrès national des Chambres syndicales des ouvriers. »

« Demandons l'amnistie des citoyens Lescure, Blanc, Caussonnel, Bedel, condamnés pour les événements de Decazeville, ainsi que de tous les détenus politiques actuellement dans les prisons de la République. »

Mise aux voix, elle est adoptée à l'unanimité, mais le Président ayant oublié la contre-épreuve, on demande qu'il remette la question aux voix, celui-ci se rend à cette demande, et le vote constate l'unanimité. (Applaudissements prolongés.) Le public, qui assiste à la séance, manifeste son approbation par une deuxième salve d'applaudissements, qui interrompt de fait la séance pour quelques minutes.

Le silence une fois rétabli, le Président donne la parole au citoyen Argoud sur la deuxième question.

Le citoyen Argoud, de l'Union des tisseurs et similaires, n'est pas partisan d'un Conseil supérieur près le Ministre du commerce ; il préfère la création à ce même ministère d'un budget des Syndicats, pour leur permettre de soutenir les victimes des revendications.

Le citoyen Blondeau demande que les auteurs de la proposition veuillent bien donner des explications ; car il croit que beaucoup de délégués ne comprennent pas bien la question de l'utilité d'un Conseil supérieur près le Ministre du commerce.

Voici le rapport sur la création d'un Conseil supérieur du travail, présenté par le citoyen Naudot, des tisseurs de la rue Donnée :

Cette question, nouvellement mise à l'étude dans les assises du travail, a été présentée par M. Villard, conseiller municipal de Paris, à la Commission extra-parlementaire des associations ouvrières, dans sa séance du 28 janvier 1885. Nous avons cru devoir, nous, Chambre syndicale des tisseurs, lui donner, par la discussion à cette tribune, un caractère officiel, pour la faire aboutir et pour que l'on comprenne toute l'importance d'une pareille institution auprès des pouvoirs publics. Nous devons rentrer dans quelques considérations alléguées lors de sa présentation ; car nous pensons qu'aucun de ceux qui se préoccupent des questions ouvrières ne peuvent contester les lacunes de notre législation, en ce qui concerne l'absence d'organe destiné à représenter le travail.

Cette lacune devient chaque jour plus frappante à mesure que la question des travailleurs prend une plus large place dans les préoccupations des pouvoirs publics, car quelle que soit la tâche difficile de l'administration supérieure, on ne saurait méconnaître que son action peut s'exercer légitimement de diverses manières, tantot en prenant l'initiative de projet de loi soumis aux Chambres, tantot en encourageant la formation des associations corporatives, ainsi que des sociétés de prévoyance. Mais pour remplir utilement leur mission, les pouvoirs publics doivent être éclairés sur les véritables besoins des travailleurs, que ne leur révèlent qu'imparfaitement les discussions de la presse, les délibérations des réunions publiques, ainsi que les observations souvent contradictoires des délégations ouvrières improvisées. Il appartient donc à nous, ouvriers, de chercher à combler cette lacune par la demande d'une loi nouvelle et d'une organisation embrassant toute la France. Peut-être notre pensée est-elle trop vaste pour l'état actuel des Syndicats, qui malheureusement, quoique la loi soit incomplète, n'ont pas cherché, par l'étude des questions économiques, l'union des travailleurs pour faire leur émancipation.

Mais nous sommes convaincus que l'heure viendra de la prise en considération de notre idée, soit sous la forme que nous préconisons, soit sous une autre forme nouvelle. L'organisation du travail, de sa représentation permanente autorisée, ne doit pas plus étonner notre époque, qu'elle a étonné le siècle dernier l'organisation et la représentation du commerce. De tous côtés la question s'agite, partout les travailleurs ont le sentiment d'un besoin d'organisation sérieuse à constituer pour la défense de leurs intérêts, et cela tous les jours.

Nous voyons nos ministres prendre des décisions ou présenter des projets qui, s'ils ne touchent pas directement le commerce, ne concernent pas moins, pour cela, des intérêts ni moins nombreux, ni moins respectables : je veux parler de la classe ouvrière.

La question des heures de travail, celle des responsabilités, en cas d'accident pour les ouvriers, celle des retraites aux invalides du travail, celle des pouvoirs à attribuer aux prud'hommes, de la capacité à reconnaître aux Syndicats. Ces questions, et tant d'autres semblables que nous voyons journellement dis uter et trancher au Parlement, sont-elles donc moins spéciales et plus aisées à résoudre sans le secours des intéressés, que le serait une foi relative au commerce.

Il est vrai que, grâce à l'esprit démocratique qui s'est répandu partout, on n'exclut point les travailleurs de l'étude officielle des questions ouvrières ; on ouvre des enquêtes, on réunit des commissions parlementaires qui appellent devant elles le plus grand nombre possible de travailleurs, connus par leur intelligence et leur savoir spécial.

C'est déjà quelque chose, mais ce n'est pas assez, et il n'est pas douteux que, de tous les projets et réclamations présentés à ce Congrès il ne sorte pas des idees pratiques, et notamment la création d'un Conseil supérieur du travail auprès du ministre de l'intérieur, au même titre qu'un Conseil supérieur du commerce, où prendraient place des hommes appartenant à la classe ouvrière jusqu'ici peu ou point représentée dans nos assemblées délibérantes.

Le Conseil supérieur devra apporter, auprès des pouvoirs publics, des garanties précieuses de compétence et d'expérience techniques en ce qui concerne les questions ouvrières ; il serait consulté avec profit sur les réformes qui peuvent être réalisées immédiatement, ainsi que sur celles qu'il est préférable d'ajourner ; il servirait de stimulant pour les Syndicats et constituerait une enquête permanente et régulière sur la situation et les ouvriers de France.

Ce serait le plus puissant instrument que nous ayons encore pour la pacification sociale et pour la résolution des questions sociales.

Article premier. — Il est établi auprès du Ministre un Conseil supérieur du travail.

Art. 2 — Les membres de ce Conseil seront nommés par les Syndicats régulièrement constitués.

Art. 3. — Les membres du Conseil sont nommés pour deux ans.

Art. 4. — Le Conseil supérieur se réunit chaque année en une session qui ne peut durer plus d'un mois.

Art. 5. — Une indemnité pour frais de déplacement et de séjour sera allouée aux membres du Conseil.

Art. 6. — Le chiffre de cette indemnité sera fixé par la Chambre.

Le citoyen BLONDEAU reprend la parole et dit qu'il accepte une partie de la proposition, mais qu'il en combat une autre. Il accepte l'article 1ᵉʳ et l'article 2. L'article 3 lui est indifférent comme durée.

Sur l'article 4, il veut que la réunion soit au moins mensuelle, car les besoins des travailleurs sont-journaliers.

Pour le reste du projet, ou plutôt des conclusions, il n'a rien à dire.

Il accepte le principe d'un Conseil pour que des vrais travailleurs fassent valoir leurs droits auprès des législateurs bourgeois.

Le citoyen EDOUARD n'accepte pas, et donne pour argument que le Conseil supérieur ne jouit pas de l'autorité nécessaire près de MM. les Ministres.

L'orateur croit que la Fédération aura toute l'autorité nécessaire pour défendre les intérêts des travailleurs.

Discours du citoyen Gruhier, délégué du Syndicat des cotonniers de Bolbec et du Syndicat des comptables de Paris.

CITOYENS,

Si le projet Villard, présenté par le citoyen Naudot, touchant la formation d'un Conseil supérieur du travail, doit être une organisation équivalente à celles des Chambres de commerce, je m'y rallie sans réserves.

J'estime que cette organisation, d'essence démocratique, mettrait sur le même pied d'égalité et les patrons et les ouvriers, au point de vue consultatif, en ce qui touche aux intérêts vitaux de notre pays.

Pour bien faire sentir toute l'importance que possèdent les Chambres de commerce, je vais brièvement donner le sens de leurs attributions :

« Les Chambres de commerce sont créées par le gouvernement, suivant décret rendu dans la forme des règlements d'utilité publique. Les membres des Chambres de commerce sont élus par les notables commerçants, qui ont qualité pour élire les membres des tribunaux de commerce.

« Les membres des Chambres de commerce sont nommés pour six années et renouvelés par tiers tous les deux ans. Les membres sortants peuvent être réélus.

Les attributions des Chambres de commerce sont déterminées comme il suit par le décret du 3 septembre 1851 :

« Les Chambres de commerce ont pour attributions : 1° de donner au gouvernement les avis et renseignements qui leur sont demandés sur les faits et les intérêts industriels et commerciaux ; 2° de présenter leurs vues sur les moyens d'accroître la prospérité de l'industrie et du commerce, sur les améliorations à introduire dans toutes les branches de la législation commerciale, y compris les tarifs de douane et d'octroi, sur l'exécution des travaux et l'organisation des services publics qui peuvent intéresser le commerce ou l'industrie, tels que les travaux des ports, la navigation des fleuves, des rivières, les postes, les chemins de fer, etc.

« L'avis des Chambres de commerce est demandé, spécialement sur les changements projetés dans la législation commerciale ; sur les élections et règlements des Chambres de commerce ; sur les créations de Bourses et les établissements d'agents de change ou de courtiers ; sur les tarifs des douanes ; sur les tarifs et règlements de courtage maritime et de courtage en matière d'assurance de marchandises, de change et d'effets publics ; sur la création des tribunaux de commerce dans leurs circonscriptions, sur les établissements de banques, de comptoirs d'escompte et de succursale de la Banque de France ; sur les projets de travaux publics locaux, relatifs au commerce ; sur les projets de règlements locaux en matière de commerce ou d'industrie.

« Les Chambres de commerce ont encore dans leurs attributions la surveillance et l'administration de certains établissements créés pour l'usage du commerce, au moyen de contributions spéciales sur les commerçants ; tels sont les magasins de sauvetage, entrepôts, conditions pour soies, écoles professionnelles de commerce et d'industrie ; cours publics pour la propagation des connaissances commerciales ou industrielles, etc.; l'administration de certains établissements de cette nature créés par l'Etat, peut aussi leur être déléguée.

« Quand il existe une Bourse dans le lieu où est insti-

tuée une Chambre de commerce, l'administration de la
Bourse appartient à la Chambre. »

« Les Chambres de commerce correspondent directement et sans intermédiaire avec le Ministre du commerce. »

« Chaque année, les Chambres de commerce établissent
le budget de leurs recettes et dépenses. Il est pourvu à
leurs dépenses au moyen d'une contribution sur les patentés de leur circonscription. »

On peut voir que, quoique les attributions de ces Chambres ne soient que purement consultatives, il n'en résulte
pas moins que l'influence qu'elles exercent sur notre organisme social est considérable, étant donné que la majeure
partie de nos législateurs les plus influents de nos deux
Chambres appartiennent pour la plupart aux professions
libérales.

Il découle donc de ce fait qu'avant de prendre une
détermination sur les matières qui entrent dans le domaine
des questions multiples examinées par les Chambres de
commerce, ces dernières sont toujours préalablement con-
sultées et il est bien rare qu'il ne soit pas tenu compte de
leurs avis.

Eh bien ! on peut apprécier par ce fait de l'importance
que possède l'élément commercial et industriel dans notre
pays et de quel poids il pèse dans la balance législative.

On vous a soumis un projet de Conseil supérieur du
travail il y a quelques instants : eh bien ! j'élargis la
question et je viens vous proposer de la lier à la proposition du citoyen Naudot, en soumettant au Congrès la
représentation ouvrière aux affaires du pays par la création de Chambres du travail en parallèle avec celles des
Chambres de commerce.

Je ne demande pas que ces deux éléments, devant avoir
les mêmes attributions, se confondent, se mêlent, non,
je demande qu'ils soient au contraire bien distincts et qu'ils
conservent leur complète autonomie.

Les citoyens qui m'ont précédé à cette tribune objec-
taient qu'une pareille organisation créerait des dissidences
parmi les ouvriers syndiqués, que très probablement la
Fédération ouvrière nationale qu'on se propose de créer
perdrait de son prestige, ou qu'il serait sûrement diminué par la création de cette Chambre du travail, cette

crainte ne me parait pas formulée, et je ne crois pas que l'on puisse produire des arguments soutenables en faveur de cet avis.

Voyons, examinons si, depuis l'organisation des Chambres de commerce, il se soit produit chez les commerçants les effets que l'on veut bien nous prédire pour les ouvriers. Je cherche vainement des faits venant établir l'empiétement des Chambres de commerce sur les Syndicats patronaux : Je vois, au contraire, de nombreux Syndicats d'industriels bien organisés, venant se souder ou se fédérer à des unions puissantes, sur lesquelles viennent s'appuyer les Tribunaux et les Chambres de commerce.

Il n'est pas difficile de démontrer que chacune de ces organisations fonctionne dans les limites du ressort de ses attributions respectives, sans pour cela nuire au prestige attaché à ces institutions.

En résumé, comme il est à peu près certain que, au cas où nous aurions la bonne fortune d'obtenir du législateur la création des Chambres de travail, le concours de l'élément syndical ouvrier serait indispensable à la formation des éléments qui en constitueraient l'organisme. Nous n'aurions pas à craindre que ces deux éléments si utiles aux travailleurs ne marchassent pas étroitement unis sur le terrain de nos revendications sociales.

Je demande donc la prise en considération de la proposition du citoyen Naudot, complétée de celle que j'ai l'honneur de soumettre au Congrès:

« Considérant qu'il est indispensable que l'élément ouvrier prenne une plus large part à la gestion des affaires du pays, je propose que le Congrès prenne les mesures qu'il croira nécessaires pour que nos législateurs élaborent une loi créant les Chambres du travail à l'instar des Chambres de commerce existantes. »

La parole est donnée au citoyen HEPPENHEIMER, de Paris, qui s'exprime ainsi :

Le gouvernement, qui n'est composé que de bourgeois et de capitalistes, ne peut défendre que les intérêts de ceux-là ; on est mal inspiré quand on justifie cette Commission des Quarante-Quatre ; ne se souvient-on donc pas que cette Commission a fonctionné pour faire rire, que le grand

effort qu'elle a fait pour le travailleur a été d'aller voir
à Londres pourquoi les ouvriers du faubourg Antoine
n'avaient pas d'ouvrage ; on dit que ce Conseil supérieur
serait devant le ministère ce que sont les Chambres de
commerce; on oublie que les Chambres de commerce sont
composées de bourgeois et de capitalistes et qu'à ce titre ils
sont les cousins germains des ministres, alors qu'il est
spécifié dans l'article 2, que ce conseil serait nommé par
les Syndicats régulièrement constitués, ce qui signifie que
si l'on n'est pas embrigadé sous la loi de police du 24 mars,
on n'aura pas droit devant l'éminence. Prenez garde, *il y
a déjà quelque chose près le ministre de l'intérieur*,
de ne pas créer, aux dépens du prolétariat qui se respecte,
du prolétariat indépendant, de ne pas créer, dis-je, près le
ministère du commerce, un prolétariat officiel, je repousse
ce Conseil supérieur.

Discours du citoyen Delahaye.

Citoyens et Citoyennes,

En ce qui concerne l'utilité d'un Conseil supérieur du travail, près le ministère du commerce et de l'industrie, je suis
mandaté par la *Société professionnelle des ouvriers mécaniciens*
pour en reconnaître l'utilité et en demander le plus tôt possible la création, comme étant un moyen pratique, direct et sûr
de faire connaître au gouvernement nos besoins et nos aspirations.

Il y a, en effet, dans tous les ministères des conseils supérieurs formés de personnes compétentes sur les attributions
concernant chacun d'eux.

Ainsi, il y a auprès du Ministre des travaux publics : un
conseil général des mines et un des ponts et chaussées; un
comité consultatif des chemins de fer ; une commission des
inventions, etc.

Au ministère de l'agriculture, il y a : un conseil supérieur de
l'agriculture, etc.

Au ministère du commerce et de l'industrie, il y a : un conseil supérieur du commerce et de l'industrie ; un comité consultatif des arts et manufactures, etc.

Dans toutes ces commissions supérieures, il n'y en a pas une
où les intérêts du travail et des ouvriers soient représentés,
tandis que les arts, les sciences, le commerce, l'agriculture,
l'industrie et, en général, les intérêts capitalistes y sont représentés sous toutes les formes; seul le travail, qui est la source

de toutes les richesses, de toutes les connaissances, n'y est pas représenté ; il n'y a pas un ouvrier qui ait voix consultative ou délibérative. Le Comité d'initiative du Congrès a donc été bien inspiré en inscrivant à l'ordre du jour cette question si importante.

Nous avons entendu quelques délégués émettre l'opinion que le Conseil supérieur formerait double emploi avec le Comité de la Fédération nationale. Il nous semble que pour admettre cette hypothèse, il faut préjuger du mode de nomination et du recrutement de cette Commission supérieure ; et en admettant même qu'il y eût double emploi, nous ne pourrions que nous louer d'avoir deux organisations pour défendre nos intérêts et préparer pacifiquement cette réassociation du travail et du capital, accidentellement et momentanément dissociés et séparés.

La Commune de Paris, en 1871, n'avait pas manqué d'instituer une « Commission du travail », qui était formée des citoyens B. Malon, L. Frankel, A. Avril, E. Puget, L. Gérardin et d'une sous-commission formée d'un délégué par chacune des Chambres syndicales, dont le siège était au ministère des travaux publics. Elle était présidée par votre serviteur. Elle avait pour mission de faire l'inventaire des ateliers abandonnés et d'en remettre l'outillage, les immeubles et les meubles entre les mains des travailleurs, conformément à un décret de la Commune.

Le Conseil municipal de Paris a aussi une « Commission du travail », qui a déjà rendu de très grands services, Commission qui nous paraît appelée à un rôle des plus importants dans un avenir prochain. Elle vient de faire voter une des mesures les plus favorables au relèvement de notre industrie nationale et à l'amélioration de la situation matérielle des travailleurs municipaux ; elle a fait voter la réduction de la durée du travail à neuf heures par jour. Nous y reviendrons demain en examinant la question des huit heures.

A moins de vouloir enfermer les réformes économiques et sociales qui s'imposent, dans une formule étroite et sectaire, à moins de n'admettre qu'un seul moyen, la violence, pour les réaliser, nous ne comprenons pas qu'on puisse hésiter un seul instant à voter en faveur de cette question.

Quant à nous, nous déclarons que nous voterons pour l'utilité et pour la création, le plus tôt possible, d'une *Commission supérieure du travail auprès du ministère du commerce et de l'industrie.*

Le citoyen Farjat vient combattre le projet. Il dit que ceux qui traitent lui et ses amis d'utopistes, quand ils demandent la révolution immédiate, sont aussi révolutionnaires qu'eux.

Il ne croit pas possible que l'on obtienne de l'élément bourgeois autre chose que des améliorations bourgeoises.

Les députés n'accepteront et ne voteront des lois qu'en

sentant que ceux qui seront envoyés leur seront dévoués.

Il croit, avec ses amis, qu'il faut que le travailleur soit soutenu, mais il ne veut pas qu'on leurre plus longtemps les travailleurs en leur faisant croire que, par les projets qu'on leur présente, on améliore leur sort.

N'ayant plus d'orateurs inscrits, la séance est levée à minuit.

Rapport non lu du citoyen Giroud, des jardiniers de Paris.

CITOYENS,

Si je prends la parole sur la prud'homie, c'est parce que je crois qu'il est utile de faire remarquer qu'aux Conseils des prud'hommes, les jardiniers ne sont pas admis.

Nous voulons faire remarquer aussi que le projet Lockroy ne répare pas cet oubli.

Les ouvriers jardiniers de la Chambre syndicale du département de la Seine, après avoir fait plusieurs tentatives pour faire juger les litiges entre patrons et ouvriers, n'ont pu, jusqu'à présent, obtenir ce droit, possédé par les ouvriers des autres professions, et nous redisons que le projet Lockroy ne nous donne pas non plus satisfaction.

Nous demandons que les ouvriers, ainsi que les travailleurs des autres professions, aient le droit de faire juger leurs différends entre eux, les patrons et les bourgeois, aux Conseils des prud'hommes.

Cette raison seule nous ferait repousser le projet, mais alors même que ce projet nous donnerait satisfaction, nous le repousserions encore, par la raison que, dans son ensemble, il est restrictif et en opposition complète avec les intérêts et les aspirations des travailleurs en général.

C'est pourquoi nous concluons au rejet pur et simple de la loi.

QUATRIÈME JOURNÉE

Jeudi 14 octobre

SÉANCE PRIVÉE

La séance est ouverte à 2 heures.

On procède à la formation du Bureau, qui est ainsi composé :

Le citoyen Maystre, délégué des ajusteurs-mécaniciens de Marseille et de l'Union des Chambres syndicales ouvrières des Bouches-du-Rhône, est nommé Président ; Assesseurs : Jean Saunier, des rubanniers de St-Etienne ; Pré, des tisseurs de Panissières.

Le Congrès valide les mandats des citoyens Blouet, des couvreurs-plombiers-zingueurs, de Paris ; Cherrer, des selliers-bourreliers, de Rennes ; Guitton, des tòliers-fumistes de Lyon.

Le Président lit une lettre qui confirme les pouvoirs du citoyen Lavaud, délégué des Syndicats de l'Exposition ouvrière, ainsi que ceux du citoyen Watier, des ébénistes de Tours.

Le citoyen Dumay, devant la validation de ces nouveaux délégués, demande qu'une date soit désignée, après laquelle aucun nouveau procès-verbal ne soit accepté.

Le citoyen Sol propose d'attendre jusqu'à vendredi, car des délégués lui ont appris leur prochaine arrivée.

La proposition est acceptée.

Le citoyen De Nonfoux donne lecture du procès-verbal de la séance du 13 octobre.

Les citoyens Masson et Dumay, de Paris, Laforest et Bartholino, de Lyon, font chacun des observations au procès-verbal.

Le citoyen Martin donne lecture du procès-verbal de la séance publique du mardi 12 octobre, lequel est accepté et très applaudi en raison de sa clarté et de son exactitude.

Le citoyen BLONDEAU fait une observation relativement à la façon dont se fait la publication des séances du Congrès dans le *Journal officiel du Congrès* publié par les soins de la Commission d'organisation. Il se plaint de ce que les rédacteurs favorisent certains délégués en donnant quatre colonnes pour les discours des uns et quatre lignes pour ceux des autres, et, que de plus, on leur fait dire tout le contraire de ce qu'ils ont dit.

Les citoyens ARGOUD et LABOURET répondent qu'ils n'ont apporté dans cette rédaction aucune partialité, et qu'au contraire, c'est la surcharge de travail qui est cause des erreurs commises.

Le citoyen FARJAT demande que deux citoyens soient adjoints à la Commission du journal.

Les citoyens Auguste Ferra et Deloche sont nommés pour remplir ces fonctions.

On procède à la nomination de la Commission des résolutions sur le projet des Conseils de prud'hommes.

Sont nommés :
Les citoyens Blondeau, Chabert, Choux, citoyenne Cance, citoyens Monfourny, Fouillat, Maystre.

Sont nommés membres de la Commission du Conseil supérieur du travail : les citoyens Naudot, Sol, Farjat, Bouchet, Gaston Thevenet, Pré et Edouard.

Sont également nommés pour la Commission du Capital et Travail : les citoyens Heppenheimer, Dumay, Bonnard, citoyenne Laurent, citoyens Lavaud, Chavrier, Mondon, Cantiget, Martin, Foucrey, Mojonnet, Rebeyraud et Deloche.

Les pouvoirs du citoyen Comaque, délégué des ouvriers piqueurs de grès et des carriers de Culles (Saône-et-Loire), sont validés.

Sont ensuite désignés pour présider la séance du soir : Les citoyens CHOUX, Président, Assesseurs, les citoyens RONDET, de Saint-Etienne, et FOUCREY, des modeleurs du Mans.

La séance est levée à 6 heures.

SÉANCE PUBLIQUE

. Le séance est ouverte à 8 heures du soir.

Sont invités à prendre place aux bureau, les citoyens CHOUX des menuisiers de Lyon. Président ; Assesseurs, les citoyens RONDET, des mineurs de Saint-Etienne ; FOUCREY, des menui-siers modeleurs du Mans.

Le citoyen CHOUX remercie l'assemblée de l'honneur qui est fait à sa Chambre syndicale et à lui, en l'appelant à la présidence. Il compte être impartial, et espère que les délégués lui faciliteront sa tâche, et qu'il sera fait du bon travail.

Il explique ensuite qu'il a été convenu que le citoyen Rondet, qui doit parler au nom des mineurs, a droit à un temps double des autres orateurs.

Il donne ensuite la parole au citoyen Rondet, des mineurs de Saint-Etienne.

Discours du citoyen Rondet.

CITOYENNES ET CITOYENS,

Il ne faut pas seulement demander la journée de huit heures, il faut encore donner des arguments.

L'ouvrier mineur ne travaille pas dans les mêmes conditions d'hygiène que les autres producteurs.

Le travail des mines se fait tantôt dans des chantiers très haut, très larges, quand les couches le permettent, ce qui est une cause de dangers bien plus grand ; tantôt dans des chantiers très bas, très étroits. Ce travail se fait aussi dans des couches, qui, à peine mesurant 50 centimètres de hauteur et agrémentées d'un lit pierreux et boueux ; nouveau supplice du gril de Saint Laurent.

Des morceaux de houille, de pierre, de bois viennent à chaque instant lui labourer les chairs ; nouveau cilice des martyrs de la mine.

Front de taille, dessus, dessous, parois, sont autant de redoutables ennemis du mineur.

Il est en quelque sorte un soldat qui combat constamment devant un ennemi insaisissable, avec cette différence que l'un détruit et que l'autre produit.

Les éboulements, les inondations, les incendies, ce sont de bien grands et bien terribles fléaux pour les ouvriers souterrains, mais il en est un autre qui est encore plus redouté, c'est le *grisou*, si connu de tout le monde par les innombrables victimes qu'il fait dans les rangs du monde minier.

Une imprudence, un changement dans la pression atmosphérique peut occasionner la mort à des centaines de mineurs !

Quoique les arguments précités suffiraient à eux seuls pour engager le législateur à faire une loi limitant la journée à huit heures de l'ouvrier des mines, il est aussi victime d'un autre ennemi, qui, tout en étant sous des apparences moins brutales, n'en est pas moins meurtrier et ne fait pas moins de victimes : je veux parler de l'air que le mineur respire dans l'intérieur des galeries.

Pour traiter un sujet aussi sérieux, aussi ardu que l'analyse de l'air des mines, je vais donner la parole aux hommes d'art et de science, qui s'exprimeront plus éloquemment que je ne pourrais le faire moi-même, et qui ne seront pas suspects d'être taxés d'incompétents, d'intéressés, voire même de révolutionnaires. MM. Moyle et Combe s'expriment ainsi :

« L'air qu'on respire, dans l'intérieur des mines, est d'une composition qui varie, non seulement d'une houillère à une autre, mais encore dans la même, suivant des circonstances multiples. Toutefois, on peut dire qu'il ne présente jamais les conditions que prescrit une bonne hygiène. M. Moyle, analysant l'atmosphère de quelques mines du duché de Cornouailles, a trouvé pour 100 parties d'air, 17,067 d'oxygène au lieu de 21, qui est le chiffre normal ; 82,8 d'azote au lieu de 79 ; 0,085 d'acide carbonique au lieu de 0,005 ; enfin des gaz dangereux provenant de l'inflammation de la poudre. On voit que l'air respiré par les mineurs est impur. La respiration des hommes et des animaux, la combustion des lampes absorbent une grande quantité d'oxygène, qui est remplacé dans l'atmosphère par une certaine proportion d'acide carbonique. L'oxygène est encore mis à contribution pour la décomposition chimique de plusieurs substances qui se trouvent ordinairement dans les mines. »

« Les matières végétales et animales éprouvent, dit
« M. Combes, une fermentation putride, dans laquelle
« l'oxygène de l'air disparaît en se combinant avec quel-
« ques-uns des principes élémentaires de ses substances et
« dont les produits, qui se répandent dans l'air ambiant,
« sont principalement le gaz acide carbonique, des compo-
« sés gazeux de carbone et d'hydrogène, de l'azote et de
« l'ammoniaque pour les matières azotées. Ces gaz entraî-
« nent encore avec eux d'autres substances que l'analyse
« chimique n'a pu isoler et qui ont habituellement une
« odeur infecte et exercent sur les hommes qui les respi-
« rent une action délétère au plus haut degré : on les
« nomme miasmes. »

« D'autre part, les houilles exhalent en plus ou moins grande quantité de l'acide carbonique et des composés gazeux de carbone et d'hydrogène. »

On sait que quelques aspirations de ces gaz méphitiques, à l'état pur suffisent pour donner la mort. Dans ce milieu délétère, la santé du mineur est aussi exposée que son corps aux éboulements, au grisou, etc.

Plus loin, M. Riembault, docteur depuis tente-quatre années à l'Hôtel-Dieu de Saint-Etienne et des compagnies houillères, dans un mémoire adressé à l'Académie française, intitulé : *La maladie des houilleurs ou encombrement charbonneux des poumons chez le houilleur,* expose les savantes observations que sa profession de médecin et son long séjour dans un grand centre minier lui ont permis de faire ; il a eu l'occasion de soigner des milliers de houilleurs, et il n'a pas moins fait de cent seize autopsies sur le corps de ces derniers. La première est celle du mineur Mandaroux, âgéde quarante-cinq ans. Voici ce qu'il a écrit :

« Mais ce qui frappa surtout mon attention, ce fut la couleur des poumons ; ils étaient complètement noirs, dans toute leur étendue. J'en détachai une tranche, et le parenchyme, ainsi mis à nu, était plus noir encore que la partie extérieure recouverte par la plèvre. En se servant de cette partie divisée, comme d'un pinceau, on teignait en noir les corps en contact desquels on la mettait. Je la promenai sur la paume de la main, qui fut immédiatement recouverte d'une couche noire, qui ne permettait pas de distinguer la peau.

« J'ai répété quelques jours plus tard ces expériences, en les variant, devant la Société de médecine de Saint-Etienne, dans la séance du 13 juin. J'ai montré un fil que j'avais teint, en le frottant deux ou trois fois sur un morceau de poumon; il n'était pas possible de voir qu'il avait été blanc, quelques instants auparavant. »

Autopsie de Belon

« Belon, 67 ans. Trente-huit ans de service dans les mines ; catarrhe, emphysème. Cœur hypertrophié, insuffisance et rétrécissement mitral. Poumons absolument noirs, anasarque. J'ai mis dans le feu un morceau de ces poumons séchés ; il a brûlé comme du charbon, avec la même flamme.

« Ces réserves faites, recherchons la quantité de charbons que recèlent les poumons d'un houilleur encombrés. J'ai fait des analyses dont je vais donner une idée succincte. Je prends un morceau de poumon noir pesant 200 grammes, que je découpe en tranches très minces et que je lessive à diverses reprises avec l'eau, l'alcool, l'éther bouillants, qui versés sur un filtre, y déposent le charbon qu'ils contiennent, et j'obtiens ainsi 3, 4, 6, 8 et jusqu'à 10 gr. 85 de charbon. Or, étant donnés le poids total des poumons, le nombre d'années que l'ouvrier a travaillé dans les mines, on peut arriver à un calcul approximatif du charbon déposé dans les poumons durant une année, un jour, etc. »

Autopsie de Coulon

« J'ai publié, en 1861, l'observation de Coulon, qui présentait le plus bel exemple de la saturation charbonneuse que j'aie jamais vu. Je vais la résumer : Coulon (François), 67 ans, mineur pendant trente-cinq ans. Catarrhe, emphysème. Autopsie : les poumons forment une masse noire, si complètement noire, qu'on ne reconnaît plus la contexture de l'organe ; incisés, ils laissent échapper une boue noire et épaisse comme du cirage. On ne distingue que les gros vaisseaux et les tuyaux bronchiques.

En résumé, ma longue expérimentation m'a permis de faire un état chromatique des poumons des houilleurs.

Ainsi :

« Après six ans de séjour consécutif dans les mines, les poumons des houilleurs commencent à être teintés ;

« Après douze ans, ils sont bleuâtres ;

« Après douze ans, ils sont presque noirs ;

« Après vingt ans, ils sont noirs. C'est là qu'est la limite de la tolérance des poumons pour la poudre de houille.

« Après trente ans, ils sont de la couleur du charbon ; ils sont constamment atteints de catarrhe et d'emphysème.

« Après trente-cinq ou quarante ans, le tissu pulmonaire est tellement imprégné de charbon qu'on ne perçoit plus sa contexture. Catharre, emphysème, altération organique du cœur.

« Il serait superflu, je pense, de parler ici des analyses que j'ai faites, il y a dix-huit ans, pour prouver que la matière qui donne aux poumons les teintes diverses que je viens de passer en revue est bien du charbon. La question n'est plus contestable ni contestée. Ils ne viendrait à l'idée de personne, aujourd'hui, de dire, en présence d'un poumon encombré, qu'il s'agit d'une espèce de mélanose. Au surplus, je recommande l'expérience suivante qui est bien simple : Prenez un morceau de poumon noir séché et placez-le dans un foyer alimenté par de la houille, vous verrez le poumon brûler comme la houille, avec la même flamme. Je n'ai pas besoin d'ajouter qu'on n'obtient rien de semblable avec un poumon qui n'a pas subi l'encombrement.

« Les animaux qui habitent les houillères grasses sont naturellement exposés à l'encombrement charbonneux. J'ai examiné les poumons des chevaux et des rats. Ils contiennent du charbon en notable quantité. »

Enfin, voici un dernier argument qui me paraît décisif : une catastrophe de mine néfastement célèbre (février 1876) me fournit l'occasion d'ouvrir une quinzaine de chevaux qui avaient été tués par l'explosion dans l'intérieur des

travaux. Chez tous la muqueuse de la trachée était noire
de charbon ; on aurait dit un tuyau de poéle non ramoné ;
de même pour les bronches, mais à un moindre degré. »

Conclusion de M. Riembault

« La maladie ne retrocède jamais. Il n'existe pas de
moyen curatif contre l'encombrement charbonneux. »

Que l'encombrement charbonneux n'est pas un cas for-
tuit, que tous les ouvriers en sont atteints indistinctement.

« Il distingue trois périodes dans l'encombrement charbonneux. La première correspond à un travail effectif de
seize à vingt ans dans les mines, à ce moment l'oppres-
sion se fait sentir et c'est un avertissement sérieux d'avoir
à quitter le travail des mines.

« La deuxième correspond à un travail de vingt-cinq à
trente ans dans les mines. Pendant ce laps de temps, le
mal a pris racine. Ce n'est plus une incommodité passa-
gère, c'est déjà une infirmité qui fait, à tous moments,
sentir sa menaçante influence. Le travail est souvent interrompu, le mal est incurable.

« Arrivé à la troisième, il ne peut que faire un travail
léger, et il y a beau temps, citoyens, que les travaux lé-
gers des mines ont disparu.

« Les malades, arrivés à cette période, portent, sur toute
leur personne, l'empreinte du mal qui les mine : ils ont la
face pâle, l'air anxieux ; leur démarche est lente et pénible. »

M. Riembault dit aussi que pendant sa longue carrière
(trente-quatre ans) de médecine à l'Hôtel-Dieu de Saint-
Etienne, et de médecin des Compagnies des mines, lui a
permis de soigner des milliers de houilleurs atteints de
cette maladie, et qu'il a la conviction que, chaque année,
des milliers de victimes périssent de cette terrible maladie.

Citoyens, le court exposé que je viens de vous faire de
la situation de ces malheureux, condamnés à passer la
moitié de leur vie dans les enfers géologiques, n'est-il
pas un éloquent plaidoyer concluant en faveur de la réduction de la journée de travail à huit heures ?

Quels sont bien les arguments, quelles sont bien les
causes que les adversaires de la réduction peuvent oppo-

ser, pour détourner le législateur d'accomplir un si grand acte d'humanité social ?

Ah ! les arguments des adversaires sont nombreux, je le sais. J'entends déjà la presse crier : Et la liberté du travail ! Cette prétendue liberté n'est qu'un mot pour l'ouvrier ; il rentre, il sort de la mine, de l'usine, de l'atelier, du chantier, quand le patron l'ordonne, et jamais à son gré. Ce dernier n'a qu'à s'incliner devant les règlements des patrons, qui ont force de loi.

Au nom de la Fédération des mineurs français, je demande qu'une loi limite le maximum de la journée du travail à huit heures, car nous considérons que la santé publique est une propriété nationale, que le législateur ne doit pas la laisser plus longtemps à la discrétion absolue d'un capital égoïste plus ou moins bien acquis. Nous sommes convaincus, d'une part, que la journée de huit heures profitera autant, sinon plus, que celle de douze et de quatorze ; d'autre part, nous estimons qu'il a largement payé à la société son tribut de travail pour lui et les siens. Enfin, qu'après être resté huit heures dans une atmosphère ténébreuse, poussièreuse, chaude, raréfiée, délétère, les poumons éprouvent l'extrème nécessité de faire une nouvelle provision d'air, plus pur, plus oxygéné, pour réparer les forces du sang épuisées. Qu'en faisant douze et quatorze heures de travail, il ne reste à l'ouvrier que cette abrutissante alternative : du travail au repos, du repos au travail ; qu'une situation semblable faite au travailleur est indigne d'une société civilisée. La nature ne semble-t-elle pas l'avoir divisée par trilogie : huit heures de travail, huit heures d'exercices intellectuels et huit heures pour le repos du corps.

N'oublions pas que cette même nature ne donne à chaque être qu'une somme de force et de santé, que le législateur doit le protéger, le défendre contre les capitalistes éhontés, au même titre qu'il défend ces mêmes capitalistes contre les voleurs.

Aux progrès scientifiques doivent correspondre les progrès moraux !

Le citoyen De Nonfoux, délégué des polisseurs sur métaux, présente le rapport suivant :

Rapport du citoyen De Nonfoux

CITOYENS,

Le premier Congrès de l'Internationale, le Congrès de Genève de 1886, déclarait que la condition première, sans laquelle toute tentative d'émancipation ou d'amélioration échouerait, était la limite de la journée de travail.

La limite légale de la journée était fixée à huit heures.

Le Congrès régional de Paris, et le Congrès du Havre l'inscrivait en tète du programme économique du parti ouvrier.

Enfin, cette question fut discutée dernièrement à Paris, à la Conférence internationale. Il était donc juste que le Congrès syndical de Lyon l'incrivit à son tour à son ordre du jour.

Je viens donc à mon tour défendre à cette tribune, la journée de travail de huit heures.

Nos patrons et même la plupart des ouvriers, font cette objection : « Mais si vous réduisez la journée de travail, vous réduisez forcément les salaires.»

Cependant rien n'est plus faux et c'est facile à prouver.

Il est aujourd'hui admis et cela malgré le dire du sieur Gide, Président d'honneur du Congrès coopératif de Lyon, que la loi tendantielle de la bourgeoisie, c'est-à-dire le but vers lequel elle tend, est de limiter le salaire au minimum des moyens d'existence réclamés par les ouvriers pour vivre et se reproduire, et certes cette loi est d'une amère réalité !

Les philanthropes, ces jésuites laïques, vantent les bienfaits de l'industrie moderne; l'atelier mécanique, disent-ils, avec attendrissement, a donné du travail à la femme, aux enfants, tous ont pu concourir à augmenter le bien-ètre de la famille ouvrière.

Eh bien ! Citoyens, c'est le contraire qui existe. Le travail de la femme et des enfants n'a concouru qu'à diminuer le salaire des hommes et à engendrer la misère de la famille.

Avant le développement de l'industrie mécanique, la femme demeurait avec ses filles auprès du foyer familial, le salaire de l'homme devait à lui tout seul, subvenir aux besoin de la famille.

Mais, grâce aux machines et à la division du travail, les patrons purent attirer dans l'atelier la femme et les enfants, et alors diminuèrent les salaires de l'homme de toute la valeur des salaires que reçoivent la femme et les enfants.

Ce fut là un des premiers bienfaits de la philanthropie capitaliste.

Non seulement il permit l'abaissement des salaires, mais encore il introduisit une coutume barbare, qui n'avait jamais existé dans aucune société précédente, je veux parler de la concurrence entre le père, la mère et l'enfant.

Parfois les hommes mêmes ont été chassés de l'atelier par la femme et l'enfant; nos collègues du Nord peuvent dire si ce n'est pas la vérité.

Mais la machine, aux mains des capitalistes, a déversé d'autres bienfaits sur la classe ouvrière : elle vide les campagnes et centralise la population ouvrière autour d'elle, elle fait surgir de terre ces énormes cités industrielles qui ne datent que de ce siècle.

De véritables casernes ont été créées où, comme dans l'Isère, la femme ou la fille ne rentre au logis que le samedi pour en repartir le dimanche soir et nous donner des exemples comme nous en avons eu un dernièrement à Châteauvilain.

La machine doit avoir sous son commandement un peuple d'esclaves; elle l'absorbe dans l'atelier quand le travail est à haute pression et le rejette sur le pavé quand le travail se ralentit.

La raréfaction momentanée du travail crée une surabondance momentanée de la population ouvrière, se traduisant par des chômages périodiques.

Les perfectionnements de la machine réduisent constamment le nombre des ouvriers employés dans l'atelier et les rejettent dans la rue et créent une surpopulation artificielle qui a été nommée par Engels armée de réserve du capital, et qui n'est absorbée dans l'atelier que dans les cas extrêmes.

Cette armée de réserve du capital est l'arme terrible du capitaliste pour abaisser les salaires à leur minimum et prolonger la journée de travail à son maximum.

Elle permet encore au capitaliste de renvoyer ceux des ouvriers qui ne lui conviennent pas.

Par conséquent, le grand intérêt de la classe ouvrière, tant que la société capitaliste sera debout, est de réduire autant que possible cette armée de réserve du capital et pour cela il n'y a que deux moyens : l'émigration et la limite légale de la journée de travail.

L'émigration, qui est un moyen si puissant en Angleterre doit être mise de côté, les Français n'émigrant que forcés. Reste donc la limitation légale.

Mais alors, comme je le dis dans le commencement de mon rapport, c'est alors que le capitaliste ou plutôt la bourde économiste arrive.

Si l'ouvrier travaille moins, il devra être moins payé.

Eh bien ! Citoyens, c'est le contraire qu'il faut dire, moins l'ouvrier travaillera, plus il sera payé ; ceux qui ont été aux Expositions d'Angleterre et d'Amérique peuvent l'affirmer.

Le salaire est, dans ces pays, aussi fort qu'en France, et pourtant l'Anglais ne fait que neuf heures par jour et cinq heures le samedi, et dans presque tous les Etats d'Amérique, l'ouvrier ne fait que huit heures.

Si demain en France, et surtout dans le Nord, la journée de huit heures était appliquée, il faudrait trois ouvriers pour faire vingt-quatre heures de travail, tandis qu'aujourd'hui, à part les grandes villes, il ne faut que deux ouvriers pour faire ces vingt-quatre heures.

Donc, en faisant huit heures, toute l'armée de réserve du capital serait absorbée dans l'atelier.

Les ouvriers qui travaillent n'ayant pas à craindre la concurence des ouvriers qui chôment, pourraient non seument maintenir leurs salaires, mais demander une augmentation.

Une autre objection est celle-ci : si vous diminuez la journée de travail et augmentez les salaires, vous ruinerez l'industrie française.

Comme je ne veux pas faire un long rapport, je me borne simplement à dire que, pour cette objection, nous n'avons encore qu'à regarder l'Angleterre et l'Amérique, qui sont les premiers pays industriels du monde, ce qui faisait dire au fameux capitaliste alsacien, le sieur Dolfus,

que personne n'accusera d'utopiste, puisqu'il a amassé des
millions sur le travail de ses compatriotes; il disait, en
1853 : la main-d'œuvre étant meilleur marché en France
qu'en Angleterre, nous n'avons pas les mêmes avantages
que les Anglais à employer les nouveaux métiers.

Voici quel était l'état comparatif des salaires pour les
deux pays, toujours d'après lui : manœuvres, à Manchester, 32 fr. ; les mêmes, à Mulhouse, 12 fr.; fileurs à bras,
à Manchester, 92 fr. ; les mêmes, à Mulhouse, 42 fr. ; soi-
gneurs d'étirage, à Manchester, 20 fr. 50 ; les mêmes, à
Mulhouse, 12 fr.

Ainsi, de l'aveu même des industriels et des économistes
bourgeois, pour développer l'outillage industriel, pour accroître les forces mécaniques et industrielles, il faut relever la valeur de la main-d'œuvre, et, comme nous le
disons plus haut, un des moyens les plus efficaces pour
cela, c'est de diminuer l'armée de réserve du capital, et
pour cela il faut raréfier la main-d'œuvre par la réduction
légale de la journée à huit heures, et certes, si à l'heure
actuelle, même parmi les économistes bourgeois, on en
trouve qui demandent l'intervention de l'Etat pour réglementer le travail dans les fabriques, cela prouve que l'industrie mécanique est arrivée à une période de développement où il est de l'intérêt même des industriels de limiter
la journée de travail.

Qu'on lise le livre de M. Passy, député, sur les machines, et l'on verra les preuves de ce que j'avance.

Dans son livre, M. Passy cite l'opinion caractéristique
d'un grand industriel de Gand, M. Ottevaere : Mes machines, disait-il, quoique à peu près les mêmes que celles
qui existent en Angleterre, ne produisent pas ce qu'elles
devraient produire et ce que produisent les mêmes machines en Angleterre, quoique les ouvriers y travaillent
deux heures de moins par jour.

Cette différence je l'attribue à la longueur de la journée
de travail.

Nos ouvriers travaillent trop, je suis sûr que s'ils faisaient une heure ou deux de moins, la production serait
la même et ensuite on aurait des ouvriers plus intelligents
et moins épuisés.

On peut même dire que la loi sur la diminution des

heures de travail en Angleterre a été plus profitable aux patrons qu'aux ouvriers.

Pour ne citer qu'une branche de l'industrie, on constate que le nombre de fabriques anglaises de coton qui ne s'était accru que de 22 °/₀ de 1838 à 1850, s'est au contraire accru de 86 °/₀ de 1850 à 1856.

Cette diminution a donc eu une heureuse influence sur la prospérité industrielle et l'enrichissement des patrons de l'Angleterre.

Maintenant, Citoyens, voyons au point de vue intellectuel.

Il est certain que la journée est trop longue et qu'il est impossible à l'ouvrier de s'instruire et de s'occuper de ses intérêts.

Et lorsque les militants se plaignent que la masse ne vient pas à leurs diverses réunions, ils ne se disent peut-être pas que le motif principal est justement la longueur de la journée de travail.

Il est donc certain que si nous voulons que ces chômages périodiques cessent, si nous voulons cultiver notre intelligence, nous devons obtenir, par tous les moyens possibles, cette diminution des heures de travail.

Mais, dira-t-on, comment obtenir ce résultat ; selon moi, il y a trois moyens :

Le premier, c'est la classe ouvrière fortement organisée en Syndicats, en Fédérations régionales et nationales, et enfin la grande Fédération universelle de tous les travailleurs.

Mais je doute de ce moyen, car la loi de 1872, sur l'Internationale dit aux travailleurs français. Halte-là ! je ne veux pas que tu entres en relation avec tes frères des autres nations.

Je laisse aux patrons la liberté d'embaucher des ouvriers étrangers.

Mais je te défends, à toi travailleur, de t'entendre avec ces mêmes travailleurs pour qu'ils ne viennent pas t'arracher le morceau de pain de la bouche ! Voilà, Citoyens, ce que vous dit la loi de 1872.

Certes, je sais que l'unanimité des délégués présents demanderont l'abrogation de cette loi, mais je sais aussi que la Chambre et le Sénat ne la voteront pas. Je doute donc de l'efficacité du premier moyen.

Le second, c'est l'entente entre les divers gouvernements, afin d'établir une législation internationale réglementant les heures de travail.

Eh bien! Citoyens, je doute encore de ce second moyen, car vous connaissez probablement tous le silence gardé par lesdits gouvernements sur la proposition que fit celui de Suisse, en 1883.

Sur ce sujet, par conséquent, il n'y a pas d'illusion à se faire.

Du reste, nous en aurons les preuves bientôt, car vous savez que le citoyen Camelinat a déposé à la Chambre un projet sur la matière, et vous verrez que MM. les députés qui touchent 175 francs par semaine pour être assis pendant deux heures, quatre jours dans ladite semaine, refuseront fort bien aux travailleurs la journée de huit heures, ou, tout au moins, d'en faire la demande aux autres gouvernements.

Le troisième moyen, vous le connaissez tous, Citoyens, c'est l'application sincère du socialisme, c'est la mise en fonction de la force productive, mais alors au bénéfice de la classe ouvrière.

Par elle, l'égalité qui n'existe que de nom, qui ne représente qu'un droit abstrait, dont l'ouvrier ne peut faire usage, deviendra une réalité ; avec elle disparaîtra l'incapacité sociale des travailleurs.

Car enfin l'ouvrier ne doit pas uniquement se compter au point de vue du nombre, il ne doit pas seulement se reposer sur la valeur de ses muscles, il faut aussi qu'il montre ce que vaut sa tête, et, par cela, c'est du repos qu'il lui faut.

Par conséquent, et pour ces raisons, je déclare, au nom de l'Union syndicale des ouvriers de la métallurgie de Lyon que, le seul moyen d'arriver à la diminution des heures de travail, c'est la socialisation des moyens de production.

Et j'engage les délégués ici présents, de retour dans leurs départements, à préconiser ce seul moyen et à le voter dans ce Congrès.

Le citoyen Vendel, des tourneurs-robinetiers de Lyon, lit le rapport suivant :

Citoyennes et Citoyens,

Cette question étant une des plus importantes du Congrès, je crois qu'il est de mon devoir, au nom de mon Syndicat, de dire quelques mots sur cette question.

Si nous envisageons la situation actuelle, non seulement en France, mais dans le monde entier, nous voyons que cette situation est très précaire au point de vue du travail.

Tous les jours les usines se vident, tous les jours le petit patron disparaît pour faire place à de grandes sociétés dont les capitaux sont énormes, tous les jours enfin, les machines font un progrès immense.

Mais malheureusement, il n'en a pas été de même pour le bien-être du travailleur, car. à mesure que le progrès venait, le bien-être disparaissait.

C'est donc une situation qui ne peut durer et il appartient à nos gouvernants de prendre des résolutions à cet effet.

Parmi ces dernières, je place les heures de travail.

Il est certain qu'à l'heure actuelle, nous travaillons trop, et cela se comprend, puisqu'il se fait en un jour et avec un seul homme, quelquefois même avec un enfant, ce qui ne se faisait pas dans le temps dans quinze jours, et cela avec deux ou trois hommes.

Je crois donc que la diminution des heures de travail s'impose.

Oh ! je sais fort bien que nos patrons et même beaucoup d'ouvriers font certaines objections à cette diminution des heures de travail, et je pourrais très bien y répondre, mais je laisse ce soin à des collègues plus forts que moi, et certes, ils ne manqueront pas.

Ce que je veux dire, c'est qu'il faut absolument que le travailleur comprenne d'où vient le mal et qu'il y applique le remède.

Il faut enfin que lui et sa famille puissent vivre honorablement, et pour cela, il faut que le chômage cesse ; il faut enfin que la production ne dépasse pas la consommation.

On nous a parlé dernièrement, dans une précédente séance, de la concurrence étrangère, je dis donc à ce délégué : Citoyen, avant de faire cesser la concurrence étrangère, empêchons donc, avant tout, de la faire entre nous.

Empêchons donc cette masse ouvrière de se porter aux portes des usines.

Et n'oublions pas que si nous acceptons le progrès dans la machine industrielle, c'est à condition que la machine humaine n'en meure pas.

Et certes, il faut bien faire une différence entre les deux.

Car, si l'on ne donne à la première que le combustible nécessaire à sa force, elle travaille. La deuxième au contraire, qu'elle travaille ou qu'elle ne travaille pas, le combustible quotidien s'impose chez elle.

Surtout, Citoyens, que cette machine humaine se compose très souvent de petits foyers consommant pas mal de combustible.

Par conséquent, il est de toute nécessité que cette question des heures de travail soit réglementée, non seulement en France, mais dans tous les états, car ce qui existe en France, existe en Amérque, en Allemagne, en Angleterre; partout la misère est grande, partout une masse de travailleurs ne savent ou aller travailler, partout enfin, le commerce fait faillite. Qu'on consulte pour la France les statistiques des tribunaux de commerce et l'on verra si je mens.

Oui, Citoyennes et Citoyens, voilà où nous en sommes depuis quelques années, le travail non assuré, le commerce faisant faillite, le petit propriétaire non payé.

Je dis donc, qu'il appartient à nos législateurs, ainsi qu'au gouvernement de prendre les mesures nécessaires pour que cet état de chose cesse.

Un projet de loi a été déposé sur le bureau de la Chambre par le citoyen Camélinat, député de la Seine.

Il est certain que si ce projet était approuvé par le Parlement français d'abord et ensuite les autres Etats, il s'en trouverait un bien-être général pour tout le monde, aussi bien pour le commerce que pour l'industrie; quant au travailleur son existence sera moins dure, ayant plus de temps pour s'instruire ses capacités intellectuelles y gagneraient.

Je dis donc à mes collègues délégués, votez le projet Camélinat, car si la Suisse, en 1883, a pris l'initiative c'était grâce à l'impulsion que le gouvernement reçut de sociétés ouvrières.

Eh bien ! Citoyennes et Citoyens, faisons-en de même, que ce Congrès qui représente au moins 700 Syndicats de tous les coins de la France se prononce en faveur de la réglementation des heures de travail, et qu'elle donne mandat au groupe ouvrier de la Chambre de défendre ce projet et de le voter.

Le citoyen FROJET, des selliers de Paris, vient ensuite lire les quelques mots suivants :

La limitation des heures de travail serait funeste à certaines industries et principalement à mon métier, où l'on ne travaille que pendant quelques mois de l'année, qu'il est impossible à un patron, qui n'a pas un grand matériel, de pouvoir, quand la bonne saison arrive, fournir à toutes les commissions qui lui sont demandées, qu'il se trouve dans la nécessité (eût-il la meilleure volonté du monde) de demander à ses ouvriers de faire des heures supplémentaires, c'est-à-dire, qu'au lieu de faire dix heures, on en fait onze et quelquefois douze.

Je me suis déclaré anticosmopolite, car je trouve qu'il y a trop de Français qui ne travaillent pas, et, qu'avant de s'occuper des étrangers, les cosmopolites feraient mieux de s'intéresser à leurs compatriotes.

Le citoyen BLONDEAU de Paris, a ensuite la parole. Voici le résumé très succinct de son discours :

CITOYENNES ET CITOYENS,

Je crois que nous devons nous occuper des deux questions restant à l'ordre du jour, qui sont les plus intéressantes, selon moi, pour la question sociale. On a parlé de la concurrence étrangère.

Vous dites, bourgeois, que la concurrence étrangère nous fait du tort, c'est de votre faute, ce qui nous manque, c'est l'argent pour acheter les bons produits. Si vous nous faites manger des produits allemands, c'est que nous n'avons pas d'argent pour acheter des produits français, car ceux-ci sont plus chers. les Français ayant plus de goût. Les cordonniers ont produit vingt mille paires de souliers pendant l'année, s'il ne s'en écoule que les trois quarts, ils chôment pendant que le reste s'écoule. Pourquoi cela ne s'écoule-t-il pas ? C'est que l'ouvrier gagnant moins consomme moins. Ainsi, les cordonniers qui ont tant fait de souliers vont pieds nus.

Si l'ouvrier avait un gain plus fort, la consommation augmenterait d'un tiers et serait à la hauteur de la production.

Je conclus à ce que la journée soit de huit heures, et je demande que nous mettions la bourgeoisie en demeure de nous donner les huit heures demandées ; si elle ne veut pas, nous nous arrangerons autrement.

Le citoyen Baslé demande l'unification de la journée de dix heures de travail pour toute la France et pour tous les Etats ; il demande en outre que la durée de la journée de la femme soit dimiuuée sans que son salaire en souffre.

La parole est donnée ensuite au citoyen Rebeyraud, délégué des maçons, qui lit ce qui suit :

Citoyennes et Citoyens,

La question des heures de travail est celle qui frappe le plus directement notre corporation, car dans la plupart des grandes villes où il existe des règlements à ce sujet, ils sont le plus souvent méconnus par les patrons et par les ouvriers eux-mêmes ; et depuis que nous nous sommes organisés en Syndicat, nous nous sommes efforcés de faire entrer dans l'idée des collègues que là était une question de leur intérêt le plus direct. Eh bien ! Citoyens, cela n'empêche pas que dans la plupart de nos chantiers on fait encore onze heures, voire même quelquefois plus, et cela, Citoyens, au détriment des Collègues qui sont sans travail ; car dans un chantier où il y a cent ouvriers qui travaillent onze heures, il pourrait y en avoir dix de plus si on ne faisait que dix heures. J'irai même plus loin, Citoyens, si l'on abaissait le règlement de dix à huit heures, l'on ne verrait pas tant d'ouvriers dans la misère, tandis que les autres travaillent plus que les forces ne le leur permettent ; et pour moi, j'estime que dans un métier aussi pénible que le nôtre, huit heures de travail suffisent à dépenser la force d'un homme, serait-il même des plus robustes.

En conséquence, tant en mon nom personnel qu'en celui du Syndicat que je représente ici, je propose au Congrès de vouloir bien voter l'abaissement de la journée de travail de dix qu'elle est actuellement à huit heures, et surtout que les règlements à ce sujet soient mieux repectés qu'ils ne l''ont été jusqu'à ce jour.

Discours du citoyen Gruhier.

CITOYENNES ET CITOYENS,

Je ne veux pas énumérer quelles sont les chances que peuvent rencontrer dans notre pays les doctrines du tout ou rien pour leur mise en pratique à bref délai. Ce que je me propose actuellement n'est pas de savoir si, dans vingt ou trente années seulement elles seront plus ou moins appliquées ; ce qui me préoccupe est de connaître, en raison de la situation économique qui nous est faite par les nations rivales dans la lutte industrielle que nous avons à soutenir, comment nous, travailleurs français, pourrons-nous vivre demain, dans un mois, dans un an ; enfin, c'est de savoir comment nous ferons pour donner du pain à nos familles en attendant la transformation sociale annoncée à cette tribune depuis l'ouverture du Congrès.

On me fait observer que beaucoup de monde dans l'auditoire ne partage pas mon avis, j'ajoute même avant qu'il soit nettement formulé, je le regrette. Eh bien ! je dois tout d'abord dire ceci, c'est que je ne suis pas venu à ce Congrès uniquement pour être agréable au public et recueillir ses applaudissements, mais bien pour exposer mes vues sur les questions d'ordre économique pour lesquelles je puis avoir quelque compétence.

La question à l'ordre du jour est celle des heures de travail : quantité d'hommes impartiaux, ayant de très bonne foi traité cette matière, diffèrent sur ce point. Quelques-uns viennent nous dire, avec une apparence de raison ; avant de forger une autre loi sur les heures de travail, faites en sorte que le gouvernement fasse respecter celle des douze heures promulguée en 1848. Si le gouvernement, nous dit-on, n'a pas pu tenir la main à ce que cette loi fût respectée, comment pouvez-vous supposer qu'il ait plus de chance dans l'application d'une nouvelle loi de huit ou dix heures de travail. La loi naturelle est basée sur la question de l'offre et de la demande, c'est celle des contrats librement consentis qui l'emportera toujours sur la réglementation ; cette question, ajoute-t-on, ne peut se résoudre qu'entre les Syndicats patronaux et ouvriers.

En effet, si l'on regarde le nombre d'heures de travail adopté dans nos services industriels, nous voyons que dans certaines maisons, depuis déjà bien des années, on fait dix heures, lorsque dans d'autres on travaille onze heures ; dans une grande partie on fait plus communément douze heures, mais dans certaines régions françaises il y a des usines qui font faire à leurs ouvriers de treize à quatorze heures de travail par jour.

Avant de formuler mon opinion sur ce point délicat, il me sera bien permis, sans être pessimiste en exagérant outre mesure la concurrence étrangère, de dire ceci : on propose dans ce Congrès une réglementation de huit heures de travail dans toutes les industries françaises, eh bien ! je n'y vois pas d'inconvénient, si, par exemple, vous pouvez faire que les Belges, les Allemands, les Italiens ne travaillent pas davantage dans leur pays respectif. Si même on peut faire que leurs salaires soient égaux à ceux des ouvriers français pour le même nombre d'heures de travail, la question peut se résoudre facilement, et encore pour la grande industrie où les travaux se font dans les usines ou manufactures, où les ouvriers, pour se conformer aux règlements de chaque maison, voient forcément leur santé décroître.

Pour ce qui concerne la grande industrie et même les mines, je suis d'accord avec le citoyen Rondet. J'estime qu'il serait temps de faire cesser les abus qui, jusque dans les maisons de commerce, causent l'étiolement d'une grande partie des travailleurs, mais il ne faudrait pas que le but vers lequel nous devons porter tous nos efforts, nous fît négliger les mesures de prudence, ditées par l'intérêt général de ces industries au point de vue de la concurrence étrangère.

Quand je parle de concurrence étrangère, je vois dans

l'auditoire que des doutes planent sur ce sujet. Voudrait-on nier que ce fait existe et d'une manière permanente, trop permanente même, pour nos industries qu'elle frappe au cœur.

Tenez, écoutez bien ceci, je ne veux pas vous parler des industries auxquelles je n'appartiens pas, mais de mon métier, car si dans ce Congrès je représente le Syndicat des cotonniers de Bolbec et celui des comptables de Paris. je fais aussi partie du Syndicat des apprêteurs en pelleterie que j'ai fondé. Or, la fondation de ce Syndicat remonte en 1877, époque où l'industrie de la pelleterie et fourrure, ruinée par la concurrence belge et allemande, ne présentait plus pour les ouvriers du métier que six à sept mois de travail par an.

L'enquête faite à ce sujet par le Syndicat des ouvriers en pelleteries eut pour résultats les constatations suivantes: les fabricants belges et allemands, dont la situation économique, par rapport aux impôts, vivres, frais généraux, etc., était de beaucoup meilleure à celle de nos fabricants français, occupaient dans leurs ateliers des ouvriers à 35 et 40 °/₀ au-dessous des taux payés aux ouvriers en France, même pour un nombre d'heures supérieur.

Cela est si vrai, que les membres du Parlement, devant lesquels nous avions été porter nos plaintes, n'hésitèrent pas à mettre une augmentation de taxes douanières à l'importation des pelleteries ouvrées venant de ce pays. Il est dit même, dans l'exposé des motifs qui précède cette décision, que cette nouvelle taxe est reconnue nécessaire par le législateur, afin de maintenir l'industrie de l'apprêt des pelleteries en France, en la préservant de la concurrence désastreuse que lui fait l'Allemagne. Je pourrais citer quantité d'industries qui se sont trouvées dans ce même cas, et qui, comme celle que je viens de citer et malgré cette protection douanière, luttent encore aujourd'hui très difficilement contre les produits manufacturés des puissances rivales.

On vient d'émettre des doutes sur la valeur des observations présentées par le citoyen Froget, parce qu'il disait que l'industrie de la sellerie ne pouvait être assimilée à celles dont la réglementation était nécessaire. L'industrie des pelleteries et fourrures est dans ce cas ; les ouvriers, après avoir supporté un long chômage où lorsqu'ils travaillent, cela se réduit à cinq et six heures par jour, se voient forcés par les circonstances à faire ce qu'on appelle la moisson dans les cinq mois de l'année où le travail abonde, et de ce fait, ils sont obligés de faire quatorze à seize heures par jour.

Si, par exemple, dans ces moments de presse, on voulait réglementer leur journée à huit heures, comme à peu près tout le monde travaille aux pièces, la conséquence serait celle-ci : manque de la plus-value du gain nécessaire à combler le temps perdu par le chômage, et ensuite, expédition des marchandises à l'étranger, afin qu'elles soient fabriquées en temps utile exigé pour l'écoulement.

D'autre part, comme une grande partie des ouvriers et ouvrières travaillent chez eux, je me demande, au cas où l'on voudrait les comprendre dans la réglementation, comment on pourrait, en ce qui les concerne, tenir la main à l'application de cette loi.

Conclusions :

1° J'émets le vœu que les employés des maisons de commerce, les ouvriers de la grande industrie, y compris ceux des mines, ne puissent être astreints à travailler plus de dix heures par jour ;

2° Je m'oppose formellement, pour les motifs énumérés plus haut, que mon industrie, celle des pelleteries et fourrures, soit comprise dans celles qu'on se propose de soumettre à une réglementation des heures de travail.

Le citoyen Léon Martin, représentant de sept Chambres syndicales de Paris, prononce le remarquable discours suivant :

Discours du citoyen Martin

Citoyens,

La question des heures de travail est certainement une des plus applicables immédiatement. Elle se pose tout naturellement dans l'ordre économique actuel que nous subissons.

Qu'on ne se trompe pas sur notre pensée ; nous sommes

loin de croire que c'est une solution ; mais nous admettons que c'est un acheminement vers la solution définitive première, c'est-à-dire la transformation de la propriété individuelle en propriété collective.

Comment peut se faire cette transformation ?

Les uns croient qu'elle peut se faire par des améliorations successives, telles que la diminution des heures de travail par exemple (cette pensée est un peu et même beaucoup dans la tactique des *Trades Unions* anglaises).

D'autres comptent beaucoup sur le suffrage universel, envoyant à la Chambre des députés un certain nombre d'ouvriers franchement socialistes.

D'autres encore sont persuadés que l'emploi des moyens légaux est suffisant pour transformer complètement la société.

Pour nous, qui acceptons tous les moyens, nous tenons à déclarer que nous ne les acceptons que comme des moyens très relatifs ; nous sommes convaincus que la transformation complète de cette société mal faite, mal équilibrée, où le travailleur, qui fournit la richesse sociale, ne peut faire que sa propre misère, ne se fera pas pacifiquement.

Oui, nous sommes convaincus que la transformation complète d'une société aussi égoïste, aussi viciée, aussi corrompue, qu'on peut justement appeler l'apothéose bourgeoise à son déclin, ne se fera qu'au moyen de la révolution, d'une révolution superbement violente, égalitaire et juste, qui donnera au travail sa véritable place en en faisant la première et la plus haute fonction sociale.

Ceci dit, Citoyens, nous retombons en plein dans notre sujet.

La question des heures de travail s'impose tellement aujourd'hui, qu'elle préoccupe non seulement les travailleurs, ce qui est on ne peut plus naturel, mais qu'elle oblige aussi les radicaux bourgeois de s'en occuper.

Il est vrai qu'ils ne le font que parce qu'ils espèrent que cela leur servira à obtenir les voix des ouvriers aux élections municipales et législatives.

Cette préoccupation, nous la trouvons aussi dans les luttes professionnelles, c'est-à-dire dans les grèves. On a pu remarquer que dans les grèves, les ouvriers ont une tendance de plus en plus marquée à poser leurs réclamations sur cette base. On ne demande plus 50 centimes ou 1 franc d'augmentation, on demande la diminution d'une ou deux heures de moins sur la journée, ce qui n'est pas du tout la même chose.

Cette demande de diminution des heures de travail prouve que les ouvriers ont le sens droit de la situation.

Si l'on cherche la cause qui leur fait poser leurs revendications sur ce terrain, il est facile de comprendre que c'est parce qu'ils se sont rendus compte que le chômage s'augmentant sans cesse en raison de l'intensité de la production causée par le machinisme de plus en plus perfectionné, ils ont compris qu'un des moyens à employer aujourd'hui pour échapper le plus possible au chômage était la diminution des heures de travail. Qui sait même, s'ils n'ont pas compris aussi que l'heure de la Révolution est proche et que par ce moyen ils sont près de l'organisation sociale future où la machine produisant pour tous on ne travaillera plus que trois, quatre ou cinq heures.

Cette préoccupation de la diminution des heures de travail, nous la trouvons encore dans les programmes électoraux des candidats socialistes ouvriers de classe.

Il n'est aucun de ces programmes qui ne réclament la journée de huit heures.

Cette demande de la réduction des heures de travail est assurément une des revendications les plus faciles à réaliser aujourd'hui.

Pour nous qui sommes difficiles à satisfaire, nous devons dire que cette amélioration même obtenue, nous ne la trouverions pas du tout suffisante.

Nous sommes, nous le répétons, des impatients, des socialistes révolutionnaires qui veulent tout, et qui ne seront satisfaits que lorsqu'ils auront ce tout.

Cette journée de huit heures que nous demandons comme satisfaction relative, est nécessaire à d'autres points de vue.

Le travailleur a non seulement besoin de repos, mais, ainsi que la bourgeoisie si scandaleusement favorisée, il a droit aux satisfactions intellectuelles, il a besoin de se distraire et surtout de s'instruire pour être prêt à bien tenir le grand rôle de renouveleur de société qu'il est appelé à remplir dans la fin de ce siècle. Il faut qu'il sache

bien qu'il est de première nécessité pour lui de faire partie
de son Syndicat, d'un groupe d'études sociales, et quand
nous disons un groupe d'études sociales nous entendons un
groupe où il apprendra que les transformations pacifiques
des sociétés sont des leurres avec lesquels on endort sa vi-
gilance, où il apprendra que les marchands de politique
sont des intrigants qui en font un métier et qui s'en servent comme d'un tremplin qui doit les faire rebondir au
pouvoir, où il apprendra que la révolution est seule assez
forte et vivace pour l'affranchir.

Un délégué faisant observer que l'orateur n'est pas à la
question, le citoyen Martin répond que s'il traite la question sociale c'est pour montrer aux travailleurs qu'il est
utile qu'ils ne travaillent que huit heures pour avoir le loisir
d'étudier les questions sociales.

Ici, nous sommes obligés de faire remarquer aux travailleurs une contradiction bien singulière entre les paroles et les actes de la bourgeoisie.

N'a-t-on pas dit sur tous les tons et depuis bien des
années que les hommes qui croient que la révolution peut
seule les affranchir, étaient des fous, des imbéciles ou des
brigands — et ce qui est malheureux, c'est que beaucoup
y ont cru.

Eh bien ! examinons quelques minutes ces affirmations.

Depuis cent ans , nous voyons que les diverses fractions
de la bourgeoisie qui se sont succédé au pouvoir ne s'en
sont emparées qu'au moyen de la révolution politique ou
militaire.

Soutiendra-t-on que ce moyen, proclamé légitime pour
eux, est illégitime pour nous.

Nous affirmons, nous, que l'histoire donne le droit au
prolétariat de se servir de la révolution contre la bourgeoisie, aussi bien qu'elle s'en est servie pour déposséder
l'aristocratie nobiliaire il y a près de cent ans.

Et c'est parce que nous sommes convaincus que l'histoire nous donne le droit à la révolution , que nous disons
aux travailleurs de se préparer à se servir de ce moyen.

Pour s'en servir, il faut que le prolétariat étudie dans
les Syndicats et dans les groupes d'études sociales.

Mais pour étudier il faut du temps. On ne peut le faire
si l'on travaille dix, douze ou quatorze heures. C'est pour-

quoi nous demandons que la journée de travail soit fixée à huit heures sans diminution du prix habituel de la journée.

En conséquence, nous présentons au Congrès le projet de résolutions suivant :

La journée de travail sur les chantiers municipaux et de l'Etat, dans les manufactures, les usines, les fabriques et les ateliers industriels est fixée à huit heures, sans diminution du prix habituel.

Les enfants ne pourront pas être employés à un travail manuel, avant quatorze ans.

Mon mandat comportant l'obligation de soutenir devant le Congrès national de Lyon, les résolutions votées à la Conférence internationale de Paris, je présente au Congrès les deux suivantes : ·

Les ouvriers des différents pays mettront en demeure leurs gouvernements respectifs d'avoir à ouvrir des négociations en vue de conclure des conventions et traités internationaux concernant les conditions du travail.

Une Exposition collective internationale aura lieu en 1889 à Paris, avec l'aide d'une subvention de l'Etat. L'administration en sera laissée tout entière aux Chambres syndicales, qui convoqueront à cet effet une Assemblée générale de toutes les corporations.

Dans la même année, il sera tenu à Paris un Congrès ouvrier international. Les diverses écoles du parti ouvrier socialiste français de toutes classes sont chargés de son organisation.

Ce discours, dit avec un accent convaincu, est très vivement applaudi par les délégués et le public, qui fait salle comble tous les soirs aux séances du Congrès.

Le Citoyen MONDON, des menuisiers de Lyon, en son nom et au nom du citoyen Choux, son collègue, fait la déclaration suivante :

La journée de dix heures est nuisible à tous les points de vue, par rapport à l'hygiène d'abord et à l'étude ensuite. Sans entrer dans bien d'autres détails qui ont déjà été expliqués, je demande la journée de huit heures, et ma Chambre syndicale m'a mandaté pour demander le retrait de la loi sur l'Internationale des travailleurs.

Le citoyen CHOUX, Président, au nom du citoyen Thévenet, délégué des menuisiers de Niort, très fatigué, dit que les conclusions qu'il devait présenter au nom de ses mandants sont les mêmes que celles qu'a présentées le délégué de la menuiserie lyonnaise.

Le citoyen Blondet, qui avait cédé son tour de parole, le reprend et dit que deux ordres d'idées militent contre la réglementation à huit heures. Il préconise la socialisation des moyens de production, c'est-à-dire l'outil au travailleur, et il croit que pour cette idée la réglementation est impossible.

Le citoyen Arquillières, de Panissière, déclare se rallier à ce que vient de dire le citoyen Blondet.

Le citoyen Michel, des ébénistes de Lyon, fait la déclaration suivante :

Considérant que les progrès du mécanisme ont créé un surcroît de production d'où proviennent les chômages, qui ont pour conséquence l'avilissement des salaires;

Attendu que la réduction de la journée à 8 heures empêcherait la concurrence des bras de se produire et permettrait aux travailleurs de disposer d'un laps de temps plus long pour développer leurs connaissances intellectuelles,

Conclut en demandant une loi réduisant le maximum de la journée à 8 heures;

L'abrogation de la loi sur l'Internationale, demande en outre que le gouvernement prenne l'initiative de réunir une conférence internationale pour arriver à établir la loi de 8 heures dans tous les pays, afin d'éviter la concurrence étrangère de se produire.

Le citoyen Delahaye, délégué des mécaniciens de Paris, lit ensuite le très long rapport suivant :

Rapport du citoyen Delahaye

Citoyennes et Citoyens,

Je viens prouver qu'en réduisant la journée de travail à huit heures, nous pourrons lutter, non seulement contre la concurrence allemande, mais encore contre la concurrence universelle.

Bien que pour nous les considérations d'ordre humanitaire et moral soient de beaucoup les plus élevées, nous nous proposons seulement de rappeler ici les considérations d'ordre purement économique, industriel et d'intérêt national, qui imposent comme minimum de réforme la réduction progressive *de la durée du travail à huit heures par jour*.

Nous avons prouvé, à l'aide de documents officiels qu'avec le machinisme moderne l'extension du marché universel et la concurrence nationale et internationale, c'est une nécessité de réduire progressivement la journée de travail à huit heures par jour :

1° Afin de développer le maximum de travail mécanique et de travail humain dans le minimum de temps ;

2° Pour réduire au minimum le prix de revient des produits;

3° Pour pouvoir lutter favorablement contre la concurrence, non seulement en France et dans nos colonies, mais aussi sur tous les marchés du monde entier qui sont devenus, avec les grands moyens de transport modernes, autant de marchés universels.

Ajoutons que pour faire cesser les crises périodiques de surproduction, aussi meurtrières que les famines de l'antiquité et du moyen âge, il faudra, par une législation internationale, réduire la journée de beaucoup au-dessous de huit heures, car c'est seulement vers cette limite que commenceront à décroître les crises de surproduction.

Contrairement à un préjugé très répandu :

Avec les moyens de production de la grande industrie moderne, ce sont les nations où l'on ne travaille que quarante-huit à cinquante-quatre heures par semaine, qui atteignent le maximum de production annuelle, ces nations produisent dans les meilleures conditions de bon marché et d'exécution, elles payent les salaires les plus élevés et réalisent les plus gros bénéfices, elles sont les plus prospères et les plus florissantes.

Ainsi chaque travailleur des Etats-Unis d'Amérique produit annuellement pour une valeur commerciale de *dix mille cent quatre-vingt-quatorze* francs (10,194 fr.) en ne tra-

vaillant que *neuf heures par jour et six jours par semaine*, et en recevant un salaire moyen qui est le double
du salaire moyen de Paris et qui est le quadruple du salaire moyen de la France ; tandis que chaque travailleur
en France ne produit que pour une valeur de *trois mille
trois cent quarante-deux* francs (3,342 fr.) en travaillant
une moyenne de *douze heures par jour*. En d'autres termes, en travaillant trois heures de moins par jour, chaque
travailleur aux Etats-Unis produit trois fois plus que chaque travailleur en France. Le taux moyen des bénéfices
aux Etats-Unis est de 33 °/₀, tandis qu'il est à peine de
11 °/₀ en France.

Les causes auxquelles nous attribuons notre infériorité
productive et qui nous mettent dans l'impossibilité de
lutter favorablement contre la concurrence étrangère,
sont les trois suivantes :

1° L'excès de prolongation de la journée dans les ateliers et les manufactures ;

2° L'insuffisance des salaires ou le prix trop élevé des
choses nécessaires pour vivre ;

3° L'outillage des ateliers et manufactures, qui est
défectueux, incomplet et pas assez souvent renouvelé.

Le gouvernement des Etats-Unis et le Parlement bri-
tannique ont réduit et réglementé légalement la durée de
la journée de travail : le premier à huit heures par jour ou
quarante-huit heures par semaine, depuis 1868, dans tous
les ateliers et arsenaux de l'Union (*The national eight
hours*) ; le deuxième, depuis 1802, a réduit progressivement la durée du travail à cinquante-six heures et demie
par semaine dans tous les ateliers de la grande et de la
petite industrie, ainsi que le travail à domicile. (*The fac-
tory act extension et the Workshop regulation act,
1867.*)

Ajoutons que les *Trades Unions* l'ont réduite de quarante-huit à cinquante-quatre heures par semaine, avec un
jour et demi de repos complet toutes les semaines.

N'y a-t-il pas de quoi se sentir humilié, quand on pense
que dans la monarchique Angleterre on ne travaille plus,
en réalité, que de quarante-huit à cinquante-six heures et
demie par semaine, tandis que dans la France républicaine, des enfants, des jeunes personnes, des ouvrières et

des ouvriers sont encore, en ce moment, écrasés physiquement, intellectuellement et moralement par dix-huit heures de travail par jour ou de cent dix à cent vingt-quatre heures par semaine.

Un citoyen interrompt en disant: A la Croix-Rousse! (Hilarité générale.)

Telle est la principale cause de notre infériorité productive. l'origine de nos antagonismes sociaux et de notre instabilité gouvernementale.

La réduction des heures de travail est donc une réforme qui s'impose, et *sans aucune réduction de salaire*.

Nous soulignons tout particulièrement cette dernière phrase, pour répondre à M. le sous-secrétaire du gouvernement, qui affirmait à la Chambre des députés, séance du 26 mars 1881, que :

« La réduction de la durée du travail entraîne nécessairement la réduction du salaire, ainsi que la réduction de la production ; et qu'on ne peut, par une loi, prescrire aux chefs d'ateliers de payer le même salaire pour dix heures que pour douze heures. »

En ce qui concerne la réduction de la production, notre étude comparative de la production industrielle en France et aux États-Unis, citée ci-dessus, prouve que la réduction des heures de travail. entraîne au contraire *un accroissement considérable de la production*.

Dans aucun cas, ni dans aucun des deux grands pays industriels de langue anglaise, qui nous ont devancés pour cette réforme, la réduction des heures de travail n'a jamais donné lieu à une réduction de salaire.

La loi de 1802 *(Moral and health act)* qui, dans les Iles-Britanniques, réduisit la journée de travail de dix-huit heures à douze heures par jour, fut effectuée *sans aucune réduction de salaire ;* ce fut une réduction spontanée et sans transition de six heures par jour et de trente-six heures par semaine.

En 1842, la Fédération des mineurs d'Angleterre, d'Écosse et du pays de Galles, réduisit par une grève la durée du travail à huit heures par jour ou quarante-huit heures par semaine dans toutes les mines des Iles-Britanniques, *sans aucune réduction de salaire*.

En 1871, les ouvriers mécaniciens anglais réduisirent par une grève mémorable la durée de travail à cinquante-quatre heures par semaine pour toutes les autres industries de l'ensemble des Iles-Britanniques, *non seulement il n'y eut aucune réduction de salaire*, mais il y eut en outre, en Ecosse, une augmentation de salaire de 15 %.

Le 24 juin 1868, le gouvernement des Etats-Unis adopta *la loi nationale des huit heures ;* c'était une réduction de deux heures par jour, de douze heures par semaine. Dès le 6 juillet, cette loi fut mise en vigueur dans tous les ateliers. chantiers, manufactures et arsenaux, *sans aucune réduction de salaire*, c'est-à-dire que pour huit heures de travail, la grande Fédération républicaine du Nouveau-Monde paya le même salaire que pour dix heures de travail. Quelques mois plus tard, le salaire était augmenté dans un rapport correspondant à l'augmentation des subsistances.

Les statuts de l'organisation féodale des métiers, depuis le XIVe jusqu'à la fin du XVIIIe siècle, en France comme dans les Iles-Britanniques, contiennent de nombreux exemples de socialismes d'Etat ; la loi fixait un minimum de salaire. Comme on le voit, l'évolution, aujourd'hui, se fait en sens inverse, nous demandons l'intervention des pouvoirs publics pour limiter légalement un maximum d'heures de travail sans réduction de salaire. Ce sont là les prodromes d'une réorganisation contemporaine du travail, c'est l'acheminement vers une transformation complète dans les rapports entre le travail et le capital. La solution pratique de cette question, la plus importante des temps modernes, se trouve dans la tendance historique des ouvriers à s'associer.

Cette solution consiste à créer des associations ouvrières de production en les créditant, à réassocier le travail et le capital en rendant à chaque travailleur, sous une forme moderne, l'outil dont il a été accidentellement et momentanément exproprié et dissocié.

En attendant cette solution, nous devons rechercher les voies et moyens pratiques de parer au plus pressé. « Si le gouvernement ne peut, par une loi, prescrire aux patrons de payer le même salaire pour dix heures que pour douze heures », nous pensons qu'il a le pouvoir et le devoir d'en donner l'exemple, en réalisant cette réforme dans ses propres ateliers. C'est-à-dire que le gouvernement peut, tout au moins, réduire progressivement la durée du travail dans les ateliers, chantiers, manufactures et arsenaux de l'Etat à huit heures par jour, *sans aucune réduction de salaire*, comme l'a fait le gouvernement des Etats-Unis dès 1868, comme vient d'entrer dans cette voie le Conseil municipal de Paris (1).

Le citoyen Longuet, rapporteur de la Commission du travail, proposa huit heures de travail par jour, pour tous les travaux municipaux, concernant la ville de Paris. Malgré ses arguments irréfutables et les nécessités économiques modernes qui imposent cette réforme, le Conseil ne fut pas en majorité pour les huit heures, mais sur la proposition du citoyen Mesureur, appuyée par le citoyen Paul Strauss, le conseil adopta la réduction de la journée de travail à neuf heures ; un jour complet de repos par semaine et les heures de travail supplémentaires payées à taux double.

Nous osons espérer que cette excellente mesure ne restera pas lettre morte et qu'elle aura une bonne influence sur les décisions du Parlement concernant cette matière. Le côté qui nous paraît le plus important, comme l'a très justement fait observer le citoyen Vaillant, c'est que cette fois-ci, cette réduction des heures de travail doit s'effectuer, *sans aucune réduction de salaire.*

En présence de l'augmentation continuelle du prix des subsistances, toute réduction de salaire en France, si minime fut-elle, ne ferait qu'empirer la situation des travailleurs. L'effet rétroactif d'une telle loi ferait de cette mesure de progrès une mesure rétrograde. Elle serait repoussée par la majorité des ouvriers, et considérée comme acte de réaction. Comme les 45 centimes de 1848, elle retournerait les travailleurs contre la République.

Non seulement il n'y a aucun argument admissible pour que le salaire soit réduit, mais il y en a un très puissant pour qu'il soit augmenté, après une courte période de transition.

Depuis bientôt un siècle qu'on a supprimé en France la liberté d'association et de coalition en matière économique, les ouvriers ont eu les mains et les pieds liés, les Syndicats ne pouvant ni subsister, ni se développer, les grèves étaient une protestation, mais elles étaient impuissantes pour réagir contre la toute puissance des patrons et des capitalistes ; de sorte que, pour une journée de dix, onze, de douze ou de dix-huit heures, le salaire a été réduit au-dessous du nécessaire.

Nous pensons même que le salaire pourra et devra être augmenté. En effet, puisque nous avons démontré qu'un ouvrier des Etats-Unis, en travaillant une moyenne de huit à neuf heures par jour et six jours par semaine produit trois fois plus qu'un ouvrier français qui travaille encore de dix à dix-huit heures par jour. Il n'y a pas de raison pour que nous n'obtenions pas le même résultat en France ; il suffit, pour cela, que nous soyons placés dans les mêmes conditions de bien-être, c'est-à-dire qu'on limite légalement la journée de travail à huit ou neuf heures et dans ce cas, les bénéfices qui ne sont actuellement que de $11\ ^{0}/_{0}$, monteront comme aux Etats-Unis à $33\ ^{0}/_{0}$; ils seront donc trois fois plus élevés qu'aujourd'hui, c'est de cette augmentation de bénéfices que nous revendiquons notre part. Au gouvernement de la République à donner l'exemple dans les ateliers, chantiers, manufactures et arsenaux de l'Etat.

Outre l'augmentation considérable de la puissance productive de notre pays, la limitation légale de la journée de travail améliorera la situation de la grande masse prolétarienne, c'est pourquoi nous plaçons cette importante réforme en tête de nos desiderata.

C'est surtout à ce double point de vue que cette question ne peut plus être abandonnée à l'arbitraire des patrons ni à celui des ouvriers. L'intérêt national nous paraît de beaucoup supérieur à l'intérêt privé, c'est pourquoi nous demandons que le gouvernement et nos législateurs républicains interviennent pour limiter légalement la durée de la journée de travail par la législation, ce qui nous paraît de beaucoup préférable à la grève et à la guerre civile.

CONSIDÉRANTS ET RÉSOLUTIONS.

Considérant :

Qu'avec les moyens de production et les forces productives modernes, ce sont les nations où l'on ne travaille que quarante-huit ou cinquante-quatre heures par semaine qui atteignent le maximum de production annuelle ; ces nations produisant dans les meilleures conditions de bon marché et d'exécution ; elles payent les salaires les plus élevés et réalisent les plus gros bénéfices, elles sont les plus prospères et les plus florissantes ;

Que si la fin du dix-huitième siècle a vu naître le machinisme, dont la merveilleuse puissance de surproduction nous garantit la fondation de véritables démocraties et leur corollaire indispensable, l'émancipation économique des travailleurs, de même il a vu naître et se développer parallèlement, mais en sens inverse, cette passion criminelle de surtravail dont les abus à l'égard des salariés, dépassent en étendue et en atrocité, tout ce qui s'est commis dans l'antiquité et le moyen âge, contre les esclaves et les serfs.

Qu'avec le développement du machinisme moderne, l'expansion du marché universel et la concurrence, c'est une nécessité de réduire la durée du travail à huit heures par jour.

1° Pour améliorer la condition matérielle intellectuelle et morale des travailleurs ;

2° Pour réduire au minimum le prix de revient des produits et relever notre industrie nationale.

Pour ces raisons, nous faisons appel à l'intervention du Gouvernement, du Parlement, des Conseils généraux et des Conseils municipaux, pour limiter légalement et progressivement la durée de la journée de travail à huit heures par jour, ou quarante-huit heures par semaine dans tous les ateliers, chantiers, manufactures et arsenaux de l'Etat, dans les mines, les chemins de fer et pour tous les travaux publics exécutés pour le compte de l'Etat, du département et des communes, ainsi que dans tous les ateliers, chantiers, manufactures de l'industrie privée et du travail à domicile.

Cette limitation s'appliquera à tous les travailleurs adultes des deux sexes et aux jeunes gens filles et garçons au-dessus de l'âge de quatorze ans.

Prohibition complète du travail dans les ateliers pour

tous les enfants au-dessous de l'âge de quatorze ans qui resteront à l'école jusqu'à cette limite d'âge.

La réduction des heures de travail aura lieu sans aucune réduction de salaire, c'est-à-dire que pour huit heures de travail, le salaire restera le même que pour neuf heures, dix heures ou onze heures.

Heures supplémentaires, travail aux pièces et à la tâche faits après la journée légale, les jours de repos, les jours fériés et pendant la nuit.

Dans certains cas particuliers, il est nécessaire de faire des heures supplémentaires après la journée légale, soit par exemple : après un arrêt forcé, par suite d'accidents ou manque de matières premières, soit pour réparer l'outillage ou les bâtiments. Dans ces cas spéciaux, il suffira d'en informer l'inspecteur, et afin d'éviter les abus qui permettraient d'éliminer les prescriptions de la loi, et de rétablir la durée illimitée du travail, toutes les heures supplémentaires, tout le travail aux pièces et à la tâche, faits les jours de repos et les jours fériés, après la journée normale et pendant la nuit, seront payés à un taux double dans tous les ateliers, chantiers, manufactures et arsenaux de l'Etat, ainsi que dans l'industrie privée, après débat, c'est-à-dire que si le salaire, pendant la journée légale de travail, est de 0 fr. 80 l'heure, chaque heure supplémentaire sera payée 1 fr. 60. Si pour fabriquer un objet, le salaire aux pièces est fixé à 2 francs, sa fabrication pendant les heures supplémentaires sera de 4 francs.

Pour laisser à l'Etat et aux patrons le temps de compléter ou de renouveler leur outillage, de transformer leurs moyens de production, d'accélérer la vitesse des machines, et aux ouvriers la transition nécessaire pour travailler avec plus d'intensité, la durée du temps de travail sera échelonnée de la manière suivante :

La réduction des heures de travail s'effectuera de trois heures par semaine, et de six mois en six mois, comme l'indique le tableau suivant :

Six mois après la promulgation de la loi, la durée du travail sera réduite à onze heures par jour ou soixante-six heures par semaine, en France et dans nos colonies.

Une année après la promulgation, elle sera réduite à 10 h. 1/2.
Dix-huit mois après   id.   id.   10 h.
Deux ans après   id.   id.   9 h. 1/2.
Deux ans 1/2 après   id.   id.   9 h.
Trois ans après   id.   id.   8 h.
Trois ans 1/2 après   id.   id.   8 h.

Ainsi, d'après ce tableau, trois ans et demi après la promulgation de la loi, la durée du travail serait complètement réduite à huit heures par jour et quarante-huit heures par semaine.

CONCLUSIONS

Nous demandons qu'un projet de loi soit au plus tôt déposé et voté et autant que possible conçu dans ce sens :

Article premier. — La durée des heures de travail dans les ateliers, usines ou manufactures, ne pourra excéder huit ou neuf heures, pour les hommes, sept ou huit heures pour les femmes.

Art. 2. — L'âge pour les enfants employés dans les usines, manufactures ou atcleliers divers, ne peut être inférieur à quatorze ans.

Art. 3. — Le travail de nuit est rigoureusement interdit pour les femmes et les enfants.

Art. 4. — Les contrevenants aux dispositions ci-dessus seront poursuivis soit par les parquets, soit par les Fédérations des Chambres syndicales ou les Syndicats. Dans le cas où la poursuite serait engagée par ces derniers, elle sera absolument sans frais pour les poursuivants.

Art. 5. — Aucun règlement intérieur d'atelier ne pourra, sous peine d'une amende variant de 100 à 5,000 francs, contenir des dispositions contraires à la présente loi. En cas de récidive, le délinquant sera passible d'un emprisonnement variant d'un mois à un an, sans préjudice d'une nouvelle amende.

Ces mesures, que nous croyons possibles et pratiques, nous ont semblé devoir être réclamées par le Congrès des Syndicats ouvriers.

Discours du Citoyen Veyssier, de Paris.

Citoyennes et Citoyens,

Je commence à déclarer que je ne suis pas l'adversaire absolu de la réglementation des heures de travail, au contraire, je suis partisan de la fixation d'un maximum d'heures, au delà duquel le patron ne pourra forcer ses ouvriers à travailler. Ce que je blâme, avant tout, c'est la réduction à huit heures avec interdiction à l'ouvrier de travailler au delà de ce *quantum*. Cette mesure serait inapplicable dans la plupart des métiers et, au cas où elle serait usitée généralement, elle irait bien certainement à l'encontre du but espéré. Les partisans des huit heures ont développé, à l'appui de leur thèse, cette théorie : « La diminution des heures de travail, avec interdiction de travailler au delà du *quantum* fixé, sera le meilleur moyen de supprimer, ou tout au moins de réduire le chômage. » Je déclare que, selon moi, cette théorie est fausse. En effet, tout le monde sait, et surtout la partie féminine de l'assistance, que la plupart des professions occupant des femmes ne s'exercent qu'à certaines époques de l'année, et que l'abondance du travail, dans ces professions, est subordonnée aux caprices de la mode. Or, pour que le nombre d'heures de travail par jour soit réduit au maximum de huit heures sans que ce maximum puisse être dépassé, il faudrait tout d'abord obtenir la régularité dans les commandes et, pour cela, régler la consommation aussi méthodiquement qu'une pendule ; car, lorsqu'il y aurait abondance de commandes, on devrait augmenter considérablement l'emploi des bras, et, par contre, lorsque la mode, les goûts, les besoins, la température même changeraient et amèneraient un arrêt dans la fabrication de tel ou tel objet, ou dans l'exercice de telle ou telle profession, le nombre des chômeurs augmenterait aussi.

Pour les ouvriers du bâtiment, la mesure proposée offre autant, sinon plus, d'inconvénients que dans celles que je viens de citer. En effet, l'hiver, la rigueur de la température arrête souvent les travaux, et quand bien même ces travaux seraient pressés, on est obligé de les

suspendre quand la pluie, la neige ou la gelée sévissent.
On ne pourrait donc supprimer le chômage, car les entrepreneurs s'efforceraient, comme par le passé, d'accomplir
leur besogne pendant le beau temps, et s'ils ne pouvaient
faire travailler leurs ouvriers plus de huit heures par jour,
ils seraient obligés d'augmenter leur personnel. En admettant que leurs ressources financières, leur outillage, leur
système administratif, le leur permissent, ils seraient
parfois, dans les moments de presse, très embarrassés pour
trouver des bras. Alors, ils n'auraient d'autre ressource
que de faire appel aux ouvriers étrangers. Et, qu'il me
soit permis de dire en passant qu'ils n'ont pas besoin
d'être réduits à l'extrémité dont je parle pour user de
ce moyen, c'est dire qu'ils ne se feraient aucun scrupule
d'y avoir recours.

Malgré qu'on ait ici traité la concurrence étrangère de
« blague bourgeoise », de « niaiseries bonnes tout au plus
pour amuser les ouvriers », je dis qu'il y a des faits qui
s'imposent, et que la concurrence est un de ceux dont on
doit tenir compte. Les travailleurs qui m'écoutent savent
bien qu'en l'état actuel de notre industrie, étant donné
surtout la défectuosité de son outillage, il n'est pas possible de faire produire à un ouvrier, en huit heures de
temps, la même besogne que l'on obtient de lui en dix,
onze, douze et même treize heures de travail. Tout à
l'heure on me citait une filature et tissage mécanique de
Nancy, qui occupe environ de sept à huit cents ouvriers
et ouvrières, qui travaillent douze heures par jour pour
gagner de 20 à 30 francs par quinzaine. Pensez-vous qu'il
soit possible, dans cette usine, de réduire de douze heures
à huit, c'est-à-dire d'un tiers, et cela tout d'un coup, la
durée de la journée de travail, tout en maintenant aux
ouvriers et aux ouvrières le même salaire? Certes, ce
serait à désirer, mais je ne le crois pas possible, et il en
est de même dans beaucoup d'autres industries.

D'autre part a-t-on réfléchi aux conséquences de
l'adoption des huit heures de travail dans nos grandes
usines? Là, il n'est pas possible d'occuper plus d'ouvriers
que ne le comporte l'outillage. Comment, dès lors,
feraient les chefs de ces établissements industriels, en
présence d'une commande pressée et devant être livrée à

jour fixe? Ils seraient renfermés dans ce dilemme: ou enfreindre la loi, ou refuser la commande. Dans le premier cas, la loi ne servirait à rien ; dans le second, la loi serait funeste aux travailleurs.

Mais, l'argument le plus concluant, selon moi, est celui-ci : comment s'y prendrait-on pour faire observer la loi par la multitude des petits façonniers, de ceux qui, comme les tisseurs à Lyon, travaillent chez eux? Comment les empêcher, quand bon leur semblerait, de commencer leur journée à 4 heures du matin et de ne la terminer qu'à 10 heures du soir? Où serait le contrôle? Installerait-on un surveillant auprès de chaque ouvrier? Non, n'est-ce pas? Cela n'est pas possible. Donc, les façonniers échapperaient à la loi. Dans ce cas, que deviendrait la liberté de l'ouvrier de l'usine? Vous réduiriez ce dernier à la portion congrue du salaire, parce que, tout en étant à ses pièces, il serait obligé de rentrer à l'atelier, au son de la cloche et d'en sortir de même, alors que l'ouvrier travaillant chez lui pourrait prolonger, à sa convenance, son labeur quotidien, pour augmenter son salaire en raison de ses besoins.

Certes, je suis de ceux qui pensent qu'il est inique, de la part des patrons, d'obliger leurs employés à travailler plus que leurs forces le leur permettent; mais il ne faudrait pas, par l'adoption de mesures contraires à nos intérêts, rendre plus difficile encore la lutte que nous soutenons sur le terrain industriel et commercial contre nos adversaires du monde entier. D'ailleurs, je suis certain que si l'on voulait imposer la réduction de la journée à huit heures de travail, la grande majorité des ouvriers protesteraient parce que leur salaire, déjà bien modique, serait encore diminué.

C'est ce que me disait tout à l'heure le délégué des ouvriers en limes d'Arnay-le-Duc.

Nous, objectait-il, qui, tout en étant aux pièces, travaillons de onze à douze heures par jour pour gagner de 3 francs à 3 fr. 50, comment ferions-nous pour vivre si nous ne travaillions que huit heures ?

Si encore il nous était permis de faire augmenter le prix des façons. Mais cela n'est pas possible, puisque les limes de deux au paquet sont livrées par l'Allemagne au com-

merce français au prix de 1 fr. 60, alors que nos fabri
cants ne peuvent les céder à moins de 2 francs.

Et combien d'ouvriers se trouvent dans le même cas
que ceux d'Arnay-le-Duc?

Ainsi, à Paris, où cependant les salaires sont plus rému-
nérateurs, les peintres en bâtiments, après avoir demandé
aux patrons la réduction de la journée de onze heures de
travail à dix heures, et avoir obtenu satisfaction dans plusieurs ateliers, s'empressèrent, peu de temps après, de
réclamer le rétablissement de l'heure supprimée.

Cependant, je sais reconnaître qu'il est des cas où la
limite extrême de la durée de la journée pourrait et devrait
être établie.

Il est certain que la loi interviendrait avec raison en
fixant la durée maximum de la journée de travail dans les
mines et dans les usines où se fabriquent des produits dangereux pour la santé des ouvriers. Dans les autres métiers, cette réglementation serait bien plus efficace et
surtout bien mieux observée si elle résultait d'une entente
entre les patrons et les ouvriers.

Et c'est ici que je reconnais l'utilité de la création d'un
Conseil supérieur du travail. Cette institution, en effet,
si elle existait, serait très utile dans cette circonstance,
car la fixation *amiable* d'un maximum d'heures de travail nécessiterait des études particulières, qui devraient
être poursuivies en même temps par tous les intéressés.
Le Conseil supérieur du travail serait donc tout naturellement indiqué pour être le représentant des ouvriers et
pour défendre leurs intérêts.

Je conclus donc, en repoussant la limitation de la journée de travail à huit heures, avec interdiction de travailler
au delà de ce maximum; mais je crois qu'il serait possible de s'arrêter à un *quantum* de dix heures, tout en laissant la liberté aux ouvriers qui voudraient dépasser cette
limite de travailler — comme cela se fait à présent —
autant que bon leur semblerait, du moment qu'ils seraient
d'accord avec les patrons qui les occuperaient.

Discours du citoyen Heppenheimer, délégué des facteurs d'orgues et pianos de Paris.

CITOYENNES, CITOYENS,

Je ne saurais assez faire remarquer avec quelle subtilité on parle de quelques industries qui ne sont qu'une exception, pour faire repousser la journée de huit heures. Ne dirait-on pas, par exemple pour les industries qui n'ont qu'une petite saison, que si l'on travaille pendant la saison présente pour celle qui doit venir, le produit tombera immédiatement en lambeau, mangé par les vers. Si vous fabriquez des objets qui ne se vendent que pendant trois mois, et que, dans ces trois mois, vous soyez, comme on vient de le dire, forcés de travailler dix-huit heures, vous aurez, en proportion, travaillé toute l'année à raison de quatre heures par jour. Vos patrons auront peut-être moins réalisé de bénéfices, je l'admets, *mais ce ne sont pas de leurs intérêts que nous avons à nos occuper ici*.

Vos produits seront peut-être un peu moins frais, c'est encore vrai ; mais ce qui sera plus frais et mieux portant ce sera la santé matérielle et morale du travailleur.

Notre but sera atteint. Aucun de nos adversaires n'ignore ce qui s'est passé au familistère de Guise à la suite d'une crise dans l'industrie qui s'y exerce. Au lieu de faire comme beaucoup de patrons et de renvoyer le tiers de son personnel, M. Godin fit une diminution des heures de travail. Lisez le compte rendu officiel de son discours devant la Commission d'enquête, dans lequel il expliquait sa conduite. La journée, disait-il, était de onze heures, je la réduisis à dix, la production fut la même ; je la réduisis à neuf, le produit fut encore le même ; puis à huit et enfin à sept. Là seulement, je m'aperçus d'une diminution sensible de la production.

D'autre part, comme on le faisait remarquer au Congrès du Centre, si vous ne pouvez arguer, par rapport à ces preuves que l'on vous fournit, que la diminution des heures de la journée amène une baisse dans la production, ce qui serait funeste par rapport à la concurrence étrangère, pouvons-nous vous dire que le surcroit de production fourni par la machine serait arrêté, par le fait de cette diminution de deux ou trois heures par jour, car elle a une production fixe et régulière, contrairement à la machine humaine ; cette diminution du produit de la machine de fer donnerait du travail à ceux qui batttent le pavé.

Ainsi, avec ces résultats, si l'on refuse la diminution des heures de travail, c'est qu'on veut surtout que l'ouvrier ne puisse pas étudier et réfléchir, parce que l'on craint que lorsqu'il étudiera et réfléchira, il n'envoie des siens le représenter dans les corps élus et qu'alors non seulement les huit heures seront votées, mais encore tout leur cortège de réformes ouvrières. (Applaudissements.)

Le citoyen Théobald, de sa place, demande si les campagnes pourront faire leurs moissons dans huit heures par jour. Le travail ne pouvant être réglementé d'une façon générale, il demande à ce qu'il soit libre.

Le citoyen Laforest, des bronziers, a ensuite la parole et s'exprime ainsi :

Citoyennes, Citoyens,

Beaucoup d'orateurs m'ont précédé à cette tribune, très peu sont rentrés directement dans la vraie question qui doit nous forcer à ne faire que huit heures de travail : l'homme n'est pas un mécanisme. C'est, comme le disait le citoyen Heppenheimer : « La machine en acier ne se fatiguait pas, elle. » Il me semble qu'elle doit produire davantage en dix ou douze heures que dans huit.

En effet, prenons, je suppose, la teinture, et nous verrons qu'il y a quinze ans, dans les ateliers où l'on employait quarante ouvriers, vingt suffisent largement.

Si quelques industries ne sont pas encore en mesure de réglementer leur journée, que l'on commence d'abord par la grande production, telle que les mines, les chantiers de l'Etat, et plus tard nous verrons si l'on peut l'appliquer à toutes les corporations ; seulement, pour que nous puissions appliquer la loi de huit heures, il faut absolument que la loi de 1873, contre la Société internationale des travailleurs soit abrogée. En effet, que ferions-nous de nos produits, si nous ne travaillions que huit heures, tandis que chez nos voisins on travaillerait dix et douze heures. On voit d'ici quelles en seraient les conséquences.

Je crois qu'il est impossible de produire autant avec les machines que nous avons, en huit heures, que dans dix. Comme je le disais tout à l'heure, il faut que nous ayons le droit de nous entendre librement avec les ouvriers étrangers.

Je voudrais que le Congrès demandât aux législateurs d'abroger cette loi qui nous empêche de nous entendre avec les ouvriers étrangers pour revendiquer nos droits.

Si nous ne faisions que huit heures de travail, nos produits reviendraient trop chers de fabrication ; si les autres nations continuaient à travailler dix et onze heures par jour, elles produiraient plus que nous, et nous ne pourrions soutenir leur concurrence, car il est bien entendu que les salaires ne peuvent être diminués, puisque nous gagnons à peine notre vie ; nous ne pouvons donc pas appliquer la loi de huit heures avant que nous nous soyons entendus entre travailleurs européens.

Seulement, le législateur, lui, ne l'entend pas de cette oreille, il sait parfaitement que le jour où on nous aura donné le droit de nous entendre entre producteurs, les parrasites de la société n'auront plus le droit d'exister, il sait qu'il perdra tous ses privilèges.

Citoyens, ainsi en France, où nous sommes en République, sur ce point, nous sommes moins libres que les monarchies qui nous environnent Il n'y a point de loi chez elles qui empêchent les travailleurs de s'entendre avec les ouvriers des autres nations. Enfin, pour que nous puissions appliquer la journée de huit heures, il faut abroger la loi sur l'internationale des travailleurs, sans cela, j'en suis certain, nous ne pouvons le faire sans créer un réel danger pour l'industrie française.

Rapport lu par le citoyen Labouret
délégué des typographes de Lyon

Citoyennes et Citoyens,

Si nous avions pu faire entendre notre voix dans la
question de la loi sur les Syndicats, c'est-à-dire si l'heure
avancée ne nous eût empêché de faire connaître notre
mandat sur cette question, nous n'aurions qu'à faire connaître nos conclusions sur la question aujourd'hui à l'ordre du jour.

Comme nous allons être très bref, et pour la com-
préhension de ce qui va suivre, nous demandons la permission de toucher d'une manière incidente à la question
de la loi sur les Syndicats.

En effet, Citoyennes et Citoyens, un point capital a été,
selon nous, omis dans cette sérieuse discussion, et com-
promet le sens des résolutions qui seront prises sur cette
question. Nous voulons parler du projet déposé par le député Bovier-Lapierre ; la Commission nommée à ce sujet
a déjà désigné son rapporteur. Nous croyons que l'adoption de ce projet modifiera profondément la loi et ne permettra plus aux patrons de s'en moquer, suivant l'expression de notre collègue Blondeau. Ceci est tellement
important, et aucun de nos amis n'en ayant parlé, nous
croyons devoir vous demander la permission de citer purement et simplement le projet, après quoi nous entrerons
dans la question.

Voici ce projet, d'ailleurs très court :

Article premier. — « Quiconque sera convaincu d a-
« voir, par menaces de perte d'emploi ou de privation de
« travail, refus motivé d'embauchage, renvoi collectif
« d'ouvriers ou employés syndiqués, violence ou voies de
« 'fait, dons, offres ou promesses de travail, entravé ou
« troublé la liberté des associations syndicales profession-
« nelles, ou empêché l'exercice des droits déterminés par
« la loi du 20 mars 1884, *sera puni d'un emprisonne-*
« *ment d'un à trois mois et d'une amende de 100 à*
« *2,000 francs.*

« Tout individu condamné par application de la dispo-

« sition ci-dessus sera en outre *privé, pendant deux*
« *années, du droit de prendre part aux adjudications*
« *de fournitures ou travaux de l'Etat, des départe-*
« *ments, des communes ou établissements publics.* »
Art. 2. — « L'article 463 du Code pénal pourra être
« appliqué à la pénalité édictée par l'article premier de
« la présente loi. »

Dans cet ordre d'idées, et croyant pour notre part
que, quoi qu'on fasse, quelle que soit la composition du
gouvernement, on n'arrêtera pas la marche peut-être
lente mais sûre du progrès, nous demandons que les travailleurs profitent actuellement de ce qu'ils ont en main
pour améliorer leur sort et que par une loi sévère ils réclament la réglementation obligatoire des heures de travail.

Déclaration du citoyen Fombonne

Le citoyen Fombonne, délégué des peintres en voitures
de Paris, fait ensuite la déclaration qui suit :

Considérant que les patrons dans leur égoïsme, et vu
la quantité de bras inoccupés, profitent encore de cette
situation pour diminuer sans cesse les salaires déjà
dérisoires; qu'ils augmentent, par le nombre d'heures supplémentaires, le chômage et la misère, résultant de la surproduction de travail et de la diminution dans la consom-
tion ;

Que pendant que la moitié des travailleurs souffrent de
la faim, l'autre est épuisée par un trop long jeûne qui affaiblit les forces morales et physiques des uns et des autres;

Que cette situation ne sert qu'à gaver et engraisser quelques oisifs qui vivent de la sueur et du sang du peuple,
sans avoir jamais rien produit par eux-mêmes;

Que le fait se trouve encore aggravé par le marchandage
et le travail aux pièces;

La Chambre syndicale des peintres en voitures de la
Seine, demande :

1° La journée de travail sera fixée à huit heures par
jour, soit quarante-huit heures par semaine, sur toute
l'étendue du territoire français ;

2° L'application du décret du 2 mars 1848 interdisant le marchandage ;

3° L'interdiction du travail des enfants âgés de moins de quatorze ans et leur instruction intégrale et à tous les degrés aux frais de l'État ;

4° Et appuie en général toutes les mesures votées au septième Congrès régional du Centre et à la conférence internationale de Paris 1886.

Discours du citoyen Dumay
« Résumé très succinct »

La parole est donnée, après, au citoyen Dumay, de Paris, qui déclare être pour la réglementation à huit heures, et s'exprime ainsi :

Je déclare ne pas nier la concurrence étrangère, mais je n'admets pas que l'on dise que la diminution des heures de travail l'accentuerait encore. Quant à l'exemple donné par un orateur, du chômage des tailleurs de limes d'Arnay-le-Duc, je ferai remarquer que ce chômage n'est pas seulement dû à la perfection des machines, qui font en une journée le travail de dix hommes, mais aussi à la construction d'autres machines dites fracteuses, qui font dans une journée un travail qui souvent userait au moins cinquante limes s'il était fait à la main.

D'autre part, on a parlé que la succession des saisons mêmes, ralentissant ou augmentant la consommation de certains objets, il y avait là un obstacle à la réglementation des heures de travail, je réponds que ce raisonnement encore n'a aucune valeur, attendu qu'il ne porte que sur des denrées de détail : on ne consomme pas moins de locomotives en hiver qu'en été, et il en est ainsi pour la plupart des produits ; je m'étonne surtout que l'on dise que la disparition d'une mode peut être une cause de baisse dans la production, car si une mode de vêtements ou d'autre chose disparaît, elle est toujours remplacée par une autre.

Je termine en disant que, bien que j'ai peu de confiance dans le vote de la réduction de la journée à huit heures par le Parlement, je crois que le Congrès a eu raison de la mettre à l'ordre du jour, afin de voir les piteux arguments apportés par les adversaires de cette réduction, et je m'étonne que des travailleurs combattent cette réduction en s'inquiétant surtout de savoir si les bénéfices de leurs patrons seront diminués.

Je demande aussi le retrait de la loi sur l'Internationale des travailleurs, afin de permettre aux ouvriers de toutes les nations de s'entendre pour la défense de leurs intérêts.

Rapport lu par le citoyen Vacher, de Lyon

CITOYENNES, CITOYENS,

En venant à cette tribune pour la première fois, vous comprendrez mon émotion et vous m'accorderez un peu d'indulgence. Etant délégué d'une corporation de Lyon, je viens dans cette enceinte pour appuyer de toutes mes forces et de toute mon énergie la question traitée à l'ordre du jour : Diminution des heures de travail.

Citoyens, vous savez tous, comme moi, qu'à l'époque où nous sommes, les machines ont coupé les bras à un quart des travailleurs, si ce n'est plus, et par conséquent mis hors des ateliers. Ces ouvriers, sans travail et sans moyens d'existence, se trouvent plongés dans la gène, je dirai mieux, dans la misère, souffrant de la faim et de tout ce qui est nécessaire pour les soutenir dans la vie.

Etant partisan du progrès, je ne viens pas dire ici que les machines sont inutiles. Non, au contraire; car sans les machines, la corporation à laquelle j'appartiens ne travaillerait pas ou presque pas, et c'est l'ouvrier qui, presque toujours, les a inventées et créées. Or, puisque c'est l'ouvrier qui les a inventées, il doit donc en profiter, et pour qu'il en profite il est de toute nécessité de faire ou de demander une loi sur la diminution des heures de travail, sinon plus le progrès se propagera plus l'ouvrier en souffrira.

Comme je le disais plus haut, l'ouvrier se trouvant sans travail et dans la misère, ne sachant plus que faire, se tue, se suicide s'il lui manque la force de caractère, et pour éviter quelquefois le déshonneur de sa famille, parce qu'il ne veut pas se rendre voleur pour subvenir à ses besoins ou alors aller pleurer auprès de nos administrateurs pour un peu de pain ou quelques bons des Fourneaux de la presse.

Je demande donc énergiquement aux délégués du Congrès national de s'occuper sérieusement de cette question, qui est essentiellement nécessaire, que les heures de travail soient diminuées pour que tous les ouvriers puissent manger un morceau de pain.

La Chambre syndicale des mouleurs en cuivre de la ville de Lyon, dont je suis mandaté, demande la réduction des heures de travail à huit heures pour que les ouvriers qui chôment puissent travailler pour donner un morceau de pain à leurs familles.

Elle demande, en outre, l'abrogation de la loi sur l'Internationale.

Le délégué, G. VACHER.

Le Président lit ensuite les déclarations suivantes :

La Chambre syndicale des Dames réunies et des Piqueuses en chaussures déclare qu'elle est partisan de la réglementation des heures de travail à huit heures, le travail devant être réglementé par rapport à l'activité avec laquelle se fait la production.

Les déléguées .
Citoyennes LAURENT et CANCE.

Le délégué des Chambres syndicales dont les noms suivent: 1° Chambre syndicale des tisseurs réunis de St-Etienne; 2° Chambre syndicale des ouvriers réunis de l'ameublement; 3° Chambre syndicale des menuisiers de la bâtisse; 4° Chambre syndicale des maçons, porte à la connaissance du bureau de la réunion publique du 14 courant, de l'extrait du procès-verbal du jury arbitral du vendredi 8 octobre 1886, relatif au Congrès ouvrier de Lyon, concernant l'article 5 des heures de travail.

Le délégué, par une loi internationale, devra demander huit heures de travail.

BÉAL, délégué de St-Etienne.

Les Syndicats de l'Union des tisseurs et similaires et la passementerie lyonnaise reconnaissent absolument nécessaire la fixation de huit heures de la journée de travail, comme maximum.

Le délégué des passementiers,

CHOL.

Pour l'Union des tisseurs,

CHABERT, BARTHOLINO, MONTVERT, BERNE, THÉVENET, SOL, CARRET, EDOUARD, ARGOUD.

Le délégué des ouvriers métallurgistes réunis de Nancy, accepte le projet de loi de huit heures, si une loi garantit qu'il n'y aura pas de réduction de salaire, et garantit le gain journalier.

Au nom de la Chambre syndicale des ouvriers métallurgistes réunis de Nancy.

Le délégué, STAM.

La Chambre syndicale des ouvrières et ouvriers guimpiers se joint à toutes les autres Chambres syndicales et émet le vœu d'abréger les heures de travail.

La durée en serait fixée à huit heures, aussi bien pour les ouvrières et ouvriers que pour les apprentis.

ROBIN.

Le syndicat des apprêteurs réunis déclare être entièrement partisan de la réglementation des heures de travail à huit heures.

Les délégués, BIGEX, J.-F. GOYARD.

La Chambre syndicale des parqueteurs replanisseurs de la ville de Lyon se rallie aux citoyens délégués qui demandent la réduction de travail à huit heures.

Les Délégués, CHAVRIER jeune, BLOUIN.

La Chambre syndicale des tailleurs de pierres et scieurs de Lyon se rallie à la proposition de réduction des heures de travail à huit heures.

Le délégué, DURAND.

La Chambre syndicale des ouvriers en sièges s'associe à la mise en évidence de la journée de travail à huit heures et aux citoyens qui ont été les porte-paroles pour l'abrogation de la loi sur l'internationale.

Le délégué, BACCAND.

14

La parole est ensuite donnée au citoyen NODOT, du Syndicat de la rue Donnée, qui propose le *Projet de fixation des heures de travail* suivant :

1° A partir de la promulgation de la présente loi, la journée de travail, dans les manufactures et usines, ne pourra dépasser huit heures de travail effectif ;

2° Un règlement d'administration publique désignera les industries où cette fixation, en raison de la nature des travaux. ne serait pas applicable. Même restriction devra être faite en faveur des petits patrons façonniers ;

3° Il sera interdit à tout usinier ou tout manufacturier de loger, nourrir, dans l'intérieur de la manufacture, des travailleurs des deux sexes, ni de les astreindre, d'une façon quelconque, à des exercices religieux ou toute réglementation qui serait en dehors de l'objet de l'indus triel ;

4° Quand un industriel sera contraint d'avoir recours à des heures supplémentaires ou à un travail de nuit, en dehors des industries désignées en vertu de l'article 2, il ne pourra le faire sans l'assentiment du Comité des manufactures, l'industriel devra s'adresser au Comité des manufactures de la région voisine.

Dans aucun cas, ces heures ne pourront excéder le nombre de quatre ni être appliquées plus de dix jours par mois.

Dans les usines, manufactures ou ateliers, où l'on n'emploie que des femmes, les heures supplémentaires ne pourront excéder le nombre de deux, ni être appliquées plus de dix jours par mois, toujours après avis conforme du Comité des manufactures ;

5° Les Inspecteurs divisionnaires et départementaux du service de la production du premier âge sont chargés de veiller à l'exécution de la présente loi et adresseront chaque année un rapport au Comité des manufactures.

Le citoyen ARGOUD, délégué de l'*Union des tisseurs et similaires*, lit la déclaration suivante :

CITOYENNES ET CITOYENS,

La question des heures de travail est une des plus importantes, c'est elle qui vient en premier ordre pour l'organiser ; car la première organisation doit avoir pour but la répartition du travail. Pour établir cette répartition, c'est-à-dire pour organiser le travail, de façon à ce que tous les citoyens aient la possibilité de produire, il faut inévitablement tenir compte des bras inoccupés par la conséquence naturelle de la situation créée aux travailleurs par la machine.

CITOYENS,

La révolution mécanique, qui s'opère actuellement, a pour conséquence logique : la diminution des heures de travail et l'obligation à tout citoyen de ne consacrer au travail que le nombre d'heures déterminées par la loi.

Cette mesure aura pour effet direct de diminuer les chômages et d'augmenter la production.

Je sais que vous allez trouver un peu extraordinaire qu'en travaillant moins on puisse produire davantage. Éh bien ! Citoyens, je vais vous le prouver :

« *Tous vous savez que la privation arrête la production.* » En conséquence la privation produit l'anéantissement d'un peuple ; par conséquent, il faut faire travailler tous les citoyens, mais pour cela il faut répartir le travail ; donc il faut réduire le nombre d'heures.

CITOYENNES ET CITOYENS,

Quelle doit être la conclusion logique de l'emploi de la machine ? Cette conclusion la voici :

Augmenter le bien-être, diminuer les fatigues des travailleurs.

Voilà ce que la machine aurait dû produire. Maintenant, nous allons examiner ce qu'elle a produit.

Je ne m'étendrai pas sur ce sujet, j'examinerai seulement le tissage, et ce ne sera pas long à vous l'expliquer :

Premier résultat. — Augmentation de la misère, effet direct de l'usine. Et pourquoi ce résultat? direz-vous, Citoyens, parce que dans les usines, en général, vous recevez un salaire ridicule, salaire qui sera la honte des capitalistes de notre siècle.

Deuxième résultat. — Diminution du salaire des ouvriers travaillant à bras.

Comme conclusion : au lieu du bien-être, la famine.

En conséquence, je propose la durée de la journée à huit heures.

Le citoyen Léon Cerceau, de Nantes, secrétaire de la Chambre syndicale des Ouvriers en voitures, se rallie au citoyen Heppenheimer.

Rapport lu par le citoyen Fabères, des charpentiers de Lyon

Moyens de rendre les patrons seuls responsables des accidents qui arrivent aux ouvriers sur le travail.

Nos représentants au corps législatif ont déjà fait un projet de loi et qui a été en partie discuté, mais comme beaucoup d'autres, ils l'ont mis au rang des ajournés; c'est pour cela, Citoyens, nous tous ouvriers, nous ne devons pas faire ainsi, c'est à ce Congrès, mais comme nous le sommes, de renouveler à nos mandataires du Parlement de hâter ce projet de loi et de le voter sans retard.

Je tiens essentiellement à faire un résumé de la manière dont procèdent les patrons de la ville de Lyon, lorsqu'il arrive un accident à un ouvrier quelconque, et je ne doute pas que les patrons de province en fassent de même.

Sans doute, vous savez tous que ces Messieurs les patrons, sont en majeure partie assurés à une compagnie, et lorsque l'accident vous arrive, ils vous renvoient devant cette compagnie, et d'après une enquête, que ces Messieurs font à leur guise et s'ils le jugent à propos, ils vous payent la moitié de votre salaire et bien entendu après guérison.

Vous voyez de là, Citoyennes et Citoyens, ce que doit faire un ouvrier sans ressources, un père parfois d'une nombreuse famille qui aurait besoin de son salaire quotidien. Chaque jour dans quel cas il se trouve. Je vous le dirai ce cas : il est obligé d'aller implorer le secours des voisins et amis, qui bien des fois se trouvent dans l'impossibilité de pouvoir le secourir.

Vous me direz peut-être pourquoi le blessé ne s'adresse-t-il pas au patron pour avoir des secours? Sur cette question je pourrai vous répondre.

Il y a quelques années, l'ouvrier s'adressant à un patron pouvait obtenir des acomptes sur le salaire qui lui était alloué durant sa maladie, mais ces Messieurs des assu- . rances n'ont pas trouvé cela satisfaisant, de concert avec les patrons ils ont trouvé le moyen de supprimer cette manière de procéder.

Actuellement, il n'en est pas ainsi : lorsqu'un accident vous arrive dans le travail, le patron vous renvoie devant son assurance, et celle-ci défend formellement au patron de vous donner aucun acompte durant le cours de la maladie, vous voyez de là, Citoyennes et Citoyens, le tableau d'une famille sans ressources que je vous exposais tout à l'heure.

Lorsque, par suite de l'accident, vous devenez incapable de reprendre votre travail, ou bien votre profession, l'assurance vous fera des propositions, elle vous offrira une modique somme et quelquefois rien du tout, vous disant que l'accident est venu par votre faute.

Je vous citerai un fait, dont moi-même j'ai été victime à Lyon, il y a environ deux années, dans une usine, je pourrais citer le nom, l'accident étant arrivé par suite d'une fausse manœuvre, où un de nos compatriotes a trouvé la mort, ces Messieurs, patrons et assurances, ont trouvé le moyen ou ont invoqué un alibi pour faire dire au moribond pendant son transport à l'hôpital, que l'accident était arrivé par sa faute et qu'il les priait de le pardonner. Ne trouvez-vous pas, Citoyennes et Citoyens, que c'est un fait à signaler dans ce Congrès, où nous sommes réunis pour revendiquer nos droits, que c'est un acte barbare commis par les patrons vis-à-vis de ce moribond, à peine pouvait-il parler, ces Messieurs cherchaient à lui arracher les paroles et lui faire avouer qu'il était seul l'auteur du malheur qui venait d'arriver.

Mais là ce n'est pas tout, sa pauvre veuve, mère d'un enfant, qu'allait-elle faire par suite de la mort de celui qui gagnait l'existence de toute sa famille ? Vous me direz peut être l'assurance ou le patron lui auront donné une forte indemnité. Hélas ! il n'en a rien été, ils ont trouvé le moyen de lui donner une légère somme, et encore si elle ne l'acceptait pas, qu'elle serait peut-être condamnée par le tribunal à rembourser de l'argent aux deux autres blessés, victimes du même accident, vu que ces Messieurs prétendaient que son mari en était l'auteur.

De la prud'homie, ces Messieurs n'en veulent pas pour trancher les questions ouvrières, ils ne vous parlent de suite que des tribunaux, parce qu'ils sont sûrs à l'avance que l'ouvrier n'a pas les moyens pour poursuivre.

Donc, ces affaires doivent selon mon appréciation être tranchées devant un Conseil de prud'hommes réuni à cet effet et non par les tribunaux.

Je ne vous ai pas encore parlé des deux autres victimes dont je faisais partie moi-même, c'est également avec l'assurance que nous avons eu affaire et non avec les patrons, qui nous ont répondu qu'ils étaient assurés et que cela ne les regardaient pas.

Nous nous sommes donc adressés à l'assurance qui nous a payés à sa guise, profitant de ce que nous étions tous les deux pères de famille et sans ressources pour intenter un procès, et s'il y avait un Conseil de prud'hommes sérieux nous n'aurions pas besoin de ressources pour payer un homme pour défendre nos justes droits, parce que quelquefois cet homme est acheté par l'assurance ou le patron.

Je conclus donc ce résumé en demandant que les patrons soient seuls responsables des accidents qui nous arrivent fréquemment, et que les différends soient tranchés par un Conseil de prud'hommes établi à cet effet, et que les compagnies d'assurances soient supprimées.

La séance est levée à minuit.

Déclaration non lue du citoyen Daubannay.

Le délégué des cordonniers, des malletiers de Paris, des chapeliers de Moulins a reçu mandat de défendre la limitation de la journée maximum de travail à huit heures. La corporation des cordonnniers, quoique ne pouvant bénéficier immédiatement de cette réforme, travaillant aux pièces comme certaines corporations, n'en demande pas moins énergiquement l'application ; car elle est convaincue que cette limitation sera un acheminement vers la solution que nous poursuivons : l'appropriation par la nation ou la ommune des moyens de production.

Nous sommes certains que le jour où nos camarades des corporations bénéficieront de cette réforme , ils nous aideront à faire appliquer les tarifs que nous élaborerons et qui doivent être basés sur les heures de travail, et nous sommes assurés que le jour où les cordonniers, tailleurs et toutes les corporations qui travaillent aux pièces gagneront leur journée en huit heures, ils n'en feront pas neuf, car, comme les autres, ils ont besoin de faire l'étude des questions sociales.

Donc, pour ces raisons, nous demandons la journée de huit heures.

Le Délégué,

Daubannay.

Rapport non lu du citoyen Robin, délégué de la Chambre syndicale des ouvrières et ouvriers de la ville de Lyon.

Citoyennes et Citoyens,

Nous croyons nécessaire, en présentant ce rapport, d'indiquer, sur tous les points qu'il nous est utile d'énumérer, ce qui se passe, à l'heure actuelle, dans notre corporation. Il y existe des abus nombreux, principalement sur le travail des enfants mineurs. Nous avons cependant une loi qui défend de faire travailler les enfants au-dessous de quatorze ans. Est-elle respectée cette loi ? Non. Ces pauvres martyrs travaillent avant cet âge et non seulement font une journée de *dix heures*, mais ils travaillent de seize à dix-huit heures par jour.

Voilà ce que l'on appelle du travail chez nos maîtres guimpiers ; et, non content de ces journées, on regarde encore le pain qui bien souvent n'est pas suffisant, car pour des enfants de douze à quatorze ans, il faut une nourriture saine et, outre cela, abondante et fortifiante.

Citoyennes et Citoyens, maintenant, examinons l'hygiène. La majeure partie des apprentis des deux sexes est logée sur des soupentes où il y a très peu d'air, et bien souvent ils ne peuvent se tenir debout. Ils reposent, là, cinq à six heures par nuit, dans un air vicié, et reprennent leur

travail, le matin, aussi las et aussi fatigués que la veille*
Ces pauvres martyrs travaillent comme des forçats sous
l'œil farouche des patrons, qui profitent de leur peine
et de leur santé pour se donner des plaisirs et bien souvent
même une vie de honteuse débauche en créant la prostitution avec les bénéfices que leur procure le travail des
pauvres victimes qu'ils ont chez eux.

Citoyennes et Citoyens, si j'aborde ce passage, c'est que
je suis sûr de ce que j'avance, et c'est pour marquer jusqu'à
quel point vont l'inconduite et la violation de la loi dans
ladite corporation.

Citoyennes et Citoyens, pour remédier à cet état de
choses, il faut :

1° Dorénavant et même tout de suite mettre en demeure
les pouvoirs publics de faire exécuter la loi sur les huit
heures de travail par jour.

2° Suppression complète du personnel à gages (je veux
dire par le mot à gages, les apprentis des deux sexes,
ouvrières et ouvriers, qui logent dans la maison et qui
enrichissent les patrons au détriment des ouvriers journaliers, ces patrons qui ne vivent que sur les côtes de ces
malheureux martyrs, qui épuisent leur santé et brisent leur
avenir.

3° Que les bénéfices appartiennent aux travailleurs, car
c'est à celui qui travaille qu'il faut rendre gloire ; c'est
l'ouvrier qui fait vivre, c'est lui qui produit, qui épuise sa
santé. Alors pourquoi ne pas lui laisser les bénéfices. C'est
pour cela, Citoyennes et Citoyens, qu'il faut former une
Fédération ouvrière et internationale pour marcher, combattre nos adversaires et faire respecter nos droits.
Fédérons-nous, unissons-nous, et, par ce moyen, nous irons
droit à l'honneur, à la réussite de nos travaux et à la
prospérité de l'industrie.

4° Il existe sur la place de Lyon environ deux cent
cinquante patrons qui occupent chacun de 5 à 10 apprentis
des deux sexes, ce qui fait naturellement que, lorsque ces
personnes ont fini leur apprentissage, elles ne peuvent
trouver du travail, parce qu'elles sont immédiatement remplacées.

Citoyennes et Citoyens, la journée est fixée à onze
heures pour les ouvriers, et les apprentis font seize à dix-

huit heures par jour et ce sont bien entendu des jeunes gens de dix à quatorze ans. Je pourrais même prouver que beaucoup de patrons font travailler ces jeunes gens jusqu'à minuit.

Citoyennes et Citoyens, si pendant votre apprentissage vous faites le récalcitrant, voici la manière dont vous êtes domptés : on vous menace du prud'homme qui ne peut que vous donner tort, puisqu'il est lui-même patron.

Allez vous plaindre à M. Chepié, l'inspecteur des usines et manufactures ; il ne fera son devoir que quelques jours avant les élections qui doivent le nommer à la prud'homie ou ailleurs. A part cela, il ne se dérangera pas. Allez demander au citoyen Trabet ce qu'il a fait ou dit pour les intérêts de la corporation depuis sa nomination. Rien. D'abord, il ne lui plaît pas, étant patron, de prendre en mains les intérêts des ouvriers.

5° Citoyennes et Citoyens, nous demandons que le Conseil des prud'hommes soit mis à néant, puisqu'il ne sert à rien et que nous nous croyons aussi aptes à gérer nos affaires que ceux qui veulent être nos juges. Je puis prouver une chose, c'est qu'il y aurait plus à dire sur leur conduite que sur la nôtre.

6" Abolition des inspecteurs du travail, car ce sont des citoyens qui sont largement payés pour ne rien faire.

7° Réduction des journées à huit heures sans préjudice des salaires.

8° Abolition de la liberté facultative des heures supplémentaires et du travail du dimanche pour les apprentis.

9° Disparition immédiate de tous les abus envers les lois sur le travail et, en un mot, sur tout ce qui porte atteinte à la liberté du travailleur.

> Citoyens, il est temps que les haines s'oublient !
> Que sous un seul drapeau les peuples se rallient !
> Le chemin du salut va pour eux s'aplanir ;
> La grande Liberté que l'humanité rêve,
> Comme un nouveau soleil à l'horizon se lève
> Annonçant aux humains un meilleur avenir.

Vive la Révolution sociale !

Le *Délégué,*
ROBIN,

Rapport non lu du citoyen Bouzon

CITOYENNES ET CITOYENS,

Après les orateurs qui viennent de prendre la parole pour les huit heures de travail par jour, il ne me reste qu'à convaincre ceux qui n'en sont pas partisans et, fort heureusement, ils ne sont pas nombreux.

Dans leurs rapports oraux ou écrits, ils disent qu'ils ne travaillent qu'une partie de l'année, qu'ils sont obligés de travailler plus de huit heures par jour pour pouvoir parfaire leur modeste budget.

Pour moi, je trouve l'argument mauvais, car s'ils ne travaillaient que cinq ou six mois, ils ne pourraient pas mettre de côté pour vivre les six autres mois, et ils sont donc obligés de travailler une bonne partie de l'année. Je comprends qu'ils ont des époques où la presse se fait sentir et que huit heures ne suffisent pas. Eh bien! je dis que pour ces époques-là, il ne faut pas agir en accapareur; je suis certain que le patron augmentera son personnel, contre son désir, car il aime mieux garder ses ouvriers habituels, qu'il a le loisir de diriger comme il l'entend, que de prendre d'autres travailleurs qui lui donneraient la crainte de voir déranger sa manière de conduire ses ouvriers en esclaves.

Vous parlez de la concurrence étrangère. Savez-vous qui fait la concurrence? Eh bien! c'est le patron, à son bénéfice et au détriment de l'ouvrier. Et voilà comment il opère : tout se fait à la machine, donc, il faut les trois quarts moins de monde, et, comme prix de journée, il vous la diminue en vous disant que vous faites le travail d'un manœuvre et il a l'air de vous garder par charité; le faites-vous aux pièces, vous êtes obligés de travailler en galérien pour retirer une minime journée.

Vous voyez, Citoyennes et Citoyens, qu'il ne faut pas parler de concurrence, car tout le bénéfice est pour le patron, qui devrait augmenter le prix de la journée et diminuer le prix de vente. Il gagnerait un peu moins à la fois, mais il aurait plus de vente et pourrait faire concurrence avec l'étranger, ce qui lui permettrait de pouvoir occuper un plus nombreux personnel et apporterait un bien-être dans la classe ouvrière.

Citoyennes et Citoyens, je vais vous parler des ouvriers en bâtiments.

Dans l'été, les trois quarts travaillent et un quart ne fait rien; dans l'hiver, un tiers à peine travaille, et deux tiers ne font rien, et ce tiers qui travaille combien fait-il d'heures? huit, quelques-uns en font dix, mais peu; remarquez bien qu'on ne les paye pas pour dix heures ceux qui n'en font que huit.

Croyez-vous qu'il n'y aurait pas une solidarité à établir entre nous, qui ne comptons que sur nous-mêmes pour revendiquer nos droits à ne faire que huit heures avec le même prix que l'on nous donne pour dix, douze ou quatorze heures de travail, comme cela s'opère dans certaines industries?

Eh bien! Citoyennes et Citoyens, pour cet esprit de solidarité qui doit toujours nous animer et de nous tous ne faire qu'un, ayons la conviction que nous faisons notre devoir en votant les huit heures de travail.

Vive la fraternité !

Le délégué des ferblantiers-zingueurs, de Lyon,
Bouzon.

Rapport non lu du citoyen Mondon
des menuisiers de Lyon

Citoyennes et Citoyens,

La journée réduite à huit heures est utile à tous les points de vue; plutôt, examinons ensemble et voyons combien est longue cette journée de dix heures, pour ce martyr de l'atelier, qui est appliqué à son travail corporellement et physiquement pendant ce grand laps de temps, comment voulez-vous, citoyennes et citoyens, que l'ouvrier qui a si besoin de s'instruire, d'apprendre à se grouper pour pouvoir lutter contre cet ennemi qui, jusqu'à ce jour, a été vainqueur, qu'on l'appelle patron ou qu'on l'appelle capitaliste? Il faut que nous commencions à leur imposer huit heures de travail, pour leur faire comprendre au plus tôt que si tout le monde participait à la production qui nous est utile, huit heures à l'atelier seraient encore bien trop longues.

Vous pouvez, vous, MM. les bourgeois, vous qui vous posez en maîtres, vous, les patrons, qui dites à belle voix que ceux qui réclament les huit heures de travail sont des intrigants et des fainéants; mais vous, infâmes oppresseurs, qui ne faites rien et qui puisez dans la source féconde de ce travailleur ardent, qui épuise sa santé, sa vie, à vous nourrir, vous et vos rejetons, comment doit-on vous appeler ? Je pourrais dire votre nom, je le livre à l'intelligence des travailleurs.

Je concluerai donc, citoyennes et citoyens, en votant pour la réduction de la journée à huit heures, réclamée par mon syndicat.

CINQUIÈME JOURNÉE

Vendredi 15 octobre

SÉANCE PRIVÉE

[...] citoyen Clatel, des tisseurs de la
[...] les citoyens Blouet, des plom-
[...] de Paris, et Champfrault, des mé-
[...] de Vierzon.

[...]ture de diverses correspondan-
[...] ndicales déclarant adhérer au
[...] a délégation ouvrière pari-
[...] Exp[...] res anglaises, invitant les
[...] syndicales [...] s à se faire représenter au
Congrès de 1887.

Le citoyen Blondeau demande des éclaircissements, qui
lui sont donnés par le citoyen Lavaud, secrétaire de l'Exposition ouvrière qui vient d'avoir lieu à Paris.

Ce citoyen explique que les délégués anglais, venus à la
Conférence internationale de Paris, ont convié les Chambres syndicales ouvrières françaises à se faire représenter
au Congrès qui doit avoir lieu en Angleterre, en 1887.
En conséquence, il demande que cette idée soit soumise
aux délégués ici présents, par le Président, en invitant
ces délégués à faire tous leurs efforts auprès de leurs Syndicats respectifs, pour que cette invitation soit prise par
eux en considération.

Cette proposition, soumise à l'assemblée par le Président, obtient de vives approbations.

Le citoyen Glaise, des peintres-fileurs-décorateurs de
Paris, insiste pour que le Congrès prenne en considération son projet de retraites pour la vieillesse, basé sur le
produit de la vente des joyaux de la Couronne.

Après une discussion de quelques instants, entre les
citoyens Glaise et Lavaud, de Paris, l'assemblée décide
passer outre, attendu que le citoyen Glaise, pour déve-

lopper son projet, n'a qu'à demander la parole dans la séance du soir qui, précisément, se prête à la circonstance, en se conformant toutefois au règlement, qui n'accorde que quinze minutes de parole à chaque délégué.

Les citoyens MASSON, de Paris, Fabères et DE NONFOUX, de Lyon, donnent ensuite lecture de trois procès-verbaux, qui sont adoptés après quelques rectifications.

Lecture est donnée, par le PRÉSIDENT, d'une lettre du Syndicat des métallurgistes de Cons-la-Granville, déclarant adhérer au Congrès.

Le citoyen MASSON, de Paris, essaye de faire revenir le Congrès sur le vote de blâme qui lui a été infligé ; mais l'assemblée passe outre.

L'ordre du jour, pour la séance du soir, étant Capital et Travail, il est décidé qu'il ne sera pas tenu compte de l'article 6 du règlement, vu l'impossibilité matérielle de le faire.

Le citoyen BLONDEAU insiste à son tour pour que, dans cette séance importante, le quart d'heure de parole soit rigoureusement observé, un grand nombre de délégués demandant à parler dans cette séance. Il est encore décidé qu'aucune inscription de parole demandée avant l'ouverture de la séance ne sera valable.

Les citoyens BARTHOLINO et DELOCHE disent que tous les délégués voulant remplir leur mandat, ils invitent ceux qui ont des rapports à lire, à se rabattre sur les conclusions, étant donné le grand nombre de ceux qui désirent parler.

Le citoyen CHAVRIER répond qu'il est de ce nombre et qu'il avait l'intention et le mandat de prendre la parole sur toutes les questions, mais que, devant le grand nombre de délégués de la province, qui n'ont pu aborder la tribune, il a cru de son devoir de leur faire place en s'effaçant. Il déclare qu'il le fera encore aujourd'hui, pour montrer l'exemple à ceux que leur situation permet de faire comme lui. Il se contentera donc de déposer un rapport sur la question.

Il est ensuite procédé à la nomination de la Commission chargée de présenter des conclusions sur les heures de travail.

Sont nommés :

Les citoyens DAUBANNAY, VINCENT, EGLEN, ARQUIL-LIÈRE, CHOL et FARJEAT.

Sont validés après : les pouvoirs du citoyen LÉCLUSE, des tailleurs de pierre, scieurs et maçons de Paris.

Une discussion s'engage ensuite entre les citoyens Lavaud, Masson, Edouard, Maystre, Daubannay et divers citoyens, sur la façon dont le vote des résolutions devra se faire.

Une proposition du citoyen Heppenheimer, appuyée par le citoyen Lavaud, demandant que le vote se fasse à main levée, avec les cartes, est repoussée.

Le citoyen DAUBANNAY formule une proposition consistant à faire voter les résolutions par un appel nominal. Mise aux voix, elle est acceptée, moins huit voix.

On procède ensuite à la composition du bureau pour la séance du soir.

Sont élus :

Les citoyens RONDET, Président; Assesseurs, les citoyens PARROT et LAPOTRE.

La séance est levée à 6 heures et demie.

SÉANCE PUBLIQUE

La séance est ouverte à huit heures.

Sont acclamés président, le citoyen RONDET, des mineurs de St-Etienne ; assesseurs, les citoyens PARROT, des mineurs de Décazeville, et Lapôtre, des tullistes de Calais.

La parole est donnée au premier inscrit, le citoyen Monjonnet, délégué des ouvriers en limes d'Arnay-le-Duc (Côte-d'Or).

Rapport du citoyen Mojonnet

CITOYENNES, CITOYENS.

La Chambre syndicale des ouvriers en limes d'Arnay-le-Duc, à laquelle j'appartiens, m'a mandaté ici, à ce Congrès, pour vous faire un exposé de sa marche et de ses projets, qui ont trait au capital et au travail; je vous prie donc, Citoyennes et Citoyens, de bien vous pénétrer de cet exposé, afin que vous puissiez comprendre la portée des faits que je vais vous expliquer.

Notre Chambre syndicale est fondée depuis le 15 février 1882, c'est-à-dire depuis bientôt cinq ans. Nous étions, à sa fondation, quarante membres environ. En 1884, nous étions au nombre de quatre-vingt-six qui versions un franc de cotisation par mois ; nous en avions compris la nécessité, et je vais vous dire pourquoi. Le but de notre Syndicat étant de faire tous ses efforts pour arriver à améliorer notre situation, nous avons donc compris qu'il devait avoir une caisse qui pourrait nous servir à quelque chose un jour, et vous allez voir que ce jour ne s'est pas fait longtemps attendre.

En 1885, par suite de la crise, le nombre des sociétaires est descendu à cinquante-six, et tous les jours il menaçait de se restreindre encore par suite du manque de travail dans les ateliers. Nous avons eu à subir, à cette époque, et nous subissons encore, 25 à 30 % de diminution sur nos salaires, en tenant compte toutefois d'un jour de chômage par semaine.

A cette époque, Citoyennes et Citoyens, la situation de notre Syndicat devenait critique à ce point qu'il y avait des membres qui demandaient le partage de la caisse ; il fallait donc sortir de cette mauvaise situation. Par quels moyens ? Je vous jure que nous étions alors fort embarrassés. Par un fait du hasard, il nous tomba sous la main un article de journal relatif aux pionniers de Rochdale ; c'est alors que nous est venue l'idée de fonder au sein de notre Chambre syndicale une Société syndicale de consommation.

J'espère, Citoyennes et Citoyens, que vous ne trouverez pas mauvais que j'aborde cette question, car il y a long-temps que j'ai compris que le parti ouvrier est appelé à posséder un jour le monopole industriel, commercial et agricole. Quand il possédera cela, vous devez penser qu'il restera encore autre chose en sa possession. Je reviens à ma question.

Je fis donc part, à cette époque (nous étions au mois de

janvier 1885) de ce projet de consommation qui fut adopté en principe à l'unanimité et qui fut confié à une Commission chargée d'élaborer des statuts. Ce travail, Citoyennes et Citoyens, fut ardu, difficile et je vais vous dire pourquoi.

Tout d'abord, nous pensions trouver auprès de nos collègues des Syndicats de grande ville des statuts de cette nature. A cet effet, nous écrivîmes à plusieurs journaux de nous renseigner en la matière, mais leur réponse fut négative : il n'y avait pas encore un Syndicat ayant fondé une œuvre aussi utile ; je dis aussi utile, car nous constatons dans nos opérations que, si les patrons sont des exploiteurs, les intermédiaires ou marchands sont bien autant, si ce n'est plus, exploiteurs que les patrons, et je dis qu'il faut que le travailleur s'affranchisse de tous ceux qui l'exploitent, à quelque catégorie qu'ils appartiennent.

Je reviens à ma question. Puisque nous ne pouvions trouver des statuts près de nos frères des Syndicats, nous nous adressâmes près de nos frères des Sociétés de consommation qui se sont prêtés à la circonstance dans toutes la mesure du possible, pour nous rendre service en nous envoyant leurs statuts et les adresses de leurs meilleurs fournisseurs. Ces statuts n'étant pas conformes à notre désir, nous y avons apporté les modifications nécessaires afin d'en faire des statuts de Société syndicale de consommation et non des Sociétés ordinaires de consommation, ce qui n'est pas tout à fait la même chose. Je ne veux pas ici vous en expliquer la différence, cela me tiendrait trop de temps, mais les citoyens qui désireraient connaître nos statuts, pourront se les procurer chez nos frères de l'Imprimerie Nouvelle, rue Ferrandière.

Citoyennes et Citoyens,

Une fois nos statuts élaborés, nous pensions avoir fini notre besogne et n'avoir plus qu'à nous installer, mais nous avions compté sans l'Administration, qui nous fit attendre quinze mois avant de nous reconnaître le droit de fonder une pareille institution au sein de notre Syndicat, la loi n'en faisant pas mention ; et si nous n'avions pas été en possession d'une circulaire ministérielle accompagnant la loi sur les Syndicats, et que nous avons soumise à M. le préfet de la Côte-d'Or, nous serions restés impuissants à maintenir les membres au Syndicat, et aujourd'hui il n'y aurait plus de Syndicat d'ouvriers en limes à Arnay-le-Duc.

CITOYENNES ET CITOYENS,

Je viens de vous citer les peines que nous avons eues à fonder cette institution, je vais vous faire l'exposé des avantages qu'elle nous procure.

Nous avons commencé nos opérations le 13 avril de cette année, c'est-à-dire il y a six mois, avec la somme minime de 3,000 francs, dont 2,000 ont été engagés en marchandises, et 1,000 francs en réserve.

Inutile de vous dire que nous avons pleinement réussi, et voici la comparaison de notre situation financière et matérielle :

Au mois d'avril 1886, la Chambre syndicale possédait un capital de 3,116 fr. 42 et était composée de cinquante-six membres.

Au mois d'octobre 1886, c'est-à-dire à six mois d'intervalle, son capitale est de 4,461 fr. 65, soit une augmentation de 1,345 fr. 23, avec un nombre de sociétaires s'élevant à cent vingt, soit une augmentation de soixante-quatre membres.

Voyez, Citoyennes et Citoyens, que notre œuvre a plein succès. Ce n'est pas une théorie que je vous expose, ce sont des faits, et ce sont des faits d'autant plus certains que nous avons nos marchandises au magasin et nos capitaux dans notre caisse, et qu'au lieu de voir notre Syndicat dissous pour ne plus jamais se reconstituer, et au lieu de cinquante-six membres que nous étions, il y a six mois, nous sommes aujourd'hui cent vingt, et à la fin de l'année nous serons peut-être cent cinquante.

Eh bien ! Citoyennes et Citoyens, j'engage donc tous les délégués, qui sont ici présents, à propager ces idées dans leurs Syndicats, afin qu'ils prennent la résolution bien sincère et bien arrêtée d'arriver à se créer des capitaux sans être obligés de faire de biens grands efforts, d'autant plus qu'à côté des bénéfices que prélève le Syndicat, le sociétaire a un bénéfice de 20 à 25 0/0 sur sa consommation.

Il y a peut-être des citoyens qui me diront ceci : Si

vous cherchez à vivre à meilleur marché, vos patrons vous diminueront vos salaires. A cette question je pourrais bien répondre ceci : Puisque nous sommes décidés à revendiquer nos droits en payant nos vivres trop cher, nous pouvons les revendiquer également en vivant à bon marché, attendu que cette diminution des vivres ne dérive absolument que de notre propre volonté. Je ne vois pas pourquoi nous consentirions à enrichir les marchands qui n'ont aucun égard pour notre situation, attendu que les patrons diminuent nos salaires et que les marchands augmenteraient plutôt leurs marchandises que de les diminuer.

Donc, puisque les salaires diminuent et que les vivres ne diminuent pas, et qu'on nous les falsifie encore pardessus le marché, je conclus que nous devons prendre des mesures pour nous empêcher de mourir de faim.

Si les Syndicats s'appliquent à fonder dans leur sein des sociétés, soit de consommation ou de production, ils verront bientôt s'adjoindre la grande majorité des ouvriers qui n'ont pas encore fait acte d'adhésion.

Par ce motif, les Syndicats accumuleront des capitaux qui leur permettront de fonder des caisses de retraite, des caisses d'instruction supérieure où nos enfants, appelés à faire des hommes libres, des travailleurs intègres, qui ne devront vivre que par eux et pour eux, pourront y développer leur intelligence.

La citoyenne Laurent, déléguée des dames réunies, de Lyon, donne ensuite lecture du très intéressant rapport suivant.

Rapport de la citoyenne Laurent

Citoyens et Citoyennes,

Dans certaine classe de la société, on dit, l'homme doit être au travail, la femme à l'intérieur, nous, femmes prolétaires, nous disons, la femme est au travail et à l'intérieur. Ne doit-elle pas travailler pour subvenir aux frais que nécessitent les besoins du ménage, la journée du mari étant insuffisante surtout si elle a de la famille; si elle est veuve ou célibataire ne faut-il pas qu'elle travaille, son salaire ne doit-il pas être proportionné selon ses besoins, toute conscience juste et honnête dira oui; et pourtant, nous pouvons passer en revue tous les métiers féminins et il ne nous sera pas difficile d'établir que pas même ceux qui paraissent procurer le nécessaire à quelques ouvrières, n'y arrivent que par le protectorat ou comme entrepreneurs en exploitant celles qu'elles occupent.

La corporation la plus éprouvée est celle de la lingerie, car cet état doit soutenir une lutte des plus fortes contre ce terrible fléau, la concurrence faite par les couvents.

Pour le bonnet linge, l'ouvrière reçoit six douzaines à la fois qui lui sont payées 4 francs, elle fait ce travail en trois jours, ce qui porte la journée, tout frais payés, à 1 fr. 15.

La chemise d'homme est payée 40 centimes, elle en fait trois par jour, ses fournitures prélevées, elle gagne 1 fr. 15 par jour.

Prenons la confection pour homme, le pantalon de drap se paye 60 centimes, l'ouvrière en peut faire deux par jour, frais à déduire, 15 centimes, ce qui porte la journée à 1 fr. 05; pour le gilet et le veston les prix sont proportionnés à ceux des pantalons.

La casquetière fait six casquettes par jour à 2 fr. 50 la douzaine, les fournitures payées, elle arrive de cette façon à une journée de 1 fr. 10.

La corporation des piqueuses en chaussure est une de celles qui étaient les plus rétribuées, mais elle tend de plus en plus à devenir comme toutes les autres; car, en effet, un patron qui payait ses ouvrières mécaniciennes 3 francs par jour, la prépareuse 2 francs, ne paye plus que 2 francs la mécanicienne, 1 fr. 50 la prépareuse et ce sont les maisons qui payent le plus ; d'autres que je pourrais citer, profitent de la misère de celles qui se trouvent sans travail pour donner 1 fr. 25 à une ouvrière faisant marcher une forte machine.

Quand vient le soir, après un labeur si pénible, ne faut-il pas qu'elle prépare le repas du soir et du lendemain, n'ayant qu'une heure et demie pour dîner et aller et venir à l'atelier, ce qui l'entraîne à plus de dépenses, n'ayant pas le temps de conduire son ménage avec ordre et économie.

Il en est de même pour les ouvrières de toutes corporations; dans tous les ateliers la journée se prolonge jusqu'à 7 ou 8 heures du soir.

Dans la corporation des tailleuses en robes et confection, les ouvrières gagnent 1 fr. 50 par jour, les corsetières travaillant à la machine sont payées 2 francs, les prépareuses, finisseuses de 1 franc à 1 fr. 50, les perleuses, frangeuses et autres se rattachant à l'enjolivure ne peuvent gagner que 1 franc, bien peu arrivent à 1 fr. 50 par jour.

Les tisseuses sont les plus favorisées parmi les ouvrières de la soierie, quelques métiers tenus par elles, gagnent de 5 à 6 francs par jour, mais l'ouvrière qu'elles occupent ne gagne que la moitié, soit 2 fr. 50 à 3 francs, d'autres ne gagnent que 2 francs, l'ouvrière 1 franc par jour.

La metteuse en main, l'ovaliste, l'ourdisseuse, et la dévideuse dépassent rarement 2 francs par jour.

Je passe sous silence beaucoup de corporations qu'il serait trop long d'énumérer, elles entrent à peu près dans les mêmes conditions, sauf quelques exceptions, je veux parler des ouvrières faisant le travail de luxe, elles gagnent de 3 à 4 francs par jour, en prenant la moyenne dans l'un et dans l'autre sens, la journée me paraît être de 2 francs; nous devons tenir compte des jours fériés, des maladies et de chômages, nous avons cinquante-six jours fériés, supposons soixante-cinq jours de chômage et quinze jours de maladie, en tout, cent trente-six jours à déduire dans l'année qui font deux cent vingt-neuf jours de salaire à 2 francs, soit 458 francs par an, cela porte la journée à 1 fr. 25; avec cette journée, une ouvrière peut-elle s'assurer un logement, la nourriture et le vêtement, dans une ville où la vie est aussi chère qu'aujourd'hui? Non, assurément, si elle est honnête, elle mourra de privations ou se suicidera pour échapper à d'atroces souffrances, si non elle se vendra.

La mort ou la honte; il n'y a pas de milieu.

Et pourquoi! Parce qu'aux yeux de presque tous, la femme n'est pas un être égal à l'homme, parce que son travail doit être moins rétribué, paraît-il que celui de l'homme, et que l'on veut la maintenir dans le dégradant état d'infériorité.

La femme doit travailler, même sans nécessité absolue, elle doit travailler pour être indépendante, pour être libre. et être l'égale de l'homme.

Il faut élever son salaire, si l'on veut élever le niveau moral de la femme, il doit être égal à celui de l'homme.

Pourquoi ne le serait-il pas? C'est donc parce que la nature l'a faite femme, qu'elle doit mourir de misère par l'insuffisance de son salaire? Puisque, comme l'homme, elle donne son temps et sa sueur. A égale peine, égal salaire, et alors, on aura plus à craindre la concurrence par le travail de la femme fait à plus bas prix dans les corporations d'hommes, avec cette égalité de salaire, nous ne verrons plus des femmes devenant veuves avec des enfants être obligées de s'en séparer, pour les placer dans une communauté religieuse (n'ayant pas d'orphelinat tenu par l'Etat), et où elles ne doivent peut-être plus les revoir, ou les garder avec elles et les voir périr de misère, faute de pouvoir leur donner le pain nécessaire à la vie.

Il faut, et cela sous peine de voir péricliter notre sexe, qu'en tout temps la mère ait une nourriture vivifiante. Arrière donc ce préjugé qui conduit à l'étiolement et qui consiste à dire : la femme sera nourrie par l'homme, elle vit de peu, elle doit être moins payée que lui.

Quelques savants de notre époque ont cherché en vain la cause de la corruption des mœurs, et le moyen de guérir cette plaie sociale ; ils ont feint de ne pas le comprendre, il n'y a pas à le chercher ailleurs, il est dans l'augmentation du salaire de la femme; si elle gagne de quoi se suffire, elle ne se vendra pas, elle ne se prostituera pas; c'est alors qu'on pourra supprimer la police dite des mœurs, qui n'est rien moins que scandaleuse, et désinfecter nos villes par l'abolition des maisons de tolérance, et tout genre de prostitution patentée qui font la honte de notre société ; cette suppression se fera forcément, quand les sujets utiles à ses bastilles féminines manqueront; alors on rayera le mot démoralisation qui est indigne d'un pays civilisé.

Devons-nous compter sur le capitaliste pour espérer une augmentation de salaire et atteindre notre but? Non certes, car ce qu'il veut c'est nous mettre dans l'impossibilité de nous défendre contre la féodalité du capital; il veut nous voir plus misérables encore, parce qu'il sait que la misère affaiblit le cerveau et nous rend incapables de lui nuire par des moyens légaux et pacifiques ; c'est pourquoi il faut agir pendant qu'il en est temps encore, si nous ne voulons descendre d'échelon en échelon, et arriver à faire comme les malheureuses femmes belges, qui donnent toute une journée de travail pour 10 centimes, les meilleures ouvrières vont à 27 centimes.

Les communes étant écrasées par le fardeau des secours à donner aux pauvres, les ouvrières se font mendiantes. Voilà ce que le capitaliste veut faire en France, s'enrichir de la sueur du prolétaire, en faire des mendiants pour les voir ramper devant lui, et se faire passer pour humanitaire en leur faisant l'aumône.

Je ne m'arrêterai pas sur la cause du chômage et l'abaissement du salaire, il a été démontré dans tous les précédents Congrès que l'outillage industriel par l'emploi de la vapeur comme force motrice produisant beaucoup plus que nous ne consommons, entraine fatalement le chômage.

Le capitaliste, profitant de ce chômage, exploite l'ouvrière et l'ouvrier qui font le travail à tout prix pour donner du pain à leurs enfants.

Pour parer à cet état de chose que faut-il faire? Les grèves sont un paliatif auquel il faut renoncer, elles épuisent nos caisses et affaiblissent le moral par les privations de toute nature; il faut que cet argent employé pour soutenir les grèves serve à aider à former des sociétés coopératives de consommation d'abord; prélever le tant pour cent sur les bénéfices, afin de former une caisse destinée à l'achat de l'outillage nécessaire à la production, joint au versement des actions par cotisations.

Par ce moyen, on pourrait former un capital pour commencer par la coopération qui entraînerait le moins de frais. Dans la lutte de plus en plus vive entre le travail et le capital, entre le producteur et l'exploiteur, nous ne pourrions rien isolés; groupés et disciplinés, nous poursuivrons avec succès et sans relâche l'œuvre de transformation sociale dont le but est l'abolition du salariat.

En demandant l'égalité des deux sexes dans le travail, il est une question que je dois aborder : je veux parler de la prud'homie. Dans quelques professions qui occupent des hommes et des femmes, l'ouvrière est justiciable des Conseils de prud'hommes, telles que la soierie, la passementerie, etc.; mais dans toutes celles qui sont exclusivement féminines, telles que les modes, la couture en robes et confections ou lingerie, l'enjolivure, etc. L'ouvrière salariée, exploitée comme l'homme, ne bénéficie pas de l'institution des prud'hommes, elle doit avoir comme lui droit à la justice.

Les femmes elles-mêmes peuvent seules bien juger les contestations qui surgissent dans les ateliers de femmes, et l'organisation des prud'hommes ne sera vraiment complète que lorsque, à côté des prud'hommes de l'industrie, nous verrons siéger les prud'hommes femmes des professions féminines.

CONCLUSION

Il faut que le Congrès se pénètre bien de cette question : que la femme ayant les mêmes besoins que l'homme, elle doit avoir les mêmes droits.

Qu'il est de toute justice :

1° Que la journée de la femme soit égale à celle de l'homme ;

2° Ne pouvant compter que sur nous-mêmes pour toutes les réformes sociales, *nous croyons nécessaire ce qui suit :* la formation des Sociétés coopératives de consommation et de production ;

3° Attendu que les Conseils de prud'hommes sont incompétents pour juger le travail de la femme, nous demandons que les femmes aient droit de faire partie des susdits Conseils.

Cet intéressant rapport très bien lu et très vivement applaudi du public, qui depuis l'ouverture du Congrès remplit tous les jours la salle des Variétés et suit avec le plus vif intérêt les travaux du Congrès.

Le citoyen Mathias, délégué-adjoint de la Chambre syndicale des ouvriers en instruments de musique, lit le rapport suivant émanant de son Syndicat :

CITOYENNES ET CITOYENS,

Quand on examine la situation présente du travailleur dans le monde civilisé, on est frappé de cette anomalie :

c'est que la société voit chaque jour se développer les moyens de production, s'accroître les ressources propres à augmenter la consommation de chacun.

Tandis que le paupérisme, contrairement à ce qui devrait se produire, tend à se développer au milieu de cet accroissement de la prospérité publique.

La richesse s'accumule dans les mains de quelques-uns, dans des proportions inouïes, et la masse du peuple n'a ni plus de sécurité, ni plus de garanties pour le lendemain.

Toute l'existence des classes ouvrières repose sur le salaire; s'il fait défaut, la misère est aussitôt dans la famille, c'est pour cela que dans tous les pays les travailleurs se préoccupent de la solution de ce problème.

Ces travailleurs se disent: à quoi serviraient les progrès de l'industrie et de l'agriculture, si les ouvriers, auteurs principaux de cette prospérité, devaient être privés du nécessaire que le sauvage et l'animal obtiennent de la nature.

Aussi, que voyons-nous? C'est qu'en France, en Allemagne, en Angleterre, partout enfin, les chefs d'industrie, les fabricants cherchent des débouchés à leurs produits.

On ne sait pas que les consommateurs sont à la porte même de l'usine, et que la part trop restreinte qui leur est faite dans les bénéfices, seule, les empêche d'assurer à la production d'intarissables débouchés.

La plupart des hommes qui influent sur les questions du travail ne voient dans la société que l'équilibre de la production et de la consommation, au lieu d'y voir l'équilibre de la vie humaine.

Les choses leur importent plus que les personnes; ils ne se préoccupent que des intérêts matériels là où sont en jeu les intérêts de l'existence.

Ne consultant que des chiffres, ne supputant que des bénéfices, avant de chercher avant tout le bien-être des hommes, ils n'imaginent, comme remède à l'encombrement des produits, que l'abaissement des salaires, moyen aussi injuste qu'il est insensé, car il va directement contre son but.

Et il arrive ceci, c'est que la baisse du travail et salaires se généralisant, la masse du peuple, privée des ressources suffisantes, cesse d'acheter ; alors la consommation se ralentit et le mal s'aggrave.

C'est alors aussi qu'apparaissent le chômage, la maladie et la faim.

Tels sont, Citoyens, les malheurs qui résultent de notre organisation sociale.

L'ordre de chose établi livre la richesse produite au cumul du capital sans que le travail n'ait rien à y voir.

Et cependant, qui ne reconnaît que le capital sans le travail serait stérile ?

Souvent nous entendons dire : « La Révolution française a donné aux citoyens l'égalité devant la loi ; soit, nous l'admettons, mais est-elle égale pour tous ? Non.

Le travail n'a pas de législation propre. Accompli par les faibles, il est sous la domination des forts, et aucun principe protecteur n'est encore admis à son égard.

Un de nos amis nous disait dernièrement dans une petite réunion où il traitait de la propriété, qu'il existait deux codes, l'un, le Code civil défendant la propriété foncière ; l'autre, le Code de commerce défendant naturellement cette dernière catégorie. Quant au travail, rien !

En effet, lorsqu'il s'agit des loyers ou revenus du propriétaire, tout est sauvegardé par la loi, par les contrats et même par la coutume.

Mais lorsqu'il s'agit des ressources du travailleur, c'est-à-dire du salaire dont il vit lui et sa famille, tout est précaire et sans sécurité.

Ce même ami nous disait encore : il n'y a pas de danger que les industriels aillent soumettre leur comptabilité au greffe du Tribunal.

Car alors on verrait les bénéfices scandaleux qu'ils font et certes, notre ami avait raison, et la preuve est établie dans la statistique que j'ai relevée :

Il existe à Reims un bagne capitaliste, qui a pour industrie le peignage de la laine, cette usine occupe 275 salariés femmes et hommes.

Les dépenses quotidiennes de la fabrique en tant que salaire, sont de 967 francs ; à cette somme il faut ajouter 342 francs pour l'intérêt quotidien de 2 millions 1/2 à cinq pour cent qui forme le capital de l'industrie, plus 300 francs pour combustible et faux frais.

Donc, le total fait, nous trouvons que la dépense totale de l'usine par jour est de : 1,609 francs.

Voyons maintenant les recettes :

La production moyenne est donc de 12,000 francs de laine peignée par vingt-quatre heures, car chaque kilo est payé 0,80, le produit est donc de 9,600 francs ; si l'on soustrait les 169 francs de dépense il reste un bénéfice net de 7,991 francs.

Pendant l'été, on travaille nuit et jour, les équipes se succèdent sans que les feux s'éteignent.

En hiver, on ne travaille que trois jours par semaine, on peut donc porter le nombre des journées de travail d'une durée de vingt-quatre heures, à une moyenne annuelle de 150 journées.

Chaque journée de travail donnant un bénéfice net de 7,991 francs, les 150 journées produisent donc un bénéfice de 1,198,650 francs.

Si l'on retranche les 199,650 francs pour frais de toute nature et dépenses d'entretien pendant que l'outillage ne fonctionne pas, il reste 1 million.

Eh bien, si ce million était réparti entre ceux qui l'ont produit, chaque ouvrier toucherait 3,637 francs.

Mais ce million produit par des ouvriers français est empoché par un *Anglais* qui a nom Holden ; outre cela, ce Holden possède à Roubaix un autre peignage, gagné avec les millions de Reims, cet *Anglais* sachant que dans son pays la loi ne permet que dix heures de travail par jour et la coutume neuf heures, a trouvé plus pratique de faire faire onze et douze heures par jour aux ouvriers français.

Ainsi, le gouvernement de la France républicaine permet qu'un capitaliste anglais vienne chercher en France une possibilité d'exploitation plus complète de la classe ouvrière, qu'il n'aurait pu trouver dans la monarchique Angleterre ; mais il y a plus le gouvernement a décoré cet industriel, et si demain M. Holden avait besoin de soldats pour soi-disant défendre la liberté du travail, le gouvernement français ferait droit à sa demande.

Voilà, Citoyens, où nous en sommes en 1886, après la Révolution française et la déclaration des droits de l'homme.

Devons-nous rester dans une pareille situation? vous ne le croyez pas, ni moi non plus. Cherchons donc ensemble la solution de ce problème, et que de ces assises du travail sorte un principe.

J'ai parlé du mal de l'exploitation de l'homme par l'homme, cette chose aussi horrible qu'injuste, et qui doit disparaître.

Voyons maintenant le remède. Ah ! voilà, Citoyens, où nous ne sommes pas tous d'accord, selon l'école à laquelle nous appartenons. Aussi, est-ce plutôt un avertissement à la bourgeoisie *qui me fait préconiser la participation* à cette tribune. Je ne veuxpas parler de cette participation bâtarde, qui consiste à donner au travailleur un semblant de répartition, tout en le faisant produire plus, non, Citoyens ; c'est la participation Godin, à Guise, et la maison Leclerc, à Paris. Je prends cette dernière pour modèle ; voici ses avantages : tout ouvrier ou employé de la maison qui demande à être sociétaire n'aura jamais aucune cotisation à payer ; il n'aura qu'à verser au trésorier la somme de 20 francs pour son droit d'admission. A la fin de l'année, le bilan dressé, les chiffres tous connus, il est fait devant les intéressés, quatre parts égales des bénéfices, qui se répartissent ainsi :

25 °/₀ à la Gérance, 25 °/₀ à la société de secours et de retraite et 50 °/₀, *répartis en espèces chaque année à tous les ouvriers qui ont travaillé à la maison au prorata de leurs gains.* Par cette répartition, le prix de la journée est augmenté de 20 °/₀. Tout ouvrier qui a cinquante ans d'âge a droit à la pension de retraite.

Cette retraite est de 1,200 francs par an. A la mort d'un pensionné, la veuve est de droit pensionnée et touche de ce fait la demi-pension. A défaut de veuve, les enfants, jusqu'à leur majorité.

Quand un sociétaire tombe malade, il reçoit, durant le cours de sa maladie, 3 fr. 50 par jour, les soins du médecin et les médicaments, et cela pendant six mois durant. Passé ce délai, le conseil de famille avise si la société doit continuer les secours ou si le malade doit être porté pour la retraite.

Mais c'est une mesure *provisoire*; si le sociétaire n'a pas l'âge pour la retraite définitive et si sa santé se réta blit, il reprend sa place parmi ses collègues et sa pension lui est retirée.

A la mort d'un sociétaire ou de sa femme, les funérailles sont aux frais de la société.

Enfin, pour couronner tous ces avantages, à la mort d'un sociétaire ou pensionné (pour avoir droit à tous ces avantages, il faut cinquante ans d'âge et vingt ans de présence), la veuve ou les enfants mineurs, à leur défaut aux père ou mère sexagénaire, touchent encore une somme de 1,000 francs.

Voilà, Citoyens, les avantages de cette belle institution, et ne croyez pas que si tous ceux que nous appelons de bons patrons, si, dis-je, ils suivaient cet exemple, nous ne craindrions plus les révolutions, car ce serait la principale. Croire que tous le feront, je ne le crois pas ; mais, comme je le disais, c'est un avertissement.

Aux sociétés de production, nous n'y croyons pas, car jamais les travailleurs n'auront le capital nécessaire à la marche des exploitations.

Il n'y a donc que deux moyens de sortir de la situation mauvaise où nous sommes : c'est l'accord du capital et du travail par la répartition juste et équitable des bénéfices, ou la révolution, ce qui ne peut manquer d'arriver si cet état de choses se perpétue.

Allons. Messieurs du capital, reconnaissez que cette répartition n'est pas une libéralité généreuse, mais un droit incontestable. Que nos législateurs s'inspirent de ce droit et l'implantent dans nos lois.

Quant à nous, travailleurs, revendiquons hautement le droit à la vie, et que de ce Congrès sorte des résolutions viriles.

La citoyenne CANCE, des piqueuses en chaussures de Lyon, donne ensuite lecture des vœux suivants et demande leurs renvois à la Commission chargée de présenter des conclusions sur les rapports du capital et du travail.

Vœux présentés au Congrès par les Chambres syndicales des menuisiers, piqueuses de bottines et dames réunies, et des parqueteurs et replannisseurs.

Considérant qu'en matière d'émancipation des travailleurs des deux sexes, il doit être fait tous les efforts possibles, nous soumettons aux vœux du Congrès les conclusions du rapport du citoyen Dumay (présenté par lui à la conférence internationale), sur l'instruction intégrale et demandons son renvoi à la Commission du travail et du capital.

Voici les conclusions :

A toutes ces considérations morales, politiques et sociales, qui militent en faveur des écoles professionnelles, nous pourrions ajouter encore d'autres raisons non moins valables ; mais nous voulons conclure en proposant au Congrès les résolutions suivantes :

1° Création d'écoles professionnelles dans tous les chefs-lieux de département et d'arrondissement et dans les autres villes où le besoin s'en fera sentir ;

2° Intervention légale des Syndicats ouvriers dans l'organisation et l'administration de ces écoles, de concert avec les municipalités ;

3° Mise à la disposition des Commissions d'organisation de tous les édifices nationaux, départementaux et communaux occupés par des services religieux ;

4° Frais d'entretien des apprentis à la charge de l'Etat, des départements ou des communes dans des proportions à déterminer entre les intéressés ;

5° Création d'un journal de renseignements entre les écoles de professions similaires, où les directeurs de chaque établissement relateraient chaque mois les améliorations apportées à leur outillage ;

6° Dans le journal des écoles professionnelles d'agriculture faire des cours sur les engrais chimiques, donner des renseignements sur les graines qui produisent le plus, indiquer les endroits où l'on peut se les procurer, et envoyer ce journal gratuitement aux communes rurales et aux cultivateurs qui en feraient la demande.

La commission invite les délégués français à soumettre ces résolutions à leurs mandants, en province surtout, et les engage à exiger de leurs élus aux différentes fonctions publiques de s'en occuper très sérieusement.

Pour clore son rapport, la Commission croit devoir déclarer au Congrès qu'elle ne considère toutes ces réfor-

mes que comme des palliatifs, et qu'elle est convaincue
que l'affranchissement intégral du prolétariat ne sera une
vérité que le jour où la société mettra gratuitement à la
disposision du producteur la matière première et l'instrument de travail.

> Pour la commission :
> *Le rapporteur*, J.-B. DUMAY.

Pour les Chambres syndicales :
Les citoyennes CANCE et LAURENT; les citoyens CHOUX,
MONDON, CHAVRIER et BLOUIN.

*Vœu présenté par les Chambres syndicales des menui-
siers, piqueuses de bottines et dames réunies et des
parqueteurs et replanisseurs.*

Considérant qu'en matière de réglementation du travail
il est nécessaire d'être en communion d'idées avec les nations européennes. Pour ce faire, nous soumettons aux
vœux du Congrès l'approbation au profit de la loi sur la législation internationale du travail, et demandons le renvoi
à la Commission des heures du travail.

> *Pour les Chambres syndicales :*
> Les citoyennes CANCE et LAURENT, les citoyens
> CHOUX, MONDON, CHAVRIER et BLOUIN.

Le renvoi de ces deux vœux n'est pas prononcé ; mis
aux voix, ils sont acceptés à l'unanimité moins quelques
voix.

Le citoyen Mondon, délégué de la Chambre syndicale
des ouvriers menuisiers de la ville de Lyon, lit la protestation suivante :

CITOYENNES ET CITOYENS,

La chambre syndicale des ouvriers menuisiers vous prie
de prendre connaissance d'un fait que l'on ne saurait qualifier, qui s'est passé à notre Conseil de prud'homme,
mardi 12 octobre. Nous pensons qu'il peut avoir sa place
dans la question à votre ordre du jour : Capital et travail.
Voici les faits :
Un ouvrier se présente à l'arbitrage avec un certain
patron.

Les griefs étaient que ledit patron soutenait avoir convenu verbalement avec cet ouvrier au 10 0/0 de rabais au tarif actuel.

L'ouvrier ne reconnaissait aucune convention, et même n'en avoir entendu parler.

Là-dessus, le patron se décidait à le payer intégralement.

Mais c'est ici que le conseiller patron (Misme), dont l'atelier est déjà à l'index, ce qui ne vous étonnera pas, demanda au patron s'il avait bien examiné les comptes, nous pourrions dire épluché. Sur la réponse négative de ce patron, le sieur Misme lui dit alors : remportez vos comptes et vous trouverez bien le moyen de faire le rabais de 30 francs sur la somme de 300 francs, différend qui existaient entre les deux parties.

Citoyens, devant un fait semblable, le conseiller ouvrier, jugeant avec ce conseiller patron, a protesté en se retirant et refusant de siéger avec lui.

Nous protestons énergiquement contre ces manœuvres déloyales, et nous croyons qu'en le signalant au Congrès, ce conseiller patron sera flétri comme il le mérite.

Le Congrès souligne par de nombreux applaudissements le bien fondé de cette réclamation.

Le citoyen Dongé, délégué de la Chambre syndicale des ouvriers plâtriers et peintres de la ville de Lyon et du département du Rhône, donne lecture du rapport suivant :

CITOYENNES ET CITOYENS,

Au nom de ma Chambre syndicale, je viens vous exposer les vœux par elle soumis. Notre métier de peintres et plâtriers, ici, sur la place de Lyon, se trouve exposé à des chômages très fréquents, soit par l'immensité des étrangers, soit par les sous-entrepreneurs, soit par les marchandeurs ou tâcherons.

Il est une chose qui existe de longue date : nos patrons, par une concurrence énorme des étrangers établis sur la place de Lyon, qui font les travaux à des prix dérisoires, et pour se dégrever, donnent leurs travaux à façon. Nous avons bien un tarif, mais il n'est pas suivi, car lesdits marchandeurs font les travaux à 15 0/0 au-dessous. Alors, dans ce cas, pour les grands bâtiments où il faudrait dix ouvriers pour les faire, lesdits marchandeurs en occupent quatre tout au plus. Ce qui fait qu'ils ne sont pas davantage, c'est que les prix qu'ils ont sont très minimes, et par conséquent ne leur permettent pas de payer un ouvrier 55 centimes l'heure, à moins que cet ouvrier ne soit très habile. Ce qui arrive chaque jour, c'est que l'ouvrier qui n'a pas les capacités de courir sur le travail est renvoyé, et c'est tout au plus s'il fait trois ou quatre journées par semaine, et encore bien content.

Pour apporter un remède à toutes ces difficultés, nous déposons les conclusions suivantes :

Mandat donné au délégué de la Chambre syndicale des ouvriers peintres et plâtriers de la ville de Lyon, au Congrès de Lyon 1886.

Citoyens,

Considérant :

1° Qu'un travail manuel trop prolongé ou trop précipité ne vaut absolument rien et ne peut être appelé un travail ;

2° Que non seulement c'est la ruine de la santé du travailleur, mais c'est encore le cas le plus grave qui puisse nous apporter le chômage ;

3° Que, en empêchant l'ouvrier de cultiver son intelligence par un travail trop prolongé, on porte encore atteinte à la dignité de l'homme et au principe de la fraternité ;

4° Que les travaux faits au marchandage sont faits à vils prix, au préjudice de l'ouvrier payé à la journée, et qu'ils ne remplissent aucunement les conditions d'un travail fait à la journée. Bien plus, que c'est la seule cause qui occasionne les chômages et les mortes-saisons, par le désir insatiable du gain ;

5° Que l'exploitation individuelle par des ouvriers sous-entrepreneurs, ouvriers dits MARCHANDEURS OU TACHERONS, est essentiellement injuste et vexatoire pour l'ouvrier.

« Paris, 2 mars 1848.

« Déclaration du gouvernement provisoire. — Diminution des heures de travail. — Abolition du marchandage sur le rapport de la Commission du gouvernement pour les travailleurs.

« Considérant :

« 1° Qu'un travail manuel trop prolongé non seulement ruine la santé des travailleurs, mais encore en l'empêchant de cultiver son intelligence, porte atteinte à la dignité de l'homme ;

« 2° Que l'exploitation des ouvriers par les sous-entrepreneurs dits marchandeurs ou tâcherons, est essentiellement injuste, vexatoire et contraire au principe de la fraternité ;

« Le gouvernement provisoire de la République décrète :

« 1° La journée de travail est diminuée d'une heure ; en conséquence, à Paris, où elle était de onze heures, elle est réduite à dix, et en province, où elle avait été jusqu'ici de douze heures, elle est réduite à onze ;

« 2° L'exploitation des ouvriers par des sous-entrepreneurs ouvriers ou marchandage est abolie. Il est bien entendu que les associations d'ouvriers qui n'ont point pour objet l'exploitation des ouvriers les uns par les autres ne sont point considérées comme marchandage. »

Citoyens,

Le marchardage a donc été aboli, les heures du travail à la journée diminuées. Mais, chacun à l'heure actuelle se demande ce que sont devenus ces décrets de 1848, si utiles à l'ouvrier.

Prenons encore les décrets, déclarations du gouvernement. Douze jours avant ces derniers, nous voyons le gouvernement de la République provisoire s'engager à garantir du travail à tous les citoyens.

Il reconnaît que les ouvriers doivent s'associer entre eux pour jouir du bénéfice légitime de leur travail. (Paris, 23 février, 1848.)

En conséquence desdits décrets, qui sont un appui pour nos revendications, le Syndicat des ouvriers peintres et plâtriers de la ville de Lyon, émet les vœux suivants :

1° Mise en exécution immédiate des décrets de 1848, abolissant le marchandage ;

2° Réduction des heures de la journée de travail à huit heures pour toute la France ;

3° Revision complète de la loi sur les prud'hommes ;

7° Revision complète de la loi sur les Syndicats ;

5° Liberté complète aux Syndicats professionnels de devenir adjudicataires des travaux de la Ville sans cautionnement ni aucune exigence ;

6° Fédération de tous les Syndicats de France.

Rapport du citoyen Baslé, de la sellerie lyonnaise

Ce qui nous intéresse aujourd'hui est tellement connexe avec ce que nous avons traité lundi, que je n'ai pas cru devoir entrer en lice.

Mais ce soir permettez-moi d'y rentrer.

Les travailleurs ont besoin de se liguer, c'est-à-dire de créer un capital pour combattre les capitalistes.

Socialisme. — Que voulons-nous, par notre Fédération ?

Nous ne voulons que comme nos pères, nous affranchir d'un joug qui pèse sur nos têtes ; mais, eux, ils avaient un tout autre joug à secouer : c'était celui de la noblesse.

Le duc d'Aguillon disait dans la nuit du 4 août ;

« Ceux qui brûlent nos châteaux ne sont pas des malfaiteurs, ce ne sont pas des bandits à main armée, ce sont des gens qui veulent secouer le joug qui pèse depuis trop longtemps sur leur tête. »

A cette époque, Citoyens, la révolution était sanglante, aujourd'hui c'est une révolution pacifique qu'il nous faut et que nous voulons ; comment y arriverons-nous ? C'est par une Fédération qui sortira de notre Congrès.

Tous nos détracteurs, c'est-à-dire l'aristocratie nobilière et financière, se liguent contre nous, en associant leurs finances ; et par ce moyen écrasent l'ouvrier, c'est donc contre ces capitaux que nous avons à lutter, et ceci pour deux raisons :

. La première, c'est que si nous n'empêchons cet envahissement, nous n'aurons plus que des grandes usines, les petites maisons tomberont, et alors il né nous restera que huit ou dix maisons pour nous procurer du travail au lieu de cent, c'est donc ce qu'il faut tâcher d'empêcher.

La seconde est : ces Messieurs qui disent si bien que la classe ouvrière a besoin d'être gouvernée, d'être tenue en laisse, car ils se disent la classe dirigeante. Ils verront qu'ils sont dans l'erreur, que cette classe qui, selon eux, a besoin d'un guide, que dans cette classe, il y a des intelligences, au moins autant que chez eux, si ce n'est pas plus.

Et, en effet, eux qu'ont-ils, la théorie, mais voilà tout.

Ah ! j'oubliais, ils ont l'orgueil ; mais nous, nous avons l'intelligence et le travail, ce qui vaut beaucoup mieux, c'est-à-dire la pratique. Dans quelque temps, les ouvriers, par l'instruction que l'on commence à donner dans nos écoles laïques, dans quelque temps, dis-je, nous aurons et la théorie et la pratique, et comme nous sommes le nombre, ils n'oseront plus nous considérer comme des parias. Et cette classe de parias d'aujourd'hui deviendra la classe dirigeante, et eux seront les parias, car ils ne savent rien produire. Mais pour cela, comment y arriver, ce n'est que par la Fédération, parce que, entre nous, nous formerons un capital qui pourra lutter contre le capital d'aujourd'hui.

Je suppose que chaque Chambre syndicale verse par mois 25 centimes par membre, et je suppose encore qu'il y ait en tout cent mille ouvriers syndiqués, cela produit 25,000 francs par mois, je ne parle pas de millions dans une année, comme on vous l'a dit lundi, parce que je veux rester dans la logique ; un an, produirait 300,000 francs ; quatre ans, 1,200,000 francs, non compris les intérêts, vous voyez que cela chiffre.

Mais, me direz-vous, c'est bien long quatre ans. Oui, c'est vrai, mais il nous faut de la patience, de la persévérance, et en cela inspirons-nous des Chevaliers du travail aux Etats-Unis et des *Trades Unions* d'Angleterre, faisons comme eux et nous réussirons ; ils ont été patients et persévérants et ils sont arrivés.

Et lorsque l'on constatera que notre organisation a réussi,

nous verrons venir à nous les indifférents et les pusilla-
nimes, comme ceux que j'ai cité plus haut ont vu venir à
eux ceux qui les traitaient d'utopistes.

Si nous nous sommes réunis en Congrès pour faire une
Fédération, il ne faut pas que ce Congrès soit stérile, il
faut, au contraire, qu'il en sorte une organisation sérieuse,
capable de lutter avec le capital d'aujourd'hui.

Ayant des fonds, nous pourrions profiter des occasions
qui viendraient se présenter, telles que les soumissions
pour des fournitures, l'entreprise des bâtiments, l'achat
des ateliers qui seraient à vendre.

Si cette année nous nous étions trouvés organisés en
Fédération depuis dix ans, je suppose, nous aurions eu
douze millions de francs, non compris les intérêts pour la
grève de Decazeville; la Fédération aurait pu offrir d'a-
cheter la concession, et, j'en suis sûr, le gouvernement
aurait appuyé la proposition, et si la Société, dont M. Jules
Simon est le président, n'avait pas voulu la vendre, ils
auraient fait des offres plus avantageuses que celles qui
ont été faites.

Dans le cas où ils auraient vendu dans l'espoir que
l'ouvrier ne sache rien faire par lui-même, ce que leur
orgueil les force à croire, les mineurs de Decazeville, par
leur travail, leur donneraient un démenti formel, et les bénéfices, que ces messieurs empochent au détriment des
ouvriers qui se tuent par le travail, qui risquent leur vie,
comme l'a si bien démontré le citoyen Rondet, gagneraient
davantage et rapporteraient à la Fédération.

La grève n'aurait pas duré si longtemps et il n'y aurait
pas eu autant de misère.

Ici à Lyon, la grève des verriers aurait peut-être été
évitée, car ces messieurs auraient été éclairés par Decazeville, et voyant que l'on avait de l'argent, que l'on pouvait lutter par le capital, auraient fléchi et auraient ac-
cédé aux justes réclamations des ouvriers verriers.

Ayant une certaine somme en caisse, on pourrait créer
une banque ouvrière qui pourrait venir au secours des
petits patrons par des prêts au taux de la Banque de
France, ce qui rapporterait et qui serait d'un grand secours
pour les petits commerçants et les petits industriels, car
bien souvent ils sont mangés par les prêteurs à la petite

semaine, qui leur prennent 40, 60 °/₀ d'intérêt et quelquefois plus.

Il ne faut pas croire que j'exagère; je puis prouver ce que j'avance. Pour couvrir leurs frais, les petits patrons sont obligés de diminuer la journée de l'ouvrier; de là vient la lutte et la haine entre patrons et ouvriers, et qui en profite? Le capitaliste.

Avec une Banque créée par notre Fédération, les petits industriels et les petits commerçants viendraient y escompter leurs valeurs. De là le produit et les bons rapports; car ayant recours à nous et, par ce fait, n'ayant plus de gros intérêts à payer, ils pourraient payer la journée de l'ouvrier. Nous soutiendrions les petites industries et l'on tiendrait en échec les grandes usines. Voilà, selon moi, le meilleur moyen d'organiser les rapports du capital et du travail, qui est la question à l'ordre du jour et qui nous occupe.

Voilà, je crois, la révolution dans l'industrie, révolution du capital; en un mot, la révolution pacifique.

Depuis un siècle, des hommes avancés n'ont cessé de lutter contre les monarchies; beaucoup d'entre eux ont été victimes de leur dévoûment à la cause républicaine. Eh bien! aujourd'hui, nous l'avons cette République; pour la conserver, c'est à nous d'aider au gouvernement par notre organisation et non lui créer des embarras qui lui empêchent de faire des réformes dont nous avons tant besoin et dont nous nous plaignons, avec raison, qu'elles ne soient pas encore arrivées.

Rapport du citoyen Ferra, de l'union des Bouches-du-Rhône

CITOYENNES ET CITOYENS,

Pensant que des délégués s'occupant plus particulièrement des grandes questions relatives au rapprochement du capital et du travail prendraient la parole dans cet important débat, j'ai cru de mon devoir, afin de ne pas faire perdre un temps précieux au Congrès et surtout aussi pour ne pas retomber dans les redites, j'ai cru de mon devoir, dis-je, de ne m'occuper que de deux questions qui intéressent plus particulièrement quelques Syndicats que nous avons l'honneur, mon camarade Maystre et moi, tous deux délégués de l'Union des Chambres syndicales ouvrières des Bouches-du-Rhône, de représenter à ces grandes assises du travail.

Je rentre immédiatement dans mon sujet :

C'est d'abord de la Chambre syndicale des ouvriers confiseurs-pâtissiers que je vais vous entretenir en exposant en quelques lignes leur critique situation et le besoin pressant que cette corporation éprouve de se trouver au rang des autres travailleurs du département.

Certes, si chez les ouvriers de tous corps d'état il y a des réformes à faire, s'il y a des droits à revendiquer, dans la corporation des confiseurs-pâtissiers il y en a beaucoup également; certains usages, notamment, que notre siècle et le progrès réprouvent absolument et qui les assimilent aux esclaves.

Etre nourris chez les patrons, voilà le mal plus invétéré que ces intéressants travailleurs voudraient guérir au plus tôt. Ils voudraient se sevrer de cette nourriture donnée dans la maison de l'employeur qui les force à manger ce qui lui plaît, à lui patron, et qui, très souvent, est des plus insuffisantes. En un mot, ils veulent la suppression de la nourriture et du logement chez les patrons.

Je préfère donc, pour mieux convaincre l'auditoire, donner connaissance d'un extrait du procès-verbal contenant les pouvoirs qu'ils m'ont donné :

« Les ouvriers confiseurs-pâtissiers, ouvriers obscurs et desquels jamais personne ne parle, ont besoin d'une voix autorisée pour faire entendre leurs plaintes et faire triompher leurs justes réclamations.

Au milieu de cette assemblée de prolétaires, soyez l'interprète de notre plainte et parlez au nom de ceux qui souffrent Unissez nos misères à celles des autres. Amassons toutes les réclamations des ouvriers de France ; que tous ceux qui souffrent le crient et le proclament bien haut ; que tous ceux qui ont besoin de revendication s'unissent et se secondent, et alors nous pourrons crier si fort, que nous finirons bien par nous faire entendre et, grâce à l'union, grâce au Congrès, pouvoir forcer les élus à faire droit à notre demande et nous faire croire enfin que leurs promesses ne sont pas des mensonges.

« Quant à nous, ouvriers confiseurs-pâtissiers, nous demandons à grands cris l'abolition des bureaux de placement, la suppression de la nourriture chez les patrons, et faisons vœu que la loi visant les apprentis soit mise en vigueur, vu que dans beaucoup de maisons les patrons remplacent souvent un ouvrier par des apprentis, ce qui nous porte tort. Et puis, combien de jeunes apprentis ne peuvent continuer à travailler, étant trop jeunes, à certaine époque, notre journée commençant à 4 heures du matin pour finir à 9 heures du soir, sans aucun repos à midi.

« Dans l'espoir de voir nos revendications aboutir un jour, recevez nos salutations fraternelles et portez au Congrès l'encouragement et la persévérance. »

J'ai également mandat, au nom des Syndicats des garçons d'hôtel, restaurants et limonadiers, et des employés similaires, de protester énergiquement contre cette exploitation épouvantable des bureaux de placements, que l'on peut considérer à juste titre comme le digne pendant de la traite des noirs.

Précisément demain soir, se tiendra à Marseille un grand meeting de tous ces honnêtes travailleurs et des autres industries se trouvant dans la même situation, et vous ne tarderez pas à en connaître les résultats, s'ils me sont communiqués avant l'issue de ce Congrès.

Nous osons espérer que vous ne laisserez pas échapper

l'occasion, Citoyennes et Citoyens, de vous joindre à tous ceux qui luttent pour leur affranchissement, par les voies pacifiques et légales.

J'ai également à vous entretenir des doléances de la Chambre syndicale des chauffeurs et conducteurs de machine.

Ils demandent la diminution des heures de travail qui, dans leur corporation, atteignent souvent le chiffre de quatorze par jour, quand on ne les oblige pas à continuer le travail pendant la nuit, après un repos nécessaire pour un modeste repas.

Ils manifestent le désir de voir tous les ouvriers qui se croient conducteurs de machine passer un examen qui serait, selon le résultat, un brevet de capacité pour l'ouvrier et un moyen de garantie pour le patron. Ils voudraient voir des ingénieurs-inspecteurs faire des tournées dans les usines et les manufactures, et questionner les chauffeurs sur l'état des générateurs, et malheureusement bien souvent on demande plus de force aux générateurs qu'ils n'en peuvent fournir.

Les courroies de transmission ne devraient jamais être mises sur les poulies quand les machines sont en mouvement, car cette opération peut entraîner des accidents épouvantables, j'en appelle aux délégués de la métallurgie.

Tous ces petits détails ne sont qu'un faible résumé de tous les dangers auxquels les chauffeurs sont exposés.

Le Syndicat des chauffeurs et conducteurs se recommande particulièrement aux délibérations des membres du Congrès.

Comme conclusion à ce rapport, les délégués de l'Union des chambres syndicales ouvrières des Bouches-du-Rhône demandent :

La suppression des bureaux de placement des deux sexes, et leur remplacement par des bureaux administrés par les Syndicats des premiers intéressés.

L'abolition de cet ancien et tyrannique usage pour les confiseurs-pâtissiers et professions similaires, de la nourriture au domicile du patron.

Après cette lecture, le citoyen RONDET cède la présidence pour un instant au citoyen PARROT, de Decazeville et s'exprime ainsi :

Résumé très succinct du discours du citoyen Rondet.

Citoyens,

Pour aujourd'hui je serai bref, étant donné qu'il y a beaucoup de citoyens qui ont demandé la parole sur la question à l'ordre du jour, et que de plus, par suite du trop grand nombre d'orateurs inscrits chaque soir, il y en a parmis ceux inscrit aujourd'hui qui n'on pas encore pu prendre la parole depuis l'ouverture du Congrès, ces citoyens ont des mandats à remplir comme nous, en conséquence j'engage les citoyens qui prendront la parole après moi à être brefs aussi.

Citoyens,

Ce n'est pas dans quelques minutes que l'on peut exposer toutes les idées que chacun de nous peut avoir sur la façon dont les rapports entre le capital et le travail pourraient être avantageusement modifiés au profit de la classe ouvrière en général et des mineurs en particuliers, je ne m'étendrai donc pas sur la condition misérable faite au mineur par les capitalistes qui l'exploitent, je vous ai dit hier combien sont malheureux ceux que la nécessité oblige à faire ce métier de damné, aujourd'hui je veux seulement vous dire quelques mots sur la grève de Decazeville, comment s'y prennent les capitalistes pour avoir raison des victimes de leur cupidité; ils font appel à la force armée, et les préfets quoiqu'ils aient l'air de soutenir quelquefois les grévistes, sont toujours disposés à se faire les plats valets des exploiteurs; quel que soit le prix de façon alloué par les compagnies aux mineurs, soyez sûr qu'il est fixé par le bon plaisir des patrons; toutes les choses sont faites à leur avantage, si vous plaidez par exemple contre une compagnie il y a quatre-vingt-dix-neuf chances sur cent d'être jugés par les actionnaires; car les magistrats, propriétaires d'actions, se gardent bien de se récuser, tout au contraire.

S'il arrive un accident dans une mine, on commence d'abord par faire disparaître toute trace de l'accident qui pourraient être préjudiciable aux intérêts de la compagnie, pour mettre au contraire bien en évidence ce qui peut être nuisible aux malheureux qu'un éboulement, un déraillement de wagonnet, ou une explosion aura estropiés, et si par suite de cet accident on est obligé de plaider avec la compagnie pour se faire rendre justice, vous avez perdu avant de jouer, car ces messieurs ont tous les atouts dans les mains. Il n'est pas rare, Citoyens, de voir tout le tribunal au complet être des actionnaires d'une compagnie contre laquelle vient plaider un mineur, victime d'un accident. Un ami m'a cité un cas tellement curieux en même temps que honteux, que je ne puis résister au désir de vous le faire connaître: un mineur, dont la famille était dans l'aisance fut pris par un éboulement en passant dans une galerie pour aller prendre son poste; il n'y avait pas dans cet accident matière à discuter au point de vue de la responsabilité de la compagnie. Cependant on refusa de rien lui donner malgré qu'il était resté cinq mois sans pouvoir travailler, ayant eu les côtes enfoncées; outré d'une telle injustice, ses parents, qui avait des moyens, l'aidèrent à poursuivre la compagnie. Il prit un avocat de grand talent, plaida en première instance, en Cour d'appel, et perdit son procès, pourquoi? Simplement parce que l'avocat qu'il avait choisi était possesseur d'un nombre respectable d'actions de cette compagnie ainsi que les magistrats devant qui son affaire avait été jugée, une indiscrétion d'une employé d'agent de change lui fit connaître ces petites détails véritablement instructifs.

Voilà comment sont tranchés les différends entre les exploiteurs et les exploités, et l'on s'étonne que les rapports entre les capitalistes et les salariés prennent de jour en jour un caractère plus aigu; ce qui devrait nous étonner, c'est de ne pas voir plus souvent des soulèvements comme celui de Decazeville. Citoyens, je termine pour ne pas abuser de la tribune, et je conclus en demandant qu'à l'avenir il ne soit plus donné, par le gouvernement, de concessions aux compagnies anonymes, les concessions selon moi, ne doivent être données par l'Etat qu'aux communes ou aux associations ouvrières.

Ce discours est très applaudi, et c'est au bruit de ces nombreux applaudissement, que le citoyen Rondet dont le dévoûmment à la cause des ouvriers mineurs est bien connu, regagne sa place pour donner la parole au citoyen Bernard de l'Union de la métallurgie lyonnaise.

Discours du citoyen Bernard

COMPAGNONS,

Contrairement aux différents orateurs qui m'ont précédé dans l'étude de la sixième question du Congrès, j'ai reçu pour mandat de venir défendre devant vous la socialisation des moyens de production par la révolution violente.

La démonstration de ce but, aussi bien que celle de ce moyen, nécessiterait un temps beaucoup plus long que le *quart d'heure* accordé par la Commission.

Nous somme obligés de nous limiter à l'énoncé de la principale loi économique qui fait du salariat une institution susceptible d'aucune amélioration et, pour cela, rend complètement illusoires les réformes préconisées par un certain nombre de délégués.

D'après tous les économistes, le travail offert par l'ouvrier doit être considéré comme une marchandise qui, par le fait qu'elle s'offre et se demande, subit des fluctuations de hausse et de baisse, sans toutefois jamais trop s'écarter d'un taux moyen, qui est celui du prix de revient.

Or, le prix de revient de la marchandise-travail est incontestablement la somme de produits, ou mieux d'objets consommables que nécessite l'existence de l'ouvrier, la conservation de ses facultés productives, et enfin la possibilité pour lui de procréer et d'élever des enfants qui lui succèderont comme producteurs.

Il résulte de cette assimilation du travail aux marchandises que, si le taux moyen était la règle générale du salaire de la classe ouvrière, il en résulterait sinon un bien-être, tout au moins une espèce de situation que nous avons l'habitude de désigner par *joindre les deux bouts*, c'est-à-dire l'équilibre de nos dépenses avec nos recettes.

Malheureusement, les fluctuations de prix que subissent les marchandises, par suite de l'*offre et de la demande*, se fout particulièrement sentir pour le travail, où elles se manifestent surtout par une baisse de salaire qui descend souvent bien au-dessous du taux moyen. C'est alors que s'établit cette situation que nous connaissons tous et qui a nom *misère*.

Il est inutile, croyons-nous, de démontrer ce qu'est la misère ; nous avons, sans doute, tous fait connaissance avec elle, et si nous sommes divisés sur ses causes et ses remèdes, nous ne le sommes point quant à ses conséquences. Le vol, la prostitution, tous les vices, tous les crimes ont comme cause première la misère. Elle est aussi le point de départ de l'étiolement des peuples et de ces mortalités si nombreuses qui découlent de l'anémie.

C'est pour la diminuer, pour en amoindrir les effets que l'on vous a préconisé une multitude de réformes qui, jusqu'à ce jour, n'ont fait que servir d'appâts aux politiciens de toutes catégories.

Que de promesses alléchantes, que de réformes présentées comme des panacées à guérir tous les maux du corps social, dans ces affiches électorales où on lutte à celui qui nous fera le plus de promesses ; dans ces rapports, dans ces discours où toutes nos souffrances sont supprimées comme par enchantement, malheureusement ce n'est toujours qu'en paroles. En fait, non seulement la situation reste la même, mais elle devient de jour en jour plus critique.

Nous avons dit que le taux normal du salaire de l'ouvrier est celui qui lui permet de conserver ses facultés productives et de procréer des nouvelles générations de producteurs. Ce taux normal crée ainsi une situation qui tient le milieu entre le bien-être et la misère. Cette situation est la conséquence du droit de propriété, ou mieux ce qui, en somme, est la même chose, de l'assimilation de l'ouvrier aux machines, qui ne reçoivent de la part de leurs possesseurs que le combustible, l'huile, les frais d'entretien juste suffisants à leur bon fonctionnement. Il en résulte que de même qu'on ne mettra pas de charbon, qu'on ne graissera pas une machine dont on ne se sert pas ; de même aussi le capitaliste, le propriétaire, le patron, en un mot tous les possédants ne rétribueront pas un ouvrier dont ils n'ont pas besoin.

Mais il ne suffit pas que les possédants n'aient pas besoin d'un ouvrier pour que celui-ci ait perdu toute faculté de consommer : qu'il travaille ou ne travaille pas, il faut néanmoins se nourrir, se vêtir et se loger. Or, c'est assurément quand on est sans travail et sans le sou qu'on est dans une situation critique, et quand nous disons que la situation de la classe ouvrière devient de plus en plus critique, c'est-à-dire que le nombre des ouvriers sans travail devient de plus en plus considérable.

Nous démontrerons dans un instant que, dans ce cas, la misère étreint non seulement ceux qui sont sans travail, mais qu'elle se fait sentir sur toute la classe ouvrière. Toutefois, nous croyons qu'il est tout d'abord nécessaire de rechercher pourquoi le nombre des ouvriers sans travail augmente continuellement.

A en croire plusieurs délégués, la cause unique serait la concurrence étrangère ; oubliant que la misère et le chômage n'ont pas de nationalité, qu'ils ne sont ni français ni allemands, mais bien cosmopolites et que partout ils se manifestent.

D'autres délégués accusent spécialement la machine. A notre avis, le chômage est dû tout d'abord à une cause générale qui est la *surproduction*, c'est-à-dire à l'engorgement des magasins par la portion de produits qui reste inconsommée après le prélèvement fait par les possédants et l'achat qu'a pu faire la classe ouvrière.

Sous une autre forme, notre pensée sera plus compréhensible. En admettant le produit du travail par le chiffre dix, les capitalistes, patrons et commerçants, prélèvent quatre parties ; sous forme de salaire la classe ouvrière en reçoit trois, soit sept parties sur dix, il reste donc trois parties qui produisent l'engorgement des magasins.

Il ne faut pas oublier qu'une situation normale ne peut jamais permettre l'écoulement des marchandises en magasins, car une fois que ceux-ci sont remplis il y a arrêt dans la production, de là le chômage, par conséquent, l'impossibilité pour les ouvriers d'acheter : telle est la situation actuelle de plusieurs nations de l'Europe, situation qui ne pourra prendre fin que par une guerre européenne ou une révolution.

A cette cause générale viennent souvent se joindre

quelques causes particulières à une corporation ou a une localité. Plusieurs corporations, par exemple, le tissage à Lyon, la ganterie à Grenoble, l'article de Paris à Paris, qui avaient le monopole de leurs industries se trouvent aujourd'hui plus particulièrement atteintes par l'établissement de ces industries dans les différentes parties du monde.

Quelquefois aussi une invention mécanique ou autre bouleverse complètement le travail d'une industrie.

En tout cas, toutes ces causes particulières ne font que servir d'appoint à la cause générale, c'est-à-dire à la *surproduction*.

Mais pourquoi y a-t-il surproduction?

L'humanité dans son ensemble satisfait-elle tous ses besoins ?

Aucun de ses membres n'a-t-il besoin de souliers, de vêtements, de nourriture pour que ces produits en magasins ne trouvent pas à s'écouler?

La réponse à ces questions n'est pas douteuse, dans une réunion ouvrière où chaque assistant se nourrirait mieux, se vêtirait mieux s'il en avait la possibilité. Ce n'est donc pas le besoin de consommer qui manque, mais bien la possibilité de se procurer les objets de consommation ou, pour employer un terme plus simple, le moyen de les acheter.

Or, pour permettre à la classe ouvrière d'acheter une plus grande somme de produits il n'y a, à notre avis, que deux moyens: 1° que les marchandises diminuent de prix, 2° que les salaires augmentent. Cela est si vrai que les réformes présentées tendent toutes à l'application d'un de ces moyens.

Nous n'avons pas l'intention de passer en revue toutes ces réformes. Nous constaterons simplement que le prix des marchandises est motivé par le prix de revient et que celui-ci dérive du salaire payé aux ouvriers et des bénéfices des intermédiaires, patrons et commerçants.

Nous pouvons, dès maintenant, écarter l'idée de diminuer le prix de revient d'un produit, en diminuant les salaires, puisque ces deux diminutions s'annulent l'une par l'autre ; en effet, si le prix des produits est diminué par exemple de 20 %, et que cette diminution soit suivie ou précédée d'une diminution de salaire, également de 20°/₀, il est bien évident que la situation est restée la même pour la classe ouvrière.

Il ne reste donc comme moyen que la diminution des bénéfices prélevés par le capital. C'est sur ce terrain que se sont produits tous les efforts de la classe ouvrière, soient sous forme de grève, de société de production ou de consommation.

Pour bien se rendre compte des causes qui, neuf fois sur dix, font de tous ces efforts autant de défaites pour la classe ouvrière, il est nécessaire de ne jamais perdre de vue que le capitaliste peut se passer, pendant un temps relativement long, du concours du travail, car tant que les marchandises en magasins ne seront pas entièrement écoulées, il pourra satisfaire tous ces besoins avec l'aide de son capital.

L'ouvrier, au contraire, ne possédant que son travail, ne peut satisfaire aucun de ses besoins sans avoir recours à ceux qui détiennent la matière première, l'outillage et les avances nécessaires au travail.

Il résulte de cette situation une infériorité, une dépendance absolue du travail ou capital, et par cela même, l'impossibilité pour la classe ouvrière de faire diminuer à son profit les bénéfices prélevés sur sa production.

Cette impossibilité deviendra de plus en plus complète, étant donné que la mécanique, la physique, la chimie apportent chaque jour des procédés nouveaux qui, par leur application dans l'industrie, diminuent de plus en plus le besoin du travail manuel. Il n'y a pas même jusqu'à l'instruction, cette instruction que nous réclamons tous, qui n'apporte son concours à rendre l'ouvrier moins nécessaire et, par conséquent, plus dépendant vis-à-vis du capital, et moins rétribué par celui-ci.

Nous disons que l'instruction contribue à la baisse des salaires. Et, selon nous, c'est ce fait qui, plus que tout autre, rend indispensable une transformation dans les relations du capital et du travail, car constater que plus sont grandes les facultés productives de l'ouvrier, plus grande est sa misère, n'est-ce pas une de ces anomalies qui, à elle seule, motiverait, pour sortir de cette situation, l'emploi de tous les moyens, aussi violents, soient-ils?

Aussi, pour ne laisser aucun doute sur ce fait, nous allons citer ,quelques exemples qui ne peuvent être mis en doute par personne, vu que chacun de nous est à même de les constater dans nos ateliers.

Vous savez tous que quand les travaux diminuent, diminution qui se manifeste par le plus grand nombre d'ouvriers qui cherchent du travail, nos patrons s'empressent de diminuer les prix de façon ou de journée. Ils peuvent le faire sans crainte, car si les ouvriers qu'ils occupent n'acceptent pas cette diminution, ceux qui sont à la porte demandant du travail, sont prêts, *étant poussés par la faim*, à l'accepter.

Ce fait étant reconnu, si nous envisageons le rôle que joue l'instruction dans l'industrie, nous constatons que l'arithmétique supprime le tâtonnement du compas et le remplace par une opération, la division, de beaucoup plus vite faite.

La géométrie supprime le montage de la plupart des travaux de construction, par le tracé de chacune des pièces qui les composent, et, en cela, abrège de beaucoup le temps nécessaire à l'exécution des travaux.

La trigonométrie, à son tour, vient supprimer le tracé géométrique et le remplacer par le calcul plus rapidement fait.

En un mot, plus l'ouvrier est instruit, plus il abrège les opérations que nécessite son travail. Moins grand est donc le nombre d'ouvriers nécessaires aux patrons.

Nous en concluons qu'étant donné la situation actuelle du capital et du travail, aucune réforme ne peut apporter une amélioration sérieuse à la situation des salariés, et que seul, le capital mis entre les mains de ceux qui le mettent en valeur, peut nous conduire à un état plus rationnel, où le progrès mécanique et autres profiteront à tous au lieu de n'être qu'un agent perfectionné d'exploitation.

C'est cette mise du capital entre les mains des travailleurs que nous désignons sous le nom de socialisation des moyens de production, c'est à dire : *le tout est à tous.*

Ce but étant indiqué, il nous reste à démontrer le moyen d'y parvenir. Cette démonstration nous sera d'autant plus facile que nous avons fait la remarque, que tous les délégués, depuis ceux qui s'intitulent modérés jusqu'aux révolutionnaires, reconnaissent que dans la lutte du travail contre le capital où les intérêts sont diamétralement opposés, il n'y a pas lieu de compter sur la bonne volonté. Aussi, chaque fois que, dans un congrès, un délégué a préconisé une réforme aussi anodine soit-elle, il n'a jamais manqué de faire suivre sa réforme par une série de pénalités contre ceux qui ne se conformeraient pas aux lois qui l'accompagnent.

Or, la pratique prouve surabondamment que, chaque fois qu'il est question de pénalité, il est question de gendarmes, de menottes, de prison, de bagne ; en somme, une masse de choses qui n'ont rien de commun avec le libre consentement. J'en appelle à tous ceux qui ont porté les menottes, et je suis certain qu'aucun ne me démentira.

En tous cas, je vous assure que pour mon compte, je ne les ai supportées que par impuissance de faire autrement.

La force est donc le seul, l'unique moyen employé par tous et pour tout.

Il y a cependant une nuance entre les révolutionnaires et les modérés ; les révolutionnaires préconisent la violence employée directement par les intéressés. Ils disent à la classe ouvrière : Combats toi-même pour ton affranchissement, sois à la peine, afin d'être au profit.

Les modérés veulent bien aussi employer la violence mais la violence des gendarmes, des soldats. Ils ne veulent pas y participer eux-mêmes ; ils se contenteront de faire les décrets ou lois qui la motiveront, et pour cela, c'est avec ensemble qu'ils nous préconisent la candidature ouvrière. Cette candidature, qui n'a fait jusqu'à ce jour que diviser les travailleurs.

Nous concluons, la force brutale employée directement par les travailleurs peut renverser et édifier. Préparons-nous donc à l'emploi de cette force, instruisons-nous, car en augmentant notre valeur individuelle, nous augmentons celle de notre parti qui, profitant d'une occasion, pourra enfin dire aux capitalistes : « Messieurs, nous ne demandons plus, nous prenons. »

Le public qui avait déjà salué de ses bravos l'apparition du citoyen Bernard à la tribune, applaudit vigoureusement à ce discours, où l'analyse de la loi des salaires et de ses conséquences, est exposée avec beaucoup de lucidité.

Discours du citoyen Blondeau

(RÉSUMÉ TRÈS SUCCINCT)

CITOYENS,

La Commission d'organisation a mis à l'ordre du jour : Rapport du Capital et du Travail; moi, Citoyens, je ne m'occuperai que des capitalistes et des travailleurs. Je ne veux donc pas traiter la question au même point de vue que les citoyens qui m'ont précédé. Ce n'est pas que je trouve que l'on a tort de s'en occuper, mais je crois que l'on suit une mauvaise voie; celle des socialistes est plus raboteuse et plus pénible à suivre, mais vous serez obligés de la prendre avant peu.

La citoyenne Laurent a dépeint avec connaissance de cause la situation malheureuse faite à la femme par le machinisme; elle vous a dit que dans une usine de Lyon le salaire ne dépassait pas 1 fr. 05 par jour. Il y en a qui gagnent bien moins, citoyenne Laurent; j'en connais quelques-unes qui ne gagnent que 0 fr. 75 par jour. Comment voulez-vous qu'elles puissent vivre honnêtement avec un salaire aussi dérisoire. De pareils faits ne se discutent pas, c'est trop monstrueux; nous savons trop que les citoyennes sont à la merci des capitalistes, qui profitent de leur misère pour en abuser. Mais il n'en sera pas ainsi le jour où les citoyennes seront socialistes, lorsque, conscientes de leurs droits et de leurs devoirs, elles élèveront leurs enfants de façon à en faire de bons révolutionnaires.

Je m'adresse à vous, femmes de travailleurs qui nous écoutez, au lieu de garder vos fils et vos maris chez vous, laissez-les venir dans nos groupes d'études sociales, dans nos Syndicats, ainsi que dans nos réunions publiques, envoyez-les vous mêmes, afin qu'ils puissent s'instruire. Vous détruirez ainsi bien des querelles de ménage, qui ne sont produites, le plus souvent, que par l'ignorance et la misère. Lorsque la femme sera socialiste, il y aura beaucoup moins de chair à plaisir et la révolution sociale sera proche. Mais pour qu'elle devienne socialiste, il faut l'éclairer, lui apprendre ce qu'elle ignore, lui sortir du cerveau toutes les idées superstitieuses de religion, que la société bourgeoise d'aujourd'hui lui a inculquées. C'est là notre tâche, la tâche des socialistes.

Si nous voyons tant de fils de famille aujourd'hui complètement déséquilibrés, c'est la faute de leurs parents.

Je m'adresse aussi à vous, petits boutiquiers, vous avez trop d'égoïsme et vous allez trop à la bourgeoisie qui, dans son grand appétit, mangera votre petit capital ; cependant vous êtes intelligents et vous avez de l'esprit, beaucoup d'esprit même. Gambetta, dont vous êtes fier, était le fils d'un épicier ; comment se fait-il que vous ne voyiez pas que l'ordre économique actuel a pour conséquence fatale la ruine de tous ceux qui, comme vous, ne peuvent lutter contre les gros capitaux.

La terre, ainsi que tout ce qui existe, a été créé par Dieu, dites vous, je ne crois pas que cela soit ; mais enfin, s'il l'a fait il ne vous l'a pas donné, vous l'avez pris par adresse ou par force, contre toute idée de justice.

À tout le mal qui existe, je ne vois qu'un seul et unique remède, c'est la socialisation des moyens de production. La bourgeoisie qui nous demande de rester dans la légalité, n'y est pas restée en coupant le cou à Louis XVI, ce que je ne lui reproche pas. Pénétrez-vous donc bien de cette vérité, rendez-vous-en bien compte, il n'y a rien de possible ou, tout au moins, presque rien en dehors de l'illégalité. Venez donc avec nous, qui sommes dans la bonne voie, puisque vous êtes rejetés dans la classe des meurt-de-faim, par les gros capitalistes. Unissez-vous avec eux pour fonder une société meilleure sur les ruines de celle qui vous fera disparaître avant peu, si vous n'y mettez bon ordre.

Le citoyen ANIEL Jacques, des tailleurs de pierres d'Alais, lit ensuite la déclaration suivante :

Considérant que, pour aider à l'émancipation ouvrière, les Chambres syndicales professionnelles et coopératives doivent être exonérées des frais de patentes comme des frais d'enregistrement. Que la tâche pénible et ardue qu'elles ont entreprise doit être favorisée par cette mesure, mon Syndicat demande la mise en pratique du décret du 5 juillet 1848, qui ouvre un crédit aux associations ouvrières.

Voici ce décret :

« L'Assemblée nationale, voulant encourager l'esprit d'association, sans nuire à la liberté des contrats, a adopté le décret dont la teneur suit :

« Article premier. — Il est ouvert, au Ministère de l'agricul-

ture et du commerce, un crédit de trois millions de francs, des
tinés à être répartis entre les associations librement contrac-
tées entre ouvriers.

« Art. 3. — Le montant de ce crédit sera avancé, à titre de
prêt, sur l'avis d'un conseil d'encouragement formé par le
Ministre, et aux conditions formées par le même conseil.

« Art. 3. — Le compte annuel de la répartition du crédit
sera présenté à l'Assemblé nationale, avec un rapport raisonné
du conseil d'encouragement sur le résultat des associations
auxquelles s'appliquera ce crédit, pour être soumis à l'examen
d'une commission spéciale. »

*Arrêté du 18 août 1848, sur les travaux publics à adjuger ou
à accorder aux associations ouvrières.*

Article 1ᵉʳ. — Pour ceux de ces travaux dont l'estimation ne
dépasse pas 20,000 francs, l'administration est autorisé à passer, avec les associations ouvrières, des marchés directs.

Art. 6. — Le payement des ouvrages exécutés, déduction
faite de la retenue de garantie, est effectué tous les quinze
jours aux associations; il a lieu sur des états de situation
approximative des travaux et approvisionnements, et nous
demandons que la loi soit mise en vigueur.

Rapport du citoyen Prax, de Lodève

Citoyennes et Citoyens,

C'est au nom des ouvriers tisseurs des deux sexes de la ville
de Lodève, que je prends la parole pour remercier et féliciter
les organisateurs du Congrès national ouvrier de Lyon.

Lyon n'est pas seulement la première ville industrielle de
France, c'est aussi la ville initiatrice par excellence de toutes
les idées politiques et sociales qui intéressent les travailleurs.

La Chambre syndicale que j'ai l'honneur de représenter
donne sa complète approbation à votre programme, elle
répond à votre appel et je viens étudier avec vous les moyens
pratiques de résoudre, après une sérieuse étude, les questions
vitales qui intéressent, autant et plus, peut-être, le capital que
le travail.

Je vous apporte donc l'adhésion complète de mes amis avec la
mienne, mais j'ai reçu mission de vous demander la mise à
l'ordre du jour d'une des séances du Congrès de la question de
la *participation aux bénéfices.*

Quels résultats a produit jusqu'à cette heure la division des
travailleurs en patrons et ouvriers, division si profonde qu'au
lieu de voir les uns et les autres concourir à l'accroissement

de la richesse sociale, la lutte s'engageait, et s'engage malheu
reusement trop souvent encore, sur un terrain où la concorde
et l'union seraient si nécessaires.

Les résultats, vous les connaissez, c'est la grève et la guerre
sociale, deux fléaux qui ont pour conclusion fatale, inévitable,
la misère pour tous.

On prétend que notre industrie baisse, qu'elle subit de la
part des nations voisines, une concurrence contre laquelle nous
sommes sans armes.

L'antagonisme qui existe entre le capital et le travail ne
serait-il pas pour beaucoup dans ce déplorable état de choses?

Il n'y a pas un seul industriel qui n'ait constaté les avantages que lui fournit le travail à façon comparé au travail à la
journée. Pourquoi en est il ainsi ? Parce que l'espoir d'un
salaire plus élevé double les forces et l'activité de l'ouvrier.

Il y a, nous dit-on, des patrons qui travaillent plus que leurs
ouvriers. Nous le croyons. mais quel but poursuivent-ils en
agissant ainsi ? L'augmentation de leur fortune et toutes les
conséquences heureuses qui en résultent pour eux. L'ouvrier
a-t-il un semblable stimulant ? Non. Il sait que le travail de
chaque jour suffira à peine à la satisfaction de ses besoins
matériels. Vienne une grève, une maladie, c'est la misère pour
lui et les siens lorsqu'il a de la famille. Aussi, la joie de voir
augmenter le nombre de ses enfants est presque toujours
attristée par la perspective de la misère qui les attend.

Voilà pourquoi, au grand scandale des moralistes, la classe
ouvrière se donne le luxe de la bourgeoisie, elle fait peu d'enfants et l'on ne voit plus de nombreuses familles dans les centres manufacturiers.

L'association ou la participation aux bénéfices, suivant les
circonstances, nous paraît faite pour remédier dans une large
mesure à un état social aussi défectueux.

Les discussions intéressantes qui ont eu lieu récemment au
Parlement français, l'enquête faite par les Quarante-Quatre,
ne laissent aucun doute sur ce point, et nous n'avons pas
oublié qu'un grand industriel, M. Laroche Joubert est venu
déclarer solennellement qu'il n'avait jamais réalisé autant de
bénéfices que depuis le jour où il s'était décidé à y faire participer ses ouvriers

La question qui nous préoccupe tous ici, celle de l'amélioration du sort de la classe ouvrière, serait à moitié résolue le
jour où l'exemple de M. Laroche-Joubert et autres aurait de
nombreux imitateurs. La bourgeoisie, qui détient les instruments de travail, entrera-t-elle franchement dans cette voie?
Il est permis d'en douter. Il ne faudrait cependant pas en
désespérer. L'intérêt est un puissant mobile pour toutes les
actions humaines, et si un jour la démonstration des avantages qu'offre l'association lui était faite, elle renoncerait
peut-être à ce qu'elle considère comme un privilège.

Comment la faire, cette démonstration ? Ici nous touchons à
une question des plus délicates. Le socialisme de l'État n'est
pas notre rêve, nous le repoussons même d'une manière géné-

rale ; mais lorsqu'un grand intérêt social est en jeu, l'Etat n'a-t-il pas le droit et le devoir de rechercher, par tous les moyens, les solutions les plus avantageuses.

L'Etat est un grand consommateur ; il a donc à se préoccuper des conditions dans lesquelles se fait la production des choses qu'il consomme, et si de son ingérence doit résulter un bien pour lui même ou pour la société, il ne saurait s'en désintéresser.

L'Etat possède des manufactures qui sont sous sa direction et son administration immédiate, il fait aussi fabriquer certains produits par des industriels qui contractent vis à-vis de lui des engagements inscrits dans des cahiers des charges savamment étudiés. Quel obstacle y aurait il à ce qu'il y introduisit une clause obligeant l'adjudicataire à faire la part des ouvriers. ses collaborateurs.

Il serait puéril de se dissimuler qu'une pareille détermination de la part de l'Etat ne soulèverait pas des plaintes et des réclamations de la part d'un certain nombre d'intéressés. Il conviendrait de le prévoir et de se mettre en mesure d'en avoir raison par une sage organisation. Divers systèmes pourraient être adoptés après discussion, ce serait à l'Etat de choisir le meilleur.

Discours du citoyen Heppenheimer

J'ai déjà fait remarquer ici que le chef de l'opportunisme avait dit : « La tête d'un enfant est une cire molle qu'on pétrit à volonté. » Ceci est une grande vérité, car si l'on n'avait pas détourné les cerveaux ouvriers de la logique, du bon sens par une fausse éducation, comment admettre qu'il consente à être le valet, l'esclave de celui qu'il nourrit ?

Par quelle aberration, lui, vigoureux producteur, consentirait-il, si on ne lui avait faussé son jugement en lui inculquant des préjugés absurdes, sans doute, mais avantageux pour son ennemi de classe, comment consentirait-il à s'inférioriser devant des parasites qui sont aussi incapables de se suffire à eux-mêmes que la vermine l'est de vers sans ronger. Si nous cherchions l'origine de bien des fortunes, de bien des manufacturiers, de bien des usiniers et gros commerçants, de quelle façon de gros capitaux ont été accumulés entre quelques mains, nous aboutirions certainement à des conclusions qui seraient un billet pour la sellette en cour d'assises. Car comment ne pas conseiller de reprendre, même par la force, ce qu'on a, à ses concitoyens, pris par la force, la ruse, le crime et toutes sortes d'infamies. Ne nous occupons donc que des capitaux, des fortunes existantes en ne faisant qu'effleurer leur origine et la façon dont elles ont été constituées. Ici, un peu d'histoire est nécessaire.

De temps immémorial, deux principes sont en présence : l'autorité et la liberté. Nos plus cruels ennemis d'aujourd'hui, *les bourgeois, qui sont, pour le prolétariat, ce que la ciguë est au corps humain*, ont, du temps où ils avaient à souffrir l'autorité des nobles et des prêtres, combattu contre eux pendant longtemps avec une énergie dont nous les louons ; mais lorsqu'ils furent vainqueurs, ils acceptèrent l'infernal individualisme, érigé en principe par Quesnay, qui puisait probablement la noblesse de ses sentiments dans l'intimité de sa cliente, l'immonde Pompadour ; théorie terrible, préconisée par Turgot, dénommée par Gournay : « Laissez faire, laissez passer ! »

L'égoïsme de Montaigne a fructifié. Lâche combinaison des économistes avec laquelle on trompa le peuple, la populace, comme disait Voltaire. Aussi, qu'arriva-t-il lorsque la bourgeoisie, qui était déjà affranchie économiquement, sinon en droit, mais en fait, *parce qu'elle possédait le capital*, voulut s'affranchir politiquement en s'emparant des pouvoirs publics. La bataille allait être rude ; elle ne pouvait vaincre sans le prolétariat. Aussi lui dit-elle : « Aide-nous ; il faut affranchir l'humanité ; les prêtres et les nobles vaincus, tu seras libre. » Le prolétariat la crut sur parole et, sous la hache révolutionnaire, fit crouler la Bastille, chien de garde de l'autocratie.

Les victoires se succédèrent toujours, remportées par le prolétariat le 10 août et le 21 janvier, les nombreuses batailles avec l'étranger, le sang ouvrier fut partout répandu avec une générosité inouïe pour assurer les conquêtes politiques de la bourgeoisie.

Puis, avant même que son fidèle allié eût fini de se battre pour elle, elle, que fit-elle pour lui ? Le voici : elle décréta les droits de l'homme où il est dit à l'article 6 « tous les hommes sont libres et égaux » et l'article 17 qui dit « respectez la propriété ». Par cet article, les législateurs de 93 venaient d'avoir une conduite semblable à celle du propriétaire d'une île, par exemple, qui aurait cent esclaves dont il ne serait pas absolument le maître, leur promettrait la liberté s'ils voulaient l'aider à se débarrasser de ceux qui limitent son pouvoir et qui, après la victoire, leur dirait : « Nous sommes égaux, vous êtes libres », mais qui alors, s'ils voulaient toucher à un des fruits de la terre, aux instruments de travail, interviendrait et dirait : « Ah ! non, vous êtes libres mais tout ce qui est sur cette terre m'appartient. » Quelle duperie ! et cependant les hommes de 89 et de 93 se sont conduits ainsi. Aussi, lorsque le travailleur fut libre, il put se retourner vers eux, désormais ses anciens alliés, car il était trahi, et leur dire : « Vous me dites, travaille, tu peux devenir artiste, littérateur, médecin, général, grand usinier, et cependant tout sur la terre est à vous, sol, sous-sol, instrument de travail, le toit qui m'abrite, tout est à vous ; vous me dites, prends du fer ou du bois et fais un chef-d'œuvre, on saluera ton génie, et cependant si je m'approche de cette forêt, il y a là un garde, fusil chargé, qui me tuera au nom du respect de la propriété. Achète, dites-vous, mais le numéraire avec lequel on échange les marchandises est également entre vos mains, de sorte que la liberté que vous m'avez donnée est de vendre mon génie et mes bras ou de mourir de misère au milieu de mon prétendu droit. »

Voilà comment les bourgeois furent sincères à l'égard de leurs alliés. Et puis, vendre ses bras, dans quelles conditions ? Celui qui a le capital a sa cave et son grenier bien garnis pour des mois et des années, alors que celui qui n'a que ses bras a souvent dépassé les limites d'heures permises pour satisfaire les exigences impérieuses de l'estomac. Et si l'homme était seul, il résisterait encore, mais il y a derrière lui une femme faible et des enfants chétifs, qui vont mourir si l'on n'accepte pas le marché, car l'occasion de louer ses bras, même à bon marché, n'est pas toujours fréquente.

Mais en vertu de quel droit, dira-t-on, quelques hommes sont ainsi propriétaires de toutes choses ? C'est fort simple : dans le début, les plus forts et les plus méchants s'emparèrent de grandes étendues de terre, et comme ils ne pouvaient les cultiver, *ils n'avaient du reste pas la moin dre intention de travailler* en, s'appropriant le sol. ils s'approprièrent aussi ceux qui l'habitaient ; de là le servage, dont on abusa d'une manière si infâme qu'un jour, n'y tenant plus, ces animaux à deux pattes, qui jadis étaient des hommes, se ruèrent sur ceux qui les avaient transformés en bêtes et en firent un carnage mérité. Le malheur est qu'ils eurent le temps de se reconnaître ; alors il y eut la Jacquerie, et on ne laissa vivre des esclaves que ce qu'il en fallait pour vivre sans travailler. Il advint même que la paresse fut si grande chez ces bandits, que le besoin de luxe fut si grand qu'ils prirent quelques-uns des esclaves pour diriger les autres et les payèrent. Ceux-ci s'exploitèrent entre eux et purent ensuite acheter, *lorsque cela fut permis*, des terres à ceux qui les avaient volées, puis ils exploitèrent pour leur compte. Les affranchis, de la sorte, firent la bourgeoisie. Mais comme il fallait absolument se débarrasser des nobles, alliés à une autre catégorie d'hommes non moins ignobles, les prêtres, il fallait ménager le peuple, ils firent la grande Révolution, et l'on sait, à son égard, comment ils tinrent parole : ils firent contre le peuple alliance avec la royauté, les nobles et les prêtres. Et pourquoi ce pacte fut-il fait ? Parce que ces trois classes sont celles qui possèdent le capital, et comme lorsqu'on a du capital on veut jouir et que, par la même loi, on veut goûter les délices de la paresse et de tous les bonheurs de la vie, il faut que d'autres travaillent trop et souffrent toutes les misères ; pour qu'il y ait une classe de privilégiés, il faut une classe de déshérités : c'est logique.

Leur union par intervalle est donc de maintenir une classe de parias qui souffrira pour que les autres jouissent ; mais comme les fripons n'ont pas l'habitude de se voler entre eux, il arrive que les nobles et les prêtres veulent reprendre leur ancienne autorité, la bourgeoisie refait appel à son ancien allié en lui promettant monts et merveilles, et lorsque cette éternelle dupe veut enfin, après victoire, faire tenir ses promesses à ces éternels parjures, la Jacquerie recommence comme en juin 1848 en en couchant 18,000 sur le pavé, rien que dans Paris, et en mai 1871, 35,000 dans la même ville.

Et pourquoi tous ces crimes? pourquoi tout ce sang répandu? Pour que celui qui produit ne rentre pas en possession du fruit intégral de son travail; pour qu'une classe puisse diriger et jouir.

Et sans remonter si loin, croit-on que depuis la Révolution les fortunes s'acquièrent plus honnètement? Non! Cet homme a fait quelques économies; il achète un outillage double de ce qu'il faut à un homme et le prête à un autre homme pour que celui-ci fasse des travaux pour lui vendre sa force-travail. La première semaine, ce deuxième à gagné 40 francs, le premier ne lui en donne que 30, reste 10 francs pour replacer le capital numéraire échangé contre le capital-outil. Dans quelques métiers, cette retenue de la première semaine se fait pour replacer le numéraire qui avait servi à l'échange, mais la seconde semaine et les suivantes, la retenue se fait de même; aussi les petites économies grossissent, et ce qui se fait avec un se fait avec deux, quatre, dix, cent; avec cent, oui, et dix fois cent font mille; donc, 1,000 francs de gain par semaine. J'ai dit gain, oui!

Dans la société actuelle, quand un homme a gagné 40 francs, son patron ne lui en donne que 30; on dit que c'est du bénéfice par euphémisme, c'est très vrai, car le vrai nom serait vol. Mais ce ne sont que les côtés roses de cette organisation, car, comment l'homme qui vole ainsi, pourra-t-il ne pas se croire supérieur? Aussi, ce n'est plus un patron, c'est un proconsul; il faut voir avec quelle arrogance il parle, avec quelle insolence il donne des ordres, mais cependant, dira-t-on, ils sont égaux? L'un échange une marchandise-numéraire et l'autre une marchandise-travail. Oui, mais sur les marchés les bras abondent, et à la mort de cet homme, ce capital, ce travail non payé, que devient-il? Il fait retour probablement à ceux qui en ont été frustrés. Ceux qui seraient tentés de penser cela sont bien ignorants des raffinements d'infamie de la société dans laquelle ils vivent, car si cet homme, qui a ainsi volé les autres, a un fils, eh bien! pendant que les enfants de ceux qui travaillent courent les rues nu-pieds, le fils de celui qui vole sera soigneusement élevé au collège, et plus tard, avec l'argent de ceux qui triment, il promènera des cocottes sur les boulevards, quelquefois les filles de ceux que son père exploite, que la misère sans pain, que des professions trop peu lucratives ont dégoûté du travail et qui préfèrent la misère en soie dans la prostitution, débauchées par l'or qu'on vole à leur père. C'est complet; cependant il y a mieux: ce fils qui n'a jamais rien produit et qui ne saura jamais faire œuvre de ses dix doigts, cette cervelle atrophiée par des jouissances précoces, héritera de tout ce que son père a soustrait du travail d'autrui, et à défaut d'héritier direct, il y a les héritiers collatéraux.

Ne dirait-on pas, en jetant les yeux sur cette organisation sociale, que tous ce qui existe est systématiquement et méchamment fait contre ceux qui travaillent. Je disais tout à l'heure qu'on faisait une retenue de 10 francs sur 40, mais c'était pour montrer que je n'ai pas de parti pris, car la différence entre ce que l'on touche et ce que l'on gagne est bien plus grande; j'ai déjà signalé les sucriers Lebaudy et consorts, et je vois qu'ils gagnent des 30,000 francs par jour, alors que leurs ouvriers ne gagnent que 3 francs; enfin les mines, où des actions ont été achetées 300 francs et qui en valent aujourd'hui 400,000.

Eh bien, ces relations du capital et du travail sont-elles acceptables par le prolétariat conscient, quand on pense que, en travaillant, nous pouvons à peine nous nourrir et nous vêtir pendant qu'il faut que nous fassions plusieurs milliards de rentes à ceux qui ne font rien, alors qu'il faut que nous payions une magistrature avilie, qui est vis-à-vis de nous juge et partie; alors qu'il faut que nous entretenions une armée formidable, qui n'est qu'une garde prétorienne, qui nous fusille lorsque nous murmurons; et, en outre, nourrir, entretenir et payer un clergé dont la mission est d'abrutir une partie de l'humanité; pendant qu'un repas ordinaire de riche est considéré comme une orgie quand il est pris par nous, et qu'il ne nous reste, pour nous et les nôtres, d'autre perspective que la mort dans la plus constante et la plus noire des misères.

Dans cette situation, n'y a-t-il pas, bourgeois, de quoi vous dire comme Vermecsh: Si, à l'instar des jacques, les parias d'aujourd'hui prenaient une torche d'une main, une hache de l'autre, et mettait tout à feu et à sang, vous n'auriez rien à dire, car Vermecsh a raison, ces hommes étaient vos égaux et vous en avez fait des bêtes de proie.

Et cependant, ce peuple, qui a tant de droit à être barbare, dans les révolutions, montre autant de magnanimité que ses adversaires, une fois vainqueur, montrent de férocité dans leurs représailles. Cela tient à ce que ce prolétariat est plus grand penseur que ceux qui le prennent de si haut avec lui, et que sa haine se porte sur l'état social, sur la chose et non sur l'homme.

Mais il faut qu'il cesse cette magnanimité, et, dans l'avenir, si l'on ne veut pas faire droit à ses justes réclamations, qu'il en arrive encore à se faire rendre justice par la force, que cette fois il détruise bien les infamies existantes, et, si de l'autre côté on veut les défendre, qu'il ait moins de pitié que par le passé, pour ceux qui n'en ont jamais eu pour lui quand il était vaincu.

Nous ne sommes pas les seuls hommes du travail à supporter les effets déplorables de cette situation économique anarchique, il y a aussi le petit commerçant, le petit industriel, qui sont appelés à retomber dans nos rangs, c'est-à-dire la misère; car les gros capitaux mangent les petits, les monopoles se créent partout, faisant marcher des machines formidables, travailleurs géants, immenses, qui écrasent tous leurs concurrents, serviles instruments entre les mains d'agioteurs sans vergogne qui, par l'immensité des capitaux qu'ils agglomèrent entre leurs mains, produisent comme une force attractive sur les petits qu'ils engouffrent.

Quelqu'un disait ici, l'autre soir, qu'il fallait détruire les machines et anéantir le capital. Gardez-vous-en bien, Citoyens; du reste, les deux ensemble ne forment qu'un capital; ne détruisez ni l'un ni l'autre, mais socialisez-les tous deux, et, comme mon ami Allemane le disait l'an dernier au Congrès du Centre, si nos ennemis, une fois vaincus, consentent à vouloir vivre en travaillant, qu'ils viennent à nous, nous leur tendrons une main fraternelle.

Ce discours obtient d'énergiques applaudissement du public qui ne les marchande pas, aux orateurs socialistes, et les délégués en grand nombre manifestent vivement leurs satisfactions au citoyen Heppenheimer lorsqu'il descend de la tribune.

Le citoyen Thibault, des peintres-plâtriers de Lyon, vient lire le rapport suivant, qui est très applaudit.

Citoyennes et Citoyens,

C'est la première fois que j'ai l'honneur d'assister à un Congrès, et d'y prendre la parole, je compte sur votre indulgence, et j'espère qu'elle ne fera point défaut.

Citoyennes et Citoyens,

Si du choc des idées jaillit quelquefois la lumière, il est bon que ces idées, ces principes, soient profondément étudiés, avant qu'une résolution unanime les adopte, comme susceptibles d'améliorer le sort si digne d'intérêt du travailleur.

Qu'est-ce qui aigrit de plus en plus le travailleur? c'est que toujours il produit, sans posséder jamais; et, pourtant Citoyens, nous construisons des palais, des châteaux, des demeures princières, et, que possède en échange le travailleur? la misère pour lui et sa famille, et le désir ardent de se venger des exploiteurs. Citoyens. dans cette lutte de classes, je convie tous les travailleurs à se faire syndiquer, je prie aussi toute la jeunesse des travailleurs à comprendre ses intérêts et à marcher en avant avec cette devise : *Liberté, Solidarité, Justice.* Que les fautes du passé servent d'exemple à cette jeune école, afin de les éviter, malgré que nous ayons à combattre, nous les déshérités de la fortune, acceptons ce combat et unissons-nous.

Les patrons ne s'unissent-ils point contre nous? Ne se sont-ils point formés en Chambre syndicale pour nous combattre; donc travailleurs, il est de notre devoir de nous unir tous comme un seul, et dans ce rapprochement fraternel lutter avec force, force sinon égale du moins redoutable, par la lumière qui doit sortir de ses études pour nos revendications.

Citoyennes et Citoyens, nous aussi, nous avons eu à subir l'animosité, la cruauté même des patrons, de ceux qui ne craignent point de retirer le pain du travailleur, s'ils apprennent que l'ouvrier fait partie du Syndicat.

Si nos sentiments humanitaires nous disent que nous devons être *internationaux*, il est bon de le constater.

Vous me permettrez de dire que pour notre corporation il nous est très difficile de l'être ou de le devenir, comme preuve à l'appui, encore l'année dernière, près de six cents ouvriers sont restés sans travail dans notre corporation pendant près de cinq mois, réduits qu'ils étaient pour vivre à absorber les petites économies qu'ils avaient pu réaliser à force d'épargne et de travail.

Eh bien ! je vous le déclare, pendant le chômage de nos concitoyens, des patrons indignes du nom de Français occupaient sans aucune pudeur des étrangers. pendant que nos concitoyens français, nous qui payons des impôts, nous dont les

enfants payent l'impôt du sang à la patrie, nous étions dans la
misère alors que ces hordes d'étrangers venaient nous enle-
ver le dernier morceau de pain, et nous réduisaient souvent,
hélas ! à la misère.

Notre Syndicat, justement froissé, et mû par un sentiment
de solidarité, adressa une pétition au Conseil municipal de
notre ville, demandant que MM. les patrons adjudicataires des
travaux de la ville de Lyon n'emploient à l'avenir, pour l'exécution desdits travaux, que des ouvriers français ; mais malheureusement notre pétition est restée sans solution, vu le peu
de patriotisme, le peu de sentiments qui animaient alors nos
conseillers municipaux.

A la suite d'une délégation envoyée à M. le maire de Lyon,
l'honorable chef de notre municipalité engageait le représentant de notre Syndicat à nous former en société civile, nous
laissant entrevoir que de cette façon peut-être pourrions-nous
avoir les travaux sans cautionnements, attendu que la journée de travail produite par le travailleur est le plus sûr des
cautionnements.

Nous avons suivi ses conseils, nous nous sommes présentés
adjudicataires, et, comme par le passé, nous n'avons été écoutés, et, pour comble de déboires, et comme s'il eût voulu nar-
guer l'oubli que la fortune avait fait à notre Syndicat, un des
patrons, présents à la réunion du 10 juin dernier, eut l'*insolence* (le fait est prouvé), il eut l'insolence, dis-je, de faire
observer que nous n'avions point déposé le cautionnement
exigé et que, par conséquent, nous ne devions point être reconnus adjudicataires. Peu de temps après, les travaux se donnaient, pour la durée de deux ans, à un patron Il faut avouer,
Citoyens et Citoyennes, que tous ces événements, dont je viens
de vous faire l'exposé, ont été un peu précipités, ce qui a été
pour beaucoup dans notre insuccès ; car nous aurions, avec un
délai qui nous aurait été accordé, pu, malgré le peu d'espèce donts nous sommes possesseurs, arriver à réunir la
somme nécessaire exigée comme cautionnement pour devenir
adjudicaires des travaux de la ville de Lyon.

La haine des patrons pour notre Syndicat ne fit que s'accroître, et bon nombre de nos adhérents furent obligés de nous
quitter pour ne pas être mis à la porte par des patrons auto-
crates.

Ils ont redouté notre Syndicat et ont compris que c'était
une concurrence sans égale que tous ces travailleurs réunis
allaient leur faire, car tous ces honnêtes ouvriers étaient fermement résolus à ne plus se laisser exploiter par tous ces
détenteurs du monopole et qu'on appelle *les patrons*. Ils veulent, dès ce jour, jouir, comme ils en ont le droit, du bénéfice
légitime de leur travail.

Malgré le petit nombre de nos adhérents, Citoyennes et
Citoyens, nous sommes et resterons encore aujourd'hui et
demain sur la brèche, fermement résolus à revendiquer nos
droits jusqu'à ce que justice soit rendue, en donnant gain de

ca'ise aux travailleurs qui réclament leurs droits en se basant sur des décrets authentiques :

Les lois que nos pères nous ont laissées !

Citoyennes et Citoyens, unissons-nous tous pour la bonne cause, qui est celle du prolétaire, et que cette union soit un rempart contre tous les embarras que pourrait susciter la haine implacable des patrons et les difficultés que ces derniers pourraient nous créer dans le but de retarder notre marche vers le progrès. N'ayons donc que cette devise : *Liberté, Justice, Solidarité !* couronnée par le travail ; car, avec cela, nous pouvons être assurés de la réussite, que j'espère bientôt voir se réaliser avec votre bon concours, le mien vous est assuré. J'ai été, je suis et serai toujours avec le travailleur, prêt à revendiquer les droits du prolétaire.

Le citoyen BONNARD, de Lyon, a la parole ; mais, pour laisser parler les citoyens de la province, il déclare céder son tour de parole au citoyen GAVIN, des verriers réunis de Saint-Etienne, qui s'exprime ainsi :

CITOYENNES ET CITOYENS,

Cette dernière partie de l'ordre du jour est sans contredit la plus importante, et en même temps la plus ingrate à traiter ; car, la recherche de rendre l'équité possible constitue le point le plus important du problème social, à laquelle se rattache une foule de questions, dont quelques-unes sont très essentielles et qui devraient être résolues avant qu'on puisse l'aborder.

Ainsi, ce qui prédomine actuellement, c'est l'exploitation de l'homme, de la femme et de l'enfant : l'exploitation du faible ; pour mieux dire, c'est l'abus de la force et c'est ce qu'on appelle le barbarisme, ce qui dit tout.

Le droit et la force.

Il y a deux manières, et il n'y en a que deux, d'obtenir le nécessaire et le superflu ; il n'y a que deux manières de soutenir sa vie ou de l'embellir : travailler ou voler, faire ou prendre, produire ou ravir.

Ainsi : production et spoliation, travail et rapine.

Il n'y a que deux ordres généraux différant des produits du travail : le travail, le capital.

Le travail est la dépense, la peine, le savoir et l'intelligence.

Le capital est, au contraire, formé : 1° de la propriété individuelle et 2° de la propriété collective ou sociale.

Il est évident que la propriété individuelle s'étend au fruit direct du travail; elle ne peut, par conséquent, avoir droit à la participation de ses produits, puisqu'elle est elle-même sa rémunération et le fruit du travail. Quant à la propriété collective, elle est composée de la fortune sociale acquise.

Ainsi, Citoyennes et Citoyens, nous n'avons pas la prétention de faire de ce rapport un volume, mais nous croyons que le temps des discours est passé et que, puisque nous sommes réunis en Congrès pour défendre nos intérêts, il serait nécessaire, une fois pour toutes, de bien savoir ce que nous voulons.

Ainsi, pour nous, Chambres syndicales des verriers, la situation qui nous est faite, c'est-à-dire le lendemain de notre grève, nous laisse cependant après un semblant de victoire, quoiqu'étant quand même à la merci du capital, c'est-à-dire de nos patrons, des exploiteurs. Il en sera malheureusement toujours ainsi. tant que la société ne reposera que sur les bases du monopole capitaliste où viennent s'échouer toutes les revendications des travailleurs !

Histoire éternelle du pot de terre et du pot de fer ! Tant que le produit intégral du travail ne sera pas assuré aux travailleurs, il est évident que les différents intermédiaires entre ces deux facteurs, capital et travail, bénéficieront seuls du produit. Tous les palliatifs que l'on pourrait y apporter, tels que la diminution des heures de travail, ne feront toujours que retarder, plus ou moins, la catastrophe finale.

Nous ne voulons pas ici préconiser tel ou tel moyen; mais il est incontestable que la révolution sociale s'impose, qu'elle se fasse pacifiquement ou par la violence : elle est inévitable. Chose surprenante, c'est qu'elle n'ait pas encore eu lieu par ce temps de crise et de misère.

La corporation des verriers paraîtrait, au premier abord, avoir un certain avantage sur certaines industries qui sont écrasées par la machine; mais ce serait une erreur de croire qu'elle n'en ressent pas les effets, par contre-coup. Il est évident que dans la société tous les intérêts des travailleurs étant solidaires, ce qui écrase les uns porte immédiatement préjudice aux autres.

Nous pensons que le produit du travail doit être garanti et qu'il est du plus rigoureux devoir pour la classe possédante et dirigeante de donner toute la satisfaction possible au droit égal du prolétaire.

Et s'il n'y a pas moyen, quant à présent, de procéder par la réforme directe du régime capitalo-propriétarien, il est indispensable d'en atténuer les déplorables effets par un dédommagement en faveur de ceux qui en sont victimes, tout au moins par la garantie de leurs vieux jours. Pour ce dernier mode de réparation, nous constatons que les possesseurs n'ont pas à s'arrêter devant un surcroit de charge. Les frais propres à une pareille réparation pourraient être faits sans les frapper personnellement.

Non seulement il n'y aurait rien à changer à leur régime de prédilection, mais il ne serait pas même nécessaire d'avoir recours à la création de nouveaux impôts. Depuis moins d'un siècle, le débordement des finances publiques a été poussé tellement loin par la classe spéciale des exploiteurs dirigeants et gouvernants, et par suite de ce débordement les fonds existant dans une proportion déjà importante, qu'il suffirait d'en supprimer l'affectation abusive pour les rendre disponibles et susceptibles d'être appliqués à leur emploi normal, c'est-à-dire à l'alimentation d'une caisse de retraites nationale pour la vieillesse et d'une bourse de travail.

Il est bien entendu que nous sommes partisan de ces réformes qu'à titre de palliatifs, car il est évident que, dans la société future, telle que nous la rêvons, où la collectivité, où le communisme remplaceront cette société marâtre, les travailleurs n'auront pas à craindre pour leur vieillesse.

Nous nous résumons donc, Citoyennes et Citoyens, dans ces deux mots : la machine et l'outil aux travailleurs de l'usine ou de l'atelier et la terre aux travailleurs des champs,

Vive la Révolution sociale !

Ce citoyen est très applaudi.

Le citoyen Dimnete, des verriers de Vierzon (ville) et Vierzon (village), lit le rapport qui suit :

Rapport du citoyen Dimnete

Citoyennes et Citoyens,

La situation économique actuelle commande, devant l'évidence du danger qui menace, la centralisation de toutes nos forces.

Le capital-argent est le pouvoir. Toutes les destinées des peuples sont détenues entre ses mains.

Pour lui, aucun discours ; ses manifestations se résument à ces deux mots, qui font l'équilibre social actuel : hausse et baisse.

Pour lui, pas de considération d'ordre humanitaire, il ne rejette rien autour de la table où, seul, il engloutit la vie de tous ceux qui travaillent ; son rôle, c'est d'être l'évaluateur de tous les produits, quand il devrait rester l'agent facilitant l'échange.

L'échange, ce grand ressort économique, est l'équivalent des objets échangés, rien de plus incontestable : deux choses échangées entre elles se valent.

Le capital est la violation permanente de ce principe : l'argent doit rester neutre entre les deux produits ; s'il brise ce rôle de transmission, il n'y a pas obligeance, l'intérêt le tue et le fait voleur.

Son rôle est la fainéantise, car ce qu'il peut faire de mieux, c'est de ne rien faire.

Nous déclarons que les réformes proposées par divers partis sont impraticables, étant donnée l'organisation des capitalistes qui détiennent le pouvoir.

Nous avons la conviction profonde que l'effort commun que nous devons produire pour renverser cet édifice dans lequel, de plus en plus, l'on rive nos chaines, doit disparaître et que, pour cet acte de justice, cette concentration de forces vives, c'est-à-dire franchement socialistes, doit être organisée pour le jour prochain de la révolution sociale.

Dans ce Congrès, bien des fois déjà depuis son ouverture, on a touché aux causes qui engendrent l'état de ruine dans lequel se trouve le travail, sacrifié à la rapacité des capitalistes.

Ici la loi des majorités disparaît pour faire place à celle de la minorité possédante, qui jouit de l'abondance que la grande masse, subordonnée à elle, a produite.

Les voleurs de la fortune de tous sont en plus grand nombre qu'il y a un siècle.

Leur organisation est supérieure pour assurer la sécurité de leur spoliation.

L'armée permanente, la police et la magistrature, sont les grands ressorts de cette infernale machine.

Il n'y a pas un siècle, la bourgeoisie disputait le pouvoir à la noblesse ; mais ce qu'elle voulait surtout, c'était s'emparer de leur fortune, qui, pour elle, était illégitime à l'époque.

Aujourd'hui, qu'elle détient ce pouvoir, elle contraint d'adorer ce qu'elle brûlait hier, en proclamant bien haut ce même droit de posséder légitime. Elle est la force, donc, elle règne.

Que de fois, durant le cours de ces débats, on en a appelé aux voix légales pour cette transmission.

Il ne faut, à aucun prix, semble-t-il, suivre l'exemple que nous ont donné les bourgeois : on se place sur un terrain fait d'impossibilités matérielles ; on ne veut absolument pas conclure qu'il est enfin nécessairement impérieux de reconnaître que toutes les voies parlementaires proposées, contraires à toute idée de justice, sont autant de lenteurs apportées à la reconnaissance du but à atteindre par le socialisme.

Dans toutes les corporations, notre existence, dans la lutte pour la vie, est compromise à tous les instants. Pourquoi ne pas reconnaître comme un devoir l'organisation des forces socialistes pour produire cet acte sans passer par toutes ces étapes intermédiaires ? Bien des fois on a conclu qu'il fallait réclamer d'abord et en appeler à la force ensuite.

Nous considérons la première tactique comme ne devant être mise en pratique que pour acculer le pouvoir, considérant que cette dépense d'activité à faire du parlementarisme est un laminoir qui peut encore prolonger notre agonie. Nous allons à la dégénérescence résultant des privations auxquelles sont assujettis les travailleurs.

N'ayons pas l'égoïsme de nous satisfaire, c'est la négation du socialisme. Ne mendions rien pour nous; contri-
buons à faire restituer pour tous ce qui est à tous, cette
fortune détenue aujourd'hui dans les mains de l'exploitation capitaliste. Nous nous devons aux générations futures
jusqu'à concurrence de la perte de notre existence, mise
au service du droit et de la justice. L'égalité sociale, tel
doit être notre but.

Nous terminons en répétant ces appels : nous voulons
l'égalité, premier vœu de la nature, premier besoin de
l'homme. Que cette exploitation de l'homme par l'homme
cesse. Plus de propriété individuelle; tous les moyens de
production socialisés, nous voulons, en même temps que la
mise en commun de ces moyens, celle de la mise en commun des moyens de consommation.

La terre à personne, ses fruits à tout le monde.

L'égalité sociale.

(De nombreux applaudissements saluent la fin de la lecture de ce court et substantiel rapport.)

Le Président donne ensuite lecture de la déclaration
suivante :

« Les soussignés délégués de Syndicats professionnels
au Congrès national de Lyon déclarent :

« Que, vu la multiplicité des orateurs et le peu de temps
dont dispose le Congrès, il ne leur a pas été possible de
formuler à leur tour les revendications des prolétaires qui
les ont mandatés pour ces grandes assises du travail;

« Reconnaissant qu'il n'y a eu, dans cette circonstance,
qu'une impossibilité matérielle, ils désirent ne pas se retirer
sans déclarer qu'ils ont été heureux de rencontrer, parmi
leurs collègues de la délégation, des citoyens qui ont
exprimé les sentiments qu'ils ressentent eux-mêmes sur les
questions à l'ordre du jour de ce Congrès;

« Ils se rallient, notamment, aux revendications apportées à cette tribune par les citoyens Blondeau, Heppenheimer, Rondet, Dumay et tous ceux enfin qui ont affirmé
la nécessité de l'union des opprimés contre l'union des
oppresseurs.

   « Pignat, polisseur et émouleur, de Thiers
   (Puy-de-Dôme);
   « Saunier, de la Chambre syndicale des

chefs d'ateliers de Saint-Etienne ;

« J. Parrot, des mineurs de Decazeville ;

« Béal, délégué des ouvriers réunis de l'ameublement, des ouvriers maçons, des passementiers réunis, des menuisiers en bâtiments, et des outilleurs de St-Etienne, (Loire) ;

« Lemazurier, des chapeliers de Bourganeuf.

La séance est ensuite levée à minuit et demi, quoiqu'il y ait encore de nombreux orateurs inscrits.

Rapport non lu du citoyen Gorsse, des bouliniers et similaires de Lyon

Citoyennes et Citoyens,

La richesse publique, qui est la force et la puissance d'un pays, est composée de deux facteurs : le capital et le travail.

Dans l'état actuel de la société, ces deux facteurs sont indispensables l'un à l'autre ; il est donc nécessaire que des bons rapports existent entre eux.

Si nous regardons quels étaient autrefois ces rapports, nous sommes forcés de reconnaitre que, lorsque le travail était fait chez des petits patrons, les rapports étaient moins tendus et surtout moins aigus qu'à l'heure actuelle.

Pourquoi cet état de choses ?

Parce que les capitaux se sont centralisés et ont formé des compagnies pour produire davantage, entreprendre les grands travaux, diminuer les frais généraux et par cela même, donner plus d'extension à notre commerce.

C'est là l'œuvre du progrès que rien ne saurait arrêter.

Etant progressistes, nous n'aurions rien à dire, si là s'étaient bornées les choses, mais de cette centralisation des capitaux est née la cupidité la plus égoïste de la part des capitalistes. Ne voulant pas admettre que les inventions des machines ont été faites non pour les enrichir eux, mais pour soulager l'humanité entière et pour économiser les forces du travailleur et prolonger son existence, les capitalistes n'ont eu en vue que de se partager les gros dividendes réalisés sur la production des machines, et cela au préjudice des producteurs à qui l'on fait supporter un énorme rabais comme différence de la machine à la main, et en les forçant ainsi, pour pouvoir vivre, à décupler, au détriment de leur santé, leur précédente production; ce qui fait que la production dépasse la consommation.

Ils n'ont pas voulu comprendre qu'en aigrissant ainsi les caractères, ils créaient un antagonisme entre ces deux forces qui devraient être unies, et qu'ils amèneraient une révolution violente, dont je ne suis pas partisan, mais que je constate et que malheureusement, si l'on ne fait rien pour améliorer la situation des travailleurs, ils s'insurgeront, car l'état des esprits est tellement surexcité que, s'il ne se fait pas une évolution, ils feront une révolution; que nous le voulions ou non, c'est forcé, car rien n'aigrit comme la misère, et rien n'est plus terrible qu'un mouton enragé.

Pour essayer de ramener l'harmonie entre le capital et le travail, il faut qu'à leur tour les travailleurs suivent le progrès et centralisent leurs forces, afin de traiter d'égal à égal; alors, la grève, arme terrible et dangereuse, qui frappe presque toujours l'ouvrier, deviendra rare, car le meilleur moyen d'avoir la paix, c'est de se préparer pour la guerre.

Je conclus en demandant l'organisation immédiate d'une Fédération nationale.

Rapport non lu du citoyen Mondon.

CITOYENNES ET CITOYENS,

Le chemin pratiqué par le capitaliste et celui que pratique le travailleur sont loin d'arriver au même but, et pourtant, n'en déplaise à ces accapareurs, il faudra qu'ils y arrivent bon gré mal gré.

Que cherche le capitaliste? à accumuler des millions au détriment du travailleur; en un mot, parce que le sort l'a favorisé, il doit bien vivre, mener une vie luxueuse, ignoble et parfois, souvent même, déplorable, car n'ignorez pas que c'est chez le riche que l'on trouve les plus grands criminels; s'ils ne le sont pas eux-mêmes, ils ont poussé un misérable à accomplir tel ou tel acte, excité bien des fois par la faim, lui et les siens ; il a fléchi : le capitaliste lui a montré un millier de francs. Quel est le coupable des deux ? Vous le savez déjà.

Voyez cette jeune fille honnête, le soutien d'un vieillard, bien souvent elle est guettée par un capitaliste en herbe. Hélas ! jeune encore, croyant au bonheur, elle tombe, roulée et foulée aux pieds ensuite par ce débauché.

Je l'ai dit déjà, ils jouissent du bien-être en toute chose, et le travailleur, bien des fois, a faim. Pourtant, quels sont ceux qui ont le plu- de peine ? Assurément, ce sont ceux qui souffrent.

Nous comprenons tout ceci. Que nous manque-t-il pour pouvoir prendre notre part ? Nous n'en voulons pas plus, mais nous ne voulons pas que des gens, qui ne sont en rien plus que nous, jouissent d'un grand bonheur, tandis que d'autres meurent de faim.

Espérons que de ce Congrès surgira la lumière, et que, d'ici peu, nous serons assez forts pour disputer à nos adversaires la part égale du gâteau.

Ce que je demande, moi, mon collègue, et ma Chambre syndicale, c'est que toute citoyenne et tout citoyen soient à la peine et soient aussi au bien-être, ou, si vous préférez, la socialisation des moyens de production.

Rapport non lu du citoyen Robin

Citoyennes et Citoyens,

Ne voulant pas rentrer dans des questions politiques très grandes, je m'efforcerai, quoique partisan de la propriété individuelle, de porter à votre connaissance les points les plus délicats de ma corporation sur les enfants martyrs du travail.

Ainsi, à Lyon, il y a actuellement deux mille apprentis répartis entre deux cent quatre-vingts à trois cents patrons. La durée d'apprentissage est de deux à trois ans, avec un travail journalier de quinze à dix-huit heures, et quelquefois plus, ce qui fait un grand tort à cette industrie, vu l'inégalité des heures de travail.

Je citerai même la maison Fichet et Muraour, qui emploie environ cent cinquante enfants (et pas un ouvrier), lesquels on fait jeûner, aller à la messe les jours désignés par l'Eglise. Inutile de vous dire tout ce qu'il en est, c'est tout ce qu'il y a de plus clérical; vous devinez le reste. Je mettrai de côté la maison Duvel; car si vous n'êtes pas jésuites point de travail, et si la faim vous force à faire ces grimaces, vous devez subir le joug des plus grandes turpitudes.

Nous demandons donc l'abolition de ces bastilles du travail,
car l'on n'en sort qu'idiot ou poitrinaire.

J'aurais bien d'autres questions à poser, si ce n'est que
nous demandons tous que nos mandataires, qui promettent
tout, votent un impôt progressif sur la machine, par atelier
ou industrie quelconque intégralement, suivant le nombre de
travailleurs qu'elle condamne à mourir de faim.

Rapport non lu du citoyen Fouilloux
de Tarare

Citoyennes et Citoyens,

En prenant la parole, permettez-nous de rappeler qu'il y a
bientôt neuf ans nous étions réunis dans cette même enceinte
pour exprimer nos griefs et nos doléances et formuler, ensuite
d'un accord commun. des conclusions pratiques destinées a
servir de guide aux législateurs, pour améliorer notre position
sociale.

Souvenons-nous combien alors nous fûmes prudents, me-
surés, timides même; combien aussi était ferme en nous
l'espoir que si le gouvernement passait aux mains des républicains on s'occuperait incontinent du sort des travailleurs
et, en effet, détruire un à un les privilèges de classe, afin de
produire une somme d'égalité toujours plus grande entre les
citoyens, était bien, pensons-nous, leur unique tâche, leur
seule signification. Cette sotte espérance, nous l'avions, parce
que nous avions perdu de vue que les bourgeois d'aujour-
d'hui sont les fils de ceux de 1830, lesquels, enrichis par la rapine
le dol et le vol avaient donné à leurs enfants une éducation
de corsaire. Dans notre bonhomie, nous avions même été
jusqu'à oublier l'histoire des massacres et des déportations de
travailleurs à Lyon, à Paris (1834), à Paris (juin 1848), Paris
et départements (décembre 1851), Paris (1871), et de ce fait,
nous étions loin de nous douter que cette dernière expérieuce
nous réservait une si cruelle déception ! La leçon est rude,
Citoyens, mais elle est utile, car enfin, désillusionnés, éclairés,
revenus à nous-mêmes, confiants dans nos propres forces,
nous n'avons de ressource, pour nous soutenir et changer notre
état, que dans notre accord unanime sous le drapeau de la
Fédération.

Il est bon de remarquer que, depuis janvier 1878, trois légis-
latures se sont succédé au Parlement, qu'ont-elles fait pour
nous ? rien ! Au contraire, elles ont travaillé sans cesse à
sacrifier nos intérêts vitaux aux loups-cerviers du capital, et

quand nous avons voulu (nous conformant à leur propre loi)
soutenir par la grève notre salaire contre l'égoïsme du patron,
les républicains du pouvoir nous ont fait guetter par la police,
charger par les gendarmes, emprisonner par la magistrature.

Pour ces motifs, nous déclarons hautement, devant le Congrès, que,sauf six députés qui font dignement, vaillamment
leur devoir, ils sont tous infidèles et parjures à leur mandat
et qu'il y a lieu de leur retirer notre confiance, de rompre nos
rapports avec eux, de nous considérer déliés de nos votes et
proclamer, conséquemment, notre liberté d'action dans la plé-
nitude de notre souveraineté reconquise.

C'est ici le cas de rappeler les fameuses paroles de Mira-
beau (1789): « Les grands ne sont grands que parce que nous
sommes courbés devant eux, redressons-nous et nous serons
leurs égaux. »

Nous espérons, Citoyennes et Citoyens, que le Congrès,avant
de se dissoudre, posera les bases de la nouvelle constitution
économique du pays.

Or, permettez-nous de le répéter, ce n'est point aux députés,
aux sénateurs, ni au gouvernement que nous nous adressons
ici. C'est à vous, Citoyens, que nous soumettons les raisons
qui forment le mandat de notre délégué, en vous priant de les
classer dans les ordres du jour du Congrès.

APPRÉCIATIONS GÉNÉRALES

Ce qui apparaît comme signes évidents de la désorganisation de la société bourgeoise : c'est le député, le sénateur,
donnant leurs noms pour couvrir les escroqueries financières ;
c'est le préfet vendant ses faveurs aux administrés ; c'est le
commissaire de police servant d'agent aux haines individuelles;
c'est le juge prévaricateur ; c'est la basse police vivant de la
prostitution : c'est le prêtre menteur, démoralisateur, escro-
quant les biens de famille ; c'est le patron faisant fortune en
volant l'ouvrier ; c'est le marchand d'aliments s'enrichissant
par le faux poids et la falsification, et pardessus tout, un
gouvernement qui abrite ces hommes sous sa protection tuté-
laire. De cet état de choses résulte une misère affreuse pour
les huit dixièmes de la nation.

A notre avis c'est une folle utopie, une chimère absurde que
de croire qu'une société dans un tel état de décomposition
puisse se régénérer par des réformes progressives; il faut, pour
la sauver de l'anéantissement dont elle est menacée à brève
échéance, l'action révolutionnaire assez puissante, assez vi-

goureuse pour réaliser les trois propositions suivantes, qui, selon nous, doiven servir de base à la constitution future :

1° La liberté individuelle est limitée par la liberté de chacun, cela signifie : suppression de la caserne et du couvent, et généralement de toutes les agglomérations, y compris la domesticité, où l'homme perd son caractère civil et libre, pour vivre, servile et subordonné, sous le caprice et pour l'intérêt de quelqu'un ;

· 2° Ce qui est utile à tous et à tout, c'est-à-dire que les canaux, les mines, les chemins de fer, la terre, en un mot tous les moyens de grande production sont propriété nationale et ne peuvent être l'objet d'aucun monopole, et la société doit en régler l'exploitation au prix de revient ;

3° Le travail est un échange de service à prix de revient, sans sacrifice pour personne. Cela signifie enfin que la société, au lieu de mourir de fatigue et de misère dans l'abondance, proportionnera son travail selon le besoin du moment et de la prévoyance, de manière à éviter la disette et le gaspillage ;

La révolution en abolissant le prêt à intérêt, par la nationalisation du capital doit porter en même temps une main vigoureuse sur la succession testamentaire, afin d'empêcher la reconstitution de la fortune privée dans une proportion dangereuse pour l'équilibre social.

L'ordre économique, ainsi constitué dans ces lignes générales, est la négation nécessaire de l'état subjectif actuel, attendu que la République révolutionnaire a pour base l'autonomie des communes reliées entre elles par la Fédération ; cette dernière forme politique étant seule compatible avec le régime de liberté.

Afin d'accélérer la marche de l'idée révolutionnaire, nous proposons de hâter la reconstitution de la Société internationale et d'organiser, avant de nous séparer, la Fédération des Syndicats de France.

Vive la Révolution démocratique et sociale !

Rapport non lu du citoyen Florence de Lyon

CITOYENNES ET CITOYENS,

La Chambre syndicale des ouvriers en sparterie a cru, au moment où toutes les corporations sont réunies pour revendiquer leur droit à cette tribune, apporter aussi ses arguments et qui, je le crois, ne sont pas des moins militants au point de vue corporatif et dans cette partie de l'ordre du jour: Capital et Travail.

Nous croyons que ce que nous réclamons a sa raison d'être, car cela peut se poser comme une question de droit du droit, des travailleurs bien entendu. Nous voulons parler du travail qui se fait à notre détriment dans les prisons militaires. La corporation de la sparterie est une de celles qui souffre le plus de cet état de choses, par conséquent, c'est en son nom que je vais essayer de vous exposer les principaux faits et réclamations qui se sont produits depuis quelques années.

Dans les prisons militaires, il existe une certaine catégorie d'exploiteurs privilégiés comme dans toutes les administrations, qui ne craignent pas de faire exécuter leurs travaux par des prisonniers,et cela va sans dire, à un prix dérisoire et d'affamer, par le temps de crise qui sévit actuellement, un nombre considérable d'ouvriers qui n'ont pas comme les soldats leur pain sur la planche.

Il est évident que ces exploiteurs sont dans leur rôle, aussi ce n'est pas à eux que nous nous attaquons aujourd'hui et nous avons déjà réclamé depuis longtemps à ceux qui doivent être compétents.

Il y a environ tr is ans, nous adressions une requête au ministre de la guerre, qui à cette époque était le général Campenon, mais un ministre ne se trouve pas embarrassé pour amuser les réclamants, et il a toutes sortes de ficelles et se retranche derrière la légalité des engagements contractés avec les fournisseurs et le bail que le gouvernement avait passé avec ces derniers.

Nous adressâmes alors notre requête à nos députés du Rhône et le citoyen Brialou interpella le ministre, ce qui ne changea absolument rien à la chose. Mais il y a deux ans on voulut bien admettre tout de même qu'il y aurait quelque chose à faire; le gouvernement se déclara impuissant, mais on nous promit qu'il y aurait un nombre limité de prisonniers dans notre industrie: on évalua à peu près à quinze ce nombre et nous savons consciemment d'autre part qu'il y a de soixante à soixante-dix détenus qui sont employés à la sparterie.

La fameuse Commission dite des Quarante-Quatre a reçu aussi une pétition que je fus chargé à cette époque de déposer pour ma corporation. Le citoyen Brialou, d'accord avec une commission mixte d'ouvriers et patrons, se rendit dans lesdites prisons pour prendre et donner des renseignements. On voulut bien laisser pénétrer le député ; mais le règlement, paraît-il encore, s'opposait à ce que les ouvriers pussent se rendre compte par eux-mêmes des faits signalés.

Malgre toutes ces précautions, nous sommes parvenus à constater les faits que nous avions avancés, et le citoyen Brialou fut encore chargé de faire une interpellation à la Chambre des députés.

Enfin, il y a six mois environ, le citoyen Burdeau entretint le ministre de la guerre (pas le même, un autre), mais il paraît qu'ils se trouvent tous atteints de la même maladie : c'est-à-dire d'impuissance.

Le général Boulanger reconnaît que le travail des prisons fait une concurrence déloyale aux industries et il ne trouve rien de mieux, pour la faire cesser, que d'imposer MM. les exploiteurs-capitalistes fournisseurs de vingt centimes par jour et par détenu ; nous vous demandons un peu en quoi cette augmentation dérisoire peut changer la situation des intéressés. Mais ce qui est le comble, c'est dernièrement, lorsque le mini-tre du commerce et de l'industrie (Lockroy), vint faire un voyage à Lyon, pour toute autre chose il est vrai que d'écouter les plaintes des travailleurs. Les Fédérations des Syndicats lyonnais et de la métallurgie réunies avaient cru qu'il était de leur droit et de leur devoir de lui soumettre un rapport sur la situation faite aux ouvriers lyonnais. Dans ce rapport, il était fait allusion en passant au travail des prisons.

Eh bien ! Citoyens, après quelques observations de part et d'autres, l'honorable ministre fut plus franc que tous les autres, il nous déclara carrément ceci : « L'Etat ne peut absolument rien pour les travailleurs, il ne faut pas compter sur l'Etat ; si les travailleurs veulent quelque chose qu'ils le fassent eux-mêmes. » (Textuel.)

Devant une pareille déclaration nous devons savoir maintenant ce qui nous reste à faire.

En conséquence, pour ces raisons, la Chambre syndicale de la sparterie invite donc toutes les Chambres syndicales réunies à ce Congrès, à se joindre à nous pour protester énergiquement contre un tel abus, et dépose les conclusions suivantes :

Considérant que le travail qui se fait dans les prisons est une cause de chômage pour les ouvriers de la sparterie de Lyon en particulier et de tous les travailleurs intéressés de certaines industries, qui leur fait, par cette exploitation, une concurrence déloyale, il importe que le gouvernement prenne des mesures.

En conséquence, les Travailleurs Syndiqués français, réunis en Congrès national demande la suppression du travail dans les prisons civiles et militaires.

Déclaration non lue du citoyen Gruhier

Citoyens,

En faisant appel aux travailleurs du commerce dont vous avez si bien dépeint la situation actuelle, vous avez certainement voulu entendre que l'ouvrier proprement dit n'est pas le seul exploité dans la société.

Vous avez voulu entendre qu'il existe aussi une nombreuse catégorie de travailleurs dont les besoins sont les vôtres, dont les revendications sont les vôtres, et qui ne demande qu'à joindre son action à la vôtre.

Vous avez surtout voulu entendre qu'il n'existe point deux classes de travailleurs, et qu'employés et ouvriers, unis par la misère, qui est leur lot, ne doivent former qu'un faisceau compact vis-à-vis du capital.

Le Syndicat des comptables se faisant, pour la première fois peut-être, le porte-parole de la classe dite *employée*, doit s'attacher à vous démontrer quel est le rôle du comptable vis-à-vis de l'ouvrier.

Afin de rendre notre pensée bien clairement, et de la présenter avec méthode, quelques explications sont nécessaires ; nous serons aussi brefs que possible et vous nous pardonnerez, Citoyens, cette digression, peut-être un peu personnelle ; mais, il est de toute utilité, pour faire cesser cet antagonisme latent, antagonisme que rien ne justifie et qui s'évanouira aussitôt que nous nous connaîtrons davantage, il est de toute utilité, disons-nous, que vous sachiez qui nous sommes et le but que nous poursuivons.

LES COMPTABLES

Le Syndicat des comptables est de formation récente (octobre 1885).

Se syndiquer, lorsqu'on est près de 30,000, paraît une chose si simple, si facile, qu'on se demande encore, alors qu'une corporation est aussi nombreuse, comment il se fait que les membres syndiqués ne dépassent pas 500. Cela tient justement, Citoyens, à cet antagonisme dont nous ferons le procès tout à l'heure et qui ramènera parmi nous les hésitants et les réfractaires.

Toute corporation ouvrière a un historique, pourquoi ? Parce qu'elle a su par ses œuvres rendre son existence nécessaire, tandis que la corporation des comptables a toujours travaillé dans l'ombre et est restée isolée du mouvement actuel.

Il est temps aujourd'hui que les comptables relèvent la tête, qu'ils sachent réellement quelle est leur situation et le Syndicat n'a eu d'autre but que le relèvement moral et matériel de la catégorie des comptables.

Devons-nous, pour cela, nous désintéresser des questions

sociales ! au contraire. Le Syndicat arbore son drapeau dans les questions économiques, et il est assez large pour grouper toutes les bonnes volontés, réclamer les revendications sociales actuellement exigibles et préparer l'avenir pour les questions qui intéressent la société.

On refuse aux comptables l'appellation de travailleurs, *pourquoi ?*

Est-ce que le travail, sous quelque forme qu'il se manifeste, par la plume ou l'outil, n'est pas le travail ? Est-ce que la mission donnée à un comptable de sauvegarder les intérêts d'une entreprise n'est pas un labeur suffisant ? Est-ce qu'un comptable faisant dix et douze heures de travail par jour n'a pas le droit d'être mis au rang des exploités ?

Cessons, Citoyens, nous vous en prions, au nom de la question sociale, de voir entre le capital et le travail une classe intermédiaire.

Il n'y a pas de classe intermédiaire entre le travail et le capital. Il n'y a place, dans l'organisation actuelle, que pour des exploiteurs et des exploités. Or, tout salarié est un exploité, le comptable ne fait pas exception à la règle.

Par la nature de son travail, par ses rapports fréquents avec le patronat, le comptable a toujours été mis à l'index par le travailleur qui n'a vu en lui que le porte-parole de l'autorité ; de cet index est résulté *un heurt* dans la question sociale ; car, sachons-le, Citoyens, il n'est pas trop de l'intelligence de tous, pour résoudre une question aussi complexe, et vous ne devez pas, dans l'intérêt même de la masse des travailleurs, traiter de quantité négligeable une corporation qui se chiffre par plus de trente mille rien qu'à Paris.

L'utilité des comptables est incontestable ; la gent financière le démontre chaque jour, et il est difficile de comprendre que la classe ouvrière les méconnaisse ainsi. Ne voyons-nous pas, chaque jour, les entreprises ouvrières s'effondrer parce qu'elles négligent ce facteur important : le comptable. Ces leçons, trop fréquentes, devraient cependant faire comprendre que l'ouvrier proprement dit n'est pas le facteur complet du travail.

Il ne suffit pas de créer un ouvrage de toutes pièces pour donner à cet ouvrage une valeur déterminée. Produire et écouler ne sont pas synonymes. S'il est difficile de créer, nous savons, par les expériences de chaque jour, qu'il est difficile de trouver la transaction.

Il y a donc dans le travail trois facteurs égaux :

Le travailleur qui fait le travail; celui qui l'écoule et celui qui en assure le produit.

Nos devoirs étant égaux, égaux sont nos intérêts, et devant le capital, nous sommes comme vous et au même titre que vous des exploités.

(*Résolution votée dans la séance du Conseil du 8 octobre 1886.*)

Rapport non lu du citoyen Baccand des menuisiers en sièges de Lyon

Citoyennes et Citoyens,

Malgré de longs siècles de misère et de nombreuses luttes sanglantes, la vraie justice qui doit régir les rapports des hommes et ceux de la société, n'a pas encore trouvé son fil d'aplomb. A des formes économiques et politiques se sont substituées d'autres formes; mais les travailleurs n'en ont pas moins continué d'être sous la domination de ceux qui sont les détenteurs de la richesse sociale.

Les conditions qui règlent les rapports du travail et du capital ont pu varier par suite des transformations qu'a subi la production; mais, au fond, rien n'a changé, parce que matière première et instruments de travail appartenant toujours au capital, faisant le fond même du capital, le travail qui ne peut qu'être à sa merci doit en subir toutes les exigences comme toutes les fluctuations.

Aux époques de petites industries, de même que dans un grand nombre de corps de métiers, l'outillage appartenait en propre au travailleur, les rapports du travail et du capital semblaient plus rapprochés et plus harmoniques. Mais si l'on considère la durée illimitée de temps de travail qu'exigeait à cette époque le capital, on comprendra que cette espèce de caractère de conciliation était plus superficiel que réel. On objectera peut-être qu'il y avait à ce moment plus de continuité dans le travail, que les chômages étaient moins fréquents, que la concurrence des bras n'existait pas ; cela ne tenait pas à l'esprit du capital, mais tout simplement au peu d'extension commerciale qui limitait, pour ainsi dire, la production à la consommation, comme également l'infériorité des moyens de production.

Les besoins croissants de la société exigent toujours des modifications et des transformations dans la production, qui est appelée à les satisfaire, mais ce qu'il faut remarquer, c'est que les progrès qui se réalisent et qui en résultent, restent constamment la proie du capital.

La division du travail, le machinisme, les découvertes scientifiques pourraient être des sources considérables de bien-être pour tous les membres de la société, mais comme ces forces productives ne sont que la propriété de quelques-uns, elles ne sont, par la surproduction qu'elles créent, par l'avilissement des affaires que produit la concurrence des bras, par les chômages qui grandissent de plus en plus, qu'un surcroît de misère et de privations pour la masse des travailleurs.

Le droit à l'enrichissement, à la domination, voilà le seul mobile du capital ; pour lui le travail ne peut être qu'un instrument passif devant être pressuré, avili, maltraité, pour sa satisfaction exclusivement personnelle.

Pour connaître les monstruosités, l'immoralité qui existent dans les rapports du travail et du capital, est-il nécessaire de remonter aux grandes luttes du moyen âge, dans lesquelles succombèrent les Bagaudes, les Jacques, les Communiers du Languedoc et de la Flandre ? Non, les grèves qui se multiplient actuellement doivent nous suffire.

Pour remédier à ce déplorable état de choses, beaucoup de travailleurs font appel à la protection de l'Etat ; mais que peut faire l'Etat, qui n'est constitué que pour défendre les intérêts capitalistes ? L'antagonisme, l'état de guerre permanent qui se trouve entre le capital et le travail ne l'avertit-il pas du danger qu'il y aurait en donnant satisfaction au travail ; à moins de demi-mesures, qui sont toujours hypocrites, l'Etat ne peut, en aucune façon, intervenir entre le travail et le capital, si ce n'est en faveur de ce dernier.

Ce qu'il faut que les travailleurs fassent pour faire disparaître cette inégalité qui leur est meurtrière, c'est de faire comme la bourgeoisie a fait en 1789, toutefois avec cette différence que l'appropriation du sol et des autres capitaux soit étendue au profit de la société tout entière : Voilà ce que veut la moralité, voilà ce que veut la vraie justice.

Comment, Citoyens, est-ce que la terre, qui est un capital quoique n'étant pas un produit du travail de l'homme, peut-elle seulement n'appartenir qu'à quelques-uns à l'exclusion des autres ? N'est-elle pas le patrimoine de l'humanité tout entière ? L'outillage, les machines, ne sont-ils pas le résultat des efforts accumulés des travailleurs qui nous ont devancé ? Et comment se fait-il qu'au lieu de constituer l'héritage commun ils ne sont que la propriété d'une minorité oisive ? Ce n'est donc que par la fraude et la violence que la société en est dépossédée.

Et que deviendraient ces capitaux si le travail ne les entretenait pas et ne les mettait en valeur ? Que les mines, que le sol, les manufactures, les fabriques soient abandonnées à leur inactivité, mais il n'y resterait rien ! C'est donc le travail des travailleurs et lui seulement qui les maintient, les entretient et les renouvelle ; par conséquent rien de plus légitime qu'ils retournent aux ouvriers qui sont ses véritables conservateurs.

Je sais qu'il est de vieux préjugés qui sont encore soigneusement entretenus dans la classe ouvrière par tous les organes bourgeois et qui lui font dire « que s'il n'y avait pas de capitalistes, pas de patrons, elle ne pourrait ni travailler ni vivre » ; mais ce sont là des arguments aussi pauvres que ridicules, que l'on peut détruire par les exemples les plus simples. Car, s'il en était ainsi, comment se fait-il donc que lorsqu'une grève éclate dans une industrie quelconque, que l'on emploie tous les moyens, voire même jusqu'à la force armée, pour forcer les travailleurs à reprendre leur travail ? La chose est simple à expliquer, Citoyens : c'est que d'abord cette cessation du travail jette le trouble sur le marché ; que d'autre part le capital-outil et le capital-matière n'étant plus maintenus en exercice, il devient inerte et cause la ruine de son ou de ses détenteurs qui, en tant que capitalistes, disparaissent de la scène du mouvement.

Non, Citoyens, dans une société qui est divisée entre capitalistes qui possèdent tout sans rien produire et en travailleurs qui produisent tout et qui ne possèdent rien, les rapports ne peuvent se concilier ; ils ne peuvent être, au contraire, que des sujets de troubles permanents, et ce n'est pas là le but que doit poursuivre l'humanité. Le but que doit poursuivre l'humanité, et qui est un but éminemment social, est de procurer à tous les moyens de développement pour que chacun puisse être assuré de la satisfaction de ses besoins. Mais la société n'obtiendra cela que lorsque le capital et le travail seront réunis dans les mêmes mains.

Citoyens, la Révolution française de 1789 nous a ouvert cette voie au nom de la liberté, au nom de l'égalité ; c'est donc à nous, travailleurs, de la continuer et de la poursuivre hardiment, jusqu'à ce que cette liberté et cette égalité, qui sont encore des mensonges pour la classe ouvrière, soient enfin devenues pour elle des réalités.

Comme résolutions, Citoyens, nous n'en apporterons pas, car nous savons positivement que tout ce qui pourra sortir du Congrès ne pourra qu'amener des éclaircissements dans la masse, mais pour quant à compter sur l'adoption, ce serait une erreur que d'y penser. C'est pour cela que nous demanderions que, étant donné la position du travailleur, chaque délégué se pénétrât bien des besoins de cette complète transformation de la société, voire même par tous les moyens, et proclamât l'égalité dans toute son étendue.

Rapport non lu du citoyen Bouchet, des typographes de Bordeaux

Citoyennes, Citoyens,

La question que nous avons à traiter ce soir est une vieille connaissance qui, depuis bien longtemps, paraît et reparaît successivement avec une persistance qui n'a d'égale que la patience du peuple et la mauvaise foi des hommes qui nous ont dirigés jusqu'à ce jour.

Cependant, Citoyennes et Citoyens, toutes les questions qui ont été traitées dans cette enceinte depuis quelques jours n'ont-elles pas trait aussi aux rapports journaliers du capital et du travail? C'est fatal. Tout ce qui ressort de l'organisation ouvrière s'enchaîne et ne forme qu'un tout.

Par suite de notre naissance, nous sommes assujettis à des lois que nous n'avons ni faites ni consenties. Et cet état de choses dure depuis si longtemps, que ceux qui nous y ont placés et qui nous y maintiennent trouvent extraordinaire que nous cherchions à nous en affranchir.

« Comment donc. disent-ils, ces ouvriers voudraient nous faire la loi? Est-ce notre faute si nous roulons sur l'or? Est-ce notre faute s'ils n'ont pas de pain? Après tout, nous pouvons leur en donner, du pain. » Et, là-dessus, ces messieurs organisent des bureaux de bienfaisance où l'on va, avec de petits bons, chercher six livres de pain par semaine pour nourrir quatre ou cinq enfants.

« Vous êtes vieux, infirme, incapable de travailler, disent-ils encore; est-ce que, lorsque je vous ai employé, vous n'avez pas reçu le produit de votre travail? Que demandez-vous alors? Ah! je comprends, il vous faut un asile! Eh bien! vous en aurez un. Nous allons faire bâtir un hospice où vous serez encaserné et embrigadé. » Souvent même, pour attendre l'entrée dans ces hospices, vous êtes obligé d'attendre à la porte qu'un autre vieux soit mort pour venir prendre sa place encore chaude. Encore heureux si votre vieille compagne peut habiter avec vous; car, dans pas mal d'hospices, la femme est d'un côté et le mari de l'autre — la cohabitation étant immorale au dernier chef pour ces gens-là.

Ah! Citoyennes et Citoyens, on dit que nous sommes difficiles et que l'ouvrier ne sait pas ce qu'il veut. Pourtant, depuis le temps que nous le crions, ces bons bourgeois ont dû l'entendre, ou bien ils sont fièrement sourds. Cependant ils ne croient pas l'être; ils pensent seulement une chose, c'est que nous ne sommes pas des gens aussi honnêtes qu'eux, ou bien encore ils pensent que nous sommes des imbéciles.

Je disais qu'ils n'avaient pas confiance en notre probité
Je vais le prouver :

Si vous, ouvrier, vous avez l'idée de vous établir et,
enfin de faire rapporter un peu plus le travail de vos bras,
n'ayant pas d'avances, il est entendu qu'on ne vous fera
pas crédit d'un matériel, ou ce sera à un taux tellement
usuraire que vous ne pourrez pas accepter ces conditions.

Nous citerons à ce sujet un fait dont nous avons été
témoin : un patron voulant se débarrasser de son atelier,
proposa un jour à ses ouvriers de leur vendre son matériel,
et ce, pour la somme de 65,000 francs. Cet atelier n'en
valait en réalité que 15,000 ou 18,000 ; mais aussi, comme
il le faisait observer, *il ne demandait pas un sou d'a-
vance*. Les paiements devaient être étagés par annuités
et ne devaient pas durer plus de sept ans, cela faisait
9,300 francs par an à sortir sur les bénéfices. Une clause
disait encore que si le patron s'apercevait que les affaires
périclitaient, ce dont il voulait rester seul juge, il repren-
drait l'administration de son atelier. « C'est, leur disait-il,
à vos risques et périls que vous travaillerez. »

Devant des propositions aussi avantageuses, que firent
les ouvriers? Ne voulant pas payer quatre fois plus un
atelier qu'il ne vallait, pour le seul plaisir de se dire patrons
et d'avoir en perspective la faillite obligatoire, ils refu-
sèrent avec le plus grand enthousiasme cette proposition
malhonnète.

Ce patron-là, quel était son but? Il est facile à deviner :
il voulait se faire des rentes bien rondes, son argent étant
placé à gros et sûrs intérêts.

Je peux encore citer le cas d'un autre patron qui, lui
aussi, pour singer le philanthrope, a fondé dans sa maison, *après fortune faite et bien établie*, le bénéfice de
la participation qu'il étend à tous ses employés. Ce bénéfice, que l'on fait reluire aux yeux de l'ouvrier, est un
véritable leurre ; car ces caisses de participation à qui
appartiennent-elles ? Evidemment aux patrons. Ces messieurs, lorsqu'ils inaugurent chez eux le système de la
participation, ont le soin de ne pas se dessaisir de la
caisse, et établissent, du reste, par règlement, qu'ils ne
doivent plus rien à l'ouvrier du jour où ils ne sont pas
contents de lui. Il n'y a pas de pacte, c'est le régime du

bon plaisir. Et, cependant, lorsqu'un patron se met sur ce pied avec ses ouvriers, les journaux proclament bien haut, à coups de grosse caisse, l'existence de ce petit manteau bleu, de ce philanthrope qui se fait élever une statue sur les rouleaux d'or gagnés pour lui par les ouvriers. Ah ! la réclame ne leur manque pas. Quand ils n'ont pas un journal à eux-mêmes, ils en trouvent vite un à leur dévotion, dans lequel vous trouverez : « Hier, le personnel de la grande maison X... était réuni chez le directeur qui les avait fait venir afin de leur annoncer qu'à partir de tel jour ils auraient droit à la participation dans les bénéfices. Les ouvriers émus jusqu'aux larmes de ce procédé ont pressé les mains de leur patron sans pouvoir rien dire. Car, en effet, quoi de plus éloquent que ce rapprochement du capital et du travail !

« Après un petit speech, fait par M. X... à ses ouvriers, auquel a répondu un des leurs, il a été distribué à chacun d'eux un petit règlement les instruisant des conditions de ce partage. »

Cela va très bien jusque-là. Mais quand l'ouvrier veut prendre connaissance du règlement, il s'aperçoit que son patron a oublié de lui donner le droit de contrôle sur la gestion des fonds restés en caisse, et qu'il n'a pas voix délibérative.

Donc, ce n'est pas encore cela que nous demandons.

Nous pourrions donner encore des exemples de patrons, ceux-là sans scrupule aucun, qui, dans leurs ateliers, trouvent moyen de rogner, par des amendes, le salaire d'une partie de leurs employés. Un d'eux, que nous connaissons particulièrement, n'a pas de règlement dans son atelier ; il applique des amendes d'une manière tout à fait féroce. Je l'ai vu souvent mettre d'un coup des amendes de 10, 15 francs à de pauvres ouvrières qui gagnaient 2 fr. 25 par jour. Je dis même mieux, ce vampire est allé un jour jusqu'à dire à une de ses ouvrières, à qui il avait appliqué des amendes dépassant le total de sa quinzaine : « Si tu veux continuer à travailler chez moi, tu apporteras 20 francs lundi avant de commencer. »

Encore un autre exemple : Il lui prit un jour fantaisie de supprimer entièrement la quinzaine de tous les apprentis ou apprenties, qui sont environ une vingtaine. Il fut porté une plainte au Conseil des prud'hommes, et ce triste sire fut acquitté et les enfants déboutés de leur demande, sous prétexte qu'il ne leur devait rien, attendu qu'ils étaient là pour apprendre leur métier. Le même encore, à un ouvrier qui lui demandait du travail, répondit : « Vous avez donc faim, que vous venez chercher du travail chez moi. »

Tous ces faits démontrent à quel point un homme qui possède un capital a le droit d'être arrogant vis-à-vis du prolétaire.

Si la loi punissait sévèrement ces exploiteurs, ils regarderaient à deux fois avant de nous molester.

De tout ce que j'ai dit plus haut, j'en viens à dire ceci : c'est que l'ouvrier qui, seul, est producteur, doit être désormais affranchi de tous ces mangeurs de peuple, et doit avoir à sa disposition le capital, rente qui dort sans profit pour l'industrie ; je demande que l'intelligence du travailleur soit occupée à son profit seul, et non au profit de celui qui n'a qu'à se donner la peine de naitre et de mourir sans avoir rien fait d'utile sur la terre.

Avant de conclure, permettez-moi de vous donner le plan d'un système d'association que j'ai trouvé dans une brochure, dont l'auteur est Louis Blanc ; ce plan paraît être le *desideratum* de nos revendications.

Le voici en entier :

« Aux entrepreneurs qui, se trouvant aujourd'hui dans des conditions désastreuses, viennent à nous et nous disent : « Que l'Etat prenne nos établissements et se « substitue à nous », nous répondrons : « L'Etat y con- « sent. Vous serez largement indemnisés. Mais cette « indemnité qui vous est due, ne pouvant être prise sur « les ressources du présent, lesquelles seraient insuffi- « santes, sera demandée aux ressources de l'avenir ; « l'Etat vous souscrira des obligations portant intérêt, « hypothéquées sur la valeur même des établissements « cédés, et remboursables par annuités ou par amor- « tissement. »

« L'affaire ainsi réglée avec les propriétaires d'usines, l'Etat dirait aux ouvriers : « Vous allez travailler désormais dans ces usines comme des frères associés. Pour la fixation de vos salaires, il y a à choisir entre deux systèmes ; mais, quel que soit celui qui l'emporte, une fois ce point réglé, vient la question de l'emploi des bénéfices du travail commun.

« Après le prélèvement du prix des salaires, de l'intérèt du capital, des frais d'entretien et de matériel, le bénéfice serait ainsi réparti :

« Un quart pour l'amortissement du capital appartenant au propriétaire avec lequel l'Etat aurait traité ;

« Un quart pour l'établissement d'un fonds de secours destiné aux vieillards, aux malades, aux blessés, etc.;

« Un quart à partager entre les travailleurs, à titre de bénéfice, comme il sera dit plus haut ;

« Un quart enfin pour la formation d'un fonds de réserve dont la destination sera indiquée plus bas.

« Ainsi serait constituée l'association dans un atelier.

« Resterait à étendre l'association entre tous les ateliers d'une même industrie, afin de les rendre solidaires l'un de l'autre.

« Deux conditions suffiraient :

« D'abord, en déterminant le prix de revient ; on fixerait, eu égard à la situation du monde industriel, le chiffre du bénéfice licité au-dessus du prix de revient, de manière à arriver à un prix uniforme et à empêcher toute concurrence entre les ateliers d'une même industrie.

« Ensuite, on établirait dans tous les ateliers de la même industrie un salaire non pas égal, mais proportionnel, les conditions de la vie matérielle n'étant point identiques sur tous les points de la France.

« La solidarité ainsi établie entre tous les ateliers d'une même industrie, il y aurait enfin à réaliser la souveraine condition de l'ordre, celle qui devra rendre à jamais les haines, les guerres, les révolutions impossibles ; il y aurait à fonder la solidarité entre tous les membres de la société.

« Deux conditions pour cela sont indispensables :

« Faire la somme totale des bénéfices de chaque industrie, et cette somme totale la partager entre tous les travailleurs.

« Ensuite, des divers fonds de réserve dont nous parlions tout à l'heure, former un fonds de mutuelle assistance entre toutes les industries, de telle sorte que celle qui, une année, se trouverait en souffrance, fût secourue par celle qui aurait prospéré. Un grand capital serait ainsi formé, lequel n'appartiendrait à personne en particulier, mais appartiendrait à tous collectivement.

« La répartition de ce capital de la Société entière serait confiée à un Conseil d'administration placé au sommet de tous les ateliers. Dans ses mains seraient réunies les rênes de toutes les industries, comme dans la main d'un ingénieur, nommé par l'Etat, serait remise la direction de chaque industrie particulière.

« L'Etat arriverait à la réalisation de ce plan par des mesures successives. Il ne s'agit de violenter personne. L'Etat donnerait son modèle ; à côté vivraient les associations privées, le système économique actuel. Mais telle est la force d'élasticité que nous croyons au nôtre, qu'en peu de temps, c'est notre ferme croyance, il se serait étendu sur toute la société, attirant dans son sein les systèmes rivaux par l'irrésistible attrait de sa puissance. Ce serait la pierre jetée dans l'eau et traçant des cercles qui naissent l'un de l'autre, en s'agrandissant toujours. »

Voilà, Citoyennes et Citoyens, ce que, déjà en 1848, Louis Blanc proposait pour l'établissement de Sociétés ouvrières de production. Ce système est-il d'application pratique, nous le croyons pour notre part, pourvu que l'Etat et les intéressés veuillent s'en occuper sérieusement et de bonne foi.

En conséquence, au nom de la Chambre syndicale des typographes de Bordeaux et en mon nom personnel, je conclus à ce que le capital-outil soit mis à la disposition du travailleur au moyen d'une intervention de l'Etat. Par cela seul, nous le croyons nous pourrons apporter une amélioration dans notre système économique ; nous pourrons encore combattre avec avantage la concurrence étrangère, grâce à l'économie réalisée dans le coût de la production. Et, pour terminer ma conclusion, je désire que le projet préconisé par Louis Blanc et que j'ai donné ci-avant, soit présenté, sous forme de vœu, aux pouvoirs publics, avec les autres résolutions qui seront prises par le Congrès.

Vive la République.

Rapport non lu du citoyen Pothier de la typographie lyonnaise

Citoyennes, Citoyens,

Délégué par la Chambre syndicale typographique lyonnaise à ce Congrès, nous croyons de notre devoir de vous exposer nos vues sur la question à l'ordre du jour.

Le mandat qui nous est donné ne nous recommandant pas de traiter la question au point de vue élevé de la politique, nous la traiterons donc sur le terrain économique, lequel, croyons-nous, est appelé à vous démontrer que là est le moyen d'arriver plus vite et plus sûrement à la réalisation des espérances des travailleurs qui, comme nous, sauront s'imposer les sacrifices que nos confrères typographes ont accomplis.

Pour arriver à nos conclusions, qui découleront de ce qui va suivre, il est bon de vous dire quelques mots de l'état de notre corporation.

Les deux ou trois années qui ont suivi la guerre franco-allemande de 1870, la typographie était très florissante au point de vue de notre Syndicat; alors nous ne comptions pas un seul typographe qui ne fût rangé sous notre bannière.

Puis, tout à coup, un brusque revirement se fit; un antagonisme se produisit entre les patrons et les ouvriers; des combinaisons nouvelles et des tentatives écœurantes, que certains industriels appelaient philanthropiques, probablement en faisant allusion à l'exploitation honteuse qu'ils voulaient faire en occupant à vils prix des enfants et des femmes, s'implantèrent dans la ville de Lyon.

Alors, il nous fut donné de voir des ouvriers syndiqués devenir renégats, quitter notre Syndicat, poussés par un égoïsme lâche, pour aller organiser ces maisons, qui devaient nous être funestes et offrir leurs soi-disant capacités professionnelles pour former cette armée de gâcheurs de métiers.

Ce n'était pas assez; des grèves partielles éclatèrent depuis, épuisant notre caisse et nous montrant toujours le renouvellement des spectacles honteux des désertions.

Le dernier coup, le plus terrible, nous était réservé pour 1882. Un misérable filait en nous emportant toutes nos ressources, soit 6,000 francs.

La typographie fut stupéfiée un moment ; mais, à la louange des sociétaires qui étaient restés fidèles, une réaction subite se produisit.

Quoique n'ayant plus le sou, une idée venait de germer, celle d'étudier un atelier social, c'est-à-dire une imprimerie. Nous ne vous raconterons pas les mille difficultés rencontrées pour amener notre œuvre au point où elle est maintenant. Nous vous dirons seulement que deux cents et quelques ouvriers surent s'imposer un sacrifice de 5 °/₀ sur leur salaire, pour former leur capital, afin d'ouvrir leur atelier.

Aujourd'hui, c'est un fait acquis, nos efforts ont été couronnés de succès. Fondée non seulement sans avance de fonds, mais encore avec des dettes, notre imprimerie syndicale a acquis une valeur de 55,000 francs, et pendant l'exercice 1886, nous avons fait plus de 100,000 francs d'affaires, sur lesquels nous avons payé, à nos confrères qui y sont occupés, à peu près la moitié de cette somme.

Ainsi, non seulement notre société, malgré les renégats qui nous ont trahis, a vu refleurir son influence, mais encore elle a pu enrayer le chômage, en occupant dans son atelier ceux de ses membres qui seraient inévitablement sur le pavé.

Est-ce à dire que notre imprimerie soit la propriété du Syndicat, non ; cela ne se peut actuellement en raison des restrictions que contient la loi sur les Syndicats qui nous défend de posséder les instruments de travail, meubles ou immeubles.

Vous remarquerez en passant, Citoyennes et Citoyens, quelle serait notre force si tous les ouvriers de notre corporation étaient avec nous, et vous penserez certainement qu'une entreprise comme la nôtre, que tous vous êtes à même de faire plus facilement que nous-mêmes, car un matériel d'imprimerie est excessivement coûteux, que cette entreprise, disons-nous, est la voie sûre, sans arrêt qui, petit à petit, nous met dans les mains l'outil qui doit nous affranchir du joug patronal, et mettre le capital entre les mains du travailleur.

Encore un mot :

Si nous avons pu prospérer, c'est que dans notre imprimerie syndicale, aucun intérêt n'est servi aux actions et
obligations, que chaque ouvrier arrive à posséder en payant
l'impôt sur son salaire ; aucun dividende n'est réparti
entre les sociétaires, et le Conseil d'administration fonctionne gratuitement.

Tous les bénéfices se capitalisent et apportent ainsi un
accroissement continu à la richesse de notre atelier.

En nous résumant, nous vous recommandons nos conclusions, qui touchent aux différentes questions de l'ordre
du jour du Congrès. En ce qui concerne la loi sur les Syndicats, nous demandons, à part les rectifications présentées par de nombreux délégués, la suppression du paragraphe 3 de l'article 6, et son remplacement par ces
simples mots :

« Ils (les Syndicats), pourront posséder tous meubles,
immeubles, etc., nécessaires à l'exploitation de l'industrie
à laquelle ils appartiennent, et auront accès gratuitement
à toutes les adjudications de l'État, du département et
des communes. »

Nous demanderions également que l'on ajoutât :

« Les patrons non signataires des tarifs ouvriers, présentés par les Chambres syndicales, ne pourront prendre
part aux mêmes adjudications.

« Tout patron qui, avant l'expiration du tarif consenti
avec une Chambre syndicale ouvrière, l'ayant signé,
renierait sa signature en réduisant les prix établis ou en
renvoyant les ouvriers syndiqués, sera traduit devant les
tribunaux compétents. »

Nous faisons des vœux, Citoyennes et Citoyens, pour
que, après avoir étudié la question de la production directe,
vous vous engagiez résolument dans cette voie, c'est-à-dire
à rechercher, par tous les moyens pacifiques, à posséder
l'outil qui doit vous donner l'indépendance et votre prospérité.

Nous savons et nous partageons l'impatience de beaucoup
de nos collègues, qui préconisent des moyens plus rapides et plus violents d'arriver à mettre le capital en rapport
plus direct et plus étroit avec le travail, mais, comme ces
moyens ne seraient peut-être pas mis en pratique d'ici

peu, notre système ne nous semble ni plus lent ni moins efficace, il est plus sûr et cela nous suffit pour le moment en attendant mieux.

Rapport non lu du citoyen Glaise des peintres-fileurs de Paris.

Citoyens, Citoyennes,

J'ai été envoyé à ce Congrès pour appuyer vos demandes concernant les modifications à apporter aux lois sur les Syndicats, sur la loi qui régit les prud'hommes et leur juridiction dans les cas d'accidents.

J'appuie de grand cœur les revendications spéciales pour les mineurs ainsi que pour certaines industries dangereuses à la santé de l'ouvrier, au sujet des heures de travail, pour vous parler de nos Chambres syndicales mixtes, et principalement pour inviter ce Congrès à émettre un vœu en faveur d'une idée généreuse, à laquelle nous travaillons depuis longtemps, la Caisse des invalides du travail pour l'un et l'autre sexe, ainsi que pour les mutilés de l'industrie, avec le produit de la vente des diamants dits de la couronne, votée à la Chambre des députés le 21 juin 1882. Ce droit est tellement légitime que nos législateurs de 1793 l'ont inscrit dans la Déclaration des droits de l'homme (art. 21). :

« Les secours sont une dette sacrée. La société doit la subsistance « aux citoyens malheureux, soit en leur procurant du travail, soit en « assurant les moyens d'existence à ceux qui sont hors d'état de « travailler. »

Nous estimons donc qu'il importe de demander au gouvernement d'inscrire, comme première réforme sociale dans la loi, ce droit des travailleurs à la retraite, d'en chercher les moyens d'application ainsi que les ressources nécessaires au fonctionnement de cette institution.

Permettez-moi, Citoyens, de vous retracer, aussi brièvement que possible, notre naissance et nos travaux.

Vers la fin de l'an 1880, on lisait dans les journaux qu'il était question de vendre les joyaux dits de la couronne, et, le 20 décembre de la même année, on pouvait voir, au journal *le Voltaire*, une proposition dans laquelle *je demandais* que le produit de la vente de ces joyaux *fût attribué à la création d'une Caisse de retraite, pour les invalides du travail de l'un et l'autre sexe.*

L'hiver de 1880-1881, si vous vous en souvenez, fut excessivement rude, *et j'avais pensé que, avant toutes choses, ces richesses improductives devaient servir à soulager les malheureux.*

Cette idée, présentée dans une des réunions générales de notre Chambre syndicale mixte des peintres-fileurs décorateurs, y fut généreusement bien accueillie, ainsi que le relate le procès-verbal de cette réunion du 2 avril 1881.

Nous fîmes passer une note à la presse, dans laquelle nous informions qu'une pétition se signait chez nous, et bientôt vinrent à nous beaucoup de citoyens qui, depuis longtemps déjà, s'occupaient à trouver des moyens de créer une Caisse nationale de retraites civile pour les vieux travailleurs; en tête de ces chercheurs, permettez-moi, Citoyens, de citer le citoyen Laviron qui, malgré son grand âge, vient encore de publier un livre très intéressant sur la question : *Le droit des travailleurs à la retraite.*

Avec le concours dévoué des citoyens Deville, Laplanche, L. Legrand, Mollin et Delaby, nous formâmes notre Comité.

Lorsque cette première pétition fut couverte d'un grand nombre de signatures, nous allâmes la porter au député influent du troisième arrondissement de Paris, 26 octobre 1881.

Ce député nous accueillit on ne peut mieux, trouvant notre idée excellente, et nous promit son puissant appui, ainsi que celui de ses amis, et, en effet, fidèle à sa promesse, notre pétition déposée et patronnée par ce député, amena le vote du 21 juin 1882.

342 députés contre 85 décidèrent que le produit de la vente de ces joyaux dits de la couronne serait affecté à la création d'une Caisse de retraite des invalides du travail.

Et, à ce propos, Citoyens, laissez moi vous dire que, par les termes mêmes de ce vote, que l'on peut lire dans l'*Officiel* du 21 juin 1882, et pour répondre aux accusations de vandalisme qui nous ont été adressées, de déclarer que jamais nous n'avons eu l'idée de comprendre dans cette vente certains de ces joyaux, d'une valeur scientifique ou historique, qui ont leur place indiquée dans nos musées ou dans nos collections.

Mais si, comme nous l'avons entendu dire, il existe ou s'établissait une sorte d'entente entre certains joailliers, opposés à la vente du reste de ces bijoux qui n'ont aucune valeur artistique, eh bien ! si l'on ne peut ou si on ne veut les vendre en France, vendons-les à l'étranger et à ceux qui seront heureux de pouvoir acquérir ces tristes et inutiles souvenirs des monarchies, des empires disparus à jamais de chez nous !

Quelque temps après cette première pétition, notre comité en rédigea une deuxième que vous avez pu lire au *Rappel* et qui fut remise à la Chambre par le citoyen Brelay, député de la Seine, le 27 avril 1882.

Dans cette pétition, notre Comité rappelait les deux précédentes, déposées à la Chambre : l'une, par le citoyen Lockroy, en 1878; l'autre, par le député du III° arrondissement, 1881.

Puis, nous adressâmes une pétition au Sénat le 31 juillet 1882. Dans cette pétition, nous demandions à MM. les Sénateurs de bien vouloir sanctionner le vote du 21 juin 1882, et nous attendîmes.

Un essai de journal fut tenté, sous le nom de *Ligue nationale des Droits des Travailleurs à la retraite*, et son numéro de juillet 1883 contenait encore une pétition demandant toujours la Caisse de retraites, avec les motifs et considérants qui légitiment cette juste revendication.

Cette nouvelle pétition, envoyée dans tous les départements, nous revint couverte de signatures, *et la ville de Lyon, dans laquelle*

j'ai l'honneur d'être aujourd'hui, nous a fourni sa large et frater-
nelle part d'adhésions ; nous lui adressons nos fraternels remer-
ciments.

Un Comité lyonnais, en tête duquel on lisait les noms des citoyens
Gadoux, Charlot. Gramusset, Courtois aîné, Chanu et Sage ; Dard,
Milliat. Frère, Caillat, Delauzun. Lezzani et Gervais, s'était mis en
rapport avec nous et demandait aussi la création d'une Caisse nationale
de retraites, *par tous les moyens légaux*

A cette époque, nous avions eu l'avantage de voir venir à nous le
citoyen G. Martin, alors conseiller municipal.

Comme il approuvait complètement le but que nous poursuivions
et qu'il avait déjà beaucoup travaillé au Conseil municipal afin
d'améliorer le sort des travailleurs malheureux, comme il nous avait
fait le plus triste et le plus affligeant tableau de certains de nos
établissements de *soi-disant* bienfaisance, qu'il avait visités, *où*
souvent l'honnête travailleur n'entre qu'en rougissant ; (exemple :
Hoste, soixante-dix-huit ans, refusant de monter avec des filons dans la
voiture qui les menait au dépôt de Saint-Denis) : notre Comité, dont
font partie un grand nombre des membres de notre Chambre syndicale,
à l'unanimité, nommait le citoyen G. Martin son président.

Déjà, nous avions reçu un grand nombre de lettres soit d'adhésion,
soit d'encouragement, des citoyens députés Lockroy, A. de la Forge,
Berthelan, Gatineau, de Hérédia, Boudeville, Chevandier, Floquet,
Delattre, Vacher, Margaine et Vergoin ; des citoyens Galepin,
Strauss, Zimberboum, Grison, Godin, Ségofin, Jacques Mazaroz,
Krabbe. Dubus, Wandenberghe, avaient aussi applaudi à nos efforts
ou s'y étaient associés.

Par toutes ces pétitions, par tous ces généreux encouragements,
nous avions, cela est indiscutable, fait faire un grand pas à la
question, et notre honorable président n'avait perdu aucune occasion
d'en parler ici, à Lyon, et partout ailleurs.

Mais il fallait que ce projet de loi, voté par la Chambre des députés le 21 juin 1882, revint au Sénat, et, à la fin de la dernière session, la question, venant à l'ordre du jour, fut purement et simplement ajournée à la session prochaine.

Nos diamants étaient sauvés momentanément.

Le 22 septembre 1885, à l'une des réunions de notre Comité de
Paris, nous eûmes l'honneur de voir le citoyen Delattre parmi nous ;
il voulut bien signer et se charger de déposer à la nouvelle Chambre
une nouvelle pétition, émanant encore de notre Comité, dans laquelle
nous demandions, aux députés qui allaient être élus, le rappel et le
maintien du vote de leurs devanciers.

Vous savez, Citoyens, quel orage a été soulevé à la Chambre, le
4 février 1886, à ce sujet, et comment un honorable député, *fort peu*
républicain, le comte de Lanjuinais, a répondu au sujet de notre
demande :

La République, dont il espérait être débarrassé sous peu, fai-
sait que ce tour, que semblait vouloir jouer certain Comité, de
demander la vente des joyaux de la couronne, lui était parfaite-
ment égal

Vous avez lu, à l'*Officiel*, les belles réponses du citoyen B. Ras-
pail, et le beau plaidoyer de notre cher avocat, le citoyen Delattre,
et le renvoi de notre pétition au ministre des finances.

Nous espérons, Citoyens, que le gouvernement, à qui la question est renvoyée, la rapportera, cette fois, avec un avis favorable, et qu'enfin elle arrivera au Sénat, non pas battue d'avance, mais appuyée par un ministère républicain qui aura à honneur de voir créer cette grande fondation humanitaire.

Alors notre président, G. Martin, sénateur, au lieu d'essayer d'introduire de généreux amendements à la loi concernant la Caisse nationale dite de retraite pour la vieillesse, pourra faire triompher ce que nous demandons, la vente des joyaux de la couronne au profit de la création de la vraie caisse des invalides du travail.

Nous demandons, il est vrai. la solution d'un grand et difficile problème social.

Mais, ainsi que l'a dit notre honorable président, G. Martin, dans son éloquent discours au Sénat, le 5 avril 1886 :

A chaque nouvelle et grande proposition, on dit toujours, et comme de parti pris d'avance : cela n'est pas possible.

Il y a longtemps, Citoyens, que ce mot n'est plus français !

Commençons. Si, au début, nos ressources sont limitées, soyez assurés que notre Caisse nationale grandira, et pourra un jour, réalisant le vœu de nos législateurs de 93, donner au travailleur dont les forces se sont usées, un moyen de terminer honorablement sa carrière à l'abri du désespoir.

Espérons voir bientôt se créer cette Caisse puissante, *cela vaudra mieux que la résignation et l'épargne prêchées à des malheureux, souvent manquant de tout, par cet honorable député de la droite. dont je vous parlais tout à l'heure, qui nous fait entrevoir, en échange de cette résignation et de cette misère des trésors de béatitude céleste.*

Et si vous vous joignez à nous, Citoyens, et si nous espérons que le gouvernement sera, cette fois, favorable à notre revendication, c'est que cela donnerait une grande satisfaction à la démocratie, et qu'il est bien prouvé aujourd'hui que toutes les sociétés d'épargne et de prévoyance ou de secours mutuels, si utiles pour les jours de chômage et de maladie, ne donnent en moyenne, malgré tous leurs efforts, que des résultats dérisoires ou insuffisants lorsqu'il s'agit de la retraite.

Nous, nous dirons au travailleur, *suffis-toi pendant que tu es jeune et valide,* fais partie de ces sociétés de secours mutuels, mais alors que tes forces se seront usées à un travail quelconque et que tu auras contribué à augmenter la fortune publique, puisque tu n'auras jamais reçu le prix intégral de ton travail, tu pourras venir hautement réclamer ton droit à la retraite des travailleurs.

Et cette caisse nationale sera une œuvre moralisatrice, car alors la société aura le droit d'être sévère pour les inutiles et pour les paresseux, puisqu'elle aura assuré *la fin honorable de l'honorable travailleur.*

Nous avons entouré l'enfance et le fou de lois protectrices. La jeunesse est l'objet de toute notre sollicitude.

Le soldat, l'employé ont leur retraite.

Qu'a-t-on fait pour le vieux et honorable travailleur ? Rien.

Enfin, Citoyens, pour répondre à une objection que présentera peut-être le gouvernement, *la difficulté de vendre ces diamants, pour lesquels il n'y aura pas d'acheteur.*

Permettez-moi encore et pour en terminer de vous faire part d'une idée émise, le 28 février 1886, au banquet des chauffeurs-mécaniciens, présidé par le citoyen Eugène Delattre. et ainsi formulée :

L'assemblée envoie ses salutations à M. Lockroy, premier élu de Paris. ministre du commerce et de l'industrie, et le prie d'intervenir auprès des pouvoirs publics pour la création d'une loterie de 30 millions de billets, dont le gros lot serait le diamant de la couronne, dit le Régent, valeur 12 millions, afin de constituer la caisse de retraites des invalides du travail.

Eh bien ! si le gouvernement est embarrassé de la vente de ces joyaux. qu'il autorise notre Comité à organiser cette vaste loterie, *sous sa surveillance.* Nous sommes assurés d'en tirer 25 ou 30 millions, *sans que cela coûte un centime au pays.*

Ce moyen aurait certainement l'assentiment de l'opinion publique, et l'on pourrait dire *du monde entier.* Car ces richesses improductives serviraient à créer cette Caisse nationale de retraites pour les invalides du travail, que nous réclamons au nom de l'humanité, et dont nous souhaitons voir commencer le fonctionnement pour le glorieux anniversaire que la France prépare pour 89.

Demander aux pouvoirs publics la création de la Caisse de retraites pour les vieux travailleurs et les mutilés de l'industrie, ainsi que cela a été voté le 21 juin 1882.

Voilà, Citoyens travailleurs, la revendication de laquelle ma Chambre syndicale et le Comité du droit des travailleurs à la retraite m'ont donné mission de vous entretenir.

Comptant d'avance sur votre puissant concours, pour qu'elle figure au nombre des revendications qui sortiront de ce fraternel Congrès national des syndicats ouvriers.

CONCLUSIONS

déposées sur le Bureau, le vendredi 15 octobre, séance du soir.

Le Congrès national des Syndicats ouvriers, réunis à Lyon :

Après avoir formulé ses résolutions sur les questions indiquées à son ordre du jour ;

Emet le vœu de voir créer, dans le plus bref délai, la Caisse nationale de retraites pour les vieux travailleurs de l'un et l'autre sexe, ainsi que pour les mutilés de l'industrie, avec le produit de la vente des joyaux de l'ex-couronne. ainsi que cela a été voté à la Chambre des députés, le 21 juin 1882.

Rapport non lu du citoyen Delahaye de Paris.

Citoyens,

En présence du développement de la grande industrie moderne et de l'antagonisme croissant entre le travail et le capital, le créditement des Syndicats professionnels ayant pour objet de fonder des associations ouvrières de production, nous paraît un moyen immédiatement réalisable pour relever notre industrie nationale, pour transformer le travail salarié en travail associé, pour rendre aux travailleurs, sous une forme moderne, l'outillage dont nous avons été accidentellement dissociés et séparés.

Sans doute l'organisation des Syndicats professionnels, la réduction légale des heures de travail bien que moins directes sont aussi des moyens très importants pour arriver à ce résultat, mais la grande majorité des patrons et des capitalistes y sont systématiquement hostiles.

Dominer sans contester dans leurs ateliers, nous écraser par leur réglementation arbitraire, exiger de nous une obéissance passive et une soumission absolue, sacrifier l'intérêt national dans un but d'intérêt personnel ou d'intérêt de classe, tel est le résultat de l'exploitation capitaliste. Toutes les monarchies qui se sont succédé en France depuis 1789 ont été l'émanation de cette conception économique étroite, partout elles ont entravé, ajourné et compliqué toutes les réformes économiques les plus urgentes comme les plus anodines.

En présence de cette situation et pour fêter glorieusement le Centenaire de 1789, nous avons cru devoir aborder le problème d'une manière plus directe en proposant le créditement des Syndicats professionnels d'ouvriers comme l'ébauche pratique et réalisable de la réorganisation contemporaine du travail, comme le complément de la tentative inachevée de la Révolution française, comme la fondation définitive d'une véritable démocratie, avec son corollaire absolument indispensable : l'émancipation économique et sociale de la classe ouvrière.

Cette solution pacifique des rapports antagonistes du travail et du capital est celle qui s'impose, comme le prouve surabondamment les grèves, les *boycots* et les troubles civils qui ne font que d'augmenter en nombre et en importance dans tous les pays de grandes industries, en Europe et en Amérique.

En France, ce sont les mineurs de l'Aveyron, les forgerons et les fondeurs des Ardennes, les filateurs du Nord, les mécaniciens du Cher, les chaisiers de Lyon, qui sont aux prises avec les seigneurs de la houille, du fer, du coton et du bois.

A Londres, à Birmingham, à Manchester et à Liverpool, les travailleurs britanniques, d'un naturel calme et patient, plus enclins vers l'évolution pacifique que vers la révolution violente, viennent de s'insurger. Ils demandent des mesures efficaces contre les crises périodiques de surproduction qui nous condamnent à mourir de faim, en face de magasins bondés de subsistances. En Belgique, les travailleurs de Liège et de Charleroi ont inauguré une nouvelle Jacquerie, en brûlant les ateliers et les manufactures. Aux Etats-Unis, les travailleurs de New-York, Chicago, Cincinnati, Boston, Pittsburg, Milwankee, Washington et de Saint-Louis font non seulement usage de la grève et du *boycott*; mais ils sont entrés dans une période de révolte armée pour les huit heures de travail, sans aucune réduction de salaire.

Dans le seul Etat du Massachussetts, depuis 1830 à 1880, il y a eu cent cinquante-neuf grèves, dont vingt quatre pour la réduction des heures de travail; cent trente-cinq pour augmentation de salaire ou pour résister à la prolongation de la journée (1).

Dans l'Etat de New-Jersey, il y a eu cent trente-cinq grèves, dont vingt sept pour la réduction des heures de travail, soixante-deux pour augmentation des salaires, quarante-six pour résister à la réduction des salaires et à la prolongation de la journée de travail (2).

A New-York, il y a eu deux cent vingt-deux grèves pendant l'année 1884-1885, et cinquante neuf *boycotts*, ou mises à l'index (3).

Pendant l'année 1878, en Angleterre seulement, non compris le pays de Galles, l'Ecosse et l'Irlande, il y a eu deux cent soixante dix-sept grèves, reparties de la manière suivante : les mineurs, cinquante-huit, bâtiment, soixante-dix-sept; navires en fer, six; industrie textile, douze; chaudronniers en fer, quatre; diverses, cent (4).

Le fait le plus caractéristique est le suivant :

Les tableaux de statistiques officielles nous montrent qu'à mesure que se développe la grande industrie, les grèves deviennent de plus en plus fréqentes. Ainsi, dans l'Etat de New-Jersey, il y a eu, en 1860, deux grèves ; en 1872, quatre grèves; en 1877, neuf grèves : en 1880, quinze grèves ; en 1881, vingt-quatre grèves ; en 1882, 28 grèves.

Ces chiffres parlent suffisamment par eux-mêmes ; ils nous prouvent surabondamment que, même aux Etats-Unis, non

(1) Eleventh. *Report of the Bureau of Statistics of Labor.* Boston. 1880.

(2) Sixth. *Report of the Bureau of Statistics of Labor and Industries.* Trenton, 1885.

(3) *Report of the British iron Trade Association*, 1879.

(4) Third. *Raport of the Bureau of Statistics of New-York.* 1886.

Dès 1868, la loi nationale des huit heures de travail fut adoptée aux Etats-Unis, sans aucune réduction de salaire, dans les ateliers, manufactures et arsenaux de l'Etat.

seulement il y a lutte ouverte entre le travail et le capital,
mais que cette lutte s'accentue de plus en plus chaque jour. Ce
sont là des signes visibles d'un malaise profond, d'une époque
de transition bien digne d'attirer l'attention générale.

Tel est le résultat d'un mode d'appropriation et de répartition des moyens de subsistance, qui est non seulemnnt arbitraire et vexatoire, mais qui est en complète contradiction
avec les forces et les moyens productifs modernes.

C'est à la démocratie républicaine et socialiste qu'incombe
le devoir de faire cesser ces antagonismes sociaux qui, depuis
un siècle, se manifeste en France par des guerres civiles périodiques et des réactions sanglantes, par l'impuissance industrielle et l'instabilité gouvernementale, par l'invasion et le
démembrement de notre pays.

Mais c'est surtout à nous, ouvriers et emp'oyés, qui représentons, dans ce Congrès de Lyon, le facteur le plus important de la production, à sortir du domaine des théories tout
d'une pièce et des abstractions métaphysiques pour entrer
dans le domaine des applications immédiatement réalisables.
C'est à nous, qui sommes directement intéressés, à formuler
d'une manière nette et précise les bases d'une ébauche pratique de réorganisation contemporaine du travail.

C'est cette ébauche que nous allons exposer, en la faisant
précéder de quelques observations comparatives sur la petite
et sur la grande industrie.

*La petite industrie et son organisation pendant le moyen âge
comparée avec la grande industrie moderne.*

Pendant près de quatorze cents ans, c'est-à-dire depuis le
iv⁰ siècle jusque vers le milieu du xviii⁰, le travail salarié était
le cas exceptionnel dans toute l'Europe. Le nombre d'ouvriers
salariés, libres ou serfs, était seulement de 10 °/₀ ; ils n'étaient
dans cette situation que temporairement. Pour travailler aux
prix des tarifs corporatifs déterminés par les « maitrise⁴ et
les jurandes »,il leur suffisait d'épargner quelques francs pour
acheter leur outillage.

A part la grande propriété foncière des nobles et des prê-tres, la terre était morcelée et subdivisée en lopins. Les instruments de travail étaient naturellement simples, petits et
très disséminés, car tous les produits se fabriquaient à la maison et à domicile. Les moyens de transports et de communications étaient peu étendus ; la production était limitée aux
besoins de la consommation locale. Chaque travailleur était
propriétaire de son modeste outillage et recevait la valeur intégrale du produit de son travail.

L'approprition individuelle de l'outillage et des produits avait
donc pour base le travail personnel. Telle a été la manière
d'envisager la justice pendant quatorze siècles. Tous ces travailleurs petit⁴ patrons, vivant eux-mêmes du produit de leur

travail, étaient intéressés à ne pas prolonger excessivement la durée de la journée. Pour élever leur famille, se garantir contre les incertitudes du lendemain, se prémunir contre les accidents de la vieillesse, ils maintenaient, dans un rapport correspondant au prix des subsistances, les tarifs corporatifs du prix de la main-d'œuvre. Comme il y avait seulement un salarié pour dix petits patrons, chaque salarié avait la certitude de succéder à l'un d'eux pendant ses vieux jours.

Dans ces conditions, les transactions et l'entente étaient faciles et durables ; les grèves, les coalitions libres, les mises à l'index, les *lockouts* et les *boycotts* étaient l'exception. Le travail était naturellement modéré, les relations entre les deux facteurs de la production, qui n'étaient qu'exceptionnellement dissociés, ne pouvaient pas être antagonistes. La dignité, le respect et la certitude du lendemain étaient assurés aux neuf dixièmes des travailleurs. Telle était la situation.

Est-ce à dire que nous devrions tenter de rétablir la petite industrie et les corporations du moyen âge ? Non. Nous sommes, au contraire, convaincu que c'est impossible. Dans l'ordre économique, ce serait la substitution de la médiocrité insuffisante à la merveilleuse puissance de surproduction de la grande industrie. Ce serait vouloir remplacer les nouvelles découvertes scientifiques par la routine et l'empirisme du passé.

Dans l'ordre politique, ce serait le raffermissement de l'inégalité sociale et du favoritisme basé sur les priviléges héréditaires d'une classe ou d'une caste. Ce serait l'arrêt momentané de la *fondation d'une véritable démocratie* avec son corollaire indispensable : *l'émancipation économique* des travailleurs, réformes qui s'imposent avec le machinisme moderne.

Avec ses tendances actuelles, ses procédés et ses moyens de production, le développement du marché universel et la concurrence, la grande industrie moderne ne peut pas, quant à présent, s'éparpiller et se subdiviser en travail à domicile, comme autrefois la petite industrie.

Toute tentative d'organisation du travail sur le mode des maîtrises et des jurandes serait à la fois une utopie historique et une utopie sociale. Cette organisation féodale des métiers a été renversée, violemment ou légalement, suivant les circonstances, dans toutes les nations européennes. Bien que la transformation industrielle accomplie vers la fin du xviii° siècle ne fût encore que la période transitoire entre la petite industrie du moyen âge et la grande industrie moderne, l'organisation féodale des métiers n'avait plus de raison d'être, elle devait disparaître, elle a disparu, parce que sa base économique, la petite industrie qui lui avait donné naissance, avait cessé d'exister.

Il est donc impossible de rétablir l'organisation fécdale des métiers.

Ce que nous nous sommes proposé de constater, c'est qu'avec la petite industrie et les corporations du moyen âge, les deux facteurs de la production, le travail et le capital, étaient associés, ils étaient réunis dans la même main, s'il y avait antagonisme, c'était accidentel et temporaire, l'entente était facile à rétablir elle était possible et durable.

Bien différentes sont les choses aujourd'hui !

Depuis la naissance de la grande industrie moderne, non seulement le travail salarié est devenu le cas général, mais tous les travailleurs sont condamnés au salariat a vie.

Il nous est matériellement impossible d'épargner le capital nécessaire à chacun de nous, qui est en moyenne de douze mille francs pour acheter l'outillage moderne et les matières premières.

Voici, d'après le recensement officiel de 1872 quel était le nombre des patrons et des salariés en France (1).

Patrons, chefs d'exploitation des mines et des carrières................	14.711	
Patrons, chefs d'établissements où l'on modifie les matières première...	51.584	
Patrons, fabricants de machines de tissus, etc.......................	231.643	
Patrons, entrepreneurs de travaux divers...........................	77.748	
Total des patrons.......		375.686
Directeurs et chefs ouvriers.......	196.783	
Ingénieurs, administrateurs, commis	50.895	
Ouvriers, ouvrières, jeunes gens des mines et carrière..................	164.819	
Ouvriers de la grande industrie...	1.012.006	
Ouvriers de la petite industrie et du travail à domicile...............	1.560.444	
Journaliers, etc....................	466.628	
Total des salariés.......		3.451.575
Ainsi, il y avait : Patrons......	375.686	
Salariés......	3.451.575	

C'est donc un patron pour dix salariés à vie.

Comparée avec l'organisation féodale des métiers, la proportion est entièrement renversée, puisque nous avons vu un salarié pour dix patrons, et que cette situation d'ouvrier salarié n'était que transitoire. Ajoutons que sur ce nombre, il y a actuellement 70 % de petits patrons travaillant seuls ou avec un ouvrier dont la situation est aussi précaire que celle des salariés et que la force des choses envoie chaque jour grossir les rangs du prolétariat. Ce qui caractérise aussi la petite industrie du moyen âge de la grande industrie moderne, c'est que dans la première tout le travail se faisait à la main avec de petits outils ; dans la deuxième, au contraire, tous les produits sont fabriqués automatiquement à l'aide de machines-outils très volumineuses et d'un prix fort élevé.

Ainsi, l'ajusteur et sa lime sont remplacés par la machine à fraiser, dont la lime circulaire atteint jusqu'à 1 mètre ; le rabot

____

(1) *Statistique de la France*, par M. Bloch, tome II, page 139.

du menuisier et de l'ébéniste est remplacé par un rabot monstre qui, avec ses transmissions et ses courroies, ne pourrait pas fonctionner dans une maison ordinaire; le simple fuseau de la fileuse est remplacé par un métier qui file avec 14,000 broches.

Pour mettre en mouvement cet outillage colossal, il faut de puissantes machines à vapeur.

Pour fabriquer dans de bonnes conditions de bon marché et d'exécution soit des étoffes, des machines, des aliments, de la chaussure ou des meubles il faut un grand nombre de machines-outils, très variées, s'adaptant à toutes les pièces, à toutes les opérations de l'objet à fabriquer, des produits à récolter, des minerais à extraire.

Or, chaque travailleur ne peut plus, comme dans la petite industrie, posséder individuellement son outillage ni travailler isolément, d'abord parce que l'outillage moderne est trop volumineux et trop coûteux ; ensuite, parce qu'il ne peut pas, seul le mettre en mouvement, il faut pour cela une armée de travailleurs réunis et agissant simultanément dans un immense atelier. A part quelques professions de peu d'importance, comme la sculpture, la gravure où le travail se fait encore à la main, l'appropriation de l'outillage ne peut plus être individuelle et les produits ne peuvent plus être fabriqués à domicile. L'outillage et les ateliers doivent donc être, quant à présent, la propriété de ceux qui s'en servent.

De là, la tendance des ouvriers de tous les pays de grande industrie à créer des associations de production.

D'autre part, les produits de la grande industrie ne sont plus le résultat du travail personnel, ils représentent le travail socialisé. L'application du principe de la division du travail, de l'emploi des machines-outils et d'un très grand nombre de travailleurs qui concourent à fabriquer le même objet, donnent à cet objet un caractère impersonnel, il est le résultat d'un travail commun ou collectif.

Il est donc souverainement injuste et immoral qu'un patron ou un capitaliste s'empare individuellement de cet objet. Que le patron soit remboursé du capital et d'un intérêt raisonnable pour ses avances de capitaux, nous l'admettons. Ce que nous n'admettons pas, c'est qu'il se fasse la part du lion et qu'il nous rem-tte à titre de salaire ce qu'il lui plaît. L'appropriation des produits doit donc, comme l'outillage, revêtir un caractère social, c'est-à-dire que la valeur des produits doit appartenir à tous les travailleurs qui ont concouru à les fabriquer.

La répartition de cette valeur doit être proportionnelle à la quantité de travail développé par chacun de nous, elle a pour mesure le temps de travail et son intensité.

En somme, pendant quatorze cents ans, avec la petite industrie, la propriété privée de l'outillage et des produits avait pour base le travail personnel.

Le travail salarié était temporaire et exceptionnel. Les incertitudes contre le chômage, la maladie, les accidents, la durée du travail, la qualité des produits, la dignité humaine, étaient réglementées et garanties par la législation féodale des métiers.

Aujourd'hui, la grande industrie a encore pour base la propriété privée, mais avec cette profonde différence, c'est qu'elle est basée sur le travail des autres, elle est prélevée sur le travail des ouvriers. Chaque travailleur est séparé, dépossédé de ses outils, il ne reçoit à titre de salaire qu'une partie arbitraire et insuffisante du produit de son travail, il est condamné au salariat à vie, écrasé par une prolongation excessive de la journée de travail. Un seul patron ou plusieurs capitalistes s'approprient les produits du travail de 20, 200 ou 2,000 travailleurs. Tel est l'antagonisme entre le caractère social des moyens de productions modernes et leur appropriation industrielle.

Telle est l'origine de la « question sociale. »

L'ébauche théorique de cette « question sociale » consiste donc à organiser la répartition et l'appropriation des produits de manière qu'elles soient en rapport avec les moyens de production moderne et les conditions de développement intellectuel de la classe ouvrière.

L'ébauche pratique se trouve dans le développement des syndicats ouvriers, dans la transformation progressive du travail salarié en travail associé. Ce qui revient à compléter l'égalité de droit proclamée en 1789, par l'égalité de fait devant le crédit. En d'autres termes, au lieu d'être comme aujourd'hui le privilège d'une oligarchie financière, industrielle et commerciale le capital, le crédit serait mis à la disposition de la démocratie tout entière, dans la personnalité civile des syndicats ouvriers. En présence des nécessités économiques modernes, si l'on considère que cette seule réforme aplanit toutes les difficultés locales et nationales (1) entre ouvriers et patrons, qu'elle résout tous nos antagonismes sociaux qui ont pour origine l'antagonisme du travail et du capital; telles que : les questions de salaires, des repos, du travail des enfants et des femmes, du travail de nuit et des heures supplémentaires, des chômages, de la statistique, des crises industrielles, des assurances contre les accidents et la maladie, des pensions de retraite, des impôts, du libre-échange, de la protection, etc. Si l'on considère que le créditement des syndicats ouvriers, c'est l'ébauche pacifique et sans phrases de la question sociale, qu'elle est la base et l'élément simple de la réorganisation industrielle contemporaine ; cette solution si modérée et si juste devrait être autant désirée par les patrons et capitalistes que par les ouvriers et les employés.

Que demandons-nous ?

Ce n'est pas même une subvention, c'est un crédit remboursable à long terme ; c'est un capital suffisant pour acheter notre outillage et nos matières premières.

(1) Les crises périodiques de surproductions modernes seront facilement évitées par la réglementation internationale du travail.

Comment pourrait-on nous refuser ce crédit? Alors que c'est par milliards qu'on peut calculer les subventions et les intérêts accordés par l'Etat aux capitalistes des six grandes Compagnies de chemins de fer. Comment la démocratie républicaine, le Parlement, le gouvernement pourraient-ils expliquer, d'une part, qu'ils ont favorisé les capitalistes pour construire les moyens de transporter les marchandises, et que, d'autre part, ils refuseraient aux travailleurs le crédit nécessaire pour créer ces marchandises, alors que c'est d'elles que dépend l'existence des chemins de fer et la prospérité de notre pays?

Qu'un gouvernement monarchiste dont les principes impliquent l'inégalité sociale ne soit qu'un simple bureau d'affaires des capitalistes, d'une minorité privilégiée, cela se comprend et s'explique; mais il n'en peut pas être de même sous un gouvernement républicain qui est la forme la plus élevée.

Ce serait une nouvelle faillite de la démocratie française.

Nous n'avions pas l'intention, quant à présent, de tracer une théorie *à priori* et toute d'une pièce de l'organisation financière, administrative et de contrôle des associations ouvrières de production, pour le moment nous proposons d'exposer sommairement, dans le projet ci-dessous, les points principaux qui sont d'ores et déjà le résultat de l'expérience et de l'observation.

PROJET D'ASSOCIATIONS OUVRIÈRES DE PRODUCTION

Capital moyen nécessaire pour chaque travailleur : 12,000 francs. — Nombre d'associés : cinq à six cents. — Capital moyen nécessaire pour chaque association : six millions.

Le capital avancé aux associations ouvrières devra être suffisant pour satisfaire aux trois conditions suivantes : 1° elles devront pouvoir acheter l'outillage moderne le plus complet et le mieux perfectionné; 2° elles devront se procurer les matières premières dans les meilleures conditions de bon marché; 3° elles fabriqueront en grande quantité et d'avance, pour avoir toujours en stock, des produits de fabrication courante. Par exemple, l'association des ébénistes n'attendra pas qu'on lui commande quelques tables pour les faire.

C'est par centaines qu'elle fabriquera d'avance le même

modèle de tables, d'armoires et de lits. De même, l'association des mécaniciens fabriquera d'avance et par centaines le même modèle de machines-locomotives, de machines à coudre ou d'appareils télégraphiques. C'est ainsi qu'on appliquera simultanément dans la fabrication les principes de la *division du travail, de sa durée*, et celui de la *production automatique*, à l'aide de machines-outils.

Prenant, comme aux Etats-Unis (1), 12,000 francs pour base du capital moyen nécessaire à chaque travailleur. Nous estimons que chaque association devra commencer avec un capital de 6,000,000, ce qui permettra d'outiller cinq à six cents travailleurs. C'est la moyenne du personnel des sociétés industrielles les plus florissantes des Etats-Unis et des Iles-Britanniques (2).

Nous croyons devoir insister sur ce point à cause des prêts, de beaucoup trop insuffisants, faits en 1848 par le gouvernement et, depuis, par le conseil municipal de Paris sur le legs Rampal. Malgré les efforts, le dévoûment et les sacrifices des membres des associations ouvrières qui en ont bénéficié, non seulement elles ne pouvaient pas lutter contre la concurrence nationale, mais la plupart n'ont pas subsisté parce qu'elles étaient dans l'impossibilité de se pourvoir de l'outillage mécanique le plus élémentaire. Aussi, le but qui consiste à lutter favorablement contre la concurrence universelle, à pouvoir vendre nos produits sur les marchés français comme sur les marchés étrangers, à pouvoir souscrire à toutes les adjudications les plus importantes, ce but était absolument manqué.

D'autre part, il faut tenir compte des frais administratifs, inhérents à la forme des associations de production. Un patron, qui occupe jusqu'à cent ouvriers dans la fabrication courante, peut être lui-même directeur, ingénieur, dessinateur, contremaître, surveillant, placier, comptable, caissier, comité de contrôle et conseil d'administration. Il reçoit et il dépense, il taille et il tranche, comme il lui plaît, il n'a de compte à rendre à personne,

(1) *Compendium of Massachusetts*, 1875. Boston.

(2) *Tenth census official returns*, 1880. Etats-Unis d'Amérique. Rapport sur l'Exposition coloniale et internationale d'Amsterdam 1885, p. 50. 51, par V. Delahaye, publié par le ministère du commerce et de l'industrie en 1886.

il est le chef absolu d'un gouvernement despotique, tempéré seulement par les lois du pays.

Il n'en peut pas être de même dans une association ouvrière, qui est l'image de la véritable démocratie.

Si peu nombreuse qu'elle soit, il faut que le directeur puisse rendre des comptes aux associés, avec pièces justificatives des recettes et des dépenses. De là incompatibilité des fonctions et division du travail administratif. De sorte que pour une petite association de cinquante personnes, les frais administratifs sont à peu près les mêmes que pour cinq ou six cents associés.

C'est pour ces raisons et, en outre, parce que ce sont des résultats de l'expérience que nous admettons, comme base numérique, *cinq à six cents associés* et comme base financière moyenne *six millions* pour chaque association.

REMBOURSEMENT EN SOIXANTE ANNÉES DU CAPITAL ET DE L'INTÉRÊT

Le capital moyen de 6,000,000 serait remboursé en soixante années; les remboursements se feraient par annuités, comprenant l'intérêt et l'amortissement, de manière qu'à l'expiration du terme fixé l'Etat serait complètement remboursé; la dette serait entièrement éteinte; l'outillage, les immeubles, les matières premières en magasin; les objets produits et ceux qui seraient en voie de construction seraient la propriété commune ou collective des travailleurs associés.

Cette annuité ne devrait pas être trop onéreuse, car les associations auront à faire concurrence à des industries ayant amorti leur outillage; cependant nous reconnaissons que l'intérêt doit être suffisant pour payer les frais de gestion et rapporter des bénéfices raisonnables.

Voyons quelle serait cette annuité.

Si nous calculons à 3 °/₀ le taux d'intérêt, le taux d'amortissement, en trente années, est de 2,1 °/₀, soit 5,1 °/₀ pour le taux d'intérêt et d'amortissement.

L'annuité ou la somme à payer chaque année serait donc de 306,000 francs pendant trente ans pour amortir un capital de 6,000,000.

L'amortissement du même capital en soixante années

serait de 3,6 °/₀, soit une somme de 216,000 francs à verser chaque année.

Enfin, l'amortissement, à l'expiration de quatre-vingt-dix ans, serait de 3,2 °/₀, soit une somme de 192,000 francs à verser chaque année.

Telles sont les annuités qu'auraient à payer les associations ouvrières pour amortir l'emprunt dans les trois cas ci-dessus.

A la suite d'une crise industrielle de surproduction, ou simplement pour cause de chômage pendant une ou plusieurs années, les annuités seraient prélevées sur le fonds de réserve.

Si nous avons des préférences pour que l'Etat crédite nos associations de production, c'est parce que nous sommes conscients des nombreuses difficultés inhérentes au début de toutes les associations nouvelles et auxquelles viendront se joindre les questions de rivalité et d'inexpérience ; c'est parce que nous pensons que, pour guider nos premiers pas, outre l'aide financière, l'appui moral et les conseils d'un gouvernement véritablement démocratique nous seraient d'un très grand secours et d'un intérêt national très important.

Ce n'est pas à dire que l'Etat se fasse mécanicien, ébéniste, filateur ou mineur. Non, nous ne voulons pas qu'il se substitue à l'initiative privée ou collective des sociétés ouvrières ni qu'il les dirige en aucune manière.

Outre la *garantie solidaire et personnelle* de tous les membres de l'association, lesquels auront donné des preuves de prévoyance et de moralité en versant régulièrement une *cotisation dans la caisse commune d'un Syndicat professionnel*, nous pensons que le gouvernement pourra, en outre, contrôler la gestion et la situation financière de l'association jusqu'à complet remboursement ; mais là doit s'arrêter son pouvoir quant à présent. C'est assez d'avoir été contraints, par la loi Chapellier, depuis un siècle, à vendre toute notre liberté pour une misérable pitance en travaillant de dix à dix-huit heures par jour. Nous ne voulons pas nous exposer à être embrigadés de nouveau sous la direction des ingénieurs de l'Etat ; nous repoussons tout assujettissement au régime impuissant des ateliers, des chantiers, des manufactures et des arsenaux de l'Etat actuel. Nous ne sommes pas moins soucieux *de notre indépendance* relative et de notre dignité personnelle que de l'*égalité économique*, que nous revendiquons. Nous demandons tout simplement que l'Etat intervienne pour nous prêter son *puissant concours moral et financier*.

De même que par des avances de fonds, par des garanties de capital et d'intérêt, l'Etat et les communes favorisent la création de certaines industries, de certaines banques, les compagnies de chemins de fer, l'exploitation des mines, l'extension de la marine marchande, etc.

De même, nous demandons que le Parlement, le gouvernement et les communes favorisent, par des avances de capital, la création d'associations ouvrières de production, parce que nous y voyons un intérêt national de la plus haute importante, économique, politique et moral.

Nous allons plus loin, nous dirons que le gouvernement et nos législateurs républicains, qui ont si bien compris les nécessités modernes en votant les grands travaux de M. de Freycinet, en favorisant le développement de notre outillage national, tels que les chemins de fer, les télégraphes, les banques, les ports, la marine, etc., ne peuvent pas nous refuser ce crédit.

Comment pourraient-ils refuser leurs concours financier et moral pour favoriser la *production elle-même* ? C'est-à-dire, *la chose, la marchandise* sans laquelle tout ce gigantesque outillage n'aurait aucune raison d'être et sans laquelle il ne pourrait pas subsister.

M. de Freycinet a exprimé d'une façon très claire les nécessités qu'il y a de transformer les rapports du capital et du travail dans son discours de Toulouse (29 septembre 1886) lorsqu'il disait:

« Vous devez sentir par vous-mêmes l'urgence et l'importance de certains problèmes sociaux qui s'imposent en tant qu'ils intéressent la classe la plus nombreuse, c'est-à-dire celle des travailleurs.

« Croyez-vous que nous puissions en ajourner longtemps la solution ? Je ne parle pas, Messieurs, du socialisme d'Etat se substituant à l'initiative privée... L'Etat a un devoir plus efficace à remplir, il doit être un tuteur bienveillant ; il doit susciter les réformes, les encourager, *donner l'exemple; créer au besoin des spécimens* qui puissent servir d'enseignement...

« L'emploi de plus en plus général des machines, la substitution de la grande industrie à la petite ont fait aux patrons et aux ouvriers une situation nouvelle. Il faut que la République fasse cesser ces antagonismes qui éclatent sur beaucoup de points, antagonisme qui n'est autre chose que le sentiment inconscient mais profond d'un problème non encore résolu. »

Conditions d'existence et de prospérité des associations ouvrières de production. Répartition des bénéfices. Démission. Révocation. Décès. Transmission et augmentation du capital.

Il en est des associations de production comme des nations industrielles modernes.

La première condition d'existence et de prospérité d'une association de production consiste actuellement à fabriquer dans les meilleures conditions de bon marché et d'exécution ; il faut non seulement pouvoir lutter favorablement contre la concurrence universelle sur nos propres marchés, en France et dans nos colonies, mais il faut pouvoir vendre avec bénéfice sur tous les marchés étrangers.

A Londres et à New-York, comme à Calcutta et à Canton, nous devons être en mesure de pouvoir soumissionner aux adjudications les plus importantes.

Dans de telles conditions, nos associations trouveront facilement l'écoulement de leurs produits, et, notre pays, des débouchés.

Dans nos associations ouvrières de production, aucun travailleur ne pourra être employé à titre de salarié, l'exploitation de son semblable ayant pour but de retirer un bénéfice sur le produit de son travail, sera considérée comme un crime, en attendant que cet acte d'immoralité, au premier chef, soit condamné par la loi Le travail aux pièces et à l'heure sera payé d'après un tarif de prix discuté et adopté par la majorité des sociétaires.

La répartition des bénéfices aura lieu de la manière suivante : Après le prélèvement du prix des matières premières, de la main-d'œuvre, de l'annuité pour l'amortissement du capital et des frais généraux, du fonds de réserve pour renouveler l'outillage et développer l'industrie de la mécanique pour les encouragements et les dépenses imprévues, les récompenses ; la moitié des bénéfices sera répartie au marc le franc entre tous les travailleurs associés. L'autre moitié constituera un fonds de réserve pour les cas de maladies, d'accidents et une pension de retraite pour nos vieux jours.

La durée de la journée de travail sera progressivement réduite à huit heures par jour avec au moins un jour de repos complet toutes les semaines. Tous les travailleurs sans aucune exception de sexe et d'âge, depuis le directeur jusqu'au balayeur seront des associés. Chaque membre pourra toujours se retirer de l'Association quand il lui plaira. Quelle que soit la cause de son retrait : démission, révocation ou décès ; il lui sera tenue compte de ses versements pour la retraite ; il sera en outre remboursé partiellement et conditionnellement des retenues affectées au payement des annuités pour l'amortissement de l'outillage et des immeubles, lesquelles constituent son apport social.

Mais afin de ne pas réduire le capital commun de lui conserver son caractère indivisible et inaliénable, l'associé sortant ne recevra sa part qu'à mesure que son successeur complètera sa mise de fonds. Tel nous paraît être le mode de transmission et d'augmentation du capital qui offre le plus de garantie à l'Association en général et en particulier à chaque travailleur.

Lorsque les associations ouvrières de production seront généralisées, l'émancipation économique et sociale de la classe ouvrière sera réalisée. Comme l'esclavage antique et le servage du moyen âge, le salariat moderne aura vécu et disparu.

On objectera que pour nous créditer nous n'avons pas de gage, pas de nantissement ; nous ajouterons que les précédents ne manquent pas, et en admettant qu'il n'en existe pas, les nécessités économiques modernes nous obligent à créer ce précédent.

D'autres obstacles proviendront du dogme *de la non intervention de l'Etat en faveur des ouvriers*, et du préjugé antédiluvien de certains légistes, persuadés *que le code est une arche sainte à laquelle on ne peut pas toucher*. La prodigieuse transformation dans les moyens de production qui s'accomplit dans tous les pays industriels depuis le commencement du XIXe siècle ne paraît pas les avoir impressionnés.

Ce sont ces nouveaux moyens qui nous étreignent et qui nécessitent cette transformation correspondante des rapports économiques et juridiques, et notamment, le créditement des associations ouvrières de production.

Que n'a-t-on pas dit contre le Crédit Foncier et le Crédit Agricole ? On s'accordait à déclarer que l'agriculture n'avait pas besoin de crédit. On avait imaginé cette formule : le Crédit Foncier et le Crédit Agricole ruineront l'agriculture. Il faut s'attendre à ce qu'on en inventera bien d'autres contre le crédit aux sociétés professionnelles ouvrières ; mais nous avons confiance dans le bon sens de notre démocratie républicaine pour apprécier d'une manière plus exacte et plus positive, les nécessités industrielles et sociales présentes.

N'est-il pas vrai que la grande industrie moderne se répand chaque jour? Que ses moyens de production, sa puissance productive et son développement qui sont loin d'être arrivés à leur terme, nécessitent une immense accumulation de capital dans un monde de mains de plus en plus restreint, qu'il est matériellement impossible à un salarié d'épargner ce capital sur un salaire toujours insuffisant.

D'où, la reconstitution d'une féodalité industrielle financière et commerciale, d'une hostilité trop évidente.

Comme conséquence, la ruine des petits industriels et des petits commerçants qui viennent grossir les rangs d'un prolétariat industriel écrasé physiquement et moralement. Tels sont les effets du machinisme et d'un mode de production et de répartition antagonistes que nous proposons d'enrayer, sans secousses violentes, par le créditement des associations ouvrières de production.

Nous approchons de nouveau de la période aiguë où va

se dresser, comme le spectre de Banquo, devant la République et la France, le réaliste dilemme de Shakespeare, *to be or not be, être ou ne pas être.*

Depuis quinze années que les travailleurs ont tout sacrifié pour renverser le deuxième empire et proclamer la troisième République, notre espérance depuis quinze années que nous attendons en vain des réformes économiques qui améliorent notre condition matérielle, n'est-il pas temps enfin de prendre le taureau par les cornes? Le moment n'est-il pas arrivé de commencer *la transformation progressive du travail salarié en travail associé ?* La question des associations ouvrières de production n'est-elle pas suffisamment élucidée et depuis longtemps expérimentée ; du moins, autant qu'il est possible de le faire *sans le secours indispensable du crédit.*

En créditant les associations ouvrières de production, nous aurons réalisé les tentatives de l'antiquité et du moyen âge et complété les efforts inachevés de la Révolution française; nous aurons définitivement fondé une *véritable démocratie avec son corollaire absolument indispensable, l'émancipation économique et sociale de la classe ouvrière.*

Rapport non lu du citoyen COMME des jardiniers et pâtissiers de Bordeaux.

CITOYENS,

La Chambre syndicale des ouvriers pâtissiers-glaciers de Bordeaux n'ayant pu envoyer de délégué au Congrès de Lyon, m'a chargé, comme, président de l'Union des Chambres syndicales ouvrières, de vous lire ces quelques appréciations relatives aux maux dont souffrent les corporations assujetties aux bureaux de placement. C'est sur ces agences si nuisibles aux ouvriers, que la Chambre syndicale des ouvriers pâtissiers-glaciers de Bordeaux aurait été heureuse de venir parmi vous, Syndicats ouvriers, pour défendre les corporations qui sont en butte à l'exploitation des placeurs.

Voyons, Citoyens, n'est-il pas malheureux que sous un régime démocratique on tolère encore le vol comme il est pratiqué par ces vampires que l'on nomme placeurs, et qui exercent leur peu honnête métier sans crainte d'être poursuivis. Je

sais bien que l'on me dira ce que j'ai entendu dire cent fois :
pourquoi y allez-vous, puisque vous avez une Chambre syndicale ?

Je répondrai à cela que nous avons fait tout ce qu'il nous a
été possible de faire pour prévenir ce mal, mais on s'est toujours heurté contre l'ignorance et aussi, il faut le dire, la peur
que les jeunes gens, sortant de chez eux pour la première fois,
ont du patron entretenu par le placeur ; on leur dit : « Si vous
allez à la Chambre syndicale, vous ne pouvez plus travailler
ici, car je défendrai aux patrons de vous prendre ». Alors ces
jeunes gens ont peur. et ils vont chez le placeur, qui leur
donne une place, moyennant 30 et 40 %, croyez-vous que ce
n'est pas un vol, cela?

Ces jeunes gens voient bien qu'ils sont volés; qu'il faudra
qu'ils travaillent la moitié du mois pour payer le placeur;
mais ils arrivent de la campagne, ils veulent travailler en
ville, et ils donnent l'argent, car, dans ces agences, il faut
toujours payer d'avance, et bien content s'ils vous donnent la
place qu'ils vous ont promise. Quinze jours après que le jeune
homme est placé. il se trouve fort étonné quand le patron
vient lui dire : « Vous savez, votre remplaçant vient demain,
il faut vous chercher une autre place » ; ce jeune homme se dit :
Comment? pourquoi? le patron me disait encore hier qu'il
était content de moi, et aujourd'hui il me dit de chercher une
place. Eh bien, voilà l'explication : ce naïf ne sait pas que le
placeur qui lui a donné cette place en a un autre comme lui à
placer qui lui a payé la place peut-être plus chère encore, car
dans ces officines les places sont mises à l'enchère, et ce sont
les plus offrants qui les obtiennent.

Ce jeune homme, dis-je, n'a pas vu le placeur venir trouver
son patron, et lui dire : » Je vous ai envoyé un ouvrier voilà
quinze jours ; j'en ai un autre sous la main qui fera mieux
votre affaire ». Ce dernier a payé la place plus chère, donc
il doit faire mieux l'affaire que le premier, puisqu'il fait
celle du placeur, et puis, ajoute le placeur, pour convaincre le
patron, il reviendra à 5 francs de moins que celui que vous
avez. Alors le patron, pour économiser cinq francs, et croyant
prendre un meilleur ouvrier, renvoie celui qui est chez lui
depuis une quinzaine de jours. Le placeur vient de gagner
ainsi 60 %. Il est content, et le patron croit être satisfait, au
détriment de deux pauvres ouvriers qu'il vient de mettre dans
la misère.

Ce jeune homme, en sortant de place, retourne chez celui qui
vient de le frustrer, croyant avoir une autre place pour rien. Erreur. Pas d'argent. pas de suisse ! Cependant, si le jeune homme
a encore de l'argent à lui donner, il lui en procure une autre,
car ils ont toujours des places à offrir, avec le procédé que
j'ai indiqué plus haut. Ils ne sont pas embarrassés, car il n'y
pas beaucoup de patrons qui refuseront un ouvrier venant du
placeur, à 5 francs de moins que ce qu'il donne à celui qu'ils
ont; il y en a cependant, mais la majeure partie est comme cela,
et il en est ainsi jusqu'à ce que l'ouvrier ait de l'argent à don-

ner au placeur ; mais du jour où il n'en a plus, c'est fini. Il ne lui dit pas qu'il ne veut plus le placer, mais il lui dit : il n'y a rien, repassez demain, et le lendemain c'est la même chose ; alors il pense à la Chambre syndicale. Ils y viennent raconter ce que le placeur leur a fait, mais bien doucement, car ils ont encore peur que cela revienne aux oreilles du placeur. Alors vient le tour du Syndicat : le Syndicat fait son possible pour les sortir de la misère où le placeur les a mis, heureux alors quand il peut le faire.

Or, qu'arrive-t-il pour nous, vieux ouvriers syndiqués, les trois quarts pères de famille : la misère, heureux encore quand nous n'avons pas le mépris. Si le patron ne s'adresse pas au Syndicat, nous sommes obligés de végéter, heureux encore si nous pouvons donner un morceau de pain à nos enfants, et cet état de choses durera tant que ces agences seront entre le Syndicat et les patrons.

Croyez-vous, Citoyens, que la bonne harmonie qui devrait exister entre le patron et l'ouvrier puisse se faire ; elle est matériellement impossible, et cet état de choses existera tant que les bureaux de placement subsisteront.

Il s'est formé une ligue, à laquelle nous nous sommes empressés d'adhérer, lors du passage à Bordeaux du président du Conseil. Nous lui avons formulé nos plaintes ; il nous a promis son concours. Puissions-nous réussir pour le bien de la société.

On me dira : mais l'on ne peut pas faire fermer tous les bureaux de placements ; vous avez encore beaucoup de corporations qui ne sont pas syndiquées, alors comment se placeraient-ils, ces gens-là !

Bien loin de moi cette pensée ; mais on pourrait continuer ce que M. Waldeck-Rousseau avait si bien commencé, en abolissant le bureau de placement des ouvriers boulangers de Paris. Eh bien ! le premier pas est fait, il n'y a qu'à continuer.

Dans toutes les corporations où il y a un Syndicat, il est incontestable qu'il n'y a pas besoin de placeur, puisque la loi du 21 mars 1884 les autorise à créer des bureaux pour leurs corporations. Eh bien ! que l'on commence par supprimer ceux-là ; alors, quand ces corporations verront cela, elles se formeront bien vite en Syndicat.

Citoyennes et Citoyens, je poserai donc, comme conclusion, au nom de la Chambre syndicale des pâtissiers-glaciers, que je représente ici, que le Congrès se prononce pour l'abolition des bureaux de placement, non seulement à Bordeaux, mais partout, car ils ne sont tous que de vils exploiteurs.

Rapport non lu du citoyen Grattard des apprêteurs réunis de Lyon

Citoyennes et Citoyens,

Quand on entend émettre tous les jours les opinions les plus contraires au droit, à la raison, à l'intérêt de son pays, il est déjà bien difficile de conserver du calme et de refouler dans son cœur les pensées qui l'attristent. Mais quand on voit des hommes qui prétendent au monopole des idées morales, répudier les engagements les plus solennels, invoquer et confondre dans une alliance infâme, pour les faire servir au succès de leur cause, tout ce qu'il y a de misérables instincts et de nobles aspirations dans le cœur des hommes, il faut une volonté bien puissante pour comprimer son indignation, il ne faut cependant pas que cette volonté nous fasse défaut, nos colères ne serviraient qu'à compromettre ou du moins qu'à retarder l'avenir. C'est à notre froide raison que je veux surtout en appeler, sans renoncer néanmoins à vous présenter notre situation sous son véritable aspect, et à rendre saisissable, pour chacun de nous les déplorables systèmes dont nous sommes les victimes, mais je voudrais, avant tout, vous voir bien pénétrés de cette pensée : qu'un peuple est d'autant plus grand, d'autant plus digne de la liberté qu'il a plus profondément gravé dans le cœur le sentiment de ses devoirs ; cela dit, Citoyens, j'entre dans la question et je serai bref, car il me semble qu'il y a assez longtemps que le prolétariat discute avec ses bourreaux quels qu'ils soient, et il est temps que l'on réagisse vigoureusement.

En France, comme dans les nations que l'on appelle civilisées, la transformation industrielle se fait avec assez de rapidité, la petite industrie est appelée à disparaître devant les gros capitaux qui absorbent le monopole de l'industrie et du commerce, et plus particulièrement les sociétés anonymes qui exploitent les grandes entreprises, telles que les chemins de fer, les canaux, l'éclairage, les eaux, etc., c'est du reste la conséquence forcée de l'emploi de la vapeur et du perfectionnement de l'outillage et du mécanisme, car étant donné le progrès accompli sur ce terrain, il arrive que l'outillage n'est pas accessible aux petits patrons et il en est de même pour les grandes entreprises aux individualités capitalistes ; il en résulte donc qu'il leur est impossible de produire autant de travail que les manufactures et grands ateliers marchant à la vapeur et qui, par cette raison, ne peuvent pas livrer les mêmes produits aux mêmes conditions, sont par conséquent appelés à disparaître par la concurrence.

Le jour n'est pas éloigné où nous n'aurons devant nous que les seigneurs hautains du capital, nous casernant comme des

moutons dans de vastes usines où ils pourront nous conduire
à la baguette, au moyen de leurs gardes-chiourmes, si nous les
laissons faire, et tout cela pour en arriver à produire d'avantage et leur donner le moyen de bonder les coffres-forts des
actionnaires, qui ne regardent le travailleur que comme une
machine n'ayant aucune volonté, par conséquent dirigeable
à leur gré, exploitable et chair à canon : voilà leur considération. Pour nous prouver la satisfaction de leurs intérêts ils ali-
mentent leur opulence et leur arrogance avec la sueur du travailleur, pour qui ils n'ont aucun respect. Nous pouvons d'autant plus en parler en connaissance de cause, que nous voyons
tous les jours s'aggraver notre situation.

Nous espérons bien ne pas voir se réaliser cet avenir, plus
sombre encore, dont nous sommes menacés, et qu'avant cela
les travailleurs sauront bien donner un immense coup de balai,
à seule fin de faire mouvoir à leur profit l'outillage et la vapeur ; car, comme la Société est organisée, si elle marche encore quelque temps ainsi, nous nous trouverons dans la même
situation que du temps de la noblesse.

Car, quelle différence d'un pays dont quelques centaines
de nobles possèdent le sol et l'industrie, avec un autre pays
dont quelques capitalistes possèdent le même sol et les mêmes
industries, c'est à notre avis, la même chose.

Il n'est pas admissible que les capitalistes soient meilleurs
que les autres, et ils ne seront pas plus impudents, mais, à
coup sûr, plus méchants, plus égoïstes. Le parvenu, pour arriver à ce résultat est obligé d'exploiter des malheureux et, par
conséquent, ferme son cœur à toute pensée humanitaire ; en un
mot, il est dans la nécessité absolue de mettre tous les scrupules sous ses pieds.

A nous, travailleurs, de faire en sorte qu'ils disparaissent,
dans l'intérêt de l'humanité ; mais il n'est pas moins vrai que,
présentement, nous subissons les conséquences de cet état de
choses, et les patrons ont l'avantage de pouvoir disposer à
leur guise de cette chair humaine, qui produit tout et ne possède rien ; ils peuvent les tyranniser, les mépriser même, car ils
en ont en abondance. Il leur est plus facile de s'en procurer
que de se pourvoir de marchandises ou de matières premières
nécessaires à leur exploitation ; il faut qu'ils en débattent les
prix et qu'ils aillent quelquefois les chercher au loin, tandis
que l'ouvrier vient lui-même à leur porte, et ce sont eux,
patrons, qui, la plupart du temps, fixent le salaire ; ils peuvent d'autant mieux le faire que l'ouvrier est une marchandise
qui abonde grandement. Ils disent : nous payons ça, si vous
ne le voulez pas, laissez-le. Ils se soucient fort peu de la situation du travailleur, ils ne voient jamais au delà de leurs intérêts ; leur objectif est de réaliser des capitaux pour les plaisirs
de la vie : voilà ce qu'ils appellent faire leurs affaires !

D'autres, tels que financiers, prêtres, contremaîtres, qui, en
toutes circonstances, ne manquent pas de faire leur possible pour acheter les filles du peuple, avec l'argent même
qu'ils leur ont extorqué. La femme mariée, la compagne de

l'esclave de l'atelier, elle aussi, vient grossir la phalange des déshonorées, si elle cède, pour éviter son renvoi des bagnes industriels.

Les unes s'achètent au prix de l'or, les autres, bien sûrement, avec la promesse de leur donner pour toujours du travail. Le nombre est malheureusement trop grand de celles qui sont obligées de passer par les conditions ignobles de ces distributeurs de travail. Des employés de magasins, chargés de représenter les patrons, en profitent eux-mêmes pour satisfaire leurs vices.

Voilà, à notre avis, les causes de la prostitution : l'organisation sociale d'abord, et les possesseurs de privilèges ensuite.

Ils ne tiennent pas compte, ces individus, que le père et la mère de famille ont passé des veillées pour élever leurs enfants et qu'ils se sont imposés des privations de toutes sortes pendant de longues années, et malgré cela, pour satisfaire leur honteuse passion, ils font verser d'amères larmes aux pauvres parents qui meurent bien souvent de honte et de désespoir, la rage au cœur et la vengeance sur les lèvres.

Tant que le salariat existera, l'homme sera astreint ou forcé de vendre son intelligence, sa force, son travail, et la femme, par-dessus tout : son corps.

Seule, une société égalitaire peut. selon nous, supprimer les différentes formes corruptibles de la société, soit de l'homme, soit de la femme.

Citoyens, c'est pour la réalisation de cette idée que nous devons solidariser nos efforts pour marcher au but essentiel qui est l'abolition de l'exploitation de l'homme par l'homme, socialisation de tous les capitaux de production et matière première, expropriation, au nom du peuple, des expropriateurs du peuple pour garantir à chaque travailleur le produit intégral de son travail, les charges sociales étant remplies, en un mot, pour mettre l'humanité dans une voie de justice et de bonheur.

En attendant la réalisation de cet idéal de justice, les prolétaires du monde entier doivent s'organiser en vue d'en précipiter l'avènement ; car aussi longtemps que, pour gagner une vie misérable, des millions d'hommes, de femmes et d'enfants devront rester dix, douze, quinze heures courbés vers la terre, enfermés dans l'atelier ou dans l'usine quand ceux qui profitent de leur souffrance n'ont souvent que la peine de naître ; aussi longtemps qu'il n'y aura pour ces millions de prolétaires ni bien être matériel, ni culture intellectuelle, ni vie de famille possible ; aussi longtemps, en un mot, que subsisteront de pareils contrastes, notre société, notre civilisation même, seront continuellement en péril, quoi qu'en puissent dire les satisfaits et les frelons oisifs faisant périodiquement décimer, pour le maintien de leur odieux privilège, l'élite du prolétariat.

Les revendications de ceux qui échappent à leurs sanglantes hécatombes seront éternelles ; elles ne pourront cesser que le jour où la justice, basée sur l'égalité sociale pour le bonheur commun de tous les citoyens sera enfin établie sur la terre.

C'est pour cela, Citoyennes et Citoyens, que je vous engage à ne point quitter le Congrès sans jeter ce cri de : A bas les capitalistes! Vive la Révolution sociale! cri qui devra se répandre jusqu'en 1889, jour où la bourgeoisie, fêtant sa victoire, les délégués au Congrès ouvrier, d'après la vaste organisation fédérale que vous allez voter dans les résolutions, la France ouvrière, ainsi fédérée, pourra, comme le disait le citoyen Dumay, envoyer dix mille délégués, qui diront à la bourgeoisie : Société égoïste et rapace qui crève d'indigestion pendant que les ouvriers meurent de faim, c'en est assez, ton heure a sonné, tu dois disparaître, car le siècle qui va luire est, tu le sais, le siècle de la justice sociale ; mais ce qu'il ne faut pas croire c'est que dix mille délégués pourront à eux seuls nous débarrasser de la vieille société. Il faut que la France ouvrière fédérée se tienne prête à marcher, en 1889, à la conquête de la jeune société égalitaire au cri de :

A bas les capitalistes !

Vive la Révolution sociale !

Rapport non lu du citoyen Parras des tisseurs à la mécanique de Lyon

Citoyens,

Notre Syndicat, de formation récente, à peine organisé, représente le tissage mécanique lyonnais, qui comprend environ douze cents travailleurs des deux sexes dont 75 % de femmes et enfants, au bas mot.

La machine, introduite dans le tissage depuis quarante ans est surtout répandue à la campagne dans huit ou dix départements de la région lyonnaise, n'a fait son apparition à Lyon que depuis une vingtaine d'années à peine.

Au début et pendant une période de dix ans, le salaire d'un ouvrier travaillant à façon était de 4 à 6 francs par jour ; mais, depuis cinq ans, les salaires ont subi des diminutions incessantes qui atteignaient 60 % pour certains articles.

Aujourd'hui, peu d'ouvriers gagnent 3 francs par jour et la plus grande partie ne gagnent pas plus de 1 fr. 50 à

2 francs. Nous pouvons donc dire, sans crainte d'être taxé d'exagération, que les travailleurs de notre corporation meurent de faim en travaillant.

Cette situation intolérable a provoqué plusieurs grèves sans résultats appréciables, parce que nous nous heurtons à une concurrence de bras désastreuse, concurrence causée par le perfectionnement des machines qui, jetant un nombre considérable d'ouvriers sur le pavé, rend stériles tous les efforts tentés par ceux qui travaillent pour maintenir ou relever leur salaire.

A cette cause principale, il faut ajouter le manque d'entente et d'organisation qui a fait défaut jusqu'à présent parmi nous et qui a rendu toute lutte sérieuse et énergique impossible.

Une pareille situation, si elle se prolongeait, amènerait infailliblement la mort lente, par les privations de tous genres, de ceux qui en sont victimes. Notre Syndicat croit qu'il n'y a qu'un palliatif efficace au moins momentanément, c'est :

La fixation légale de la journée de travail à huit heures, par voie de législation.

Si cette mesure était appliquée, elle aurait pour résultat indiscutable, en restreignant la production dans une large mesure, d'employer les bras inoccupés et permettrait le relèvement des salaires en raison de la rareté des bras puisque la loi de l'offre et de la demande est la seule qui règle les rapports du travail et du capital, en société capitaliste.

La réduction de la journée de travail à huit heures est indispensable aux travailleurs du tissage mécanique, qui font actuellement des journées de onze, douze et même quatorze heures dans certaines usines pour un salaire de famine.

Cette loi appliquée à toutes les corporations y produirait les mêmes résultats et permettrait aux travailleurs de vivre en attendant leur émancipation complète. Du reste, cette mesure s'imposera à bref délai, dans tous les pays capitalistes et de grande production.

Nous croyons donc que la Fédération, qui, nous l'espérons, sortira de ce Congrès, doit faire tous ses efforts pour obtenir cette réforme urgente en créant une grande agitation autour de cette question.

Nous croyons, en outre, que la Fédération des Syndicats ouvriers est un moyen, et non un but, que la Fédération aura pour mission d'organiser la force et sera le levier qui soulèvera les travailleurs contre le capital qui les opprime; que c'est à elle à disposer les masses pour les prochaines luttes sociales, qui amèneront l'expropriation des capitalistes et la prise de possession par les travailleurs des instruments de production.

Pour cela, il faut que la Fédération se place résolument sur le terrain de la lutte de classes et ne borne pas son rôle à des revendications, qui échouent presque toujours, pour le maintien ou le relèvement des salaires. En un mot, la Fédération doit être la concentration des efforts des travailleurs pour leur émancipation économique, et non une Fédération à l'instar des *Trade's Unions* anglaises, cherchant à concilier les intérêts diamétralement opposés du travail et du capital.

Conciliation impossible! ces deux éléments étant en lutte continuelle, lutte qui deviendra de plus en plus aiguë jusqu'au jour où les travailleurs, enfin conscients de leurs droits et de leur force la termineront de la seule façon dont elle puisse se terminer, c'est-à-dire en mettant le capital à la disposition des producteurs par l'expropriation violente, s'il le faut, des oisifs et des parasites qui le détiennent injustement aujourd'hui.

Pénétré des sentiments que nous venons d'exprimer, notre Syndicat repousse énergiquement toutes les soi-disant réformes aussi menteuses que ridicules, telles que, la part aux bénéfices et autres pièges de ce genre préconisés par les bourgeois dans l'espoir d'égarer les travailleurs sur des fausses pistes, en les détournant du but qu'ils doivent atteindre : la Révolution sociale!

Quant à la loi contre les Syndicats professionnels, nous pensons qu'il n'est qu'un moyen de l'amender, c'est d'en demander la suppression pure et simple, ainsi que l'abrogation de toutes les lois restrictives, des droits de réunion et d'association.

Voici, Citoyens, exprimés aussi brièvement que possible, les vœux et aspirations du Syndicat des ouvrières et ouvriers du tissage mécanique lyonnais.

En conséquence, nous avons l'honneur de déposer les vœux suivants :

1° Abrogation de la loi sur l'Internationale des travailleurs ;

2" Adhésion des Syndicats à la Fédération ;

3" Repousser dans son ensemble le projet Lockroy ;

4° Repousser également la formation d'une Commission supérieure du travail, si cette Commission ne relève directement des Chambres syndicales ;

5° Réduction des heures du travail à huit par jour ;

6° Expropriation de la classe capitaliste et socialisation des forces de production.

Déclaration non lue du citoyen Giraud au nom du Syndicat des ébénistes de Paris

CITOYENS,

Notre Syndicat regrette sincèrement de ne pouvoir participer aux travaux du Congrès en y envoyant un délégué, car il est des cas où l'élément vital peut rendre de plus grands services que le document le plus compliqué et le mieux étudié ; mais notre absence se justifie par le manque de ressources pour ce déplacement, et nous espérons mériter votre indulgence en vous donnant succinctement notre avis sur l'ordre du jour de ce Congrès.

Sur la Fédération des Syndicats ouvriers :

Nous estimons que la bourse du travail dans les grands centres doit être le point de départ de cette Fédération : c'est pour cela que nous demandons que l'on se hâte de l'instituer. Nous proposons les articles suivants :

1° Abrogation de la loi sur l'Internationale, de manière à faciliter nos rapports avec l'étranger ;

2° Formation de Comités régionaux dans les départements pour étudier les différentes questions qui les intéressent. Transmettre ensuite leur avis ou leur demande, s'il y a lieu, au Comité central, dont le siège serait à Paris ;

3° Le Comité central, après avoir, au préalable, pris connaissance des questions à lui soumises, statuerait sur les moyens à employer et donnerait des ordres en conséquence au Comité régional d'où émane les demandes, celui-ci serait tenu de les exécuter ;

4° Tous les Comités régionaux, sur les ordres du Comité central, seraient tenus de se réunir lorsqu'il s'agirait d'une grève ou d'une question analogue, afin de subvenir aux be-

soins de ou des corporations qui en seraient atteintes ou me-
nacées.

LOI SUR LES SYNDICATS

Nous demandons : 1º abrogation de la loi sur les Syndicats ;
2º Liberté absolue de réunion et d'association sans contrôle
aucun et d'aucune sorte de l'administration gouvernementale ;
3º Liberté absolue de se concerter et de se coaliser en vue
de la défense des salaires et le maintien des heures de la
journée.

PROJET LOCKROY

Nous remarquons que cette loi n'est qu'une composition de
tous les décrets antérieurs ; qu'aucun article ne tente à améliorer
la juridiction actuelle des prud'hommes. Nous estimons que le
travail doit et ne peut être jugé que par les travailleurs eux-
mêmes d'abord, c'est-à-dire les Chambres syndicales, et ensuite par les Conseils des prud'hommes en dernier ressort ;
que le Tribunal de commerce ne devra pas intervenir dans une
question de ce genre ; car l'immixtion de ce dernier ne ferait
que prolonger le temps de la procédure.
Nous proposons l'amendement suivant :

1º Que les frais soient réduits, à la première lettre, 0 fr. 30 ;
le reste en débet ;
2º Que les jugements soient exécutoires dans la huitaine de
leur prononcer ;
3º Que les jugements rendus soient sans appel ;
4º Que les femmes et les mineurs, depuis l'âge de seize ans,
soient admis à ester devant cette juridiction.
De l'utilité d'un Conseil supérieur auprès du ministre du
commerce et de l'industrie.
Nous sommes partisans du Conseil supérieur, à condition
que ce Conseil, la Bourse du travail étant instituée, soit pris
parmi les membres ouvriers, administrateurs de cette Bourse,
et nommé par des adhérents au même mode que les conseillers prud'hommes.

DES HEURES DE TRAVAIL.

Nous pensons que ce point est un des plus importants au
point de vue de la réalisation de nos vœux.
Diminuer la journée : c'est anéantir le chômage, ménager
nos forces physiques et augmenter notre force intellectuelle,
qualités indispensables pour triompher de nos adversaires.
Nous proposons donc :

1º Fixation de la journée à huit heures de travail légalement
reconnue ;
2º Suppression du travail aux pièces, ce qui empêcherait la

spéculation sur la chaire humaine et, par suite, nous garantirait un salaire fixe ;

3° Fixation d'un minimum de salaire basé sur les besoins de l'individu et suppression du travail de nuit, ainsi que le repos d'un jour par semaine rendu obligatoire.

RAPPORT DU TRAVAIL ET DU CAPITAL

Nous reconnaissons que tant que le capital sera entre les mains d'une certaine catégorie d'hommes, ce fait constituera toujours un obstacle à l'emancipation de la classe la plus nombreuse, la plus intéressante, qui a créé, elle, ce capital par sa production.

Nous demandons à cet effet :

1° La socialisation des moyens de production;

2° Le retour à la nation entière de tous les biens appartenant ou devant appartenir à celle-ci, car nous estimons que l'accumulation des richesses, ce qui crée deux classes distinctes, n'est que le produit d'une série de vols au profit de ceux qui ont su tromper leurs semblables et auxquels nous vous demandons justice et compte de notre part de la fortune publique.

Voilà, Citoyens, l'expression de notre Chambre syndicale. Nous espérons que quelque collègue généreux voudra bien se charger de défendre notre manière de voir à la tribune, s'il y a lieu.

Vive la République sociale !

Rapport non lu du citoyen Chavrier jeune des parqueteurs-replanisseurs de Lyon

Citoyens,

Avant d'aborder le difficile problème, consistant à régler les rapports entre le capital et le travail, de façon à ce que l'intérêt individuel de chacun soit satisfait en même temps que l'intérêt général, car l'intérêt individuel bien compris ne peut l'être qu'à la condition que ce dernier le soit, il est indispensable, selon moi, d'analyser ce qu'est, dans son essence même, le capital, ainsi que le travail.

Pour cela, quelle méthode doit prendre celui que l'obligation des circonstances ou un penchant naturel force à s'occuper de cette grave question. Il n'y a, selon moi, que deux méthodes : celle qui, méditant sur des axiomes reconnus comme autant de vérités ou des définitions reconnues exactes, en tire, par développements successifs des conséquences, c'est-à-dire des principes moins généraux et plus voisins de la pratique ; et celle qui, prenant les faits observés directement, sans rien présupposer, étudie leurs rapports, fait l'analyse de chacun d'eux sans en omettre aucun, et s'applique tout entière à découvrir des lois, à fonder des principes, d'une application immédiate ou relative. La méthode inductive, qui seule, pour l'étude qui fait l'objet de ce rapport, peut être employée avec efficacité, en dégageant toutefois le plus possible sa personnalité, ce qui n'est pas très facile à faire : car on sait aujourd'hui, la science l'ayant prouvé de la façon la plus évidente, que l'homme, quel qu'il soit, est le produit du milieu dans lequel il se meut, que cette influence n'est pas la seule qui constitue l'homme, au physique comme au moral, que l'hérédité directe ou indirecte, le phénomène de l'atavisme joint au milieu ambiant, sont des agents très actifs pour la constitution de la personnalité humaine.

Les modifications plus ou moins grandes, apportées à ces agents ou éléments divers par la volonté de l'individu, peuvent bien lui permettre de dégager sa personnalité dans une certaine mesure.

Mais il n'en est pas moins certain, quel que soit ce degré de volonté, que travaillant à l'étude d'un problème quelconque, y apportant toutes ses facultés : intelligence, activité, etc., etc., l'homme, quel qu'il soit lui-même dans son ensemble, a toujours fatalement une prédisposition, une tendance, à n'accepter comme vrai, comme juste qu'un certain ordre de phénomènes.

Toutefois, comme cette dernière méthode est celle qui peut le mieux conduire au but que je me propose d'atteindre, je m'en servirai en m'attachant le plus possible à dégager ma personnalité.

D'autre part, il ne suffit pas de se servir, comme moyen de recherche, d'une méthode de préférence à une autre, lorsqu'on se propose de résoudre un problème aussi ardu

que celui que j'entreprends, il faut encore savoir se servir
de cette méthode; or, pour nous autres ouvriers manuels,
la nécessité constante et inéluctable de la lutte pour l'existence ne nous laisse guère le loisir d'étudier. De plus,
étant donné le degré de notre instruction, qui pour la
plupart de nous, n'a été simplement qu'élémentaire, les
conditions défavorables à notre développement, le manque de pratique dans l'art de raisonner, tout, en un mot,
contribue à nous mettre pour ainsi dire dans l'impossibilité
matérielle d'en faire usage avec toute la sûreté de pensée,
la rectitude et la précision de jugement qu'il faudrait posséder pour s'en servir avec fruit. Néanmoins, puisque
dans ce Congrès il est du devoir de chacun de nous
d'apporter sa part de bonne volonté pour résoudre
les différentes questions qui nous sont soumises par
l'ordre du jour des séances, j'ai pensé que, malgré
mon incompétence pour me servir de cette méthode, je
ne devais pas me dérober « devoir oblige », quelle que
soit aussi la valeur de mon argumentation ou l'insuffisance
de mes moyens pour aborder de front un problème aussi
grand. Je ne m'en crois pas moins obligé d'apporter ici le résultat de mes recherches pour vous aider à détruire ce que
l'organisation actuelle de la société a de mauvais, ainsi
que ma part de matériaux pour vous aider aussi à la recons-
truire sur les bases solides de la justice, seul principe que
je reconnaisse en matière de rapports entre les humains,
car il renferme tous les autres.

Je n'ai pas la prétention, Citoyens, de vous apporter
ici des observations ou des appréciations que j'ai faites,
des déductions absolument justes, non.

Car la justice n'étant elle-même qu'une hypothèse d'ordre purement psychique, est variable suivant les lieux, les
temps, les mœurs, les coutumes, etc. etc. La définition
absolument exacte de la justice ne peut se faire. Cependant, comme il est absolument nécessaire d'en donner ici
une définition succincte, je vous dirai que l'égalité dans
les rapports, quoique ce soit là un terme générique, me
semble assez bien répondre au sentiment de la justice,
telle que je la conçois, les quelques lignes de ce très court
rapport ne me permettant pas d'ailleurs de m'étendre plus
longuement sur ce point particulier, il fera l'objet d'une

étude spéciale que je soumettrai sous peu au jugement du public. :

Mais j'ai celle de vous apporter quelques vues nouvelles, que l'étude de cette question intéressant au plus haut point les penseurs de tout ordre, m'a mis à même de découvrir, et si, dans quelques lignes écrites par un piocheur sincère et surtout de bonne foi, vous y découvrez une vérité qui puisse profiter aux générations à venir, je m'estimerai très heureux.

Citoyennes et Citoyens,

Le capital étant le maitre absolu, puisque ce seigneur nouveau gouverne, achète, transporte, détruit ou construit à sa guise, sans que rien puisse s'y opposer, puisqu'il est omnipotent en un mot, et qu'il courbe avec la plus grande facilité les intelligences les plus fières et les volontés les plus récalcitrantes, il doit être passé le premier au crible de la saine argumentation dérivant de l'analyse directe du fait: car le capital est un fait, et non à celui de cette argumentation spécieuse, propre aux sophistes de l'économie politique, qui faisaient ou font encore de la science en chambre, tels que les Bastiat, les Thiers, les Chevalier, les Baudrillart, Leroy-Baulieu et consorts. L'économie politique ne peut d'ailleurs guère être utile en cette circonstance puisque de l'aveu même du père de cette soi-disant science, J.-B. Say, elle a pour but non d'observer des faits tangibles sur lesquels, au moyen de déductions justes, autant que faire se peut, on pourrait asseoir la propriété individuelle, sans laquelle aucun capital de même nature ne peut se produire, mais d'observer les principes qui ont rapport aux intérêts d'une nation considérée en particulier comme pouvant être opposés aux intérêts d'une autre nation.

Peut-on, au contraire, s'appuyer sur l'économie sociale, science autrement importante à mes yeux. Assurément, puisque cette dernière, contrairement à l'économie politique, ne s'appuie que sur des faits, étudie leurs rapports, en saisit les enchaînements et remontant ainsi à l'origine de toutes choses, arrive à établir des axiomes absolument indiscutables, sur lesquels on devra tôt ou tard diriger la pratique.

A l'heure actuelle, que savons-nous de ces deux sciences ? Nous savons que, contrairement à l'économie politique, l'économie sociale déclare et soutient que le capital doit être subordonné au travail, et que la production doit être subordonnée à la consommation. Nous verrons, par l'analyse que nous allons faire du capital, si les penseurs qui s'occupent spécialement de cette dernière science ont raison dans leurs affirmations, et si les déductions tirées par eux de l'analyse des faits est juste.

La deuxième question, selon moi, ne mérite même pas la peine qu'on s'y arrête, car la poser, c'est la résoudre.

Qu'est-ce donc que le capital ?

Le capital individuel bien entendu que les socialistes ne confondent pas avec le capital social, car il est pour eux un autre genre de capital constitué par l'ensemble de tout ce qui existe, être impersonnel, mais palpable et visible à tous les yeux, et ne reconnaisse que lui.

Pour M. Vautour, le capital est le numéraire au moyen duquel il a acheté ou fait construire l'immeuble qui, désormais capital foncier, lui permettra de consommer sans produire, non seulement lui, mais encore ses descendants, s'ils savent se contenter des revenus que leur assure une organisation ou plutôt une désorganisation sociale qui permet de telles monstruosités.

Pour un gros manieur d'argent, un lanceur d'affaires, un vrai capitaliste, c'est posséder un numéraire suffisant, au moyen duquel, par des manœuvres adroites, on soutire, on draine les petits capitaux pour venir grossir ce nouveau Saturne.

Pour un meunier, c'est son moulin.

Un petit commerçant ou patron, sa boutique.

Pour un travailleur, un capital est ce qu'il ne possède pas. On a beau lui dire qu'il y a le capital numéraire et le capital travail, qu'il possède ce dernier dans ses deux bras ; il a beau les regarder, il ne peut pas se résoudre à voir là un capital, tout lui démontre le contraire.

Le capital individuel, en un mot, prend toutes les formes ; selon le malpropre Dumas, le capital d'une jeune fille est d'une tout autre nature.

Pour un aiguiseur, son capital est sa meule ; un perruquier, son rasoir ; pour un menuisier, selon le facétieux Bastiat, son rabot ; encore qu'il ait oublié de dire par suite de quelle circonstance il s'était procuré le bois et les moyens physiques et intellectuels de le fabriquer. Ce simpliste, véritablement par trop naïf, remontait bien des effets aux causes, jusqu'à un certain point, mais pas au-delà, la cause première lui importait peu, il était trop simple pour la concevoir ou trop roublard pour en parler par respect pour sa mémoire, je préfère croire à la première hypothèse.

Pour moi, je crois que tous les derniers ont tort ; on ne peut appeler capital la force travail ou quelques menus objets. « Un capital de n'importe quoi est quelque chose d'accumulé, quelque chose sur quoi ou dans quoi on peut puiser indéfiniment pendant très longtemps, sans rien y mettre, non seulement pour le grossir ou l'amplifier, mais encore pour l'entretenir.» ·

Nul doute que dans les bras d'un travailleur il y existe un capital à l'état latent ou du moins une force capable de produire un capital « les bras ne sont pris ici qu'au figuré » ; mais ce capital n'est pas produit pour qu'avec le temps il puisse en sortir et se constituer, il faut que chaque jour le possesseur de ce capital, qui n'en est pas un, absorbe une partie du capital social, que la mauvaise organisation du travail fait être capital individuel, capital patronal par exemple, qui remplit dans cette circonstance le rôle du lanceur d'affaires, en échange du produit sortant des bras du travailleur, qui est une partie du capital que celui-ci possède à l'état latent dans ses bras, il lui remet une partie de son capital à lui, c'est-à-dire ce qui lui est nécessaire, indispensable pour se nourrir, se vêtir, se loger, lui et sa famille ; encore cette dernière clause n'est-elle pas remplie, car le salaire ne se mesure pas à la famille proportionnellement au nombre de membres qui la forme, mais à l'individu ; ce dernier se rend très bien compte que son patron lui prend chaque jour une partie de son pseudo-capital, mais la nécessité de vivre pour lui-même en même temps que l'inexorable devoir à remplir envers sa famille ne lui permet pas de faire qu'il en soit autrement ; il est forcé d'accepter ce contrat léonin.

La différence entre la partie de capital produit par le travailleur dans une journée et la partie fournie par le patron, constitue chaque jour une plus-value nouvelle qui va se joindre au capital déjà formé ou en voie de formation de ce dernier, on désigne cette plus-value sous la rubrique de — bénéfices — c'est-à-dire résultat produit par le travail manuel et intellectuel du patron, joint au produit résultant de la mise en exercice de son capital, si toutefois il est déjà formé, car très souvent il ne l'est pas. Le capital du patron, du petit boutiquier, du petit propriétaire est, à son tour, exploité par les gros capitaux qui le sont eux-mêmes par d'autres petits, de sorte que l'on peut considérer la formation des capitaux individuels en continuel état de gestation et de désagrégation.

En somme, comme l'a très bien dit Karl Marx d'une autre façon !

La force travail d'un ouvrier est la seule et unique marchandise qui, en se consommant, reproduise une valeur supérieure à sa propre valeur.

S'il faut au travailleur, quel que soit son genre de travail, une somme évaluée 5 francs pour vivre et se reproduire, il produit une valeur de 8 à 10 francs en plus, ce qui revient à dire que si vingt personnes étaient, par hypothèse, séparées du reste des humains, et vivants dans des conditions normales, elles pourraient produire non seulement pour leurs consommations journalières de chaque jour, mais encore quelque chose de plus.

Ce quelque chose en plus est précisément ce que le patron prélève chaque jour sur le produit de chacun des ouvriers qu'il occupe.

D'autre part, en supposant que, au bout de quelque temps, ces vingt personnes vivant en société se séparent par groupe, en procédant au partage du patrimoine commun, soyez certains que dès que l'association sera rompue, (c'est-à-dire que l'intérêt individuel mal compris aura fait place à l'intérêt collectif qui, jusqu'à ce jour, avait été leur guide, et d'où doit seul dériver le véritable intérêt individuel), que l'inégalité des conditions de chacun d'eux variera de beaucoup, en raison de ce que quelques-uns de ces individus plus adroits, plus retords et non plus forts ou plus aptes, auront pu assez facilement entraîner quelques-uns des autres à travailler pour eux, et vous connaissez la conséquence qui en résulte, ou bien se seront emparés violemment, par la force. de la personne de ces derniers pour les faire travailler à leur profit. C'était là le moyen brutal employé dans les anciens temps, et l'usage en avait tellement consacré la légitimité que des lois réglementaient ensuite le louage ou la vente des personnes ainsi assujetties.

Mais poussons la démonstration plus loin, si, ce qui peut très bien arriver, il survient que, au bout de quelques années, dix-neuf individus sur les vingt ne possèdent plus rien, sans que cependant ils n'aient jamais cessé de travailler, on peut en conclure que le vingtième aura extorqué à son profit toute la force travail des dix-neuf autres, il s'ensuit donc que la recherche d'une plus grande somme de liberté, par exemple, c'est-à-dire un intérêt individuel mal compris aura poussé d'abord à la rupture de l'association, qu'ensuite il aura amené forcément, par suite, d'exercice, le développement de cet intérêt; que, par suite de ce développement, les plus forts, les mieux doués, les plus aptes, au dire de certains savants (nous verrons plus loin si les fondements de cette théorie sont conformes aux lois naturelles et si elle est applicable à l'espèce humaine) auront eu facilement raison des autres ; que le résultat de l'antagonisme, ayant fait place à l'harmonie qui le précédait, aura été le facteur direct qui aura fait que, les uns possédant tout et les autres rien, deux classes d'individus très distinctes seront nées du développement de plus en plus grand de cet intérêt individuel mal compris, très bien défini aujourd'hui par le mot d'égoïsme.

L'individualisme est donc, par ce fait, le levier direct servant à créer le capital individuel, le point d'appui de ce levier, est-il besoin de le désigner? C'est la force travail d'autrui. Quiconque ne possède pas ces deux facteurs est dans l'impossibilité absolue de créer un capital individuel.

Voilà donc, Citoyens, comment se forme le capital: la spoliation, la ruse, le mensonge, le vol et le hasard quelquefois sont les moyens ordinaires servant à le fonder, et comme il est le mal et que l'individualisme seul est par le fait son créateur, la force travail n'étant que le moyen, il n'est pas sans intérêt de connaître les jugements portés par quelques penseurs contre l'individualisme et pour ne pas être suspect, prenons-les parmi ceux qui ne sont pas en odeur de sainteté parmi les socialistes.

Chaque année, disait le grand-pontife de l'économie politique (J.-B. Say), une partie de la population doit périr par les privations engendrées par le chômage ou l'abaissement des salaires produits par la surproduction, et cela même au sein des nations les plus prospères.

O bienfait de l'individualisme.

Les prolétaires, dont la situation empire tous les jours, écrivait *Lamartine*, remueront la société jusqu'à ce que le socialisme ait succédé à l'odieux individualisme.

A mesure que l'instruction descend dans les classes inférieures, celles-ci découvrent la plaie secrète qui ronge l'ordre social depuis le commencement du monde. La trop grande inégalité des fortunes et des conditions a pu se supporter tant qu'elle a été cachée d'un côté par l'ignorance, de l'autre, par l'organisation factice de la Société ; mais, du jour où elle a été aperçue, le coup mortel a été porté à la propriété individuelle.

CHATEAUBRIANT.

L'inégalité des fortunes est une injustice dont la source est dans l'insolence des riches et la lâcheté des pauvres.
PUFFENDORF.

Le droit de propriété n'est peut-être pas nécessaire, a dit l'illustre juriste BÉCCARIA.

DE TOCQUEVILLE était bien plus explicite :

« Où allons nous ?... Voyez la grande révolution sociale et démocratique, qui, depuis sept cents ans fait tant de progrès, et nous conduit, irrésistible et providentielle, à l'égalité ! Pense-t-on qu'après avoir renversé la féodalité elle s'arrêtera devant les bourgeois et les riches ?... Non, il ne reste aux nations qu'à s'accommoder de ce nouvel état que leur impose la providence. »

Comme on le voit par ces quelques citations d'écrivains peu suspects de tendresse pour la classe ouvrière, l'individualisme est le pire de tous les maux.

Voyons un peu l'avis de quelques penseurs qui se sont

préoccupés au contraire de cette classe de citoyens qui, selon Bentham est la dernière dans le vocabulaire insensé de l'orgueil, mais la première aux yeux de la saine économie politique.

Tout le mal vient de la propriété individuelle, disait Mably, car elle partage les hommes en deux classes, les riches et les pauvres, et détruit l'égalité, qui est voulue par les lois de la nature, car l'égalité est le seul principe de la liberté.

L'*intérêt particulier*, voilà la peste universelle, disait encore Morelly, ce modeste instituteur dont on ne saurait trop admirer la profondeur de pensée et la rectitude de jugement, en même temps que son profond amour de l'humanité.

Quel que soit son mode de formation, la propriété individuelle ne peut être que le produit de l'injustice, a encore écrit quelque part Marmontel.

L'individualisme est un principe essentiellement vicieux et antisocial, en vertu duquel il est difficile que l'un gagne sans que l'autre ou beaucoup d'autres perdent.

John Stuart Mill.

Le régime actuel de propriété n'est pas conforme à la justice, disait tout récemment M. Emile de Laveley. Si les classes aisées en étaient très convaincues, les réformes préviendraient les révolutions.

Un temps viendra où la prospérité prendra une autre forme que celle qu'elle a actuellement, où le prétendu droit du propriétaire, d'amasser à volonté, par tous les moyens possibles, les richesses de ce monde, sera aussi peu reconnu par la société que l'est le droit de guerre et de brigandage et le droit d'épave du moyen âge.

Jhéring.

On n'en finirait pas si l'on voulait citer tous ceux qui se sont prononcés contre l'individualisme, quelles que soient les opinions qu'ils aient professées pendant leur vivant, car il faut bien avouer que tous ces penseurs, quoique reconnaissant la propriété individuelle comme une chose mauvaise et contraire à toutes les lois naturelles, n'en ont pas moins profité le plus largement possible, et en cela personne ne doit leur trouver tort.

A l'heure présente, le plus grand nombre de travailleurs de la pensée est favorable au socialisme.

Citons-en quelques-uns au hasard : en Angleterre, Herbert Spencer, John Lubbock, Geikie ; en Belgique, Emile de Laveley de Paëpe ; en Hollande, Domela-Nieuwenhuys ; en Allemagne, Liebknecht, Bebel, Hasenclever, Most ; en France, J. Guesde, Reclus et B. Malon. Ce dernier vient de publier l'histoire du socialisme, ouvrage absolument indispensable à tous les travailleurs qui s'occupent de questions sociales et dans lequel j'ai puisé une grande partie des citations que je viens de faire (1).

Passons maintenant à l'analyse du travail et des conséquences qu'il devrait avoir comme résultat. Il est bien entendu que, de même que les socialistes ne confondent pas le capital social avec le capital individuel, ils ne confondent pas non plus le travail intellectuel avec le travail manuel, ils savent très bien ce qui caractérise chacun de ces deux genres de travail, mais ils n'en tirent pas les mêmes conséquences que les prétendus savants de l'économie politique : voilà tout. Pour eux, le cordonnier qui produit des souliers, le musicien qui produit du son, de même que le littérateur qui produit des ouvrages, soit d'études ou de distractions, ou l'anthropologiste qui fouille les entrailles de la terre pour y découvrir les moyens de résoudre l'éternel problème de l'origine de l'homme, tous font un travail productif.

Que les produits de ces différents travailleurs soient plus nécessaires, par conséquent plus appréciés, les uns que les autres à la consommation, cela se peut, il doit même en être ainsi.

C'est la société, organisée sur d'autres bases que celles d'aujourd'hui, qui devra apprécier le nombre de travail-

(1) *Ceux qui désireraient se procurer ce magnifique ouvrage n'ont qu'à écrire à M. Dervaux, éditeur, 32, rue d'Angoulême-du-Temple, à Paris.*

Vente par série de cinq numéros : 50 centimes ; 60 centimes avec prime.

leurs qu'il devra y avoir dans chacune de ces diverses fonctions et non le hasard, comme il en est à l'heure actuelle, et il faut bien espérer que le nombre de ceux qui s'occupent, dans le présent, aux professions libérales, voire même scientifiques, sera quintuplé. Les socialistes ne font donc aucune différence entre les deux genres de travail, en tant que résultat ; ils sont d'autant moins disposés à en faire aucune, qu'ils estiment qu'il n'y pas de travail manuel qui n'exige pas de son auteur une dépense plus ou moins grande de travail intellectuel.

Qu'est-ce donc que le travail ?

Si nous consultons l'histoire. qui, hélas ! ne remonte pas très loin, trois ou quatre mille ans au plus, quoique la terre se meuve dans l'espace depuis quelques centaines de millions d'années et que l'homme lui-même est contemporain de l'époque miocène, ce qui lui donne un âge très respectable, soit quelques centaines de mille ans, le travail n'a pas toujours été ce qu'il est aujourd'hui. Chez les Grecs et les Romains, le travail manuel était considéré comme tout ce qu'il y avait de plus dégradant pour un être humain.

Cincinnatus, retournant à sa charrue après avoir sauvé son pays, fait très bien dans un ouvrage historique à l'usage de nos futurs gouvernants. Mais je soupçonne fort qu'en fait de labours, le vertueux Cincinnatus s'occupait plus spécialement d'en recueillir les fruits que de le pratiquer. Pour ceux de vous qui désireraient d'ailleurs être plus amplement renseignés sur les conditions du travail dans l'antiquité, je les engage à lire l'Histoire des classes privilégiées, par M. de Givodan, en même temps que l'Histoire des classes laborieuses, par M. Eugène Buret.

Je disais donc, et c'est un fait acquis à l'histoire, que le travail manuel, dans ces temps reculés, était regardé comme une occupation honteuse, non seulement par les privilégiés d'alors, mais encore par ceux qui le pratiquaient. Dans les temps plus proches de nous, au moyen âge, le travail manuel n'était pas seul méprisé, le travail intellectuel l'était aussi. Chacun sait aujourd'hui, pour peu qu'il ait fréquenté quelque temps une école primaire, que les très nobles chevaliers de cette heureuse époque se faisaient une gloire de ne pas savoir signer leur nom.

Le travail intellectuel, en ces temps *simples et honnestes,* était l'apanage des communautés religieuses, qui se gardaient bien de le vulgariser. Aussi, a-t-on appelé, les quelques siècles de ce temps regretté des quelques preux qui nous restent, les siècles de la nuit.

Il a fallu, comme vous le savez, la Révolution française pour le relever un peu et le sortir de la sujétion honteuse que des siècles séculaires lui avaient imprimée.

Le fameux Sieyès fit une fausse application de son aphorisme lorsqu'il dit que le Tiers-État n'était rien et qu'il devait être tout. C'est au travail, selon moi, qu'il aurait dû s'appliquer. Quoi qu'il en soit, il faut reconnaître que, depuis la Révolution, le manteau d'opprobe dont il était recouvert est considérablement usé ; le tissu dont il était formé montre la trame, qui se désagrège de plus en plus, et tout nous porte à croire qu'avant peu, complètement dégagé de toutes les entraves iniques qui ont pesé sur lui pendant tant de siècles, il s'élèvera majestueux, non pour dominer le capital individuel, qui aura disparu pour toujours, mais pour s'unir et marcher de pair avec le capital social, établissant ainsi sur terre le règne de l'amour et de la justice.

> Oui, l'amour doit un jour ramener la concorde
> Et bannir pour jamais l'odieuse discorde,
> > Car l'amour seul est fort.
> Par le travail il doit ranimer la nature,
> Et l'homme, mon pareil, y trouver sa pâture
> > Sans peine et sans effort.

Voyons maintenant ce qui constitue le travail, c'est-à-dire l'effort ayant pour but de transformer la matière pour la rendre susceptible de satisfaire les besoins ou les désirs des hommes, et nous verrons si la propriété individuelle peut se baser, peut s'asseoir sur le travail individuel.

Reconnaissons d'abord avec les savants que toute espèce d'effort physique ou intellectuel ne sont, au fond, autre chose que ces manifestations de la matière ; ceci admis comme une vérité, il en résulte que les facultés de chacun de nous ont pour origines communes l'hérédité d'abord et l'influence du milieu ensuite.

Que rien dans l'être humain, pas plus que dans l'animal inférieur à l'homme, n'est sous la dépendance ou l'influence d'une divinité ou entité quelconque. Ce que nous appelons âme n'est autre chose que l'ensemble des facultés humaines réunies chez l'être; ceci accepté, il est incontestable que l'homme adulte, apte à produire un effort utile ou autre, est un être collectif en tant que moyens surtout, puisqu'il est le produit du milieu, c'est-à-dire de la collectivité qui l'entoure, que ses ascendants étaient également le produit du milieu dans lequel ils s'étaient mus; qu'en un mot, l'ensemble de l'humanité elle-même n'est, à proprement parler, qu'un être collectif dont les parties diverses se meuvent dans des milieux ambiants différents; or, si l'homme est un produit collectif, les moyens dont il dispose le sont aussi. Chacun de nous sait avec quelle facilité nous nous assimilons les connaissances d'autrui, si, d'autre part, les facultés et les moyens que possèdent tous ceux qui existent actuellement sont des facultés et des moyens collectifs, acquis soit par l'hérédité, soit par l'influence du milieu, ce qui ne peut se nier, les conséquences qui doivent en résulter sont incontestablement des conséquences qui doivent être collectives.

Si donc je fais un effort, étant donné que c'est la collectivité qui m'a mis à même, non seulement de pouvoir faire cet effort, mais encore de faire que cet effort produise un résultat, nul ne peut nier que le résultat soit la propriété de la collectivité et non celle de celui qui a fait l'effort.

Que cette collectivité, en retour du résultat, produit de l'effort d'un de ses membres, soit tenue de fournir à ce membre collectif les moyens de produire d'autres efforts. Cela se comprend (autrement elle serait dans le cas de je ne sais plus quel individu qui prétendait ne consommer que pour nourrir une partie de son corps, ne se rendant pas compte que s'il avait eu la possibilité de le faire il était un homme perdu), car pour produire un effort ayant un résultat appréciable pour l'individu ou la société, il faut un moteur qui est la volonté. Or, tout le monde possède ce moteur à un degré différent, bien entendu ; mais la volonté, comme toutes les autres facultés, est un phénomène d'ordre purement matériel.

Si donc, un citoyen possède une somme de volonté lui permettant de faire trente efforts dans une journée, tandis que son voisin n'en pourra produire que vingt, cela ne prouve pas que le premier doit recevoir davantage de la collectivité que le dernier, la somme de volonté que le dernier possède est inférieure à celle de son voisin ; nul ne le conteste, mais pourquoi en est-il ainsi ?

Selon moi, la collectivité ou société seule est responsable de son infériorité, comme telle, elle doit en supporter les conséquences. C'est ce qu'on a très bien défini lorsqu'on a dit que dans une société civilisée, il ne devait pas y avoir d'inégalités de conditions résultant d'inégalités physiques et intellectuelles ; cela se conçoit très bien.

Je peux posséder une somme d'intellect évaluée à 30 degrés et une somme de volonté évaluée à 80, tandis que mon voisin pourra avoir 80 degrés d'intellect et 30 seulement de volonté ; l'un comme l'autre, nous sommes des produits collectifs, et comme tels soumis à toutes les lois qui régissent la formation constitutive de l'être humain ; l'un de nous deux posséderait-il une somme de volonté, de forces physiques et intellectuelles quatre fois supérieures à l'autre, que cela n'infirme en rien tout ce qui précède, l'hérédité, le milieu lui aura été plus favorable, voilà tout.

Mais, de même que la collectivité supporte les conséquences de l'infériorité d'un de ses membres, elle doit bénéficier de la supériorité d'un autre. L'initiative individuelle ne serait pas détruite pour cela, le stimulant indispensable à la marche du progrès n'aurait pas disparu, puisque la société, en retour des efforts de ces membres, leur distribuerait le produit de tous ces efforts réunis, non au prorata de ce que chacun aura produit, ce qui serait reconstituer la propriété individuelle sur une base fausse ; mais, conformément aux règles de l'égalité, sans laquelle il n'y a pas et ne peut pas y avoir de liberté.

Plus les efforts seront nombreux, plus les produits consommables le seront aussi ; plus ils le seront, plus il y aura de jouissances pour chacun des membres de la société, jouissances qu'on pourrait savourer sans craintes et en toute sécurité, puisqu'elles seraient accessibles à tous. Exemple : Le travail est une peine, on ne peut le nier.

La société, après examen, décrète que tout être valide doit travailler six heures par jour, pour que la production soit suffisante pour subvenir largement aux besoins de la société tout entière, c'est-à-dire les femmes, les enfants et les vieillards. Qu'en résultera-t-il? C'est que chacun travaillera comme à l'ordinaire, ni plus ni moins ; mais qu'elle ajoute à ce décret une clause telle que celle-ci : Si la production de l'année courante, en travaillant six heures par jour, dépasse le chiffre de tant et atteint celui de tant, l'année prochaine on ne fera plus que cinq heures et demie ; immédiatement, toutes les ressources de l'imagination de chacun des producteurs seront mises en activité pour arriver à produire davantage qu'ils ne produisaient avant la prise de ce décret dans le délai de six heures ; l'un, pendant le temps de repos, mettra son esprit à la torture pour trouver une invention quelconque, permettant de produire beaucoup plus ; un autre mettra simplement plus d'activité dans le travail que la société lui aura confié et ainsi de suite, depuis le premier jusqu'au dernier, tous feront en sorte de produire davantage pour ne plus travailler que cinq heures et demie par jour. Ce stimulant aura décuplé les facultés de beaucoup et peut-être fait trouver quantité d'inventions nouvelles qui permettront, par la suite, de ne faire plus que cinq heures, plus que quatre heures, et arriveront ainsi à diminuer considérablement les peines et augmenter les jouissances. Indépendamment de ce stimulant, il y en a des centaines d'autres que je puis citer ici.

C'est à tort, selon moi, que des socialistes préconisent simplement la socialisation des moyens de production ; j'estime que la socialisation des moyens de consommation en est le corollaire, le complément indispensable, étant donnée l'origine de la formation de tout ce qui est utile à l'humanité.

La propriété individuelle, telle que la comprennent les collectivistes, est contraire aux règles de la justice, ils ne veulent pas mettre en commun les fruits du travail, c'est-à-dire la consommation, ni détruire la propriété individuelle, mais la reconstituer sur d'autres bases ; ils veulent la fonder au profit de tous, elle sera basée, disent-ils, sur le propre travail de son titulaire.

Ils ne se rendent pas compte que, quelle que soit la forme de groupement de la société, il n'y aura jamais égalité dans les moyens de produire fournis par elle.

Que ce simple fait, l'impossibilité par la société de donner à chacun l'égalité de moyens constitue fatalement dans

la société collectiviste de l'avenir, *l'inégalité de conditions*, c'est-à-dire l'injustice ; or le but de l'homme étant
la recherche du bonheur, il ne peut le trouver selon moi
que dans la justice, car sans elle il n'y a point de sécurité.

Incidemment, je vous ai dit, Citoyens, que d'après la
loi de Darwin, loi qui peut se résumer ainsi :

La lutte pour la vie a pour conséquences, aussi bien pour
les animaux que pour les végétaux, une sélection naturelle ou choix, les plus aptes, les plus forts, les plus adroits;
les meilleurs ont beaucoup plus de chance de vivre et
de se reproduire que les autres. « La dure nécessité de
« l'élimination des faibles, des moins aptes, des moins capa-
« bles, sacrifiés aux progrès de l'espèce, est une loi fatale
« inéluctable au dire d'un certain nombre de savants. »

Cela est peut-être vrai, mais cela devrait-il être? La
lutte pour la vie, entre les animaux d'une même espèce
surtout, est-elle bien une loi naturelle et une condition
du progrès de l'espèce. Non seulement je ne le crois pas,
mais j'affirme le contraire ; il fut un temps où la lutte pour
l'existence a pu être très nécessaire à l'homme. A l'aurore
de l'humanité, alors que les sociétés, qui précisément ont
pour but de faire servir à leur profit ces lois, n'étaient
encore qu'à l'état d'embryon rudimentaire, il est hors de
doute que la lutte a été utile ; mais du jour où les sociétés
se sont formées, les effets de cette loi se sont sensiblement
modifiés. La lutte pour l'existence a commencé à faire
place à l'aide pour l'existence, sans doute jusqu'à ce jour,
l'aide a été inconscient et ce n'est même que depuis quelques années que l'aide se fait sentir, mais du jour où le
machinisme a pris l'extension, qui fait qu'aujourd'hui la
production est supérieure à la consommation, et l'on pourrait produire dix fois plus, la lutte a perdu son caractère
aigu. Si l'on consulte l'histoire, on se rend facilement compte
que plus on s'approche de notre époque, plus la lutte perd
de son accuité.

Ce n'est pas pour obéir aux nécessités de la lutte que
M. Rotschild extorque chaque jour je ne sais combien à
la force travail. Ce n'est pas pour les nécessités de la
lutte pour l'existence, non plus, que des milliers de malheureux se sont fait égorger en 1870, en Tunisie, au Ton-
kin ou ailleurs. Assurément non, il n'y a pas trop de pro-

ducteurs sur terre, puisque chacun d'eux produit plus qu'il ne consomme, ce qu'il y a, c'est le désordre le plus effroyable dans la production ainsi que dans la consommation, désordre causé par la cupidité insatiable des uns, l'avarice sordide des autres, l'espoir d'un gain illicite, l'ambition démesurée des jouisseurs, l'amour non de l'humanité mais du lucre, les dilapidations, les concussions, les loteries, les saturnales des agioteurs, sont autant de stimulants de désorganisation ; preuves plus qu'évidentes de la décadence d'une classe qui ne voit pas même qu'elle marche à sa ruine à pas de géant. Si, contrairement à ce que je crois, la théorie de Darwin est applicable aux animaux d'une même espèce vivant en société ; si les plus forts, les plus aptes, les plus capables, les meilleurs doivent triompher dans la lutte, nous devons nous réjouir, car nous réunissons, nous autres prolétaires, toutes ces conditions, tandis que nos exploiteurs, avachis par l'abus de toutes les jouissances, sont précisément les faibles, les moins aptes, les moins doués, les moins bons, et qu'ainsi tout concourt à leur disparition. Mais si la lutte a lieu tous les jours entre les individualités, elle se manifeste à de certains moments d'une autre façon. N'oublions pas que sous l'empire d'une poussée, produite d'un événement inattendu, une révolution peut se faire au moment où nous y pensons le moins peut-être, qu'il est du devoir des socialistes révolutionnaires de provoquer, de faciliter cette poussée qui peut hâter la Révolution. *Rappelons-nous que nous sommes le nombre, que rien ne peut nous résister, surtout quand on a la force pour moyen et la justice pour but.*

SIXIÈME JOURNÉE

Samedi 16 octobre

SÉANCE PRÉPARATOIRE

La séance est ouverte à 2 heures sous la présidence du citoyen CHAVRIÈR, des parqueteurs replanisseurs de Lyon. Assesseurs : la citoyenne LAURENT, des Dames réunies de Lyon et DIMNÈTE, des verriers de Vierzon.

Sur l'invitation du citoyen LABOURET, qui est chargé de faire préparer les listes d'appel pour le scrutin par appel nominal, les citoyens qui ont des rectifications à faire sur l'orthographe de leurs noms, sont priés de s'adresser à lui aussitôt que l'appel nominal qui va être fait sera terminé. On procède ensuite à l'appel nominal.

Le citoyen FARJAT donne ensuite lecture du procès-verbal de la séance de jour du 14 octobre.

Le citoyen MASSON, de Paris, après cette lecture, demande à s'expliquer une seconde fois sur le vote de blàme qui lui a été infligé pour s'être absenté de cette séance, afin d'éviter de donner lecture d'un procès-verbal, qu'en sa qualité de secrétaire du Congrès, il avait rédigé ; il s'étonne qu'on ait profité de son absence pour l'attaquer comme secrétaire ne faisant pas son devoir, surtout par un membre de la Commission d'organisation qui a toujours prêché la conciliation.

Le citoyen MARTIN, de Paris, répond que l'absence du citoyen Masson avait été préméditée, car elle venait d'une entente avec une certaine fraction du Congrès, qui était également absente de cette séance. En conséquence, il demande que le vote de blâme soit maintenu.

Après une réplique du citoyen MASSON, le procès-verbal, tel qu'il a été lu par le citoyen Farjat, est adopté.

Le citoyen MASSON proteste contre ce vote.

Le citoyen GRUHIER s'étonne que le citoyen Sol l'ait appelé, lui et ses amis, barberettistes. Ce qualificatif à lui donné par le citoyen Sol l'étonne d'autant plus que ce dernier a été avec lui chez M. Barberet.

Le citoyen SOL réplique qu'il n'a pas été chez M. Barberet, mais au bureau de renseignements des Syndicats professionnels, et que s'il est allé dans ce bureau, c'est en vertu d'un mandat que lui avait donné la Commission d'organisation. Après quelques explications de divers délégués, l'Assemblée, par un vote, déclare l'incident clos.

Il est ensuite donné lecture par le citoyen MARTIN, de Paris, du procès-verbal de la séance de jour du 15 octobre. Ce procès-verbal est adopté après quelques rectifications faites par les citoyens DUMAY, BLONDEAU et NODOT.

Sur l'invitation du citoyen DUMAY, le Président donne lecture d'une lettre particulière ayant trait au prochain Congrès international, qui doit se tenir en Angleterre.

Le citoyen CHAVRIER cède la Présidence à la citoyenne Laurent pour donner lecture du procès-verbal de la séance publique du 15 octobre, procès-verbal qu'il a rédigé sur la prière du Secrétaire de service qui se trouvait indisposé et n'a pu assister à la séance. Ce procès-verbal est adopté sans observation.

On procède ensuite à la nomination du bureau pour la séance publique du soir.

Le citoyen LAVAUD, de Paris, est acclamé à la presque unanimité. Sont désignés ensuite pour assister : le citoyen LAVAUD, la citoyenne CANCE,, de Lyon, et le citoyen FOUCREY, du Mans.

Sur l'observation du citoyen Nodot, qui dit qu'il avait été
décidé que les conclusions des rapporteurs serait impri-
mées et qu'il en serait donné connaissance aux délégués
avant l'ouverture de la séance publique du soir, le citoyen
Dumay répond qu'il a été absolument impossible de le
faire, la plupart des Rapporteurs n'ayant été nommés que
ce matin.

Le citoyen Berthiller, de Lyon, n'incrimine pas ; il
reconnait qu'en effet cela n'est guère possible, néanmoins,
il serait à désirer que les rapporteurs pussent donner de
suite lecture de leurs conclusions manuscrites.

Le citoyen Chavrier explique que la Commission de
Capital et Travail n'a pu se réunir que ce matin et qu'elle
a dû faire tout son travail de 8 heures à midi ; que son
rapporteur n'a été nommé qu'à midi et demi, et que, par
suite de cette circonstance, il ne peut assister à la séance
préparatoire d'aujourd'hui, étant occupé à rédiger son
rapport, qui ne pourra être soumis à la sanction de la
Commission qu'à 7 heures du soir.

Il est donc absolument impossible de donner connaissance des conclusions du rapport sur Capital et Travail
avant la séance publique.

La discussion est close sur cette question et l'on passe
à celle sur la façon dont le Congrès entend adopter ou
rejeter les amendements qui seront proposés dans la
séance du soir.

Après une discussion de quelques instants, il est décidé,
sur une proposition du citoyen Maystre, que la parole ne
sera accordée qu'aux citoyens qui présenteront des amendements aux conclusions des rapporteurs.

Le citoyen Heppenheimer pourrait donner lecture de
son rapport, mais il faudrait aussi donner lecture des considérants ; et, comme il est déjà tard, il estime qu'il n'en
aurait guère le temps. Il propose que chaque rapporteur
défende son rapport sans faire appel aux membres de la
Commission qui l'ont nommé.

Cette proposition est adoptée.

Il propose ensuite que les délégués n'aient que cinq
minutes pour défendre leurs amendements, ainsi que les

rapporteurs, pour défendre leurs conclusions.S'il fait cette proposition, ce n'est pas pour étouffer la discussion, mais bien pour permettre au Congrès de terminer tous ses travaux dans la séance du soir.

Le citoyen GRUHIER, à la suite de cette explication, déclare se rallier à la proposition Heppenheimer qui, mise aux voix, est adoptée à l'unanimité, ainsi que la précédente.

Le Président propose ensuite, pour simplifier le travail de la séance publique du soir, que les secrétaires, au nombre de quatre, remplissent les fonctions de scrutateurs.

Cette proposition est adoptée.

Sur la proposition du citoyen Blondeau, il est encore décidé que les votes sur les amendements auront lieu à main levée avec les cartes et les conclusions des rapporteurs, ainsi qu'il avait été convenu, par appel nominal.

On procède ensuite à la nomination de la Commission exécutive chargée d'exécuter ou faire exécuter toutes les décisions prises par le Congrès.

Après discussion, le chiffre de cinq membres, proposé par plusieurs citoyens, est rejeté. Le Congrès se rallie au chiffre de neuf membres.

Sont élus : les citoyens Chavrier, Blondet, Sol, Carret, Farjat, Gorsse, Edouard, Sartarin et Labouret.

Sur la proposition du citoyen MARTIN, il est décidé, vu qu'il y a beaucoup de délégués absents, que la nomination de cette Commission sera ratifiée à l'ouverture de la séance publique.

Un citoyen fait encore observer que le Congrès devant se séparer après la séance publique, qui finira probablement très tard, il serait à désirer que le Secrétaire de la séance donnât immédiatement lecture de son procès-verbal.

Le citoyen DE NONFOUX, Secrétaire, qui vient de le rédiger, déclare être aux ordres du Congrès.

En conséquence, il donne lecture de suite du présent procès-verbal, qui est adopté sans modifications.

La séance est levée à 6 heures un quart.

SÉANCE PUBLIQUE

Ainsi que pour les autres journées, la salle est bondée ; des centaines de citoyens sont empilés dans les corridors et les vestibules ; la scène est littéralement envahie par le public ; 2,000 personnes, qui n'ont pu trouver place, attendent, sur le cours Vitton, le résultat du premier vote avant de se retirer. Cette séance étant la plus importante, chacun s'est fait un devoir d'y assister, indépendamment du public, qui n'a manqué, pendant toute la semaine, aucune occasion de manifester ses sympathies au orateurs socialistes.

Les délégués sont tous à leur place. Le registre de présence, où ils sont tenus d'apposer chaque jour leur signature, ne constate aucune absence.

La séance est ouverte à 8 heures du soir.

Sont invités à prendre place au bureau : le citoyen Lavaud. de Paris, Président ; Assesseurs. le citoyen Foucney, des menuisiers-modeleurs du Mans, et la citoyenne Cance, du Syndicat des piqueuses en chaussures de Lyon.

Le citoyen Lavaud remercie le Congrès de l'honneur qu'il lui fait et dit qu'en raison de ce que cette séance sera très laborieuse, il ne laissera personne entrer dans des discussions de fond. Il invite les citoyens qui ont des amendements à présenter à les rédiger d'avance, de façon à ne pas perdre de temps à la tribune, car il serait très difficile au Président de contenter tout le monde. Néanmoins, il fera son possible pour que chacun soit satisfait. Mais, il tient à le répéter, il n'accordera la parole à personne avant que les résolutions soient votées, car aujourd'hui on ne discute pas, on vote ; une seule exception sera faite pour le citoyen Chavrier, de Lyon, qui a des explications à donner au Congrès sur la séance de jour.

Le citoyen Chavrier, Président de la séance de jour, a le premier la parole et s'exprime ainsi :

Citoyens,

En raison de ce qu'il y avait beaucoup d'absents à la séance préparatoire d'aujourd'hui, je crois qu'il est absolument nécessaire de faire connaître à ceux qui n'ont pu y assister, comme à ceux qui se sont retirés de bonne heure, quelles sont les décisions que l'on a prises, dans cette séance et les motifs pour lesquels on les a votées.

Comme vous le savez, les conclusions des rapporteurs seront mises aux voix par appel nominal ; par suite de ce mode de scrutin, on a réfléchi que le temps réservé pour présenter des amendements serait forcément limité. En conséquence, il a été voté que :

Les citoyens qui présenteront des amendements auront cinq minutes pour les défendre, le Rapporteur, de son côté, aura cinq minutes pour répondre à chacun des délégués qui présenteront des amendements ou contre-projets.

Le vote pour adopter ou repousser les amendements aura lieu avec les cartes.

Seules les résolutions présentées par les Rapporteurs des Commissions seront votées par appel nominal, chaque délégué, à l'appel du Syndicat qu'il représente, devra se lever et répondre par oui ou par non, selon la façon dont les résolutions seront présentées.

Pour contrôler les votes, quatre listes sont à la disposition des scrutateurs. Ces emplois seront remplis par quatre des scrétaires, pendant que le cinquième rédigera le procès-verbal de la séance.

Voilà, citoyens, dans l'intérêt du Congrès, quelles sont les dernières mesures d'ordre qu'on a cru devoir prendre, et c'est pour éviter tout malentendu entre nous, que j'ai cru devoir les faire connaître à ceux qui les ignoraient.

Citoyens, on a ensuite, pour gagner du temps, nommé la Commission exécutive chargée d'exécuter les résolutions du Congrès. Cette Commission est composée des citoyens Edouard, Sol, Sartarin, Gorsse, Blondet, Labouret, Carret, Farjat et Chavrier. Mais comme elle a été nommée à la fin de la séance, alors qu'il n'y avait plus qu'environ soixante délégués de présent, il a été convenu que la nomination de cette Commission serait ratifiée à l'ouverture de la séance publique pour se conformer à cette décision et pour terminer les explications que j'avais à vous donner.

J'invite le Président à remettre aux voix la nomination de cette Commission.

Le Président remet aux voix la no…ination de cette Commission, qui est acceptée à l'unanimité. La parole est donnée immédiatement après au citoyen Heppenheimer, rapporteur de la première question.

Rapport du citoyen Heppenheimer

Citoyennes et Citoyens,

La première Commission, après s'être inspirée des rapports oraux et des rapports écrits qu'elle a entre les mains, notamment celui du citoyen Sartarin, décide de prendre celui-ci comme base de son travail, en lui donnant l'esprit de la majorité du Congrès, en tenant compte des rapports de la Chambre syndicale des ouvriers tisseurs de Tarare, de la Chambre syndicale des ouvriers métallurgistes de Lyon, de la Chambre syndicale des ouvriers en cuir de Mâcon, de la Chambre syndicale des ébénistes de la Seine, de la Chambre syndicale de la métallurgie de Paris, la Société professionnelle des ouvriers mécaniciens de Paris, la corporation des dames réunies, la Chambre syndicale des menuisiers de Lyon, la Chambre syndicale des velours à deux pièces de l'Arbresle:

La Commission :

Considérant qu'en face de la puissante organisation bourgeoise faite sans et contre le prolétariat, il appartient, non seulement à ce dernier, mais qu'il est de son devoir de créer, par tous les moyens possibles, des groupements et des organisations ouvrières pour les mettre en face de ceux de la bourgeoisie, à titre défensif, et nous l'espérons, bientôt offensif.

Considérant d'autre part qu'il existe déjà, depuis plusieurs années, d'autres Fédérations ouvrières tenant en mains, haut et ferme, le drapeau du prolétariat, et qu'il serait dangereux de laisser à la bourgeoisie, qui possède le monopole de la presse, et par conséquent des renseignements, des nouvelles et des communications, le loisir de jeter la discorde et la haine dans ces deux organisations :

Considérant que toute organisation ouvrière qui n'est pas pénétrée de la distinction des classes, par le fait même de la situation politique et économique de la société actuelle, et n'existe que pour donner son acquiescement aux volontés bourgeoises et gouvernementales, ou à présenter des petites observations respectueuses et par conséquent humiliantes pour la dignité du prolétariat, ne peut pas être considérée comme faisant partie des diverses armées ouvrières marchant à la conquête de leurs droits ;

Pour ces raisons, la Fédération nationale des Chambres syndicales se déclare sœur de toutes les Fédérations socialistes ouvrières existantes, les considérant comme une armée tenant une autre aile de bataille, ces deux armées devront, dans un moment peu éloigné, faire leur jonction sur un même point pour écraser l'ennemi commun : le capitaliste.

Pour ces raisons, la première Commission propose au Congrès d'accepter le projet de Fédération du citoyen Sartarin, *amendé par elle* de la façon suivante :

TITRE PREMIER

ARTICLE PREMIER. — Il est créé, entre tous les Syndicats professionnels ouvriers, adhérents aux présents Statuts, une *Fédération nationale*.

ART. 2. — Cette Fédération est composée d'un Conseil général fédéral, de Conseils fédéraux régionaux, et de Conseils fédéraux locaux.

ART. 3. — Les Conseils fédéraux locaux sont constitués dans chaque ville ou agglomération de communes et ne pourront être composés de moins de cinq Syndicats.

ART. 4. — Le Conseil fédéral local de chaque ville ou agglomération de communes, est composé d'un délégué par chaque Chambre syndicale.

ART. 5. — Les délégués au Conseil fédéral local sont chargés :

1º D'organiser les Commissions de propagande ;

2º D'établir des rapports entre les Syndicats ;

3º D'étudier et faire connaître à leurs Syndicats respectifs toutes les questions intéressant les travailleurs ;

4º De présenter et soutenir, au Conseil régional, les résolutions prises par les Syndicats ;

5º De faire le recensement des votes émis par les Syndicats sur les questions qui leur sont soumises.

TITRE II

Des Conseils fédéraux régionaux

ART. 6. — Les Conseils comprendront une agglomération de dix départements, classés par ordre numérique, ou déterminée par leur position géographique.

ART. 7. — Tous les Syndicats formant l'ensemble d'un département nomment deux délégués au Conseil fédéral régional, qui sera composé ainsi de deux délégués par département.

ART. 8. — Le siège du Conseil régional sera déplacé chaque année et transporté, à tour de rôle, dans une des villes de chacun des départements formant la région.

Art. 9. — Les délégués des Comités régionaux sont chargés :

1° De s'enquérir de tous les faits ou événements qui peuvent avoir des conséquences d'intérêt général pour les Syndicats et d'en faire communication à tous les Syndicats de la région ;

2° De se réunir lorsqu'il y aura urgence reconnue et déclarée par la majorité des Syndicats sur le point qui aura été désigné pour y exécuter le mandat spécial que les circonstances nécessiteraient ;

3° De centraliser tous les documents et renseignements pouvant être utiles aux Syndicats ;

4° De gérer les fonds de la Caisse régionale ainsi qu'il est stipulé au titre « Finance ».

TITRE III

Du Conseil général fédéral

Art. 10. — Le Conseil général fédéral est composé d'un délégué par département.

Art. 11. — Le siège de ce Conseil sera la ville où aura eu lieu le dernier Congrès national, et, par conséquent, sera déplacé à chaque Congrès de Syndicat.

Art. 12. — Les délégués au Conseil général auront entre eux, par l'intermédiaire du siège où se centraliseront les communications une correspondance mensuelle, et, en outre, toutes les fois que le service où les événements l'exigeront.

Art. 13. — Les délégués au Conseil général fédératif sont chargés de rechercher et d'étudier toutes les mesures d'ordre public qui peuvent intéresser les travailleurs, telles que lois à abroger, abus de pouvoirs, monopoles non justifiés, etc., et de faire parvenir à tous Syndicats un avis sur l'urgence de prendre des mesures dans un sens indiqué ou motivé par l'avis, de présenter et défendre, s'il y a lieu, les décisions prises par les Syndicats. Enfin, suivant les circonstances, faire un appel général ou régional aux membres de la Fédération, pour trancher les difficultés qui pourraient surgir.

TITRE III

Finances

Art. 14. — Chaque Syndicat appartenant à la Fédération conserve son autonomie pleine et entière pour tout ce qui concerne son administration. Toutefois, une Caisse régionale sera fondée afin de pouvoir parer aux premières nécessités, soit d'une grève reconnue inévitable, ou toute autre éventualité.

Art. 15. — L'emploi des fonds créés par l'article précédent ne pourra se faire que sur l'avis conforme donné par les trois quarts des Syndicats et sur un pouvoir délivré au Conseil régional.

Le citoyen Veyssier, de Paris, dépose l'amendement suivant :

Considérant que la Fédération des Syndicats ouvriers de France doit avoir pour but de poursuivre, par les voies légales et pacitiques, la réalisation des réformes économiques votées dans ce Congrès ; qu'il est indispensable, pour aboutir à des résultats pratiques, que la Fédération soit en rapports constants avec les pouvoirs publics. et que, pour cela, il est indispensable que le siége de la Fédération soit à Paris ; que, d'autre part, il n'est nullement prouvé que la nouvelle Fédération, que l'on se propose de créer, rallierait autour de son drapeau les éléments divers qui ont cru devoir constituer à Paris trois Fédérations distinctes ayant, chacune d'elles une organisation spéciale et des tendances différentes, quant aux moyens à employer pour améliorer le sort des travailleurs ; que l'Union des Chambres syndicales ouvrières de France, notamment est un groupe fédératif ouvert à tous les Syndicats ouvriers, et que ses travaux, sur le terrain des réformes économiques, ont abouti à des résultats législatifs, entre autres, au vote de la loi du 21 mars 1884 sur les Syndicats professionnels, et que ses études préparatoires sur les réformes poursuivies par les travailleurs sont discutées et mûries, de telle manière qu'elle se trouve prête à en poursuivre la réalisation devant qui de droit ;

Nous déclarons voter contre toute Fédération nouvelle et invitons les Syndicats ouvriers à se rallier à celle des Fédérations existantes, à Paris, qui représente le mieux la ligne de conduite tracée par les travaux de son Syndicat.

En son nom personnel et celui de ses amis, le citoyen VEYSSIER défend son amendement.

Après une réplique du citoyen HEPPENHEIMER, l'amendement, mis aux voix par cartes levées, est repoussée à une grande majorité.

Personne ne présentant d'autre amendement, on procède au vote par appel nominal, qui donne les résultats suivants :

Pour les conclusions du rapport de la Commission .... 90 voix.
Contre les conclusions. .... 15 —
Abstentions............................ 4 —

De nombreux applaudissements saluent la victoire des socialistes qui ont défendu à la tribune la cause de la Fédération nationale des Syndicats ouvriers de France comme un moyen d'affranchissement pour les travailleurs.

Le silence rétabli, la parole est donnée au citoyen DUMAY, rapporteur de la deuxième question.

Rapport du citoyen Dumay

Citoyennes et Citoyens,

Fidèle image de notre Congrès, la Commission privée chargée de vous présenter un rapport sur la loi des Syndicats professionnels a été composée de citoyens partisans d'une refonte presque complète de cette loi et d'autres, partisans de son abrogation pure et si ..ple ainsi que des a..ticles 414 et 415 du Code pénal.

Chargé par la majorité de la Commission de vous présenter un rapport dans ce sens nous devons tout d'abord vous déclarer que nous nous sommes inspiré en cette circonstance, non seulement des mandats reçus par les Chambres syndicales que nous représentons au Congrès, mais encore, et surtout, du désir formellement exprimé par une déclaration écrite que vingt-cinq de nos camarades de la délégation ont déposé sur le bureau dans la séance du 12, et concluant à l'abrogation.

Nous vous prions de croire, Camarades, que ce n'est pas à la légère que nous nous sommes décidé à vous proposer le rejet de cette loi. Nous avons considéré qu'il y avait là, pour le prolétariat français dont vous êtes ici les représentants, une question de dignité et de haute moralité jointe à une question d'intérêt matériel qui ne vous échappera certainement pas.

Bien avant qu'il soit question d'une loi sur la matière, les travailleurs poussés à se grouper par l'instinct de conservation, s'étaient spontanément syndiqués pour la défense de leurs salaires ; c'est ainsi que sans autorisation légale et guidés seulement par leurs intérêts de classes, cinq cents Syndicats au moins s'étaient formés sur tous les points de la France, de 1872 à 1878.

La bourgeoisie qui croyait en avoir fini pour longtemps avec les revendications populaires, après les événements de 1871, fut toute surprise en s'apercevant que sept ans après, le reveil des exploités se manifestait à nouveau sous forme de Chambres syndicales.

C'est alors que dans le but d'encourager ce mouvement, ceux qui ont intérêt à nous voir toujours divisés, toujours désunis, pensèrent à ajouter quelques pages de plus à cet arsenal d'iniquités qui s'appelle le Code en réglementant, encore une fois, ce droit si naturel de l'association librement consentie.

C'est à cette époque, en 1878, je crois, que dans toutes les villes où il existait plusieurs Syndicats, des réunions eurent lieu à l'effet de s'entendre sur l'accueil qui devrait être fait à ce ballon d'essai.

Les idées furent partagées, mais néanmoins la majorité des Syndicats se prononça contre la loi et à Lyon, notamment dans une réunion tenue entre trente-trois Syndicats, le 2 novembre 1878, à la brasserie du Croissant, quatorze se prononcèrent pour, deux s'abstinrent et dix-sept votèrent contre la loi.

Le projet des réacteurs, bien que mal accueilli par l'opinion publique, n'en avait pas moins atteint son but : diviser les travailleurs.

C'est intentionnellement que je rappelle ce fait aux citoyennes et citoyens de Lyon, pour qu'ils n'oublient pas que leurs devanciers de 1878, flairaient le piège qu'on leur a tendu en 1884, et n'en restèrent pas moins organisés, malgré leur protestation contre la réglementation.

Ce fut à cette même époque que le député Lockroy, aujourd'hui ministre, élabora pour son compte une loi sur les Syndicats professionnels, et voulant tâter l'opinion publique, il fit parvenir son projet aux Syndicats parisiens, en leur demandant leur avis.

Une réunion eut lieu à cet effet, rue d'Arras, le projet y fut discuté amendé et finalement repoussé, et M. Lockroy ne s'en occupa plus. Plusieurs projets furent mis en avant depuis, et finalement ce fut celui de M. Waldeck-Rousseau qui triompha et qui est connu aujourd'hui sous le nom de loi du 21 mars.

Plusieurs délégués vous ont signalé les abus et les pièges que renferme cette loi du commencement à la fin, cette loi antisociale, antidémocratique.

S'il est vrai que dans certaines grandes villes les travailleurs purent se conformer à cette loi sans craindre de perdre leur travail, il n'en fut pas de même dans les centres miniers et industriels, où les grands propriétaires et chefs d'établissements par suite de manœuvres électorales — que nous n'avons pas à examiner ici, sont en même temps maire du pays, c'est-à-dire disposent politiquement et économiquement de l'existence de leurs ouvriers. Dans ces localités, en effet — et elles sont nombreuses en France — les travailleurs se virent dans l'obligation de dissoudre leurs Syndicats, tellement était certain le renvoi des administrateurs qui auraient osé porter leur nom au maire qui se trouve en même temps leur patron.

Nous ne saurions trop appeler votre attention sur ce fait, Citoyens, et vous rappeler que c'est à cette disposition policière de la loi Waldeck-Rousseau que vous n'avez pas à votre Congrès une cinquantaine de délégués de plus à vos côtés, délégués d'autant plus intéressants que leur dépendance politique et économique en fait de véritables serfs de la féodalité industrielle.

Une loi qui a donné de tels résultats ne saurait être admise par des délégués imbus de sentiments de solidarité, qui doivent unir tous les travailleurs : aussi avons-nous vu avec une vive satisfaction la minorité de votre Commission composée des citoyens Rondet et Féra bien que ne considérant pas la question au même point de vue que nous, n'en reconnaissent pas moins la nécessité d'y apporter de profondes modifications

Presque tous les délégués sont dans les mêmes dispositions d'esprit, et il en est peu d'entre vous qui n'aient quelques articles à y supprimer, chacun selon le mandat qu'il a reçu. Dans ces conditions, Citoyens, il ne reste donc debout que l'article premier consacrant l'abrogation de certains articles du Code pénal.

N'y a-t-il pas là, Citoyens, une certitude que l'ensemble de vos revendications est pour l'abrogation de cette loi, et que même pour ceux qui n'en demandent qu'une réforme, la rejeter est le meilleur moyen de forcer les législateurs à en faire une meilleure ?

A ceux qui penseraient que la non-reconnaissance de la loi sur les Syndicats les exposerait à une sorte de mise à l'*index* auprès des

pouvoirs publics, nous leur citerons l'exemple de soixante-dix Chambres syndicales de la capitale qui ont coopéré à l'Exposition ouvrière,
et qui ont reçu de la ville de Paris une subvention de 300.000 francs,
bien que trois d'entre elles seulement eussent reconnu la loi du
17 mars 1884.

Mais s'il est un devoir pour nous tous de repousser une loi qui n'a
été que préjudiciable à la cause que nous défendons, c'est un devoir
non moins grand de déclarer ici que le fait est loin de signifier que
nous sommes contre le principe du Syndicat.

Au contraire, nous vous disons : Camarades de travail, plus que
jamais il faut venir à nos Chambres syndicales, plus que jamais il
faut y pousser ceux des nôtres qui n'y sont pas encore, car on peut
trouver dans la force du Syndicat un important appui dans nos revendications sociales.

Pour ces motifs, nous vous proposons les résolutions suivantes :

Le Congrès :

Considérant que l'institution des Chambres syndicales ne peut rendre les services que les travailleurs sont en droit d'en attendre, tant
que ces sociétés vivront sous l'empire d'une loi qui en entrave le
libre exercice, déclare ne pas accepter la loi du 21 mars 1884.

Et au cas où, après son abrogation le gouvernement formulerait une
autre loi, le Congrès demande que le projet soit préalablement soumis
à l'examen des Syndicats avant d'être déposé au Parlement.

Le citoyen BARTHOLINO présente un amendement demandant l'abrogation des articles 414 et 415 du Code pénal.
En ce qui concerne les articles organiques de la loi, il
désire que l'on garde ce qu'il y a de bon ; il est pour le
maintien de la loi parce qu'elle permet aux travailleurs de
s'organiser légalement, mais il n'indique pas ce qui, selon
lui, est mauvais dans les articles de la loi.

Différents délégués, désirant présenter des amendements après le citoyen Bartholino, le citoyen DUMAY,
rapporteur, demande à ce qu'ils les présentent de suite,
car il préférerait, pour gagner du temps, répondre à tous
à la fois. Personne ne s'opposant à cette façon de procéder,
la parole est donnée au citoyen VEYSSIER, qui conteste que
cette loi soit une loi policière. A l'appui de son dire, il
cite une quantité d'associations qui toutes sont obligées,
pour se conformer à la loi, de déposer la liste énonçant
les noms de leurs administrateurs ou directeurs entre les
mains des autorités administratives ou judiciaires. Aux
citoyens qui sont partisans de rejeter la loi en bloc, il fait
remarquer qu'entre le temps du rejet et celui ou les législateurs en confectionneront une meilleure, les Syndicats
seront soumis à tous les caprices du pouvoir. Ainsi, on ne

pourra pas s'opposer à ce qu'un agent soit présent dans les réunions de Syndicat pendant ce temps de tolérance. Pour tous ces motifs et bien d'autres, que les cinq minutes de temps accordées à chaque délégué présentant un amendement ne lui permet pas de développer, il déclare être partisan du maintien de la loi et présente l'amendement suivant pour la modifier dans un sens plus libéral :

Considérant que le principe sur lequel repose la loi du 21 mars 1884, a été inspiré par un esprit éminemment démocratique ;

Que, grâce à cette loi, le Syndicat devient une personne juridique d'une durée indéfinie, distincte de la personne de ses membres, capable d'acquérir, de posséder des biens propres, de prêter, d'emprunter, d'ester en justice ;

Que les associations professionnelles d'abord proscrites, puis tolérées, voient enfin leur existence consacrée par la loi et que cet avantage résulte du seul fait de leur création ; mais que, d'autre part, les services que peuvent rendre les Syndicats sont subordonnés à une facile application du texte de la loi ; et que, dans cet ordre d'idées, la loi du 21 mars ne donne pas satisfaction complète aux travailleurs, nous déclarons que tout en acceptant le principe de la loi, il y a lieu d'apporter des modifications de détail, notamment l'abrogation des articles 414 et 415 du Code pénal, l'adjonction de l'article additionnel de M. Bovier-Lapierre établissant des pénalités contre les patrons qui mettraient des entraves au libre exercice de la loi. Nous désirons également que la personnalité civile soit reconnue aux Unions syndicales.

La parole est donnée ensuite au citoyen FERRA, qui lit le projet de loi suivant :

Citoyennes et Citoyens,

En ma qualité de délégué de l'Union des Chambres syndicales des Bouches-du-Rhône, composée de trente-quatre Syndicats, je viens vous soumettre un amendement concernant la question de la loi sur les Syndicats professionnels, dont je repousse l'abrogation pure et simple :

Considérant que, si cette loi ne répond pas aussi complètement que nous le désirerions aux besoins des travailleurs, elle est pourtant un progrès pour les Syndicats, dont elle affirme l'existence légale ;

Qu'un Congrès comme celui des Syndicats ouvriers a pour devoir de demander que cette loi soit modifiée dans un sens plus large et plus équitable pour les travailleurs, tout en garantissant, par des mesures sévères, lesdits travailleurs contre les abus des patrons ;

Le Congrès décide de demander que la loi actuelle soit ainsi conçue :

Article premier. — Sont abrogés la loi des 14-27 juin 1791 et les articles 414, 415 et 416 du Code pénal.

Les articles 291, 292, 293 et 294 du Code pénal et la loi du 18 avril 1834 ne sont pas applicables aux Syndicats professionnels.

Art. 2. — Les Syndicats ou associations professionnelles, même de plus de vingt personnes exerçant la même profession, des métiers similaires ou des professions connexes, concourant à l'établissement de produits déterminés, pourront se constituer librement sans l'autorisation du gouvernement.

Art. 3. — Les Syndicats professionnels ont exclusivement pour objet l'étude et la défense des intérêts économiques, industriels, commerciaux et agricoles.

Art. 4. — Les fondateurs de tout Syndicat devront faire une déclaration d'existence à la mairie de la localité où le Syndicat sera établi, et à Paris, à la préfecture de la Seine.

Art. 5. — Les Syndicats professionnels, régulièrement constitués d'après les prescriptions de la présente loi, pourront librement se concerter pour l'étude et la défense de leurs intérêts économiques, industriels, commerciaux et agricoles. Ils pourront participer aux adjudications publiques.

Les Unions de Syndicats pourront posséder tous meubles ou immeubles nécessaires à leurs besoins ou à ceux de leur industrie. Elles pourront ester en justice.

Art. 6. — Les syndicats professionnels ouvriers auront le droit d'ester en justice. Ils pourront employer les sommes provenant des cotisations.

Ils pourront acquérir tous meubles et immeubles qui seront nécessaires à leurs réunions, bibliothèques et à des cours d'instruction professionnelle ainsi qu'à l'exploitation de leur industrie.

Ils pourront librement créer et administrer des offices de renseignements pour des offres et demandes de travail.

Ils pourront être consultés sur tous les différends et toutes les questions se rattachant à leur spécialité.

Dans les affaires contentieuses, les avis du Syndicat seront tenus à la disposition des parties, qui pourront en prendre communication et copies.

Art. 7. — Tout membre d'un Syndicat professionnel peut se retirer à tout instant de l'association, nonobstant toute clause contraire, mais sans préjudice du droit pour le Syndicat de réclamer la cotisation de l'année courante.

Art 8. — La présente loi est applicable à l'Algérie.

Elle est également applicable aux colonies de la Martinique, de la Guadeloupe et de la Réunion.

Je demande ensuite l'insertion dans cette loi, comme devenant l'article 9, l'article premier du projet déposé par M. Bovier-Lapierre, et ainsi conçu :

« Quiconque sera convaincu d'avoir, par menaces de perte d'emploi ou de privation de travail, refus motivé d'embauchage, renvoi collectif d'ouvriers ou employés syndiqués, violences ou voies de faits, dons, offres ou promesses de travail, entravé ou troublé la liberté des associations syndicales professionnelles ou empêché l'exercice des droits déterminés par la loi du 21 mars 1884, sera puni d'un

·emprisonnement d'un mois à trois mois et d'une amende de 100 à 1,000 francs.

« Tout individu condamné par application de la disposition ci-dessus sera, en outre, privé pendant deux années du droit de prendre part aux adjudications de fournitures ou travaux de l'État, des départements, des communes ou établissements publics. »

Je crois, Citoyennes et Citoyens, que la loi, ainsi modifiée, donnera satisfaction, pour le moment du moins, à nos revendications premières.

En vertu d'un mandat, parfaitement défini, qui m'a été donné, je crois devoir déposer, comme amendement, le présent projet de loi, dans la certitude que vous ne pourrez que le ratifier.

Amendement sur la loi des Syndicats.

Le citoyen ARGOUD, de l'Union des tisseurs et similaires, dépose la proposition suivante :

Le Congrès national des Syndicats ouvriers, dans sa séance du 16 octobre 1886 ;

Considérant que les Syndicats ouvriers représentent des intérêts supérieurs à ceux des cultes qui sont nuisibles,

Les soussignés demandent :

1° Le vote d'un crédit égal à celui des cultes ;

2° Le crédit sera affecté à la création d'une Caisse d'assurances contre le chômage ; cette Caisse sera administrée et dirigée exclusivement par les Syndicats ouvriers.

Suivent quarante signatures.

Le citoyen DAUBANNAY, délégué des cordonniers et malletiers de Paris, et des chapeliers de Moulins, et Louis SOL, délégué de l'Union des tisseurs et similaires de Lyon et des marchands de journaux de Dijon, déclare repousser la loi du 27 mars 1884 et dépose la proposition suivante :

1° Les ouvriers de toutes les corporations sont autorisés à se syndiquer, et les Syndicats à se fédérer ;

2° La déclaration de leurs constitutions à la mairie de leurs communes leur constitue la personnalité civile.

Personne ne présentant plus d'amendements, le citoyen DUMAY a la parole pour répliquer.

Il s'étonne que le citoyen Bartholino ait pu soutenir la thèse qu'il a émise, s'il ne le connaissait pas mieux, il le considérerait comme un ennemi de la classe ouvrière en l'entendant dire surtout qu'il n'y aurait pas d'existence possible pour les Syndicats, s'il n'y avait pas de loi pour les reconnaitre et les réglementer.

Répondant au citoyen Veyssier qui a soutenu que sans loi il y aurait un agent de police dans les les réunions de Syndicats, il dit : on croirait vraiment que le citoyen Veyssier ne vient pas de la capitale où a eu lieu il y a quelques jours la conférence internationale où plus de cent Syndicats étaient représentés sans qu'il y eût un seul agent d'admis, à moins que ce ne soit un agent en bourgeois qui se soit glissé dans la salle de réunion par un moyen inavouable. Il reprend un à un les arguments du citoyen Veyssier, et démontre qu'ils n'ont aucune valeur. Puis il répond au citoyen Ferra et soutient que le meilleur moyen d'abroger les mauvais articles d'une loi ainsi que le désire ce citoyen, c'est de demander l'abrogation pure et simple de la loi.

Le citoyen DELAHAYE, qui avait demandé lors de la discussion de la loi des Syndicats, le retrait des paragraphes 1, 2, 3. 4 de l'article 4, déclare, de sa place, qu'il maintient ce qu'il a avancé.

A ce moment, le citoyen VEYSSIER se lève et déclare se rallier, ainsi que ses amis, à l'amendement Delahaye.

Le citoyen FERRA, en présence de ce fait, déclare vouloir amender son projet de loi, ce qu'il fait.

Après une réplique plus serrée du citoyen DUMAY, les amendements Veyssier, Ferra et Delahaye sont repoussés : l'amendement du citoyen Argoud est également repoussé.

Le citoyen RONDET déclarant se rallier à la proposition Daubannay et Sol, le citoyen DUMAY déclare s'y rallier aussi. Les conclusions de son rapport, mises aux voix, sont adoptées de la façon suivante :

Pour les conclusions de la Commission.... 74 voix.
Contre les conclusions.................... 29 —
Abstentions .... 7 —

De très vifs applaudissements saluent ce vote, qui est une affirmation des Syndicats qu'ils sont partisans de la liberté de réunion et d'association, et n'entendent pas que nos politiciens aient le droit de légiférer sur ces deux principes fondamentaux de la République.

Le silence rétabli, le citoyen VEYSSIER demande, étant obligé de se retirer, s'il peut déposer sur le bureau les amendements qu'il avait préparés sur les autres questions; personne ne s'opposant à ce dépôt, le citoyen Veyssier est autorisé à déposer ces amendements, qui seront défendus par ses amis.

Après quoi, la parole est donnée au citoyen CHOUX, des menuisiers de Lyon, rapporteur de la troisième question.

Rapport du citoyen Choux

CITOYENNES, CITOYENS,

Ce n'est pas sans émotion que j'aborde cette tribune ; mais aussi ce n'est pas sans une vive satisfaction. En effet, en dépit de la mauvaise foi de la presse lyonnaise, et notamment du *Lyon Républicain* qui, dans un article iparu ce jour, affirme que le Congrès est impuissant et ncapable de rien faire, vous venez, Citoyennes et Citoyens, de leur donner un démenti formel, par les deux votes que vous avez produits. Vous venez, dis-je, de montrer à ces soi-disant démocrates, que vous entendez enfin être respectés dans vos volontés, et que, malgré leur mauvaise foi voulue à tromper la masse des travailleurs, vous avez travaillé à votre émancipation.

Permettez-moi de vous mettre en garde contre cette presse vendue à nos gouvernants (quoi qu'elle se dise indépendante). N'avons-nous pas vu déjà plusieurs délégués venir protester à cette tribune contre les manœuvres déloyales de ces républicains, pires que les réactionnaires, qui répandent leur bave à flots d'encre ; du moins ceux-ci sont dans leurs rôles, tandis que ceux-là triomphent lâchement, sachant que nous ne pouvons pas leur répondre, n'ayant pas d'organe à notre disposition. Permettez-moi de vous rappeler que, pendant l'organisation de ces assises du travail, cette presse misérable a mis tout en œuvre

pour empêcher la réunion des délégués d'aboutir, refusant
ou n'imprimant pas les textes qui leur étaient confiés, ou
bien modifiant ou retranchant ces textes : voilà la conduite
de ces républicains, de ces démocrates; à vous d'en faire
justice.

Aussi, c'est avec confiance dans votre bon sens et en
espérant que vous ne vous déjugerez pas, que je vais
vous donner connaissance du travail de votre Commission
de la prud'hommie.

Citoyennes et Citoyens,

Après avoir pris connaissance des volontés exprimées
par les Chambres syndicales des selliers, peintres en voitures de Paris, les malletiers de Paris, les chapeliers de
Moulins, les cordonniers de Paris, repoussant le projet
Lokroy comme n'étant pas suffisant et ne pouvant satisfaire les travailleurs, étant incomplet.

D'autre part, beaucoup de délégués ont apporté des
réformes, amendements, adjonctions.

Le fait était significatif, attendu que le projet n'était
pas à l'ordre du jour.

Des demandes de réformes radicales, entraînant incontestablement la refonte générale de ce projet, ont été présentées par plusieurs délégués, notamment :

Les parqueteurs de Lyon ;
Les typographes de Bordeaux ;
Les piqueuses en chaussures de Lyon ;
Les dames réunies de Lyon ;
Les ébénistes de la Seine, etc.

S'inspirant de l'idée émise dans les rapports à la tribune, votre Commission a décidé qu'un projet plus radical
devait vous être présenté.

En effet, les abus criants qui se produisent actuellement
dans les Conseils de prud'hommes, où la mauvaise foi
évidente de nos patrons, aidée en cela par la lacune de
l'organisation, se fait sentir à tout propos ;

Considérant les propositions faites par le citoyen Chabert, délégué des tisseurs, membre du Conseil des prud'
hommes, demandant, pour les prud'hommes, la connaissance des accidents du travail ;

Que les jugements soient exécutés immédiatement et sans frais ;

Les règlements particuliers des ateliers et usines, rejetés par les Conseils de prud'hommes ;

La nécessité d'assimiler les chefs d'ateliers façonnés à la section d'ouvriers, pour l'élection ;

La proposition des Chambres syndicales des piqueuses de bottines et de celle des dames réunies de Lyon, établissant avec raison que la cause des travailleuses ne peut être défendue avec succès que par des citoyennes autorisées. Pour cela, elles demandent que les citoyennes soient directement représentées au Conseil par leurs collègues.

Les délégués marseillais apportent aussi un mandat de réforme radicale. En un mot, unanimité à reconnaître l'insuffisance du projet ministériel.

Pour ces motifs, votre Commission a l'honneur de vous présenter le projet suivant qui, après avoir été amendé d'une façon sérieuse, peut, selon nous, réunir les suffrages du Congrès.

Projet de loi

Sur les Conseils de prud'hommes adopté par le Congrès régional du Centre, le 20 juin 1886, salle du Commerce, 94, faubourg du Temple, Paris, et amendé par votre Commission.

TITRE PREMIER

Article premier. — Aucune action ne pourra être portée devant les Conseils de prud'hommes sans que la conciliation n'ait été tentée devant les Commissions mixtes, organisées par les Chambres syndicales ou groupes corporatifs ouvriers ou patronaux.

Art. 2. — Les groupes corporatifs règlent le détail du fonctionnement de ces conseils arbitraux.

Art. 3. — Les secrétaires y exercent les attributions dévolues aux secrétaires de Conseils de prud'hommes pour la conciliation ; ils délivrent les permis de citer devant le bureau général des Conseils de prud'hommes.

Art. 4. — Ce permis sera transféré par le demandeur au secrétariat du Conseil de prud'hommes ainsi que l'extrait du procès-verbal de la séance de la Commission arbitrale signé du secrétaire, pour cet extrait être communiqué directement au bureau de jugement sans que l'affaire passe devant le petit bureau du Conseil des prud'hommes.

Art. 5. — Si l'un des éléments, patronal ou ouvrier, s'abstenait en tout ou en partie de participer à la composition ou au fonctionnement de la Commission arbitrale à laquelle il est appelé à concourir, l'élément restant opérera seul

TITRE II

ATTRIBUTIONS DES CONSEILS DE PRUD'HOMMES.

Art. 6. — Les Conseils de prud'hommes sont institués pour juger civilement et correctionnellement, à l'exclusion de toute autre juridiction, tous les différends qui peuvent s'élever à l'occasion du travail et de ses conséquences dans le domaine de l'industrie, du commerce, de l'agriculture, de la banque, du transport, de l'enseignement et de tous autres services publics ou privés nécessitant pour leur exécution le concours d'auxiliaires ouvriers ou employés des deux sexes, à quelque titre et pour quelque objet que ce soit.

Art. 7. — Les Conseils connaissent des contestations à propos d'accidents survenus pendant ou à l'occasion du travail, ainsi que de l'explication des conventions collectives entre élément patronal ou ouvrier de chaque industrie, qu'ils appliquent, quelles qu'elles soient, et à l'exclusion des conventions, conditions et règlements particuliers des ateliers et usines. Ils sont chargés de l'inspection des ateliers, magasins, bureaux et manufactures, pour veiller à l'application des lois sur l'hygyène, la sécurité et la protection du personnel, notamment des lois et décrets contre le marchandage.

Concurremment et au même titre que les Commissions locales instituées par l'article 20 de la loi du 19 mai 1874. Les Conseils de prud'hommes sont particulièrement commis à la surveillance des apprentis et autres mineurs employés dans leur catégorie respective.

A cet effet, les intéressés devront dans le trimestre de l'entrée, faire au secrétaire de leur conseil, déclaration qu'ils occupent un ou plusieurs enfants. Faute par eux de le faire, ils seront passibles devant le conseil d'une amende de 16 à 50 francs.

En cas de récidive, ils pourront, en outre de l'amende, être punis d'un emprisonnement de 3 à 10 jours.

TITRE III

INSTITUTION.

Art. 8. — Il est institué un Conseil de prud'hommes par canton et dans toutes les communes où l'importance de la population ou des affaires le rendra utile. Il pourra en être créé dans chaque commune lorsque le Conseil de l'arrondissement ou le Conseil municipal, ou même un groupe corporatif en fera la demande.

Art. 9. — Le décret d'institution détermine le nombre et la composition des catégories dans lesquelles sont réparties les professions, ainsi que le nombre des prud'hommes des deux sexes affecté à chaque catégorie.

TITRE IV

Art. 10. — Les membres des Conseils de prud'hommes sont élus pour quatre ans, renouvelables par moitié tous les deux ans.

Ils conservent leurs fonctions jusqu'à l'installation de leurs successeurs.

Le renouvellement biennal porte sur la moitié de chaque élément dans chacune des catégories.

Les prudhommes sortants sont rééligibles.

Art. 11. — Sont électeurs tous les travailleurs, à condition d'avoir dix-huit ans révolus, de résider dans la circonscription du Conseil et d'exercer une profession, quels que soient le sexe ou la nationalité.

1° Electeurs ouvriers :

Les employés, instituteurs et ouvriers.

2° Electeurs patrons :

Les patrons, commerçants, les directeurs d'usines ou manufactures, les membres des Conseils d'administration de sociétés, chefs d'ateliers, de service ou d'institution et les contre-maîtres.

Sont éligibles :

Art. 12. — Les électeurs inscrits ou non, justiciables des prud'hommes, âgés de vingt-six ans.

Art. 13. — Chaque catégorie est composée d'un nombre égal de patrons et d'ouvriers.

Art. 14. — Les prud'hommes ouvriers sont élus par les électeurs ouvriers, et les prud'hommes patrons par les électeurs patrons réunis en des assemblées distinctes. Les bureaux de ces assemblées sont formés comme pour les élections politiques.

Art. 15. — Les élections ont lieu au scrutin de liste et par catégories ; au premier tour de scrutin, la majorité absolue des suffrages exprimés est nécessaire.

La majorité relative suffit au second tour.

Art. 16. — Chaque année, dans les quinze jours qui suivent la revision des listes électorales politiques, le maire inscrit sur deux tableaux différents les noms et la profession des électeurs ouvriers et des électeurs patrons et les classes inscrites par catégories.

Il y inscrit également les personnes qui, sans être électeurs politiques, remplissent les conditions prévues par l'article 4.

Publicité est donnée dans la forme et dans les délais prescrits pour la confection et la vérification des listes politiques.

Un double de ces listes est déposé au secrétariat du Conseil des prud'hommes où, ainsi qu'à l'a mairie, elles seront communiquées à tout requérant qui pourra en prendre copie.

Art. 17. — Les réclamations contre la confection des listes peuvent être formulées dans les quinze jours qui en suivent le dépôt, pour être portées devant le juge de paix du canton, instruites et jugées conformément aux articles 5 et 6 de la loi du 8 décembre 1883 sur les élections consulaires.

Les rectifications sont opérées conformément à l'article 7 de la même loi.

Art. 18. — Lorsqu'il y a lieu de procéder à des élections, le préfet convoque les électeurs au moins vingt jours d'avance.

Les élections ont lieu un dimanche; en cas de ballottage le second tour a lieu huit jours après.

Les règles établies par les articles 13, 18 à 25 et 26, §§ 1er et 3, 27 à 29 de la loi du 5 avril 1884 sur les élections municipales s'appliquent aux opérations pour les Conseils de prud'hommes.

Art. 19. — Dans les trois jours qui suivent la réception du procès-verbal des élections, le maire en transmet copies certifiées au procural général et au secrétariat du Conseil des prud'hommes.

Art. 20. — Les protestations contre les élections sont formées, instruites et jugées conformément à l'article 1, 5, 6 et 7 et à l'article 12 de la loi du 8 décembre 1883.

Art. 21. — Dans le cas où une vacance se produit, l'élection complémentaire devra avoir lieu dans le délai d'un mois à dater du fait qui y donne lieu, à moins qu'il y ait moins de trois mois avant l'époque du renouvellement biennal.

Le membre élu dans ces conditions ne demeure en fonctions que pendant la durée du mandat qui avait été confié à son prédécesseur.

Ar. 22. — Si la cause de la vacance est une démission, inégibilité de l'élu ou refus de siéger, il n'est procédé qu'une fois dans l'année à l'élection complementaire: dans le cas de récidive de la part du conseiller ou de son successeur, il serait passé outre jusqu'au renouvellement biennal, et le Conseil continuerait à fonctionner quelle que soit sa composition.

Art. 23. — Les prud'hommes patrons et les prud'hommes ouvriers réunis séparément en assemblée, sous la présidence du doyen d'âge, élisent parmi eux au scrutin secret et à la majorité absolue pour le premier tour, relative pour le second, le président ou le vice-président, selon qu'il leur est dévolu par le roulement alternatif.

Le sort désigne l'élément qui doit élire le président la première fois.

Art. 24. — Lorsque le président est choisi par les prud'hommes patrons, le vice-président ne peut l'être que parmi les prud'hommes ouvriers et réciproquement.

Exceptionnellement, dans le cas prévu par l'article 22, le Président et le Vice-Président peuvent être pris dans le même élément, si le Conseil ne se trouve composé que d'un seul.

Les réclamations contre l'élection des membres du bureau sont soumises à la Cour d'appel.

Art. 25. — Le président et le vice-président sont élus pour une année ; ils restent en fonctions jusqu'à la nomination de leurs successeurs.

Ils sont révocables à volonté par la majorité de leurs électeurs.

TITRE V

ORGANISATION, FONCTIONNEMENT.

Art. 26. — Chaque Conseil de prud'hommes comprend :
1° Le bureau de conciliation ou petit bureau ;
2° Le bureau de jugement ou grand bureau.

Art. 27. — Le bureau de conciliation est composé d'un prud' homme patron et d'un prud'homme ouvrier ; la présidence appartient alternativement à l'ouvrier et au patron, suivant un roulement établi par le Conseil..

Exceptionnellement, et dans le cas prévu par l'article 22, les deux membres du bureau peuvent être pris dans chaque élément.

Art. 28. — Le bureau général est composé, indépendamment du président et du vice-président, qui président alternativement, d'un nombre égal de prud'hommes patrons et de prud'hommes ouvriers. Ce nombre est au moins de deux de chaque élément.

Les délibérations sont prises à la majorité absolue.

Le président de séance ne vote qu'en cas de partage.

Exceptionnellement, dans le cas prévu par l'article 22, le bureau de jugement délibère valablement au nombre de quatre conseillers, alors même qu'il n'est pas formé d'un nombre égal de patrons et d'ouvriers.

Art. 29 — Les Conseils de prud'hommes fixeront eux-mêmes le jour et l'heure de leurs séances, qui toutes seraient publiques.

Art. 30. — Il est attaché à chaque Conseil un secrétaire à appointements fixes, nommé chaque année en Assemblée générale, à la majorité des membres présents. Il est révocable sur la demande des deux tiers des conseillers en exercice.

Le secrétaire tient la plume aux bureaux de conciliation et de jugement.

Il délivre les lettres d'invitation, les citations, reçoit et signifie les oppositions et appels, expédie et exécute les jugements en appels comme en première instance.

Il tient toutes les écritures et comptabilité nécessaires au fonctionnement du Conseil.

Les fonctions sont gratuites à l'égard des parties ; il ne peut réclamer aucune rétribution pour les formalités remplies par lui, ni aucun honoraires pour exécution d'actes.

TITRE VI

PROCÉDURE, APPELS.

Art. 31. — Dans le cas où il n'existerait pas de Commissions arbitrales mixtes dans la branche intéressée, la demande pourra être introduite directement devant le bureau de conciliation.

Art. 32. — Tout justiciable appelé devant le Conseil de prud'hommes est tenu, sur une simple lettre de Secrétaire, de se rendre en personne, au jour et à l'heure fixés, sans pouvoir se faire assister ni se faire remplacer, hors le cas d'absence ou de maladie établie ; dans ce cas seulement, il peut se faire remplacer par un de ses parents ou par une personne exerçant la même profession, et, ouvrier ou patron, comme lui porteur d'une procuration spéciale.

Art. 33. — La lettre doit contenir les jours, mois et an, les noms et profession du demandeur, l'exposition sommaire de l'affaire, le jour et l'heure de la comparution.

Elle peut être portée par le demandeur au domicile du défendeur ou remise à la poste par les soins du Secrétaire.

Art. 34. — Les parties peuvent toujours se présenter devant le bureau de conciliation ; dans ce cas, il est procédé à leur égard comme si l'affaire avait été introduite par une demande directe.

Art. 35. — Si, au jour fixé par le secrétaire, le demandeur ne comparaît pas, il est pris défaut contre lui ; ce défaut équivaut à un désistement.

Si le défendeur ne comparaît pas ou si la conciliation n'a pu avoir lieu, l'affaire est renvoyée à la plus prochaine audience du bureau de jugement.

Le Secrétaire convoque les parties par lettre recommandée.

Art. 36. — Au jour fixé, les parties doivent comparaître devant le bureau de jugement, comme il est dit à l'article 32.

Art. 37. — Si l'une des parties ne comparaît pas, la cause est jugée par défaut.

Dans ce cas et dans celui prévu dans l'article 35, il est alloué une journée d'indemnité par défaut à la partie qui s'est présentée.

Art. 38. – La femme et le mineur sont, en l'absence du mari ou du tuteur, aptes à se soutenir devant les Conseils de prud'hommes.

Art. 39. — Les jugements des Conseils de prud'hommes sont définitifs et sans appel, si la somme allouée par le jugement n'est pas supérieure à 500 francs.

Si le jugement est contradictoire, l'exécution en a lieu à partir du troisième jour du prononcé du jugement ; s'il est rendu par défaut, et s'il n'a pas été frappé d'opposition, il est exécutoire le cinquième jour du prononcé.

Il ne peut, dans ce cas, être attaqué par voie de recours en cassation que pour incompétence ou excès dé pouvoirs.

Lorsqu'un patron reconnaîtra devoir une certaine somme à l'ouvrier, il sera mis dans l'obligation de la lui donner, en réservant la somme contestée jusqu'à jugement; s'il ne s'y conformait pas, le Conseil prononcerait contre lui un dommage-intérêt envers l'ouvrier.

Art. 40 — Si le jugement est supérieur à 500 francs, il peut en être fait appel devant le Conseil formé au tribunal d'appel, composé d'un nombre égal de patrons et d'ouvriers, formant la moitié au moins des membres du Conseil.

Les prud'hommes qui auront pris part au premier jugement ne pourront faire partie du tribunal d'appel.

Art. 41. — L'appel n'est suspensif que pour la partie de la somme supérieure à 500 francs. Le premier jugement sera exécutoire nonobstant appel sans frais et sans qu'il soit besoin de fournir caution et sans qu'il soit nécessaire de le signifier dans le jugement.

Art 42. — La procédure devant le Conseil d'appel sera la même que celle prescrite pour les bureaux de jugement.

Art. 43. — Les jugements par défaut sont signifiés par lettre recommandée dans les quarante-huit heures de leur prononcé. L'opposition n'est recevable que dans les quarante-huit heures de la signification. Dans ce cas, l'exécution du jugement a lieu le troisième jour.

Art. 45. — Faute par l'appelant ou l'opposant de se présenter le jugement est définitif.

Art. 46. — Les membres d'un Conseil de prud'hommes peuvent être récusés.

1° Quand ils ont un intérêt personnel dans l'affaire ;

2° Quand ils sont parents ou alliés d'une des parties jusqu'au degré de cousin germain inclusivement;

3° Si dans l'année qui a précédé la récusation il y a eu procès criminel entre eux et l'une des parties ou son conjoint, ou ses parents ou alliés en ligne directe ;

4° S'il y a eu procès civil pendant entre eux et l'une des parties ou son conjoint ;

5° S'ils ont donné un avis écrit dans l'affaire ;

6° S'ils sont patrons ou ouvriers de l'une des parties en cause à la même audience.

Lorsqu'en faisant travailler ou en travaillant, ils auront violé les tarifs librement consentis entre patrons et ouvriers.

La partie qui voudra récuser un Conseil de prud'hommes devra le faire au secrétariat où il sera reçu.

Dans les trois jours, la réponse du conseiller qui refuse de s'abstenir, ou faute par lui de répondre, expédition de l'acte de récusation et de la déclaration du conseiller sera transmise au Conseil d'appel qui statuera lors de sa prochaine audience.

Le rejet d'une demande de récusation pourra donner lieu à

des dommages-intérêts au profit de l'adversaire dont l'affaire aura été ainsi suspendue.

Art. 47. — Les fonctions des conseillers prud'hommes sont entièrement gratuites vis-à-vis des parties, ils ne peuvent réclamer d'elles aucun frais pour les formalités remplies par eux.

Il est alloué aux Conseillers un appointement fixe suffisant pour subvenir à leurs besoins et à ceux de leur famille.

Art. 48. — Les actes de procédure, les jugements et actes nécessaires à leur exécution sont rédigés sur papier visé pour timbre, conformément à l'article 70 de la loi du 22 frimaire an VII

L'enregistrement a lieu en débet.

Le visa pour le timbre est donné sur l'original au moment de son enregistrement.

Ces dispositions sont applicables aux causes portées en appel et devant la Cour de cassation.

La partie qui succombe est condamnée aux dépens envers le Trésor.

La partie qui recourt en cassation est dispensée de la consignation envers le trésor.

Art. 49. — La compétence des Conseils, quant au lieu, est fixée par la situation de l'établissement et pour les ouvriers ou employés travaillant à domicile par l'endroit où l'engagement a été contracté.

Art. 50. — Dans les cas urgents, les Conseils de prud'hommes peuvent ordonner telles mesures qui seront jugées necessaires pour empêcher que les objets qui donnent lieu à une réclamation ne soient enlevés, déplacés ou détériorés.

Art. 51. — Les articles 5, de 10 à 13, de 15 à 19, 21, 22, 28 et 29, de 31 à 43, 46.54 et 55 du Code de procédure civile sont applicables à la juridiction des prud'hommes, en tout ce qu'ils n'ont point de contraire aux dispositions de la présente loi.

Les experts prévus par les articles 42 et 43 sont dispensés du serment.

Art. 52. — Les témoins peuvent être reprochés :

1° Quand ils ont un intérêt personnel dans l'affaire ;

2° Quand ils sont parents ou alliés d'une des parties jusqu'au degré de cousin germain inclusivement;

3° Quand ils sont contremaîtres, chefs de chantier, commis ou employés représentant les patrons ou travaillant dans la maison ;

4° Quand, dans l'année qui a précédé, il y a eu procès criminel entre eux et l'une des parties, ou son conjoint ou ses parents et alliés en ligne directe.

5° Quand il y a un procès civil pendant entre eux et l'une des parties ou son conjoint.

Art. 53. — Sont créances privilégiées, venant immédiatement après les judiciaires, les salaires et appointements dus pour travail personnel pendant les derniers six mois, qu'il y ait ou non faillite.

TITRE VII

DE LA DISCIPLINE DES CONSEILS DE PRUD'HOMMES

Art. 54. — Tout membre d'un Conseil de prud'hommes qui, sans motifs légitimes et après mise en demeure, se refuserait à remplir le service auquel il est appelé, devra être déclaré démissionnaire.

Art. 55. — Le président constate le refus de service par un procès-verbal contenant l'avis motivé du Conseil des prud'hommes préalablement entendu et dûment appelé.

Si le Conseil n'émet pas son avis dans le délai d'un mois, il est passé outre.

Art.56.—Sur le vu du procès-verbal,la démission est déclarée par arrêté du maire.

En cas de réclamation, il est statué définitivement par le ministre du commerce et de l'industrie, sauf recours au Conseil d'Etat pour cause d'excès de pouvoir.

Art. 57. — Tout membre du Conseil de prud'hommes qui aura manqué gravement à ses devoirs dans l'exercice de ses fonctions, sera appelé devant le Conseil pour s'expliquer sur les faits qui lui sont reprochés.

Le procès-verbal est transmis au maire avec l'avis du Conseil.

Art. 58. — Les peines suivantes peuvent être prononcées suivant les cas :

La censure ;

La déchéance.

Art. 59. — La censure est prononcée par le maire.

La déchéance est prononcée par décret.

Le membre déchu est rééligible.

TITRE VIII

DISPOSITIONS GÉNÉRALES

Art. 60. — Chaque Conseil prépare en assemblée générale un règlement pour son régime intérieur.

Art. 61. — Les Conseils des prud'hommes se réunissent en assemblé- générale toutes les fois que la demande en est faite par l'autorité supérieure, par le quart des membres en exercice et lorsque le président le trouve utile.

Art. 62. — En cas de plainte en prévarication contre les membres des Conseils de prud'hommes, il sera prononcé contre eux, suivant la forme établie à l'égard des juges, par les articles 483 et 484 du Code d'instruction criminelle.

Art. 63. — Tout conseiller prud'homme ou tout secrétaire convaincu d'avoir exigé une rétribution quelconque des parties sera poursuivi comme concussionnaire.

Dans aucun cas les Conseils de prud'hommes ne peuvent être dissous ni supprimés.

TITRE IX

DÉPENSES DES CONSEILS DE PRUD'HOMMES

Art. 64. — Le local nécessaire aux Commissions mixtes et aux Conseils de prud'hommes est fourni par la ville où ils sont établis.

Art. 65. — Il est alloué aux témoins entendus par les Conseils de prud'hommes une somme de 5 francs comme indemnité pour perte de temps.

Les témoins domiciliés hors du canton à plus de 2 myriamètres et moins de 5 reçoivent 8 francs.

Ils reçoivent 6 francs en sus par 5 myriamètres ou fractions de 5 myriamètres.

Art. 66. — Les dépenses obligatoires pour les communes comprises dans la circonscription d'un Conseil de prud'hommes, sont :

1° Frais de premier établissement et d'entretien ;

2° Chauffage et éclairage ;

3° Frais d'election et de bureau ;

4° Traitement du secrétaire et du personnel.

Art. 67. — Le président de chaque Conseil présente, dans le courant du mois de décembre de chaque année, au Conseil général, l'état des dépenses désignées dans l'article ci-dessus.

TITRE X

(Réserves relatives à l'Algérie.)

TITRE XI

DISPOSITIONS TRANSITOIRES

Art. 68. — Dans un délai de six mois après la promulgation de la présente loi, il sera procédé au renouvellement intégral de tous les Consels de prud'hommes.

Art. 69. — Sont abrogés :

1° La loi du 18 mars 1806, sauf les articles 14 et 19 relatifs à la conservation des dessins et modèles industriels ;

2° Le décret du 11 juin 1809 ;

3° Le décret du 3 août 1810 ;

4° L'ordonnance du 12 novembre 1828 ;

5° La loi des 2 mai et 6 juin 1848 ;

6° La loi du 7 août 1850 ;

7° La loi du 1er juin 1853 ;

8° L'article 15 de la loi du 22 juin 1854 ;

9° La loi du 4 juin 1864 ;

10° La loi du 7 février 1880 ;

11° La loi du 23 février 1881 ;

12° La loi du 24 novembre 1883 ;

13° La loi du 10 décembre 1884 ;

14° Les articles 1798 et 1799 du Code civil ;

15° L'article 549 du Code de commerce référé ;

Et généralement, les dispositions légales qui ne sont pas rappelées dans la présente loi, notamment le titre XVI du Code de procédure, ne sont pas applicables à la juridiction des prud'hommes, ni aux relations des travailleurs avec ceux qui les emploient.

Art. 70. — Les dispositions de la présente loi sont applicables à l'Algérie sous les modifications ci-après.

Art. 71. — Sont éligibles les électeurs âgés de dix-huit ans et sachant lire et écrire le français.

Art. 72. — Dans les circonscriptions où l'importance de la population musulmane le comporte, les Conseils de prud'hommes comprennent des assesseurs musulmans.

Les décrets d'institution indiquent le nombre des prud'hommes assesseurs musulmans.

Les patrons assesseurs musulmans et les ouvriers assesseurs musulmans sont toujours en nombre égal dans chaque catégorie.

Art. 73. — Dans les causes où se trouvent un ou plusieurs musulmans non admis à la jouissance des droits de citoyens français, le bureau de conciliation et le bureau de jugement comprennent deux prud'hommes assesseurs musulmans : l'un patron, l'autre ouvrier, ayant voix consultative.

Art. 74. — Les prud'hommes assesseurs musulmans sont élus par les musulmans non admis à la jouissance des droits de citoyens français, inscrits sur la liste électorale municipale et remplissant les conditions indiquées à l'article 14 de la présente loi.

La liste des électeurs est dressée séparément.

Art. 75. — Les prud'hommes assesseurs musulmans sont élus dans la même forme que les autres prud'hommes.

Ils sont soumis aux mêmes conditions d'éligibilité.

Toutefois, pour l'assessorat, il suffit aux candidats de savoir parler le français, s'ils savent lire et écrire leur langue maternelle.

Ils ne peuvent faire partie du bureau ; mais ils prennent part à sa nomination au même titre que les autres membres.

Art. 76. — Il peut être attaché aux Conseils des prud'hommes d'Algérie des interprètes qui sont nommés dans la même forme que le secrétaire ; mais ils prêtent le serment professionnel avant d'entrer en fonctions.

Leur traitement est fixé par arrêté préfectoral.

Art. 77. — Les prud'hommes assesseurs musulmans sont renouvelés par moitié tous les deux ans, conformément à l'article 10.

Sur l'invitation du Président, pour savoir si quelques délégués ont des amendements à présenter, le citoyen

Bouzon, des ferblantiers-zingueurs de Lyon, propose l'amendement suivant, qui est accepté par le Rapporteur :

Sont également justiciables des Conseils de prud'hommes les propriétaires qui occuperont des ouvriers en leur fournissant les matériaux, quoique n'étant pas patentés.

Personne ne présentant plus d'amendement, le Président, sur l'invitation de presque tous les délégués aussi bien ceux de la majorité que de la minorité, met les conclusions du rapport aux voix par main levée. Aucun délégué ne levant la main à la contre-épreuve, les conclusions du Rapporteur sont adoptées à l'unanimité.

La parole est donnée au citoyen Edouard, rapporteur de la quatrième question, qui s'exprime ainsi :

CITOYENNES et CITOYENS,

Votre Commission a l'honneur de vous soumettre le rapport suivant :

Quand depuis plus d'un demi-siècle il existe un Conseil supérieur du Commerce, nous avons cru qu'il était nécessaire d'examiner les services rendus par cette institution sur laquelle on se propose de calquer une réforme, dite au bénéfice des travailleurs. Dans une situation où les petits commerçants sont exposés à des difficultés insurmontables, il est facile de prouver que le prolétariat ne peut plus permettre à ses délégués de s'arrêter à ces vieilles institutions monarchiques.

Citoyennes, Citoyens, on a créé quantité de Chambres de commerce, de Chambres consultatives et Conseils supérieurs, toutes ces créations, au service des gouvernements, en formant une Union qui semble avoir pour mandat d'enrayer les revendications sociales. Il est regrettable de dire qu'il faut se méfier de cette aristocratie ouvrière qui cherche à primer. Nous pourrions citer des exemples de travailleurs au service de la bourgeoisie, mais écartons les personnalités tout en les réduisant à l'impuissance. En adoptant ce Conseil, vous oublieriez les inspirations de vos Chambres syndicales qui vous ont chargé de faire une Fédération forte, sentie et entendue, la Fédération qui devra porter nos demandes de revendication. Pour que chacun sache l'attitude du gouvernement, il faut que la République fasse mieux que les monarchies déchues.

CONCLUSIONS

Considérant que la création d'un Conseil supérieur ferait disparaître l'autorité de la Fédération :

Considérant, d'autre part, que le résultat fatal de cette organisation créerait une hiérarchie dans la classe prolétarienne, votre Commission vous propose le rejet de ce projet :

Un délégué demande que, sur cette question, on vote par main levée avec les cartes, ainsi qu'il vient d'être fait pour la prud'homie.

Mise aux voix, cette demande est repoussée.

On procède au vote par appel nominal, qui donne les résultats suivants :

Pour la création d'un Conseil supérieur.. 21 voix.
Contre la création..................... 74 —
Abstentions........................... 15 —

La parole est donnée au citoyen FARJAT, rapporteur de la cinquième question.

Rapport du citoyen Farjat

CITOYENNES, CITOYENS,

Votre Commission, sur la cinquième question à l'ordre du jour du Congrès: Limitation des heures de travail, se pénétrant des rapports lus en réunion plénière et de ceux déposés dans son sein, à l'honneur de vous proposer le projet de résolution suivant :

Considérant

Que la cause principale des chômages meurtriers subits actuellement par la classe ouvrière, provient surtout du perfectionnement de l'outillage, perfectionnement qui, étant donné la possession individuelle des instruments de travail, se retourne contre la classe à qui il devrait profiter, la classe ouvrière ;

Considérant

Que, certainement, à côté du remède à appliquer à une situation aussi critique, remède qui probablement vous sera présenté par nos collègues de la sixième Commission chargée d'étudier la question : Rapport entre le Capital et Travail, il y a lieu de proposer l'emploi d'un paliatif, dont les effets puissent être immédiats;

Considérant

Que ce que l'on nomme si pompeusement liberté du travail est simplement la possibilité pour les patrons de faire travailler, presque à leur gré, leurs ouvriers pour un salaire la plupart du temps insuffisant ; produisant, par cette conduite, les épouvantables crises commerciales et industrielles qui, actuellement, sévissent sur le monde entier ;

Tenant compte des observations faites d'un côté par les ouvriers de la petite industrie, travaillant à domicile et aux pièces, et de l'autre, par les employeurs, au point de vue de la concurrence étrangère,

Le Congrès demande :

1° Qu'une loi, limitant à 8 heures la journée de travail dans les usines, manufactures, ateliers, mines et chantiers, soit votée par les législateurs ;

2° Que les Chambres syndicales ouvrières soient chargées de prendre des mesures pour rendre facile l'application de ladite loi aux ouvriers de la petite industrie ;

3° L'abolition immédiate de la loi de 1872 contre l'Internationale des travailleurs, entravant l'entente entre les différents peuples, indispensable pour rendre la mesure générale:

Après invitation du Président faisant appel aux citoyens qui auraient des amendements à présenter, le citoyen GRUIIIER demande que le Président lise l'amendement du citoyen Vcyssier, dont voici le texte :

Nous sommes partisans de déterminer un maximum d'heures de travail, au delà duquel l'employeur ne pourra forcer ses employés à travailler et dont le quantum devra être fixé actuellement à dix heures, quantum qui pourra être abaissé au fur et à mesure que la situation de notre industrie le permettra.

Après cette lecture, le citoyen GRUHIER défend l'amendement du citoyen Veyssier, ainsi que le citoyen MASSON. Mais, après une réplique du citoyen FARJAT et une seconde lecture du paragraphe 2 des conclusions, le citoyen GRUHIER déclare se rallier aux conclusions.

Le citoyen MOREL fait ensuite la proposition de frapper tous les moteurs et les machines-outils d'un droit qui serait fixé par les Chambres; combattue par le Rapporteur, cette proposition est repoussée à main levée.

Les conclusions du Rapporteur, mises aux voix par appel nominal, sont adoptées par............ 94 voix
 Contre les conclusions..................... 8 —
 Abstentions... .... 7 —

La parole est au Président, le citoyen LAVAUD, rapporteur de la sixième question, qui cède pour un instant la présidence à la citoyenne Cance.

Rapport du citoyen Lavaud

CITOYENS,

De l'avis unanime des délégués au Congrès, la question *Capital et Travail* est une des plus importantes.

La Commission regrette de n'avoir pu s'étendre plus longuement sur un sujet aussi important et s'excuse auprès des délégués dont il n'a pu être fait mention dans son rapport. Ayant voté à l'unanimité la socialisation des moyens de production, elle croit utile, en même temps qu'elle exprime son opinion, de céder le pas aux rapports contraires.

Le citoyen RONDET, délégué des mineurs, demande à ce qu'il ne soit plus concédé de mines aux capitalistes; que celles actuelles fassent retour, le plus promptement possible, à la commune et au département; qu'ensuite les mines à concéder soient remises aux communes pour les faire exploiter directement par les mineurs syndiqués.

Le citoyen ANIEL réclame un crédit de 3,000,000 destiné à être réparti entre les associations ouvrières.

Le citoyen DELAHAYE, de la Société professionnelle des mécaniciens, réclame également un crédit de 6,000,000 pour fonder des ateliers corporatifs de sa profession.

Le citoyen COMME veut la suppression des bureaux de placement.

Le citoyen GLAISE désire voir se créer une caisse de retraite de la vieillesse pour les invalides du travail des deux sexes ; la vente des joyaux de la couronne servirait de premier appoint.

Le citoyen PRAX, de Lodève, préconise la participation aux bénéfices.

Le citoyen THIBAULT revendique le droit au travail.

Le citoyen GORSSE est d'avis de la création immédiate d'une Fédération syndicale nationale.

Le citoyen BOUCHET, des typographes de Bordeaux, flétrit en termes énergiques la rapacité patronale, préconise l'organisation des sociétés ouvrières de production, demande à ce que le capital-outil soit mis à la disposition des travailleurs au moyen d'une intervention de l'État.

Les autres orateurs ont conclu à la socialisation des moyens de production.

Nous sommes obligés de ne pouvoir tenir compte des rapports qui ne contenaient aucune conclusion.

Nous remarquons donc, Citoyennes et Citoyens, que la majorité des orateurs sont pour la socialisation des moyens de production.

Diverses raisons sérieuses sont émises en faveur de nos conclusions. Nous n'en retiendrons qu'une, celle qui, à la presque unanimité, est inscrite dans les rapports et qui a rallié toute la Commission.

L'industrie et surtout le commerce sont de création récente : ils datent d'un siècle.

A cette époque, il n'y avait pas de développement des produits, tant au point de vue agricole qu'industriel.

Par la force des choses, tout était localisé ; ce n'est que pendant la première période du siècle, de 1810 à 1830, que l'industrialisme, pour faire échec au militarisme, est né. Les métiers, tels qu'ils étaient constitués, ne répondaient qu'imparfaitement aux nécessités du moment ; ils se dispersèrent, et le patronat fut créé.

Cela a été croissant jusque vers le milieu du siècle. Alors l'usine a succédé lentement à l'atelier ; en même temps le petit propriétaire terrien faisait place aux gros fermiers.

C'est de là que date la suprématie éhontée du capital sur le travail.

Aujourd'hui, Citoyennes et Citoyens, nous voyons la terre abandonnée dans certains départements fertiles ; les moyens mécaniques, la chimie, la science, en un mot, ont supprimé les bras. L'échange rapide, par les nouveaux moyens de locomotion, dont dispose la société actuelle, a donné un débouché aux terres nouvelles au détriment de l'ancien continent.

Chaque petit propriétaire agricole est trop pauvre pour faire rendre à la terre tout ce qu'elle peut lui donner.

L'association des capitaux a tué l'essor rural au bénéfice de quelques-uns : que les moyens de transport deviennent plus rapides (ce qui est d'ailleurs incontestable), et la ruine complète de dix millions d'habitants des campagnes sera chose faite.

Nous avons à constater en passant, qu'en vertu de l'échange, les pays fertiles sont dépouillés par des monopoleurs, et que souvent la famine sévit là où il y a abondance.

Passons à l'industrie.

Est-il besoin de s'attarder à dire que le petit patronat disparaît ; actuellement, il faut produire vite et bon marché ; la machine se perfectionne et c'est celui qui a le meilleur outillage qui 'ue son concurrent.'

La baïsse des salaires a lieu ; alors, il y a moins de consomma teurs. Les magasins, les docks regorgent, et la misère hideuse, avec son cortège de colères malsaines ou de défaillances plaintives, rend la situation terrible.

Un économiste bourgeois, M. Laveleye, compte que le chômage atteindra et supprimera tous les ans trente mille travailleurs en France ; il y aura donc, dans quelques années, une armée de réserve qui, en vertu de la loi de l'offre et de la demande, viendra travailler pour un morceau de pain.

Songez, Citoyens, que l'électricité ne fait qu'apparaître ; le petit va être dévoré par le gros ; les capitaux s'agglomèrent ; l'usine et bientôt la ville industrielle vont être dans quelques mains.

Que concluez-vous ?

Songez au rôle bestial qui nous est assigné ; les joies de la famille nous seront inconnues, à moins de vouloir encore et toujours faire des malheureux.

Nous savons que Malthus et de Maistre ont dit que des saignées étaient nécessaires pour éclaircir les rangs de la foule encombrante qui gronde seulement lorsqu'elle a faim.

Voilà la situation !

Allons-nous à la ruine ? la machine remplace-t-elle et remplacera-t-elle davantage l'ouvrier ?

Ce n'est pas un sentiment de basse jalousie qui nous anime, nous avons souci de l'avenir et surtout de la dignité des nôtres.

Les crises se succédant, que ferez-vous ? Nous allons vous le dire :

Vous jetterez le manche après la cognée, en désespérés, en crève-faim ; vous ferez ou plutôt vous serez forcés de faire la *révolution*.

Nous voudrions, Citoyennes et Citoyens, la socialisation des moyens de production : nous ne voyons d'issue que dans ce remède. Nous désirons empêcher le *capital*, qui est l'argent accumulé, prélevé sur le travail, d'être le maître de la production, et nous parlons pour tous ceux qui produisent, y compris le petit patronat.

Nous souhaitons cette socialisation pacifique ; mais, tenant compte de l'histoire, des appétits insatiables d'une classe, *nous nous préparons* à subir les événements.

Que vous le vouliez ou non, frères de travail, l'issue est fatale, elle réside dans la révolution employée contre nous par les satisfaits qui veulent conserver leur situation, ou par nous au profit des travailleurs, quand nous y serons contraints.

Avec vous, nous désirons l'évolution ; des déductions mathématiques nous disent que c'est une erreur.

Voilà pourquoi, Citoyennes et Citoyens, sans parti pris ni ambiguïté. Nous concluons :

A la socialisation des moyens de production comme moyen d'acheminement vers la société

égalitaire, dans laquelle chacun produisant selon ses forces recevra selon ses moyens.

Après la lecture de ce rapport, le Président ayant repris sa place, donne la parole au citoyen Masson qui lit un amendement ainsi conçu :

Etant donné la division qui règne entre les employeurs et les employés, et pour faire face à l'envahissement de la concurrence étrangère, nous croyons qu'il y a lieu, pour les uns et pour les autres, de faire tous leurs efforts pour amener une détente dans leurs relations et faire la paix dans le travail, car nous estimons qu'il n'y a pas trop de toutes les bonnes volontés, de toutes les intelligences, de tous les dévoûments, pour sauvegarder l'avenir de notre industrie et de notre commerce.

Le Congrès repousse cet amendement après réplique du Rapporteur, ainsi qu'un vœu présenté par le citoyen Morel. Quelques citoyens demandent que le scrutin sur les conclusions ait lieu par appel nominal. L'Assemblée, consultée, décide que vue l'heure avancée, le scrutin aura lieu à main levée avec les cartes.

Les conclusions du Rapporteur, mises aux voies de cette façon, sont adoptés à la presque **unanimité**. Applaudissements prolongés.

Le Président, après avoir constaté le vote et remercié le public de l'enthousiasme qu'il a manifesté en présence de l'imposante majorité qui s'est rencontrée sur cette question capitale de l'ordre du jour des séances du Congrès, explique aux délégués qu'un certain nombre de leurs collègues ont pensé que le Congrès ne devait pas se séparer sans faire une déclaration-manifeste, destinée à propager parmi les travailleurs, les idées émises à la tribune par les délégués socialistes révolutionnaires ; en conséquence, il donne la parole au citoyen Bonnard des peintres en voitures de Lyon, qui donne lecture, au nom d'une cinquantaine de délégués, de la déclaration-manifeste suivante :

TRAVAILLEURS,

Le Congrès national vient de clôturer ses travaux. Pour toutes les questions à l'ordre du jour, les délégués représentant plus de 700 Chambres syndicales, appartenant à diverses écoles socialistes, ont conclu que le prolétariat ne devait et ne pouvait attendre son émancipation de ses adversaires de classes qui, sous diverses formes politiques se succédant depuis un siècle, ont nié les principes de la Révolution française.

Les bourgeois sont ce que les événements les obligent d'être, tour à tour monarchistes, républicains modérés, radicaux, voire même socialistes : ils s'entendent à merveille pour savoir, sous tous les régimes, conserver leurs privilèges et monopoles.

Actuellement, le népotisme s'étale honteusement : le fonctionnarisme est une des plaies de la République, les charges augmentent, le budget ne s'équilibre pas, et une classe dégénérée assiste impassible à cette régression.

Pouvons-nous réagir ; Oui et non ! *Non*, si nous croyons que le progrès seul est le maître du temps, des choses et des hommes ; si nous nous laissons berner par le parlementarisme, si nous pensons que l'état aigu dans lequel nous sommes peut s'améliorer avec nos adversaires d'origine. *Oui*, si, sans nous payer de mots, nous disons en observant la marche de la société, en constatant la concentration capitaliste, que nous courons à un cataclysme.

Travailleurs,

Qu'entre temps nous arrachions à nos adversaires des réformes partielles, soit ! mais compter sur ces réformes pour arriver à un tout, est une erreur scientifique. L'homme qui compte sur le progrès sans voir que le progrès est enrayé par l'organisation actuelle est un naïf. Celui qui, pour s'émanciper, ne fait aucun effort, commet inconsciemment une lâcheté.

N'est-il pas humiliant d'en être réduit à demander la réduction de la journée à huit heures, et devrions-nous. un siècle après la Déclaration des Droits de l'Homme, être forcés de discuter la loi policière des Syndicats? La liberté complète est donc si dangereuse, qu'on ne veut l'accorder à la classe des parias?

Que de luttes supportées, que de sacrifices consentis pour la défense de cette liberté, et que d'infamies à flétrir chez ceux qui, armés du Code, nous refusent même le droit commun?

Serions-nous plus avancés, si nous avions un Conseil supérieur du travail près du ministère ? Oublie-t-on que le pouvoir législatif a souvent directement entendu nos réclamations, sans vouloir jamais en tenir compte ?

Sont utopistes ou indifférents ceux qui comptent sur les avocats pour leur affranchissement.

Travailleurs, séparez-vous nettement des politiciens qui vous trompent. Habituez-vous à voir les événements froidement et sans appréhension.

La crise ira s'aggravant, parce que vous consommez de moins en moins. Aussi, peut-être se débarrassera-t-on de nous en nous faisant écraser dans une guerre étrangère ou dans une guerre civile provoquée à dessein.

Il ne le faut pas.

Il faut arracher pied à pied à la classe dirigeante ce qui nous est nécessaire, afin de nous armer dans la lutte pour l'existence. Il faut nous instruire, serrer les rangs, et ne compter que sur nous-mêmes.

Pourquoi ne pas avoir confiance ? Nous sommes le nombre, le droit, l'avenir dans l'humanité, ne nous mêlons pas aux classes pourries qui se disputent le pouvoir.

Restons nous-mêmes, songeons que le travail est appelé à triompher du parasitisme et qu'une nouvelle société s'impose.

Cette transformation se fera-t-elle sans soubresaut ? En citoyens sincères, nous disons hardiment : Non !

A la propriété individuelle doit succéder la propriété collective ou commune, la socialisation des moyens de production remplacera l'exploitation de l'homme, de la femme et de l'enfant.

Nous luttons pour une organisation égalitaire, contre l'égoïsme, le vol, nous voulons être libres et égaux et nous nous déclarons nettement socialistes révolutionnaires.

A vous, frères de travail, de rester avec ceux qui vous trompent ou de marcher résolument à l'armée d'avant-garde, en criant avec nous : Vive la Révolution sociale !

Cette déclaration-manifeste est vivement applaudie du public et des délégués. Sur l'observation de plusieurs citoyens, qui demandent l'impression immédiate de cette déclaration, le Congrès décide, par un vote à main levée, qu'une somme de 300 francs au minimum sera consacrée à l'impression du plus grand nombre d'exemplaires possibles de ce manifeste, qui sera publié par les soins de la Commission exécutive du Congrès.

Le citoyen MONDON demande la parole, qui lui est accordée.

Ce citoyen estime que le Congrès ne doit pas se séparer sans voter des remercîments à la Commission d'organisation, qui depuis plusieurs mois, avec une persévérance

infatigable, a lutté pour arriver au but qu'elle s'était proposé : la réunion des mandataires des exploités du capital.

Malgré le mauvais vouloir de la presse en général et de
beaucoup de corps élus, qui ont refusé des subsides aux
délégués de province, le Congrès n'en a pas moins eu
lieu, grâce à toutes les démarches qu'elle a faites. Il demande donc que le Congrès, avant de se séparer, lui vote
des remercîments.

Le citoyen DELOCHE, ayant la parole après le citoyen
Mondon, explique qu'il ne s'oppose pas aux remercîments,
mais avant de les lui voter, il demande à ce qu'un objet
qu'il ne veut pas nommer, qui a été apporté par ses amis,
leur soit rendu. Cet objet est entre les mains de la Commission d'organisation du Congrès, qui s'en est emparée,
malgré l'opposition de ceux à qui il appartient.

Le citoyen RIQUE, de la Commission exécutive, vient
dégager la Commission d'organisation qui n'a rien à voir
dans cette affaire. Il explique que cette dernière Commission a nommé, avant l'ouverture du Congrès, une Commission exécutive de cinq membres chargée de veiller au
bon ordre des séances. L'objet que réclame le citoyen Deloche a été saisi par moi, qui en avait reçu l'ordre de mes
collègues, mais si le Congrès désire que je remette cet
objet à qui il appartient, je suis prêt à le faire. Citoyens,
cet objet, c'est un drapeau rouge !

Le public, apprenant de quoi il s'agit, applaudit fréné
tiquement et réclame le drapeau, qu'un délégué finit par
apporter. Le citoyen Deloche le déploie aux applaudissements unanimes de toute la salle.

Le citoyen BLONDEAU monte alors à la tribune et, répondant à un délégué Barberettiste disant que le citoyen
Heppenheimer a outragé le drapeau tricolore, parce que
ce dernier en avait détaché la partie rouge pour l'arborer
au bout d'une canne. Il dit :

Citoyens,

Nous avons bien voulu, jusqu'ici, tolérer la décoration
de la salle quoique faite avec des couleurs qui ne sont pas

les nôtres, parce que nous avons cru qu'il n'était pas utile
de soulever un incident à ce sujet ; mais, après la victoire
éclatante que vient de remporter le socialisme, nous pensions que les organisateurs de ce Congrès auraient pu
être un peu plus tolérants à l'égard des idées et des couleurs, c'est-à-dire du drapeau, défendu par la majorité de
ce Congrès. On a apporté des drapeaux rouges, il est donc
juste qu'ils soient rendus à leurs propriétaires et en même
temps arborés sur la scène.

Et d'ailleurs, qu'est-ce que le drapeau qui nous abrite
en ce moment? C'est le drapeau de toutes les réactions.
Quelques-uns l'appellent le drapeau national, eh bien,
moi, je l'appelle la loque tricolore, parce qu'il a toujours
servi aux égorgeurs du peuple de tous les temps, comme
il a servi à couvrir la capitulation de Sedan, où on l'a
traîné dans la boue.

A ce moment le citoyen BLONDEAU est interrompu par
quelques délégués qui protestent ; un grand nombre de
partisans du drapeau rouge envahissent la scène entourant
le bureau ; mais le Président profite d'un instant de silence
pour rappeler tout le monde au calme, qui se rétablit aussitôt, et prononce le discours suivant :

Discours de clôture du citoyen Lavaud

CITOYENNES, CITOYENS,

Le Congrès ne doit pas se séparer sous l'émotion de
l'incident qui vient de se produire ; s'il n'a pas eu lieu plus
tôt, Citoyens, c'est parce que nous avons craint de froisser
les opinions patriotiques de nos codélégués ; mais, après
le vote des diverses questions soumises au Congrès, il
était impossible de ne pas arborer le drapeau rouge.

C'est le drapeau de tous les révoltés, sans distinction de
race et de nationalité, se couvrent de ses plis tous ceux
qui protestent et se font malheureusement trop souvent
écraser par les forces de la réaction coalisée. Il flottait
sur les barricades derrière lesquelles, en 1871, trente-
cinq mille des nôtres sont morts.

Nous répétons que ce sont ces rouges couleurs qui abritent toutes les manifestations des travailleurs de tous les pays.

Nous le prenons aujourd'hui et nous faisons bien !

Citoyennes et Citoyens,

L'important du Congrès ne réside pas là, il est dans vos votes ; nous sortons d'ici plus forts, mieux armés pour la lutte.

Nous constatons l'écrasement de nos adversaires et la cohésion des forces socialistes révolutionnaires.

Demain, les bourgeois nous tourneront en ridicule ; ils nous appelleront commis-voyageurs en socialisme, antirépublicains parce que nous n'admirons pas leur gouvernement antidémocratique, fous furieux parce que nous sommes contre les parasites et les satisfaits.

Que ces insultes ne touchent personne ! Est-ce qu'elles ne sont pas la preuve de la décadence d'une classe corrompue ?

La presse ne discute plus les théories socialistes ; elle calomnie, elle salit tout pour de l'argent ; nous ne méprisons pas, nous plaignons ceux qui s'avilissent à ce sale métier.

Il répugnerait à des ouvriers d'injurier des hommes qui, en vertu d'un mandat formel, sont venus ici pour l'accomplissement d'une mission : faire simplement leur devoir.

Que nos adversaires de la minorité qui, somme toute, sont des travailleurs, grossissent nos rangs, ils leur sont ouverts. Ensemble nous ferons plus d'ouvrage en faveur de notre émancipation complète.

Nous remercions le public pour sa sollicitude à suivre nos débats. Nous remercions les délégués de leur courtoisie, excepté quelques mots vifs, qui expliquent l'énergie que nous mettons à défendre nos principes ; tout s'est passé dans le plus grand ordre.

▸Nous avons été loin « et cela à notre honneur », des scandales des assemblées délibérantes.

Délégués qui avez vu de près ceux qui vous étaient présentés comme des perturbateurs, allez dire à vos mandants qui nous sommes.

Groupez les vôtres en vue de l'émancipation des travailleurs par les travailleurs eux-mêmes; songez à la décrépitude de nos dirigeants et à la tâche qui nous incombe.

Qu'en 1889, le prolétariat soit formidablement organisé ; entre temps, nous qui sommes traités d'utopistes, nous vous invitons à participer aux manifestations d'ordre industriel ; collaborons à cette sublime manifestation du travail, à l'exposition ouvrière internationale de 1889.

Soyons également, en 1887, au Congrès ouvrier de nos frères anglais, et trouvons-nous tous, à Paris, au Congrès international de 1889.

Unissons nos efforts !

Que de partout où il y a des victimes de l'organisation sociale actuelle, il arrive des délégués ; apportons nos efforts, nos revendications, nos espérances ; formulons les cahiers du travail ; aux forces bourgeoises, opposons les forces prolétariennes.

Que 1889 soit l'aurore de notre triomphe sur l'iniquité et la forfaiture. A cette date, les opprimés s'organiseront définitivement en prévision de la lutte prochaine pour la Révolution triomphante.

CITOYENS,

Je déclare le Congrès clos et lève la séance au cri de :

Vive la Révolution sociale !

De nombreux cris de : Vive la Révolution sociale ! répondent à celui de citoyen Lavaud, et la séance est levée à 1 heure du matin.

Aux Lecteurs

CHERS CONCITOYENS,

La Commission exécutive ne croit pas devoir fermer ce livre sans donner son avis sur quelques points résolus par le Congrès, en même temps que faire savoir au public ouvrier, plus directement intéressé, par suite de quelles circonstances quelques protestations anodines se sont produites après sa fermeture.

Ainsi que tout citoyen de bonne foi à pu le constater par la lecture de ce volume, une place considérable a été faite aux membres de la minorité. Les discours de ces derniers citoyens ont été publiés *in extenso*, et cela sans exception pour aucun d'eux. Tandis que *ceux faits* par les délégués socialistes quatre fois plus nombreux que leurs collègues de la minorité ont été résumés, le plus souvent d'une façon très succincte.

Sans doute, il est profondément regrettable que des citoyens bien intentionnés, par suite du peu de temps accordé à chacun de nous par un règlement absolument nécessaire, n'aient pu développer leurs pensées autant qu'ils l'auraient désiré. Bien souvent même des délégués qui avaient mandat et tenaient, par conséquent, à prendre la parole sur un des ordres du jour du Congrès, n'ont pu le faire, par suite du trop grand nombre d'orateurs inscrits sur la question dont ils désiraient parler.

Cela n'implique en rien que la majorité du Congrès y soit pour quelque chose. Le temps seul a fait défaut, ainsi que l'ont reconnu publiquement, dans l'avant-dernière séance, plusieurs délégués de province ; il est incontestable qu'il y avait trop de questions à traiter pour si peu de jours. Les délégués au Congrès l'ont si bien compris, que pour avoir le temps de voter en pleine connaissance de cause les résolutions ; ils décidèrent, et cela à l'unanimité, que la séance du 16 serait exclusivement réservée aux votes, et pour qu'il pût en être ainsi, il fut arrêté que deux des ordres du jour seraient discutés dans la même soirée, et cela, malgré qu'il était bien reconnu qu'un seul jour n'était déjà pas suffisant pour traiter chacun d'eux.

Ce simple fait démontre, de la façon la plus irréfutable, que seul le temps matériel a fait défaut pour discuter plus amplement les multiples questions, intéressant au plus haut degré la classe ouvrière, proposées par la Commission d'organisation.

La sixième question, entre autres, aurait à notre avis dû être discutée, approfondie, analysée d'une façon beaucoup plus complète qu'elle ne l'a été. Nous estimons que trois jours auraient à peine été suffisants pour que chacun des délégués pût émettre son avis avec facilité sur une question aussi capitale. Cela se comprend facilement : lorsque, comme nous, on sait qu'il restait encore trente-deux citoyens inscrits pour la parole, lorsque la séance a été levée à une heure du matin.

Et si nous jugeons à propos, dans cette courte appréciation des faits qui ont pu mécontenter quelques-uns de nos collègues, d'attirer l'attention sur eux, c'est avec l'espoir qu'ils tomberont sous les yeux de concitoyens appelés à organiser le deuxième Congrès de Syndicats ouvriers et éviter ainsi le renouvellement de faits préjudiciables aux intérêts des travailleurs.

Si, laissant de côté les faits de détails pour arriver aux faits généraux, nous envisageons les résultats obtenus, nous avons lieu d'être satisfaits, autant qu'on peut l'être, étant donné le nombre de questions à traiter et le temps véritablement par trop restreint dont disposait le Congrès pour les résoudre.

Ces résultats sont de deux ordres : ceux que l'on peut considérer comme pouvant être l'objet d'une application pratique pour ainsi dire immédiate, et ceux qui demandent, avant leur mise en application, non un supplément d'études peut-être, mais un milieu favorable propice, ou une entente préalable.

Au premier ordre, appartient selon nous la création de la Fédération nationale des Syndicats professionnels ouvriers ; l'abrogation de la loi du 21 mars 1884 ; la réorganisation juridique du Conseil des prud'hommes ; la loi sur les heures de travail ; l'amnistie plénière pour les délits politiques ou faits connexes ; l'abrogation de la loi sur l'Internationale, et l'abrogation des articles 414 et 415 du Code pénal.

Dans le deuxième ordre, peuvent être placées : la législation internationale du travail (projet Camélinat) et la socialisation des moyens de production.

Tous les efforts de la classe ouvrière, en général, et des ouvriers syndiqués, en particulier, doivent donc tendre à faire prévaloir auprès de nos dirigeants, et cela toutes les fois que les circonstances le permettront, les résolution votées comprises dans le premier ordre, tout en poursuivant énergiquement, par tous les moyens de propagande possibles, celles contenues dans le deuxième, et particulièrement la socialisation des moyens de production, comme une étape à franchir pour arriver au communisme scientifique organisé qui, seul, peut mettre en commun, en même temps que les moyens de production, les moyens de consommation et assurer ainsi le règne de la justice.

Il est hors de doute que nous aurons déjà beaucoup de mal à faire rendre pratique par nos honorables, les résolutions concernant la loi sur les Syndicats, les prud'hommes et les heures de travail.

Néanmoins, nous avons confiance, pour y réussir, dans le dévoûment bien connu à la cause des travailleurs, du groupe de députés ouvriers auxquels nous avons confié le soin d'y tenir la main ; nous espérons qu'ils feront tout leur possible pour qu'il en soit tenu compte, ils nous l'ont d'ailleurs promis, et pour qu'aucun député, ni sénateur puisse dire qu'il a ignoré les résolutions votées, nous avons expédié à chacun d'eux, ainsi qu'aux ministres, un exemplaire énumérant les résolutions prises, tant sur les questions à l'ordre du jour des séances, que sur les vœux présentés par quelques-uns de nos collègues. exemplaire dont nous publions un fac-similé dans ce volume.

D'autre part, si nous considérons avec quels éléments, en tant que renseignements, la Commission d'organisation a pu mener à bien la tâche qu'elle s'était donnée, nous devons bien plus encore être satisfaits de la réussite du Congrès en tant que nombre de Syndicats représentés, car, malgré que M. Barberet, directeur du bureau de renseignements des Syndicats professionnels, n'ait pu nous fournir qu'un registre manuscrit (1), sur lequel nous avons tout au plus trouvé trois cent cinquante Syndicats ouvriers, et encore étaient-ils sans indication de rues, ni numéros, pour les grandes villes, près de sept cents Syndicats ont répondu à nos appels réitérés.

Un grand nombre d'entre eux, il est vrai, n'ont pu se faire représenter directement, faute d'avoir les fonds nécessaires pour indemniser un délégué pendant le temps de son séjour dans notre ville, ils n'en n'ont pas moins tous été de cœur avec nous, et c'est avec regret que beaucoup d'entre eux n'ont pas envoyé de délégués. Quelques-uns même n'ont su qu'au dernier moment qu'un Congrès de Syndicats ouvriers avait lieu à Lyon ; malgré cela, ils n'ont pas cru ne pas devoir y adhérer. Un certain nombre de Syndicats ne l'ont même su que pendant qu'il avait lieu, aussi ont-ils manifesté le plus vif regret de n'avoir pas été prévenus à temps et nous ont-ils envoyé quand même leur adhésion. Tels sont les Syndicats de Cous-la-Granville, les Mariniers de Rouen, les Typographes de Niort, les Bonnetiers de Troyes, la Société des ouvriers Mécaniciens de Lille, les Ouvriers réunis de Montluçon. etc.

A ces considérations d'ordre primaire pour la réussite d'un Congrès ouvrier, nous ne devons pas oublier que, contrairement à notre attente, très peu de municipalités ont voté des subsides pour l'envoi de délégués, et que la presse en général ne nous a guère été favorable. Malgré cela, le Congrès a eu lieu et cent soixante délégués, venant de toutes les régions de la France, y assistaient. Ce qui prouve que les Syndicats ouvriers ne sont pas si absorbés par les intérêts purement corporatifs que la presse officieuse se plaisait à l'affirmer avant son ouverture. Il faut le dire, et cela en l'honneur des Syndicats ouvriers, ils

(1) Ce registre, sur lequel manque la nomenclature de quarante et un départements où il y a très peu de Syndicats, nous a été fourni par M. *Barberet* lui-même : or, comment se fait il que le *Moniteur des Syndicats*, organe **Socialiste !!!** inspirateur : M. *Waldech-Rousseau*; directeur: MM. *Barberet*; rédacteur: *Veyssier*, décoré de la Légion d'honneur, et *Gruhier* (médaille d'or, module de 41 mill.), aient pu dire dans le numéro du 16 au 23 décembre, qu il existe en France 1,600 Syndicats ouvriers, tandis que le manuscrit, envoyé par M. *Barberet* lui-même, ne fait mention que de 648 Syndicats, moitié patrons, moitié ouvriers.

ont fait un grand pas en avant depuis la promulgation de la loi du 21 mars 1884, car cette loi a ouvert les yeux à bien des Syndicats, même très modérés comme opinion, qui ne peuvent comprendre pourquoi, même sous un gouvernement républicain, on mette tant d'entraves au libre exercice du droit imprescriptible de réunion et d'association.

Ils ont de même compris, ainsi que le disait une circulaire de la Commission d'organisation, qu'un bien-être durable pour les ouvriers ne peut être réalisé qu'à la condition qu'il soit général.

Irrésistiblement, les Syndicats débarrassés du fardeau de la politique spéculative subissent l'attraction du socialisme scientifique qui les entraine dans la voie des réformes économiques, en attendant la transformation de l'état social actuel bourgeois, contre lequel ils ne tarderont pas à lutter tous en se joignant aux diverses écoles socialistes, selon les affinités et les tendances de chacun d'eux.

Le premier Congrès de Syndicats ouvriers a hautement manifesté sa manière de voir sur ce terrain, et lorsque après discussion il fallut voter, c'est à une majorité considérable qu'il s'est prononcé sur chaque question, au grand ébahissement des quelques membres de la minorité, qui n'en revenaient pas.

Bien des citoyens qui croyaient à la participation aux bénéfices comme un remède efficace apporté aux souffrances des travailleurs avant son ouverture, en sont sortis complètement socialistes, gagnés par une argumentation convaincante.

Les Syndicats socialistes lyonnais doivent être fiers des résultats obtenus; car c'est à leur initiative, à leur persévérance, que bien des Syndicats devront l'obligation d'être désormais sur la bonne voie. A eux revient l'honneur d'avoir montré le véritable chemin conduisant à l'émancipation des travailleurs aux Syndicats provinciaux représentés; car ils ont presque tous voté la socialisation des moyens de production ainsi que l'organisation d'une grande Fédération nationale de tous les Syndicats professionnels ouvriers.

Cette Fédération en voie de formation, il faut la créer, et la Commission exécutive ne s'illusionne pas, elle sait que la tâche est ardue, mais avec l'aide de tous les Syndicats de bonne volonté, elle en viendra à bout ; il y a deux mois elle en avait l'espérance, mais aujourd'hui elle en a la conviction absolue.

Que chaque délégué ayant voté cette Fédération fasse appel aux collègues de leurs Syndicats et leur explique combien il est nécessaire, dans l'intérêt de tous, de ne pas se claquemurer dans la limite étroite de l'intérêt corporatif, qu'il leur fasse comprendre que seule une Fédération tion semblable peut permettre à un Syndicat de soutenir avec efficacité une lutte contre leurs exploiteurs et le triomphe de la Fédération est assuré.

NOTA. — En clôturant ces appréciations sommaires, la Commission exécutive prie les délégués de l'excuser si quelques erreurs de faits, de date ou de noms se sont glissées dans ce volume. Ainsi que nous l'avons dit dans la préface, la plus grande impartialité a présidé à la confection de ce compte rendu officiel des travaux du Congrès, tous les rapports écrits sont publiés *in extenso*, seuls, quelques discours ont été résumés, et cela avec l'assentiment de ceux qui les ont prononcés.

Voici le fac-simile des résolutions votées au Congrès, envoyé par la Commission exécutive à chaque député et sénateur ainsi qu'aux ministres. Le citoyen CAMÉLINAT, de la Chambre, et FORCIOLI, du Sénat, nous ont promis qu'ils veilleraient à ce que les questeurs fissent distribuer avec soin ces résolutions, par les huissiers, à leurs collègues.

Monsieur le Député,

La Commission exécutive nommée par le Congrès national des Syndicats ouvriers, tenu à Lyon, du 11 au 16 octobre 1886, a l'honneur de porter à votre connaissance qu'elle a reçu du Congrès le mandat de classer ses travaux et de faire déposer sur le bureau du Sénat, ainsi que sur celui de la Chambre des Députés, les résolutions votées au Congrès dans sa séance du 16 octobre.

C'est pour obéir à ce mandat que la Commission

exécutive a l'honneur de vous adresser ci-joint le document qui fait l'objet de cette lettre.

En conséquence, la Commission vous prie, Monsieur le Député, de bien vouloir faire le nécessaire, afin que les résolutions exprimées ci-dessous, ayant trait à la modification des lois déjà existantes ou à la création de nouvelles lois, soient discutées au Parlement dans le plus bref délai possible.

La Commission exécutive termine avec la certitude que votre bienveillant concours ne lui fera pas défaut.

Monsieur le Député,

Et vous prie d'agréer l'assurance de sa considération distinguée.

POUR LA COMMISSION EXÉCUTIVE :

SARTARIN, GORSSE, FARJAT, BLONDET, EDOUARD,
SOL, CHAVRIER, CARRET.

ORDRE DU JOUR :

1° Projet de Fédération des Syndicats ouvriers ;
2° Discussion de la loi sur les Syndicats ;
3° Etude du projet Lockroy ;
4° De l'utilité d'un Conseil supérieur du travail près le Ministre du commerce et de l'industrie ;
5° Des heures de travail ;
6° Rapports du travail et du capital.

PREMIÈRE JOURNÉE. — SÉANCE DU 11 OCTOBRE 1886

Projet de Fédération des Syndicats ouvriers

Première question. — Le Congrès national n'ayant pas de loi à solliciter des Corps élus, en ce qui concerne la Fédération des Syndicats,

La Commission a l'honneur de vous informer que la Fédération ne figure en tête des résolutions votées au Congrès qu'à titre de mémoire de ses travaux.

DEUXIÈME JOURNÉE. — SÉANCE DU 12 OCTOBRE

Discussion de la loi sur les Syndicats

Deuxième question. — Sur cette question, le Congrès national demande l'abrogation organique, pure et simple, de tous les articles de cette loi, et se renferme dans l'esprit et le texte de l'amendement suivant :

ARTICLE PREMIER. — Les ouvriers de toutes corporations sont autorisés à se syndiquer et les Syndicats à se fédérer.

ART. — 2 La déclaration de leur constitution à la Mairie de leur commune leur constitue la personnalité civile.

VOTE

Pour l'amendement......   74 voix.
Contre l'amendement....   29   —
Abstentions...........   7   —

TROISIÈME JOURNÉE. — SÉANCE DU 13 OCTOBRE 1886

Etude du projet Lockroy

Troisième question. — Le Congrès national, au sujet de la loi sur la Prud'homie,

Repousse le projet Lockroy et adopte le projet Chausse, amendé, déposé à l'heure actuelle entre les mains de la cinquième Commission parlementaire.

VOTE

A l'unanimité, par un vote à main levée, le Congrès adopte le projet Chausse, concernant la Prud'homie.

De l'utilité d'un Conseil supérieur du travail près le ministre du commerce et de l'industrie.

Quatrième question. — Sur cette question, le Congrès, considérant que la création d'un Conseil supérieur ferait disparaître l'autorité de la Fédération, adopte les conclusions du rapport de la Commission concluant au rejet du projet.

VOTE

Pour la création d'un Conseil supérieur près le minis-
   tre du commerce et de l'industrie.....   21 voix.
Contre la création...................   74   —
Abstentions   15   —

Quatrième Journée. — Séance du 14 Octobre.

Heures de travail.

Cinquième question. — En ce qui concerne les heures de travail, le Congrès adopte les conclusions du rapport de la Commission, dont voici l'esprit et le texte :

1° Le Congrès demande qu'une loi, fixant la journée du travail à huit heures, soit votée par les législateurs et qu'elle soit
appliquée à toutes les industries ;

2° Que les Chambres syndicales soient chargées de prendre
des mesures pour rendre facile l'application de ladite loi aux
ouvriers de la petite industrie.

VOTE

Pour la journée de huit heures de travail. 94 voix.
Contre la journée de huit heures........ 8 —
Abstentions .... 7 —

Cinquième Journée. — Séance du 15 Octobre.

Rapport du Travail et du Capital.

Sixième question. — Sur cette question, le Congrès adopte les
conclusions du rapport de la Commission, concernant les rapports du travail et du capital, dont nous donnons ici l'esprit et
le texte :

Nous concluons :

A la socialisation des moyens de production, comme moyen
d'acheminement vers la société égalitaire, dans laquelle chacun, produisant selon ses forces, recevra suivant ses besoins.

VOTE

Sur cette question, le Congrès accepte, à l'unanimité
moins quelques voix, par un vote à main levée, les conclusions ci-dessus exprimées.

Sixième Journée — Séance du 16 Octobre.

*Vœux formulés au Congrès national des Syndicats ouvriers et
adoptés à l'unanimité par un vote à main levée, à la suite des
résolutions votées ci-dessus.*

Le Congrès demande :

1° L'Amnistie plénière, pour tous les crimes et délits politiques et faits connexes ;

2° Abrogation de la loi sur l'Internationale ;

3° Législation internationale du travail (projet Camélinat) ;

4° Abrogation des articles 414 et 415 du Code pénal.

Compte rendu financier de la Commission d'organisation

RECETTES

Reçu du gouvernement................	5.000	»
Conseil général....................	2.000	»
Conseil municipal..................	2.000	»
Des Chambres syndicales lyonnaises.....	536	15
Recette au Congrès.................	262	»
Recette des journaux................	124	40
Avance faite par l'Union des tisseurs.....	115	»
Erreur remboursée par l'imprimeur......	16	»
Total...........	10.123	55

DÉPENSES

Frais de bureau depuis le mois de janvier 1886......................	648	45
Emoluments au Secrétaire, le citoyen Sol.	580	»
Payé à M. Vincent, papetier..........	44	35
Frais de deux délégations de citoyens à Paris...........................	656	05
Journées aux hommes de la Permanence pour travaux divers....................	352	40
Remboursé aux tisseurs de l'Union......	115	»
Payé à l'imprimeur..................	1.093	25
Voyage payé aux délégués de province...	1.949	10
Salle des Variétés...................	280	»
Frais de gaz aux Variétés et rue des Capucins.............................	141	60
Luminariste, concierge, tapissiers et décoration............................	137	90
Commissaires, hommes de service et pompiers..............................	56	25
Frais de bureau du Congrès et divers....	28	30
Pour frais de réception aux délégués.....	53	95
Indemnité au Secrétaire..............	100	»
Total...........	6.237	»

BALANCE

Recettes........................... 10.123 55
Dépenses........ .... 6.237 »

RESTE EN CAISSE........... 3 886 55

La Commission de liquidation,

BERTHILLER, SANTHONAX, VENDEL, MATHIAS,
MICHEL, VACHER, rapporteur.

La Commission de contrôle,

DUVALIZE, CARRET, citoyenne LAURENT.

Le Trésorier :

GORSSE.

Cette somme a été remise entre les mains de la Commission chargée d'exécuter toutes les décisions prises par le Congrès et notamment l'organisation de la Fédération nationale, à la date du 9 novembre 1886, jour où la Commission d'organisation s'est réunie pour la dernière fois et a remis ses pouvoirs à la Commission exécutive.

TABLE DES MATIÈRES

TROISIÈME JOURNÉE. — *Étude du projet Lockroy.*

Conseil supérieur.

QUATRIÈME JOURNÉE. — *Des heures de travail.*

CINQUIÈME JOURNÉE. — *Rapports du Travail et du Capital.*

Sixième journée

RECTIFICATIONS

Page 23. — *Lire :* Béal, des passementiers, Ouvriers Réunis de l'Ameublement, Ouvriers Maçons, Menuisiers et Outilleurs, de Sain-Etienne (Loire).

Page 25. — *Lire :* DAPHAUD au lieu d'ALPHAND.

Page 98, ligne 23. — *Lire :* aux droits de l'honneur, au lieu de aux droits de l'homme.

Page 106. — *Lire ainsi :* Le citoyen LAVAUD proteste contre le retour, avec la mention inconnue, d'un télégramme adressé par lui au citoyen DALLE, il ne s'agissait pas de la procuration d'un mandat émanant de ce citoyen, mais de l'envoi de documents provenant des décisions des Congrès ouvriers, antérieurs et relatifs à la prud'homie.

Il fait observer qu'il attend patiemment, pour siéger, la régularisation de sa situation, néanmoins comme elle peut se faire attendre, il proteste devant de pareilles mesquineries et signale la manœuvre au Congrès en présence des Barberettistes qu'il considère comme des valets gouvernementaux, et cela, afin que plus tard le gouvernement soit informé du mépris des travailleurs pour de semblables procédés.

Page 107, ligne 28. — *Lire :* Marchands, Marchandes du Temple.

Page 223, ligne 7. — *Lire :* 1,609, au lieu de 169.

Page 266. — *Lire :* Boulonniers, au lieu de Bouliniers.

Page 269. — *Lire :* FOUILLAT, au lieu de FOUILLOUX.

Lyon. — Imprimerie Nouvelle, rue Ferrandière, 52. — 9374

Librairie du PROLÉTAIRE

Rue de Cléry, 17, Paris